U0525011

区域高等教育与
社会发展政策专题研究

赵庆年 祁晓 ◎ 著

中国社会科学出版社

图书在版编目（CIP）数据

区域高等教育与社会发展政策专题研究／赵庆年，祁晓著 .—北京：中国社会科学出版社，2019.12
ISBN 978–7–5203–5049–5

Ⅰ.①区… Ⅱ.①赵…②祁… Ⅲ.①高等教育—关系—社会发展—社会政策—研究—中国 Ⅳ.①G649.2②D668

中国版本图书馆 CIP 数据核字（2019）第 204119 号

出 版 人	赵剑英
责任编辑	田 文
责任校对	张爱华
责任印制	王 超

出　　版	中国社会科学出版社
社　　址	北京鼓楼西大街甲 158 号
邮　　编	100720
网　　址	http://www.csspw.cn
发 行 部	010–84083685
门 市 部	010–84029450
经　　销	新华书店及其他书店

印　　刷	北京君升印刷有限公司
装　　订	廊坊市广阳区广增装订厂
版　　次	2019 年 12 月第 1 版
印　　次	2019 年 12 月第 1 次印刷

开　　本	710×1000　1/16
印　　张	22.75
插　　页	2
字　　数	373 千字
定　　价	99.00 元

凡购买中国社会科学出版社图书，如有质量问题请与本社营销中心联系调换
电话：010–84083683
版权所有　侵权必究

目　　录

第一篇　深化广东省产教融合的政策与改革路径研究 ……… (1)
　　一　引言 …………………………………………………… (1)
　　二　发达国家产教融合的政策、模式与基本经验 ………… (12)
　　三　广东省产教融合的政策、典型经验及存在的问题 …… (33)
　　四　深化广东产教融合的对策建议 ………………………… (55)

**第二篇　广东高水平大学科研创新能力提升与服务创新驱动
　　　　　发展的路径研究** ………………………………… (63)
　　一　概述 …………………………………………………… (63)
　　二　科研创新能力与服务创新驱动发展现状分析 ………… (72)
　　三　广东高水平建设大学科研创新能力与服务创新驱动
　　　　发展路径 …………………………………………… (100)

**第三篇　新生代农民工发展与广州城镇化水平提升
　　　　　和谐互动研究** ………………………………… (106)
　　一　新生代农民工现状与广州市现阶段城镇化发展水平 … (106)
　　二　广州市城镇化发展与农民工之间关系分析 ………… (116)
　　三　广州市城镇化进程中新生代农民工发展存在的问题 … (128)
　　四　提升广州市城镇化水平与新生代农民工发展和谐
　　　　互动的对策 ………………………………………… (134)

**第四篇　区域内多元办学体制高等学校协同发展的政策与
　　　　　实践研究** ……………………………………… (155)
　　一　绪论 …………………………………………………… (155)

二　政策视角的民办高等学校发展困境及成因 ………… (163)
　　三　政策视角的部委属高校与地方高校不协同发展的
　　　　表现及诱因 …………………………………………… (179)
　　四　区域内多元办学体制高等学校协同发展的政策建议 …… (191)

第五篇　创新型人才管理与服务研究 ………………………… (201)
　　一　概述 ………………………………………………………… (201)
　　二　创新型人才管理与服务的实践 …………………………… (207)
　　三　创新型人才的理性认知 …………………………………… (234)
　　四　广东省创新型人才管理与服务政策建议 ………………… (254)

第六篇　广东高校分类体系建立及分类管理研究 …………… (265)
　　一　研究背景 …………………………………………………… (265)
　　二　高校分类管理的内涵 ……………………………………… (271)
　　三　高等学校分类管理的目的与意义 ………………………… (279)
　　四　高等学校分类管理的内容 ………………………………… (285)
　　五　高等学校分类体系构建 …………………………………… (294)
　　六　高等学校分类管理的实施 ………………………………… (311)

第七篇　广东省研究生教育规模与结构问题研究 …………… (318)
　　一　概述 ………………………………………………………… (318)
　　二　区域研究生教育规模和结构问题的基本理论分析 ……… (333)
　　三　区域研究生教育规模和结构评价及测度模型构建 ……… (340)
　　四　广东省研究生教育规模与结构实证研究 ………………… (344)
　　五　研究结论 …………………………………………………… (358)

第一篇 深化广东省产教融合的政策与改革路径研究*

一 引言

(一) 研究背景

进入21世纪，我国经历二十多年经济高速发展之后，所暴露出的问题迫使党和国家作出发展上的战略调整，越来越注重经济发展质量的提高。从2007年党的十七大提出"经济发展方式"的三个转变，到2012年党的十八大提出实施"创新驱动发展战略"，再到2017年党的十九大提出贯彻"新发展理念"，以及一系列贯彻这些精神的政策文件、制度安排等，都始终贯穿着这样的理念、策略和实施措施，即不断增强自主创新能力，推动产业结构优化升级，构建现代产业体系，提高经济发展质量。而无论是经济发展方式的转变，还是创新驱动发展战略的实施，抑或是新发展理念的贯彻，都离不开的一个重要基础和前提，就是适应我国经济转型和产业升级需求的创新型、应用型人才的培养。没有大批量这类人才的支持，这些理念、策略和措施均无法得到有效的贯彻和实施，创新型国家、制造强国也就无法建成。适应我国经济转型和产业升级需求的创新型、应用型人才的培养主要依赖于职业教育、高等教育来完成。改革开放以来，在适应经济社会发展需求的过程中，我国职业教育、高等教育事业蓬勃发展，向社会各行各业培养输送了大批高素质专业人才，为构建现代产业体系作出了重大贡献。但与此同时，由于体制等多种因素的制约，我国产业界与职业教育、高等教育之间的

---

* 焦磊、李小娃、樊明成、周国平参与了本篇的撰写。

关系比较松散，二者之间对接不够，使我国人才培养、科技研发的供给侧和产业发展对人才和科技的需求侧之间，在结构、质量、水平上都不能很好地适应，"两张皮"的问题仍然比较突出，不仅影响了学生就业和科技成果的转化，更是制约着我国人力资源开发的有效性，制约着我国建设创新型国家和制造强国的进程。

为解决人才培养与产业需求不相适应的问题，党的十八大以来，我国多次明确提出推动"产教融合"这一重要任务，并围绕这一任务出台了一系列的政策文件和重要举措，作为推进人力资源供给侧结构性改革的重要举措，以促进教育链、人才链与产业链、创新链有机衔接。2013年1月，在教育部出台的《关于2013年深化教育领域综合改革的意见》（教改〔2013〕1号）中，提出"完善职业教育产教融合制度"的办学体制改革要求，首次在政策层面使用"产教融合"的概念。随后，党的十八届三中全会、五中全会以及《国务院关于加快发展现代职业教育的决定》（国发〔2014〕19号）都明确提出了"深化产教融合"的重要任务。2015年，教育部印发的《高等职业教育创新发展行动计划（2015—2018年）》（教职成〔2015〕9号）提出：坚持产教融合、校企合作，推动高等职业教育与经济社会同步发展的指导思想；教育部、国家发展改革委、财政部随后印发的《关于引导部分地方普通本科高校向应用型转变的指导意见》（教发〔2015〕7号）提出了推进需求传导式的改革，深化产教融合、校企合作的基本思路；国务院印发的《统筹推进世界一流大学和一流学科建设总体方案》（国发〔2015〕64号）提出了深化产教融合，将一流大学和一流学科建设与推动经济社会发展紧密结合，着力提高高校对产业转型升级的贡献率，努力成为催化产业技术变革、加速创新驱动的策源地的建设任务，使产教融合的主张扩展到整个高等教育。2016年，中共中央印发的《关于深化人才发展体制机制改革的意见》（中发〔2016〕9号）提出了建立产教融合、校企合作的技术技能人才培养模式，大力培养支撑中国制造、中国创造的技术技能人才队伍的任务。2017年，党的十九大报告提出了"完善职业教育和培训体系，深化产教融合、校企合作"的要求；国务院办公厅随后印发的《关于深化产教融合的若干意见》（国办发〔2017〕95号）明确了深化产教融合的政策内涵，提出了产教融合的5项重点工作任务、26项具体内容及其责任单位，进一步将产教融合从职业教育延伸到以职业教育、高等教育为重点的整个教育体系，并推动产教融合从发展理念向制度供给落地。产教融合的5项重点工作任务、26项具体内容既需要多部门的协同推进，更需要各地区结合本地的产业和教育，尤其是职业教育、高等教育发展的实际进行。2018年2月，教育部、发展改革委、工业和信息化部、财政部、人力资源社会保障部、国家税务总局印发了《职业学校校企合作促进办法》（教职成〔2018〕1号）从职业教育领域开启了加快推进产教融合的进程。

广东省是我国改革开放的先行地，产业基础较为扎实，自1989年接替江苏省成为中国经济第一大省后，已连续29年位居全国第一。2017年，广东GDP突破10万亿元，全国贡献比达10.51%。当前，广东要建设创新驱动发展先行省，构建创新型经济体系和创新发展新模式，建立具有全球竞争力的产业新体系，形成绿色低碳发展新格局，并要在构建推动经济高质量发展体制机制、建设现代化经济体系、形成全面开放新格局、营造共建共治共享社会治理格局上走在全国前列。要实现这些目标，广东面临一定的挑战。首先，广东经济总量虽然位居全国第一，但人口基数大，常住人口已位居全国第一，2017年底占到全国的8.03%。从人均GDP上看，广东不仅明显落后于京、津、沪，也落后于江苏、浙江等省。其次，广东的经济发展方式仍比较粗放，相当部分的制造业和服务业还处于产业链低端环节，亟须加快推动从要素驱动向创新驱动的根本转变，以创新驱动促进产业转型升级。再次，广东发展的资源环境约束依然趋紧，能源资源集约利用程度不高，与国际先进水平相比仍有较大差距。要解决这些问题，迫切需要一大批对接广东产业转型升级需求的创新型、应用型人才的支持，这类人才的培养越来越依赖产教融合。近年来，广东教育，尤其是职业教育、高等教育在深化产教融合、校企合作方面采取了许多措施，成效显著，积累了不少经验，但与全国的情况大体一致，职业教育、高等教育与产业界的关系还不够紧密，人才培养的供给侧与产业发展对人才的需求侧之间仍然存在不适应的问题。根据陶红等人（2016）对广东省63所职业院校产教融合情况调研结果，目前存在产教融合深度不够、学校安排学生实习人数相对较少、"双师型"教师质量不高、缺乏专门部门统筹与协调和政策法规不完善等问题。① 产教关系不紧密，教育服务产业发展的能力不强，制约着广东省产业的转型升级和现代产业体系的构建，制约着经济发展质量的提高，迫切需要多部门齐抓共管，结合党中央、国务院和教育部出台的政策文件精神，出台相关政策和措施，协同推进体制机制改革，为深化产教融合、校企合作消除体制性障碍，切实提高职业教育、高等教育对经济发展的贡献度。为此，有必要开展深化产教融合政策与改革路径研究。

（二）研究综述

国内外学者对产教融合开展了非常广泛的研究，在明确使用"产教融合"这一概念之前，学界就提出过许多与产教融合的内涵一致或类似的理念和主张，这些理念或主张既有在职业教育领域提出的，也有在普通高等教育或大学层面提出的。例如，早在20世纪上半叶我国职业教育先驱黄炎培、教育家陶行知在论著中就提出了一些有关教育界与产业界、教育活动与生产活动密切联系起来的思想。20世纪80年代中期，面对新技术革命，武汉大学前校长刘道玉就曾指出："在未来的大学中，教学、科研、生产将是三个主要功能。也许，这种三结合的体制，就是信息化社会大学的模式。"② 毋庸置疑，大学同时具有教学、科研与生产的功能，其本身就是一种产教融合体。

20世纪末，美国学者亨利·埃兹科维茨和荷兰学者劳埃特·雷德斯多夫从"官产学研结合"的角度，提出了知识经济条件下大学、政府和产业界关系的"三重螺旋"模型。认为在今天的知识社会里，产业界、学术界（大学和研究机构）和政府三者之间正在发生某种整合的趋势，这种整合是补充性的，即都出于自身生存和发展的需要，这是形势发展之必然，因为三者的相互作用有助于知识的资本化，能加速创新过程。这样一来，大学、政府和产业界之间相互渗透，形成了你中有

---

① 陶红、杨阳：《广东省职业教育产教融合现状及对策研究》，《职业教育研究》2016年第5期，第36—37页。

② 刘道玉：《开发智力，迎接新的技术革命》，刘道玉等：《高等教育改革的理论与实践》，武汉大学出版社1986年版，第1—19页。

我，我中有你的无法分割的交织和联系。① 在这种三重螺旋的模型中，相互渗透、你中有我、我中有你的关系，已经不再局限于一般的合作关系，而是带有融合的内涵，且在这种融合关系中，政府具有重要的地位；通过政策供给，政府在大学与产业界融合发展的关系中发挥着重要作用。从20世纪末到21世纪初，我国不少专家学者如潘懋元、徐辉、张炼、谢仁业、王培根等也从"产学研结合"或"官产学研结合"的角度探讨了大学、政府和产业界的关系，主张大学与政府、产业界应加强在高科技产业领域的合作，促进社会经济发展。著名教育学家潘懋元指出，到了知识经济时代，"大学不只是知识的传播和生产的机构，也应是知识产业的创业者。大学通过创办知识产业，把科技成果及时转化为知识产品，创造出直接的价值。"②

明确使用"产教融合"这一概念并得到政策层面的支持是在我国产生和得到迅速扩展的。2007年12月，施也频、陈斌在《中国职业技术教育》上发表了《产教融合、特色办学》一文，但并未对产教融合的内涵进行任何界定和表述。从2007年至2012年的6年间，我国学界总计发表了5篇关于"产教融合"的论文。2013年1月，在教育部出台的《关于2013年深化教育领域综合改革的意见》（教改〔2013〕1号）中，首次在政策层面提出"完善职业教育产教融合制度"的办学体制改革；同年11月党的十八届三中全会通过的《中共中央关于全面深化改革若干重大问题的决定》提出了"加快现代职业教育体系建设，深化产教融合、校企合作，培养高素质劳动者和技能型人才"的要求，该要求在2014年国务院出台的《关于加快发展现代职业教育的决定》（国发〔2014〕19号）中得到重申。显然，推进产教融合、校企合作已经成为当时发展职业教育的一种政策导向。在这样的背景下，学界关于产教融合的研究广泛兴起，在2014年就发表了137篇论文，且从2014年至今的几年时间里，我国学界关于产教融合的研究呈现一个迅速增加的趋势（见图1-1）。在这些研究论文中，有11篇学位论文，其中包含1篇博士论文，均完成于2015年至2017年。

---

① ［美］亨利·埃兹科维茨、［荷］劳埃特·雷德斯多夫：《大学与全球知识经济》，夏道源等译，江西教育出版社1999年版，第3、138、147、154、243页。
② 潘懋元、刘振天：《发挥大学中心作用，促进知识经济发展》，《教育发展研究》1999年第6期，第1—5页。

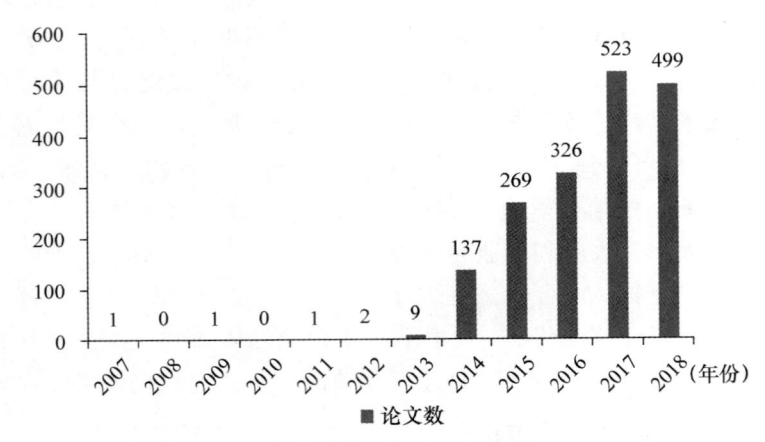

图1-1 我国学界关于产教融合的研究论文统计

注：检索时间：2018年7月14日。

除学术论文以外，有关产教融合的著作也于近年逐渐产生，如王志年著《高职产教融合人才培养模式构建》（2014），潘玉耕、温金祥主编《产教融合 以岗定教》（2014），贺星岳著《现代高职的产教融合范式》（2015），张蕴启主编《深化产教融合提升内涵建设水平》（2015），李心、王乐夫主编《深化产教融合校企合作 推动中职教育创新发展 广东中等职业教育教学改革研究与实践》（2015），王乐夫、谢南斌主编《广东职业教育与区域产业深度融合发展研究》（2015），巩汝训等著《产教融合视阈下高职校园文化建设研究与实践》（2016），袁景翔著《高职教育产教融合与校企合作办学体制机制研究》（2016），郭杰、朱志坚、陶红主编《产教深度融合背景下广东高职教育发展创新与实践》（2017），和震、李玉珠、魏明著《职业教育产教融合制度创新》（2018），汤晓燕主编《基于产教融合背景下的创新创业人才培养探究》（2018）等。著作的产生和增多，标志着学界对产教融合开始进行系统性的探索。

可见，在短短几年时间里，我国学界对产教融合开始了大量的研究，形成了一大批研究成果。对这些研究进行梳理，可以发现它们主要集中于以下几个方面：一是关于产教融合的内涵研究，从不同的角度探讨了产教融合的内涵，使产教融合的概念越来越明晰。二是关于产教融合的制度机制研究，主要探讨了产教融合的动力机制和运行机制以及相关的制度建设，研究成果多侧重于建立产教融合的互利共赢格局，调动产业界参与职业教育的积极性，完善产教融合的法律保障，提出构建学校与企业的研讨协商机制、人才共育机制、常规管理机制、政策引导激励机制、行业协会监督协调机制等，以促进产教融合的深入、持久实施。此外，还有一些研究对产教融合中的制度建设进行了系统或零星的分析。三是产教融合的人才培养模式或教学模式研究，侧重于从院校实践层面集中研究产教融合中的人才培养实施策略和具体措施。四是产教融合的问题研究，这类研究侧重于通过调查法，分析当前我国推进产教融合存在的主要问题，如校企合作不深入、政策法规不完善、专业设置与产业发展需求不协调、应用技术研发与企业技术革新缺乏协同、行业企业参与产教融合的积极性不高、教师合作能力不足等问题。五是产教融合的对策或路径研究，探索了若干深化产教融合、校企合作的对策或路径，提出了诸如建立学校与企业的对接机制、强化"双师"队伍和实训基地建设、推广现代学徒制、充分发挥企业主体地位、强化行业协会的作用、建设职业教育联盟或集团、提升学校的科技开发和社会服务能力、健全监管制度和评价机制、完善政策法规等对策或措施。

学界除了从以上几个方面开展产教融合研究以外，有关产教融合的政策研究也逐步展开。例如，罗汝珍在《职业教育产教融合政策的制度学逻辑分析》（2016）一文中指出，尽管我国出台了一系列促进产教融合、校企合作的文件，但是这些文件并不是与《职业教育法》配套的下位法律文件，它们的权威性和稳定性有限，对于产业部门参与职业教育的行为并不具有约束性，且政府对于自身在其中应该发挥的主导作用缺乏清晰的认识，对于参与主体的职责分工并不明确，导致职业教育部门与产业部门在处理产教融合的相关事务中缺乏明确的指导，政策执行效果并不明显。我国产教融合政策呈现出"政府主导作用强大，市场力量明显不足"的特点，必须转变政策范式，从"供给侧"开展制度创新，具体包括如下四个方面：第一，政府根据职业教育中产教融合的相关规律，从教育、经济、劳动人事制度等方面加快建立国家层面的宏观性法律政策框架，为职业教育产教融合制度的实施提供合法性保障。第二，必须出台转变产业部门身份地位的政策文件，确定产业部门在职业教育办学中的主体地位及其参与职业教育的相关优惠待遇，为产业部门在产教融合过程中发挥主导作用提供保障。第三，出台相关政策，扩大职业院校办学自主权,建立经费保障机制,让职业教育主体在改革活动中既有坚强的后盾,又有充分的自主性。第四,制定职业教育体系改革促进政策,通过职业教育专业调整与人才培养模式转变,提高职业教育的效率和效果。[①]

侯兴蜀在《北京市职业教育产教融合政策的特点与局限》(2017)一文中指出,北京市的产教融合政策从总体上看并未超过国家的范围,但得到分类细化和部分落实,并呈现出"文本表达力度逐渐强化、政府评估学校—学校推进产教融合、以公共财政项目拉动产教融合"三大明显特点,同时存在政策目标与政策手段的匹配度低,政府没有出台有效激励企业广泛而深入介入职业教育的政策,无法建立起一种长效机制等局限性。[②]

杨克瑞在《产教融合:问题、政策与战略路径》(2018)一文中指出,尽管当前我国政策积极倡导产教融合,但产教融合的实施状况仍然很不理想,在整体上不够深入。究其原因,除了认识上的不足、教育与社会的体制性障碍以外,还有政策实施乏力的问题,而产教融合的动力,在于政府政策的推动。[③]

祁占勇、王羽菲在《改革开放40年来我国职业教育产教融合政策的变迁与展望》(2018)一文中指出,改革开放40年来,我国职业教育产教融合政策的演进变革在国家大政方针与教育总体要求以及职业教育需求的推动下,呈现出了不断追求长效发展的价值取向、积极倡导多元主体的合作参与、始终重视"双师型"教师队伍建设、持续完善职业教育与产业精准对接等基本特征,应从转变思维方式、建立联动工作机制、设立专门法律保障、创新现代化治理模式、改进经费投入模式等方面不断完善职业教育产教融合政策。[④]

霍丽娟在《深化产教融合政策的多源流分析:匹配、耦合和发展》

---

① 罗汝珍:《职业教育产教融合政策的制度学逻辑分析》,《职业技术教育》2016年第16期,第8—13页。
② 侯兴蜀:《北京市职业教育产教融合政策的特点与局限》,《中国职业技术教育》2017年第30期,第86—90页。
③ 杨克瑞:《产教融合:问题、政策与战略路径》,《黑龙江高教研究》2018年第5期,第35—37页。
④ 祁占勇、王羽菲:《改革开放40年来我国职业教育产教融合政策的变迁与展望》,《中国高教研究》2018年第5期,第40—45、76页。

(2018) 一文中，采用约翰·W. 金登 (John. W. Kingdon) 的多源流框架 (The Multiple – Streams Framework) 对我国产教融合进行分析指出，院校与企业分属两个不同性质的组织，其价值取向和利益诉求不同，这种跨界的优质资源禀赋的融合需要外部环境的力量进行催化和整合。我国高等教育的产学研合作和职业教育的校企合作人才培养在运行中一直存在企业作为参与主体缺乏合作动力和责任意识，职业院校缺乏合作意识和服务能力的突出问题，根本原因是推动产教融合、校企合作的制度和社会环境的营造和治理问题，当前突出表现为政府主导作用不够，各相关部门的职责分工不清，支持和鼓励企业参与的激励机制、约束政策及相应的评价机制不完善，需要国家在宏观层面进行统筹规划和协调治理，鼓励企业将人才供应链和创新链的源头放在高校和职业院校，为教育与产业的契合发展提供良好的制度和政策环境。《国务院办公厅关于深化产教融合的若干意见》（国办发〔2017〕95号）的制定存在清晰的问题、政策、政治源流和政策之窗，它的制定过程具有中国本土化的特征，其成功出台也为以往产教融合法律法规的制定未进入决策议程提供了一种合理解释，是国家教育改革和人才资源开发的基本制度安排。[①]

综上所述，在国家政策的推动下，我国学界对产教融合的研究迅速兴起，积累了大量的研究成果，近年来已有一些关于产教融合政策的研究。但总体上说，围绕产教融合政策开展的研究成果还比较少，更鲜有针对一个地方的产教融合开展的政策研究，这在区域经济社会尤其是产业发展差异明显的国家里，无疑会使研究成果的针对性、可操作性和有效性不强。

（三）从校企合作到产教融合的理性认知

较长一段时间以来，我国在教育和产业的发展上提倡"校企合作"和"产学研结合"，对应产业与教育关系上的"产教结合"或"产教合作"主张，虽然也取得了一定的成绩，但总体上没有改变产业界与教育界对接不好，人才培养、科技研发的供给侧和产业发展对人才和科技的需求侧之间存在的"两张皮"问题。直到党的十八大召开，我国更加

[①] 霍丽娟：《深化产教融合政策的多源流分析：匹配、耦合和发展》，《职业技术教育》2018年第4期，第6—13页。

强调教育尤其是职业教育、高等教育在经济发展尤其是产业转型升级中的作用,提出了"产教融合"的主张并逐步拓展了"产教融合"的内容和适用范围。这一政策变化不是无缘无故的,无论是从概念内涵上看,还是从我国政策目标来看,抑或是从实践需求来看,从"校企合作"到"产教融合",都蕴含一个更加深入,由量变到质变的过程,对此我们要有充分的理性认识。

首先,从概念内涵上看,"产教融合"所反映的主体关系比"校企合作"更加全面和深入。一方面,"产教融合"中的"产业"与"教育"是两个集合的概念,"产业"是一定社会中行业企业或各行各业的集合,而"教育"是各个学校的集合,这决定了"产教融合"在广度上泛指整个教育链与产业链之间的密切关系,而不同于"校企合作"仅指学校和企业的合作关系,这里存在一个整体与局部的关系。在一定的区域内,学校和企业的关系密切了,可能只是学校和部分企业之间的关系非常密切,可能还有许多企业的诉求没有得到学校的回应和支持,因此并不意味着这个区域的教育和产业的关系就对接好了,特别是当我国总是立足于学校发展谈"校企合作"的时候,往往缺乏对整个产业的关注。另一方面,在现代汉语语境中,"合作"指的是不同的人或群体之间互相配合做某事或共同完成某项任务,合作的各主体之间仍然具有较强的独立性,且由于"合作"只是一种关系形式,而不是一种合作程度的表征;"融合"指两种或多种不同的事物合成一体,形成你中有我、我中有你、不可分离的关系,各主体之间已经没有明确的界限,这使"融合"已成为主体之间关系程度的一种表征。因此,"融合"比"合作"立意更高,更强调"产"和"教"彼此之间的联系、互动、和谐。[①]

其次,从政策目标上看,"产教融合"比"校企合作"拥有更多、更深的目标要求。我国政策文件对"产教融合"的解释和对"校企合作"的解释是明显不同的。例如,在"产教融合"政策提出之前,2010年出台的《国家中长期教育改革和发展规划纲要(2010—2020年)》对"校企合作"定位于行业、企业"参与办学""接收学生实习实训和教师实践""开展委托培养、定向培养、订单式培养和工学结合

---

① 杨善江:《产教融合:产业深度转型下现代职业教育发展的必由之路》,《教育与职业》2014年第33期,第8—10页。

试点"等，局限于学校与企业之间在人才培养上的一般性合作，这种合作不仅范围窄，层次也不高，只是在一种专业人才供求关系上的拓展。2014 年出台的《国务院关于加快发展现代职业教育的决定》对"产教融合"的解释是："同步规划职业教育与经济社会发展，协调推进人力资源开发与技术进步，推动教育教学改革与产业转型升级衔接配套。""发挥企业重要办学主体作用""强化校企协同育人"。2015 年印发的《教育部关于深化职业教育教学改革全面提高人才培养质量的若干意见》（教职成〔2015〕6 号）提出产教融合的要求是：推动教育教学改革与产业转型升级衔接配套，加强行业指导、评价和服务，发挥企业重要办学主体作用，推进行业企业参与人才培养全过程，实现校企协同育人。可见，产教融合对教育与产业的关系有了更高的要求。在此基础上，2017 年出台的《国务院办公厅关于深化产教融合的若干意见》（国办发〔2017〕95 号）对"产教融合"提出了三个层面的要求：一是宏观层面要构建教育和产业统筹融合发展格局，包括：同步规划产教融合与经济社会发展、统筹职业教育与区域发展布局、促进高等教育融入国家创新体系和新型城镇化建设、推动学科专业建设与产业转型升级相适应、健全需求导向的人才培养结构调整机制。二是中观层面要强化企业重要主体作用，包括：拓宽企业参与途径，鼓励企业以独资、合资、合作等方式依法参与举办职业教育、高等教育；深化"引企入教"改革，支持引导企业深度参与职业学校、高等学校教育教学改革，多种方式参与学校专业规划、教材开发、教学设计、课程设置、实习实训，促进企业需求融入人才培养环节；开展生产性实习、实训。健全学生到企业实习、实训制度；以企业为主体推进协同创新和成果转化；强化企业职工在岗教育培训；发挥骨干企业引领作用。三是在微观层面要推进产教融合人才培养改革，包括：将工匠精神培育融入基础教育；推进产教协同育人；加强产教融合师资队伍建设；完善考试招生配套改革；加快学校治理结构改革；创新教育培训服务供给。

显然，我国"产教融合"的政策目标既包含"产业"和"教育"的关系，也包含"学校"和"企业"的关系，还包含"教学"或"人才培养"与"生产"的关系，因此无论是在广度上，还是深度上，都远远超过"校企合作"的要求。

再次，从实践需求来看，"产教融合"比"校企合作"更符合知识时代产业发展和教育自身发展的需求。在知识与经济的关系发展上，伴随着知识经济的深入发展，产业发展对科技知识依赖程度不断加深；反过来，科技知识的经济价值日益凸显。在这一背景和趋势下，仅仅是学校与企业之间在人才供求上的一般合作已经越来越不适应产业发展的需求。当前，我国人才培养、科技研发的供给侧和产业发展对人才和科技的需求侧之间，在结构、质量、水平上都不能很好地适应的"两张皮"问题，不仅影响了学生就业和科技成果的转化，更是制约着我国人力资源开发的有效性，制约着我国建设创新型国家和制造强国的进程。因此，突破过去"校企合作"的局限，密切产业发展与教育发展之间的关系，深入推进"产教融合"，促进教育链、人才链与产业链、创新链有机衔接，是非常迫切的现实需求，既是推动经济发展尤其是产业升级，培育经济发展新动能，提高经济发展质量，减少资源消耗和环境污染的需要，又是提高人力资源开发的有效性，扩大就业创业，确保教育尤其是职业教育、高等教育自身持续、健康发展的需求。

二 发达国家产教融合的政策、模式与基本经验

（一）美国的校企合作

1. 校企合作的政策

（1）校企合作的相关组织机构

设立专门的保障机构。1962年美国成立了国家合作教育委员会，1963年在合作教育委员会的推动下又成立了合作教育协会。委员会和协会负责协调合作教育工作，学校自身设有自己的合作教育部。合作教育部主要由两类人员组成，一类是有教学经验和职称的教师；另一类是与社会有广泛联系、对合作教育有献身精神的工作人员，即项目协调人。合作教育委员会和协会还争取到了广告协会的支持，利用各种媒体做无偿广告，通过广泛宣传提高公众对合作教育的认识。宣传规模极大，仅广告时间价值就达到了1.5亿美元。[1]

设立专门的管理机构。在研究型大学中，为了促进大学研究成果

---

[1] 孔巧丽：《美国"合作教育"的探析及启示》，《新疆职业教育研究》2010年第3期，第23页。

申请专利或向企业有偿转化，斯坦福大学、麻省理工学院、加州理工学院等都设有"技术授权办公室"①。为了将"技术授权办公室"的技术经理和企业负责人结合到一起，"大学技术经理协会"在联邦政府的资助下成立，成为高校技术成果和企业需求之间的重要桥梁。此外，美国高校设置了许多"大学—企业合作研究中心（IUCRP）"，这一机构逐渐成为大学科研与教学的基地，同样起着"桥梁"的作用。

（2）校企合作的政策法规

美国政府为了保证职业教育的顺利发展，1862 年颁布了第一个职业教育法《莫雷尔法案》，法案规定：联邦政府拨出 3 万英亩土地给各州，各州将土地出售或投资所得收入用于建立讲授农业与机械有关知识的学院，形成了教学、科研和技术推广服务相结合的高等教育体系，为后来的产教融合奠定了基础。

1965 年《高等教育法》和 1968 年《高等教育法修正案》均对美国学校和企业的合作教育进行了立法。1965 年《高等教育法》的目标为"强化我们的学院和大学的教育条件，并对接受高等教育的贫困学生提供经济资助"，其第三条款规定允许"发展中学校"使用该条款确定的款项去发展合作教育计划②。1968 年《高等教育法修正案》将"只有被认定为发展中学校才符合拨款条件"这一限制条件取消，将有关资助合作教育的内容单独列款③。

美国政府于 1984 年首次颁布的《卡尔·帕金斯职业教育法案》，取代了 1976 年颁布的《职业教育法修正案》，规定联邦政府可以通过拨款推动企业与学校在职业教育领域的合作；美国政府又分别于 1990 年颁布了帕金斯法第二修正案——《卡尔·帕金斯职业和应用技术教育法案》，规定每年联邦政府向州政府和地方培训计划投资 16 亿美元，要求地方至少以 1∶3 的比例给予经费配套④；1998 年发布了第三修正案——

---

① 李联平、陈云棠：《政府支持　大学搭台　企业加盟——以加州大学校企合作解读美国官、学、产研发创新机制》，《高等理科教育》2009 年第 1 期，第 53 页。
② 林木：《美国高校合作教育支持系统研究》，西北师范大学，硕士学位论文，2011 年。
③ 同上。
④ The Perkins Acts of 2006: Connecting Career and Technical Education with the College and Career Readiness Agenda School–to–Work Oppounities Act of 1994, http：//www.achieve.org/achievepolicyBrief_Perkins.

《卡尔·帕金斯生涯与技术教育法案》,进一步强调产教一体化;2006年发布了帕金斯法案第四修正案——《卡尔·帕金斯生涯与技术教育法案》,用"生涯和技术教育"取代了"职业和技术教育",将限于学校学习阶段的职业和技术教育拓展到工作阶段。

1994年5月克林顿政府通过了《美国2000年教育目标法》和《从学校到工作机会法案》(School-To-Work Opportunities Act),建立了从学校到工作场所过渡的支持保障体系,标志着美国的校企合作进入一个新阶段。1994年的《美国2000年教育目标法》提出"每家美国大型企业都将参与强化教育与工作相联系的活动"[1],这就确立了校企合作在21世纪的法律地位。同年颁布的《从学校到工作机会法案》要求各州政府建立"学校至职场机会"教育体系[2]。它的特点之一是允许各州自行决定自己学校与企业合作的形式,如加州的加利福尼亚大学成立了合作学院,威斯康星州开展了青年学徒计划[3]等,该法案确定了校企合作的核心地位,极大地促进了校企合作的开展。

此外,20世纪80年代以来,美国相继出台十余部与产学研相关的法规和条例,有《拜杜法案》(1980)、《小企业创新发展法案》(1982)、《国家合作研究法》(1984)、《国家合作研究与生产法案》(1989)、《技术转化商业法案》(2000)等。其中《拜杜法案》为大学参与科研成果的转移提供了依据,《小企业创新发展法案》(2000)为大学科研的发展提供了外部的经济刺激与支持,《国家合作研究法》使政府—企业—大学的科研创新资助链得以形成[4]。

(3)校企合作的经费资助

1965年美国国会通过了《高等教育法》(The Highter Education Acts),该法案特别为产学研合作教育提供资助,该资助一直持续到1992年,拨款累计达2.2亿美元。1968年国会修正了1965年的《高等教育法》,把合作教育的财政资助从第三条款中剥离出来,列在联邦政

---

[1] 项玉:《美国大学校企合作的经验对我国大学的启示》,《现代教育科学》2003年第1期,第100页。

[2] 刘存刚:《美国的校企合作及其对我国职业教育的借鉴意义》,《教育探索》2007年第8期,第33页。

[3] Katherine L. Hughes, Thomas R. Bailey and Melinda Mechur Karp. School-to-work: Making a Difference in Education. The Phi Delta Kappan, 2002 (4): 274.

[4] 蓝晓霞:《美国产学研协同创新机制研究》,北京交通大学出版社2014年版,第70—71页。

府对学生资助的第四条款中。1972 年建立了第四 – D 条款，第一次拨出资助合作教育的单列款①。1976 年《高等教育法》的第八条款中单独设立了合作教育基金，有了专门的法律条文来保障对校企合作的资助。

1994 年联邦政府通过的《校企联合机会法》也向各种校企联合计划提供资助，1995 年已经拨款 2.45 亿美元；各州政府也通过法案为校企合作建立拨款制度，如作为最先实施青年学徒制的威斯康星州规定由劳工发展部建立青年学徒拨款制，1999 年威斯康星州 9 号法案规定：每个青年学徒最高可获得 900 美元，雇主至少提供 50% 的资金支持，雇主提交不少于 1 万美金的资金保证②；此外，美国各种基金会也在提供校企联合计划启动资金上作出重大贡献，包括读者文献基金会、福特基金会以及基隆基金会等③。在产学研合作方面，美国科研经费投入总量巨大，且增速很快。1994 年美国全国科研经费总额为 1692 亿美元，2004 年已经达到 3121 亿美元。2007 年联邦政府 R&D 投入达 3725 亿美元，占世界科研经费的三分之一，投入重点在于产业界难以大规模投入的重大科研项目。2014 年美国 R&D 投入达 4526 亿美元，呈现连续增长的趋势④。

（4）对企业的激励机制

美国还采取了减免税收、补偿性政策、专项投资等措施激励企业参与校企合作。第一，直接减免税收的优惠政策：1978 年联邦政府出台了《工作税收抵免目标法》，允许企业享受联邦政府抵免收入税，数目是第一次给合作教员 6000 美元的 50%。密歇根州制定的《密歇根高中生注册学徒制课税扣除》分析了企业参与职业培训项目的障碍，并制定了相关的资助政策。1980 年的《拜杜法案》规定"允许企业拥有相应专门权或独占性"和"大学要尽量使专利技术实现商业化：减免向大

---

① Francis Keppel. The Highter Education Acts Contrasted 1965 – 1986：Has Federal policy come of Age？. Harvard Educational Review，1987（1）：51.

② Department of Workplace development. Wisconsin Youth Apprenticeship Program Operations Manual [EB\OL]. http：//dwd.wisconsin.gov/youthapprenticeship Program. htm. 1997 – 12 – 04/ 2014 – 09 – 20.

③ 方舫：《美国校企联合面面观》，《外国教育研究》2000 年第 5 期，第 62 页。

④ National Science Foundation. U. S. R $ D Resumes Growth in 2011 and 2012，Ahead of the Pace of the Gross Domestic Prouduct [EB\OL]. http：//www.nsf.gov/statistics/infbrief/nsf14307/. 2014 – 1 – 14.

学投入研发经费的企业的税收"。这就改变了政府资助大学取得研究成果的归属权问题。美国1981年的《经济复兴税收法案》规定了对高科技企业的税收优惠，1986年《税制改革方案》规定了对大学科研的直接税收优惠政策[1]。第二，补偿性政策：如夏威夷州修订《职业安全法》，减少企业参与管理职业教育培训项目的学生应担负的责任[2]。第三，专项投资：美国州政府直接给地方大学合作教育提供专项资金。如1996—2003年，加州政府针对加州大学伯克利分校的"企业—大学合作研究项目"所投入的资金累积达到3860万美元。

2. 校企合作的模式

美国校企合作的历史较长，随着时代背景的变化、社会经济的发展，涌现出多种各具特色的校企合作模式，其中职业教育校企合作模式主要有：合作教育模式、技术准备计划、青年学徒制、校企契约、赛扶（SIFE – students in free enterprise）计划、高级技术教育（ATE – advanced technological education）计划等。其中合作教育模式最为典型，成果最为卓著，也是本书重点介绍的对象。而研究型大学的产学研合作模式主要有：科学园模式、孵化器模式、技术转让模式、产业与大学合作研究中心模式等。

（1）合作教育模式

1906年，辛辛那提大学赫尔曼·施奈德首次提出学校和企业合作的理念[3]。辛辛那提大学提出了，"一部分专业和一些教育项目的学生一年中必须有四分之一的实践到自己专业对口的公司企业或者工厂商店去工作以获得必要经历"的教学计划。以"学工交替"为主要特征的"辛辛那提"计划拉开了美国校企合作（合作教育）的序幕。美国国家合作教育委员会对合作教育的基本界定是：合作教育是把课堂学习与通过相关领域中生产性的工作经验学习结合起来的一种结构性教育策略，学生工作的领域是与其学业或职业目标相关的。合作教育是学生、教育

---

[1] 蓝晓霞：《美国产学研协同创新机制研究》，北京交通大学出版社2014年版，第72页。

[2] Mar S. Miller & Robert Fleegler. Strategies for Sustaining School-to-work. jobs for the future & New Ways Works National，2000.

[3] 刘书瀚、白玲：《校企合作应用型人才培养模式理论与实践》，南开大学出版社2014年版，第69页。

机构和雇主间的一种伙伴关系,参与各方有自己特定的责任①。也就是说合作教育是把理论学习和工作经验结合在一起。

第一,发展历程。以"学工交替"为主要特征的"辛辛那提"计划,在美国被称为合作教育古典模式。该模式中,每学年分为"理论学期"和"工作学期","理论学期"学生在校园内学习理论课程,"工作学期"学生在相关工厂进行实践学习,这种理论与实践相结合的教育方式,当时被称为合作教育。1909年,美国东北大学新建的工程学院,实行所有学生必须参加的合作教育模式。1921年一所文科学校——安条克学院选择了合作教育模式,这将合作教育模式拓宽到所有的专业②。1960年合作教育模式出现了巨大变化,即合作教育平行计划模式:让学生上午在课堂学习,下午和晚上进行交替工作。

第二,认定标准。美国高教界对"合作教育"的认定提出了四条基本标准:一是学生的校外工作应该尽可能地与其学习领域和个人兴趣领域相关;二是学生的雇佣必须是正规的、连续的并且是教育过程的基本要素;三是学校在获取学位或毕业证书的要求中必须包括对雇佣的最小量化要求和完成标准的最低要求;四是在学生通过理论学习取得进步的同时,其工作经验也在克服困难、承担责任的过程中相应地增加,并且工作经验的增加应该尽可能与其学习进步同步。符合这四条基本要求的模式才可被认为是真正的合作教育模式。

第三,主要形式。合作教育模式的主要形式有:一是并行式模式:全日制的学生除了全日制的理论学习以外,每周还要抽出20—25小时的时间做工。这种形式的优势是学生的学业不会被打断,学生可以得到雇主支付的报酬,有能力的学生所做的业余工作可能转变为实习岗位③。二是交替式模式:指全日制学习学期和全日制工作学期交替进行,工作学期以各校的具体情况来定。交替模式的优势在于:作为全职工作者的学生可以获得更重要的工作岗位;学生的实习地点不再局限于学校周边;学生可以全身心地投入工作或学习。这种模式的缺点在于:

---

① 任君庆:《服务型区域教育体系的校企合作研究》,高等教育出版社2016年版,第26页。
② 徐平:《美国合作教育的基本模式》,《外国教育研究》2003年第8期,第2页。
③ 任君庆:《服务型区域教育体系的校企合作研究》,高等教育出版社2016年版,第27页。

一是过于紧密的学习时间安排让学生在学习学期要学习四年的理论课程，学生学习起来较为困难。二是学生在工作学期返校进入学习学期需要有良好的衔接。三是双重制模式：由于美国高校类型多样，层次不一，20世纪80年代以后不同类型的高校既实行并行制也实行交替制，即所谓的双重制，以尽可能多地为学生提供选择的机会，吸引更多学生参与到项目中。三种模式都涉及学校、教师、雇主等主体；每种模式的运行都由准备阶段、实施阶段、反思阶段三个阶段组成。

第四，主要特征。一是合作形式多样化。根据学校或学生类型的不同，合作教育形式呈现出多样化。无论是并行式、交替式还是双重式，每种模式都有其侧重点和独特优势。二是专门机构协调工作。美国国家合作教育委员会和协会负责协调合作教育工作，学校自身设有自己的合作教育部。三是各主体紧密联系。在利益驱动机制下，合作教育模式的各个主体各自发挥其作用，各司其职又有机统一，使得合作教育井然有序地进行。

（2）技术准备计划

美国社区及初级学院协会前主任戴尔·帕内尔在《被忽视的大多数》中将除学习成绩优异和存在严重问题的学生群体之外的学生称为"被忽视的大多数"[1]，为了增强这一学生群体的职业能力和学术能力，满足就业和升学的双重需要，帕内尔提出技术准备计划。1998年第三次修订的《卡尔·帕金斯职业与应用技术法》奠定了"技术准备计划"在21世纪美国职业教育发展中的核心地位。

美国技术准备计划所要达成的目标是：培养更具国际竞争力和适应性的劳动大军；为美国的雇主提供大量的、高质量的新一代雇员；帮助企业发展，创造更多的就业机会[2]。它的课程模式主要有：（1）"2+2"模式、"2+2+2"模式和"4+2+2"模式[3]。其中"2+2"模式是目前比较通行的模式，是指11年级和12年级的学生选修中学后教育前两

---

[1] Robert Shimony & J. W. Russo. Medical Laboratory Technology：A New York State Tech – Prep Model That Improves Acdemic Skills. Journal of Educational Research，2001（5）：301.

[2] 王凌：《从学校到工作——美国职业教育改革新举措》，《昆明师专学报》1999年第6期，第28—29页。

[3] 王璞、李玲玲：《技术准备计划：美国衔接中学与中学后教育的策略》，《比较教育研究》2012年第6期，第64页。

年水平的职业技术课程,毕业后再正式进入两年制学院学习相关课程,实施双元学分计划。(2)"2+2+2"模式。在"2+2"模式的基础上开辟了学生继续到四年制本科大学学习两年的通道。(3)"4+2+2"模式。9年级到12年级,学生选择学习的主要方向并制订四年学习计划,前三年在普通中学或职业中学学习学术知识和相关的职业技术知识,第四年学生半天在学校学习,半天在工厂工作。

"技术准备计划"整合了学术课程和职业课程,中学教育课程和中学后教育课程,学校本位课程和工作本位课程,解决了学术课程和职业课程,中学教育课程和中学后教育课程,学校本位课程和工作本位课程之间的割裂问题。

(3)青年学徒制

青年学徒制是美国以德国双元制为蓝本,使高中学生一边在社区学院学习,一边在企业接受培训的校企合作模式。美国《为未来工作报告》中指出:"青年学徒制是指为16岁及16岁以上青年制定的学习项目,该项目整合了学校本位学习与工作本位学习,连接中学教育与中学后教育,让学生同时获得学位文凭和工作技能证书[①]。"学生在企业工作获得的学分社区学院也予以认可,如果学生进一步到企业学习,可以获得学位证书和熟练工人资格。

由于文化和制度等因素,青年学徒制在美国的本土化操作也遇到了雇主参与度不高等问题,但有利于学生获得实用的工作技能,增强就业能力,促进了学校与企业的合作。

(4)校企契约

校企契约是指政府教育部门、学校、企业、工商协会等组织与家长、学生经商定签订契约,约定学校、企业和学生之间建立互惠互利的合作关系。"契约"对学生的教学、实习等每一个环节都作了明确的规定,如上课是否守时、平时考核成绩等,只有达到考核标准学生才能获得就业机会或奖学金,因此教学与实习的质量得以提高。

(5)赛扶(SIFE – students in free enterprise)计划

赛扶计划是由SIFE组织实施的为学校、媒体和企业的联合搭建平

---

① Jobs for the Future. Learning That Works: A Youth Apprenticeship Briefing Book [EB\OL]. http://files.eric.ed.gov/fUlltext/ED357255.pdf.1997 – 06 – 05/2014 – 10 – 11.

台的计划，致力于塑造全球未来经理人，组织并鼓励学生主导策划社会实践活动，有五个重点的核心内容：推广市场经济理念，教授成功技能，传播企业家精神，普及理财基本常识和培养商业道德[1]。它成为全球企业与学生交流的桥梁，有利于企业发掘优秀人才。

（6）高级技术教育（ATE – advanced technological education）

1993年由联邦政府倡导、美国国家科学基金会发起的ATE计划是一项为满足技师需求，有效整合产业与教育的校企合作模式。目前它的参与者主要是社区学院。ATE计划主要由ATE项目来实现，项目主要针对技术教育领域的特殊方面，如师资培训、学生的技术经验等问题。其技能人才培养模式是联合教育和产业部门，共同策划培养方案，共同实施，共同评估。

（7）科学园区模式

科学园区是一种把科研、生产和教育密切结合的模式。美国的科学园区模式源于1951年斯坦福大学在硅谷建立的斯坦福研究园，研究园增加了斯坦福大学的收入并促进整个地区的繁荣[2]，树立了科学园的典范。科学园区建立在高校密集的地方，以高校的先进设备和科研人才为依托，在政府引导下发挥高校的科研力量，吸引社会资源，以高校为中心形成产业经济园区。

（8）孵化器模式

"孵化器"即高新技术孕育中心，是一种培育创新产品和培育小企业的产学研合作组织模式，其宗旨是为雏形高新技术产业提供资金来源和技术帮助，其重点是培养小型创新企业。美国孵化器的类型多样，但即使以政府或地域企业为主导的孵化器，高校的作用也举足轻重。

（9）技术转让模式

为鼓励大学和科研机构提供更多专利技术，美国部分州政府为新型企业提供技术支持，如佐治亚理工学院成立了高新技术转让服务中心，

---

[1] 苏俊玲：《美国职业教育校企合作实践的研究》，华东师范大学，硕士学位论文，2008年。

[2] 刘力：《美国产学研合作模式及其成功经验》，《教育发展研究》2006年第4期，第17页。

为企业提供业务咨询并转让技术成果①,这一模式已经成为美国科技成果转化的主要形式之一。

(10) 产业与大学合作研究中心模式

1972年国家科学基金会提出了"工业—大学合作研究计划",提出三种方案:鼓励工业进行实验性的R&D活动;促进大学在工业建立一个分支机构,倡导工业—大学合作研究中心(I/UCRC)。1990年工业大学合作研究中心方案正式实施,参与的大学有麻省理工学院,北卡罗来纳州立大学等。这一模式最典型之处在于每一中心由一所大学和多个企业组成,基金会、企业和大学所在的中心共同为大学提供资金支持,促进合作研究。工业—大学合作研究中心(I/UCRC)协同创新联盟在美国共有110多个,涵盖100多所研究型大学、700多家公司、800多名教授、1000多名研究生和250多名本科生②。

3. 校企合作基本经验及其启示

(1) 发挥政府引导作用

美国职业教育校企合作的支持系统中,很大程度上是政府在发挥着引导作用。无论是配套的法律法规、充足的财政支持、专门的保障与管理机构还是对企业的一系列激励政策,都说明了政府对校企合作的高度重视,但是政府没有使用强制性的命令,而是激励、引导和协调,校企合作各方都是自愿参与,按照自我需求结合在一起。例如,美国采取减免税收、补偿性政策、专项投资等措施激励企业参与校企合作,就是除了晓之以理,还要导之以"利"。

同样,在产学研合作中,政府也只是起着营造良好外部环境、推动信息交流与引导的作用,并不对产学研合作的各个主体施加压力,从而使产学研合作在一种轻松的氛围中进行。

(2) 建立利益协调机制

学校和企业属于不同的利益主体,美国的校企合作充分满足了相关主体的利益诉求。例如在合作模式中各主体发挥各自作用,并实现多方共赢。一是学校的利益。合作教育给学生带来了收入并减轻其负担,提

---

① 邵鹏:《中外高校产学研合作模式研究》,东北大学,硕士学位论文,2013年。
② NSF. I/UCRC Model Partnership [EB/OL]. http://www.nsf.gov/eng/iip/iucrc/index.jp. 2013-01-20.

高了学校声誉；有利于师生接触企业与工厂的高级设备，更新知识资源。二是学生的利益。通过实践强化对理论知识的认知；积累工作经验和职业选择的筹码；与雇主建立联系，提高就业机会。三是雇主的利益。企业提前物色员工可以节省人力资源成本；通过合作教育项目来招募员工，可以保障永久性雇员的来源。

（3）建立有效的保障机制

第一，经费保障。美国的职业教育在校企合作过程中有来自多途径的、充分的经费支持。美国职业教育的每次立法必有一次政府的资金投入，这是职业教育的启动器。在产学研合作方面，对于风险大、投资高和可能有重大技术突破的项目，由政府和企业按照一定的比例出资实施。

第二，法律保障。美国政府通过制定法律法规保护校企合作各方的合法权益，为校企合作的各个方面提供了法律上的规范和支持。从《赠地法案》《高等教育法》《卡尔·帕金斯职业教育法》及其系列修正案到《美国2000年教育目标法》和《从学校到工作机会法案》，每一阶段配套的法律法规使美国关于校企合作的立法具有连续性，使校企合作开展的方方面面有法可依。这些法律法规对校企合作地位的确立、主体利益的保障、主体积极性的激发等都起到了举足轻重的作用。

（4）建立专门的协调与管理机构

美国设立的专门的协调与管理机构也为校企合作的顺利开展起到了很大的推动作用。例如美国国家合作教育委员会和协会负责协调合作教育工作，学校自身设有自己的合作教育部。合作教育部主要由两类人员组成，一类是有教学经验和职称的教师；另一类是项目协调人。项目协调人既了解学校的课程设置、课程安排和教学情况，也熟悉企业和社会的用人情况，他们统筹安排学生的课堂学习和实习工作。又如在产学研合作中，"技术授权办公室"和"大学—企业合作研究中心（IUCRP）"等专门的管理机构起着重要的桥梁和协调作用。

（二）德国的校企合作

1. 校企合作的政策

（1）职业教育法及配套法律法规

1969年9月1日德国《联邦职业教育法》（BBiG）正式生效。该法第一次将德国企业培训的各种分散的法规汇集到一起[①]，成为学校实施职业教育和企业进行职业培训最重要的法律依据。其中强调了职业教育中学校与企业合作的重要性："职业教育的质量和效益，它的吸引力和国际认可程度等，关键取决于相关参与者之间合作的深入和完善。"而2005年修订的《联邦职业教育法》第一部分第2条直接明确了职业教育学习地点分为经济界的企业、职业教育的学校以及除此之外的机构，并强调"学习地点在职业教育实施中合作"。由于职业学校由各州管理，为进一步落实和贯彻产教融合理念，各州政府也不断为当地企业和高校的合作提供政策支持，如德国各州文教部长联席会议2015年最新发布的《关于职业学校的框架协议》，明确规定职业学校在双元制体系内职业教育的使命和地位。协议第1条开宗明义，强调职业学校与教育企业在双元制体系内共同完成教育的使命，职业学校作为独立学习场所，作为平等伙伴与其他职业教育参与者进行合作。《巴伐利亚州学校教育教学法》第11条规定，职业学校的任务是与企业内进行的职业实践教育相协调，而该州的《职业学校条例》进一步对学校如何落实产教结合理念开展教学作出具体规定。[②]

1972年5月30日发布的《联邦政府与州文化部长就职业教育领域教育条例和框架教学计划协商程序的协议》是迄今为止唯一以校企合作为规范对象的专项协议。[③] 该协议强调了合作对职业教育的必要性，规定了《职业培训条例》和《学校框架教学计划》之间进行协商的流程。它也成为联邦和各州政府落实职业教育合作事务的制度基础。[④]

除此之外，政府还出台了一系列与《职业教育法》配套的法律以完善德国职业教育法律体系，如《劳动基本法》《培训员资格条例》《职业教育促进法》《青少年劳动保护法》《职业培训的个人促进法》《培训章程和考试规则》《工商业联合会权利暂行规定》《手工业条例》《劳动资助法和社会补助法》等等。而且，德国政府用于职业教育的经费也通

[①] 庞辉、张晓菲：《20世纪70年代德国职业教育政策探析》，《职业教育研究》2006年第7期，第159—160页。

[②] 刘立新：《德国职业教育产教融合的经验及对我国的启示》，《中国职业技术教育》2015年第30期，第18—23、37页。

[③] 江奇：《德国职业教育校企合作机制研究》，陕西师范大学，硕士学位论文，2014年。

[④] 江奇：《从校企合作到学习场所合作——德国职业教育研究和实践的新发展》，《比较教育研究》2014年第1期，第93—99页。

常是通过法律规定的方式来筹措,与经费筹措相关的法律如《联邦职业教育法》《扩大职业培训位置促进法》《职业教育促进法》《企业基本法》等等。①

(2) 中小企业创新促进政策

2006年,德国联邦政府出台了第一个全国性的高科技战略——《德国高科技战略(2006—2009年)》,主要目的是资助信息通信、能源、生物等17个行业促进企业开展研发工作。2014年8月,联邦教育与研究部更新高科技战略,发布了《新高科技战略——为德国而创新》。在实现政府高科技战略目标的计划方面,联邦政府主要聚焦尖端创新集群竞赛、企业与大学和大学外科研机构的研究合作(称"研究苑")以及中小企业创新三大促进政策。②

2007年,联邦政府推出了中小企业创新计划(简称KMU—innovative计划),以实现与联邦政府高额科技战略的对接。

2008年7月,由联邦经济与技术部负责的"中小企业创新集中计划"(Zentrales Innovations Programm Mittelstand,ZIM)开始实施,2015年发布最新的实施方针,扩大中小企业的受助范围和资金额度。该计划强调多个创新主体(如政府、公立大学和大学外科研机构、企业、中介机构等)及需求者之间组成互动网络。

德国政府为鼓励中小企业不断研究技术和革新产品,设立中小企业研究与技术专项基金,并制定了"中小企业研究与技术政策总方案",对中小企业研究与学术界的研究合作,除给予所需费用的低息贷款外,每年还补助3万马克;对开发新产品的中小企业给予50%的研究费用补助,并协助将其科技成果转化为商品。为鼓励东部地区中小企业科技进步,从1990年起,德国联邦教研部通过历时4年的"东部地区合作研究开发计划",向东部地区中小企业提供资助,资助额达项目费用的50%。③

---

① 任君庆:《服务型区域教育体系的校企合作研究》,高等教育出版社2016年版,第23页。
② 史世伟、向渝:《高科技战略下的德国中小企业创新促进政策研究》,《德国研究》2015年第4期,第98—108、143页。
③ 刘百宁、王海旗、王兆琪编著:《中小企业融资实务与技巧》,中国经济出版社2004年版,第395页。

《职工技术培训法》规定青年人必须参加技术培训，企业有义务提供青年工人技术培训的岗位。政府还在各州设有跨行业的培训中心，采取脱产、半脱产和业余培训等多种方式，为企业培养各类专门人才。经过多年的发展，德国已经形成了标准较为统一的双轨制职业培训制度。所谓"双轨制"或"双元制"技术培训，就是强制要求中小企业业主、企业管理人员和初创业者、各类技术工人和青年人，在从事某种专业技术工作时，必须先经过2—3年的培训，其中一半时间为理论学习，另外一半时间为企业岗位培训。①

（3）协同创新计划

联邦教育与科研部于2006年推出"精英倡议计划"重大战略，以提高德国大学的国际竞争力，德国政府将高校与企业的合作列入多类创新项目的具体要求中，作为优先资助的条件。这一计划的实施不仅为校企双方创造了更多协同合作的机会，还促进了新的科学知识生产组织形式——协同研发的产生。

为了促进研发能力薄弱的中小企业与高校之间展开合作，政府在集群规划中推出"创新区域"和"创新地区增长核心"计划，专门扶持企业界和学术界组成的区域专项基金体系，以推动区域协同创新。

在高校研究成果商业化层面，联邦教育和科研部以及联邦经济和劳动部联合推动了"知识创造市场"的规划，2011年又推出"商业化攻势"规划以促进高校与企业在成果转化方面的合作。

2004年，联邦政府推出并实施"应用科学大学联合经济界科研计划"，鼓励高校与企业合作，至2010年总投入达到1亿欧元。②

2. 校企合作的模式

（1）双元制模式

德国"双元制"模式被称为经济腾飞的"秘密武器"。这种模式不仅存在于德国职业教育领域，而且延伸到高等教育领域，双元制大学的建立就是最好的例子。德国双元制大学是由初创于1974年的职业学院发展演变而来的。德国第一所双元制大学是巴登—符腾堡州双元制大学

---

① 杨国川：《德国政府扶持中小企业发展的举措及启示》，《国际经贸探索》2018年第3期，第62页。

② 周小丁、黄群：《德国高校与企业协同创新模式及其借鉴》，《德国研究》2013年第2期，第113—122、128页。

(DHBW),正式成立于 2009 年 3 月 1 日。双元制大学办学特色鲜明,理论课程学习在大学进行,而实践教学部分则分布在其他的"双元制伙伴"(如企业、政府机构、基金会、社会救济机构等)中完成。①

"双元制"模式实质上是企校合作、工读交替的办学体制和教学模式。② 在"双元制"模式下,教学和培训过程分别在学校和企业进行。在 3 年的职业培训学习过程中,一般每周 1—2 天在学校接受与职业相关的理论知识和专门知识学习,3—4 天在企业接受实践技能培训和职业经验传授。教育培养过程由学校和企业双方共同完成,强调动手能力的培养,即便在学校,学生至少 50% 的时间是在实训教室里边学习边操作。③ 德国双元制模式呈现出如下特点:

第一,这种办学模式的特点是以企业为主,即企业在经费、设备投入、业务参与等方面发挥着主体作用,尤其是在业务的参与上更加体现企业的需求,能结合企业的实际来制订相应的培训计划。④

第二,市场与需求导向的运行机制。双元制专业与课程是企业与高校在人才培养方面的合作重点,依据企业发展的现实需要,结合企业生产规模、经济效益以及劳动组织结构调整情况,选择出具有综合性、适应性和相对科学、稳定的专业课程。⑤ 德国每所职业学校都设立了校企合作专业委员会,其成员由学校代表和企业人员代表共同组成。职业院校的校企合作专业委员会成员进行深度沟通交流,根据市场人才需求,共同探讨人才培养方案的制定、教学大纲的制定、教学内容的安排、教学计划的编排等。另外,校企合作专业委员会还负责安排、改进和调整教学任务,也负责选聘教师、选定教学项目等工作。⑥

第三,多主体共同参与机制。除了政府的政策制定和校企双方的合

---

① 孙进:《德国 不妨试试双元制大学》,《中国教育报》2018 年 5 月 11 日第 6 版。
② 赵建宁:《德国"双元制"办学模式及对我国职业教育的启示》,《内蒙古电大学刊》2011 年第 6 期。
③ 吴戈:《德国职业教育启示下高职校企合作人才培养模式的创新》,《长江工程职业技术学院学报》2014 年第 4 期,第 16—18 页。
④ 刘书翰、白玲:《校企合作应用型人才培养模式理论与实践》,南开大学出版社 2014 年版,第 62 页。
⑤ 温莎:《浅谈双元制职业教育模式》,《知识经济》2011 年第 20 期。
⑥ 马玲玲:《德国校企合作机制对我国职业教育的启示》,《产业与科技论坛》2017 年第 12 期,第 168—169 页。

作实践，行业协会在德国职业教育的过程中也发挥着重要作用：一是行会负责职业教育培训合同各阶段的管理。按照最新的统计数据，2008年全德国新签订的双元制职业教育培训合同为 625914 份。在这些合同中，其主管单位为各职业领域的行会。① 二是行会负责职业教育培训考试组织。如行业协会专门设有考试委员会，该委员会由企业的雇主与雇员的代表及职业学校的教师组成，主要负责组织职业教育考试，企业办学资格认定，实训教师资格的考核和认定，考核与证书的颁发，培训合同的注册与纠纷仲裁等，行业协会设有的考试委员会不与任何一个培训机构挂钩，从而保证考核的客观、公正、规范，结果具有权威性，这成为企业与职业学校相结合强有力的桥梁。② 三是行会负责职业教育培训的审查与监督。

（2）协同创新模式

科学界和经济界的创新合作是德国创新体系中的优势和特色所在。高校、科研机构、企业是德国创新体系中的重要组成部分，其相互融合不仅对于培养创新人才具有重大作用，而且有利于激发德国创新潜力、提高国际竞争力。

德国科学界捐助人联合会曾笼统区分了五种高校与企业科研合作的类型：第一，委托课题，即企业存在单方面的研发需求，由此发起合作，此类合作占企业对高校科研投入的 44% 左右；第二，合作课题，即双方都有研究兴趣，共享资源和能力，实现优势互补，企业对此类合作的投入达 4.6 亿欧元（27%）；第三，基金教席，企业在高校设立教席，企业为此投入 1.5 亿欧元（9%）；第四，研究所，此种合作依托高校，由企业与高校共同经营，企业投资 1 亿欧元（6%）；第五，企业的其他资金支持，包括捐赠、专利、许可证等形式，共计 2.4 亿欧元（14%）。

高校与企业之间的研发合作和知识转化表现出显著的多元化特征，具体形式有委托课题、博览会展示、进修与培训、设备的使用、咨询、专利、参观、人员交流和中介、展示、研究生论文指导、专业委员会、

---

① 蔡跃、王继平：《从〈联邦职业教育法〉看德国行会在职业教育中的作用》，《教育理论与实践》2011 年第 6 期，第 25—27 页。

② 路明兰：《德国"双元制"职业教育中政府推动校企合作的启示》，《职教论坛》2011 年第 2 期，第 39—40、43 页。

出版物、鉴定、创业、非正式会谈、互联网论坛、实习生讲座、学术会议、合作课题、科学捐助、许可证、研讨班等。

同时，随着组织结构不断创新，使得校企之间发展出各种新型知识转化渠道，例如集群（cluster）、创新能力中心、创新技术平台、创意城市、卓越促进、创新联盟、科技创新园区、创新和研发校园、孵化器、工业研究型校园（industry research campus）、科学企业挑战计划（science enterprise challenge）等。以集群模式为例，它既是高校与经济界科学知识成果转化的重要工具，也是目前德国政策的支持重点。集群就是围绕着某个具体的产业部门，在制造商、供应商、高校和科研机构、服务商、商会等各种行为体之间建立起的联系网络。以德国北部的生命科学集群（Life Science Nord）为例，该集群由汉堡与石荷州共同成立，网罗了该地区约470家医疗、生物和医药技术企业，5所开设了生命科学专业的综合性大学和3所应用科学大学，150多家医院，还有其他聚焦生命科学的科学联合会、专业科技园区及孵化器等。集群创新模式可以凝聚企业优势，形成鲜明的能力特色、规模效应以及辐射力量，吸引各类投资、企业和专业人才。

高校与企业合作关系的经济效应和价值创造主要集中在周边地区，包括带动了本地就业市场以及周边高科技企业创业，高校所在区域失业率平均比全国其他地区低3%。以柏林为例，其4所大学共有1.44万名员工，9.6万名学生，财政经费共计近13亿欧元，其中3.5亿欧元来自第三方经费，每年为柏林地区创造价值17亿欧元，贡献1.18亿欧元税收，2006年至2012年间由高校教师创业企业达470家，创造了1.7万个工作岗位。[1]

3. 校企合作基本经验及其启示

（1）健全和完善法律法规，为校企合作提供保障

不管是前文提到的职业教育领域的"双元制"，还是大学、科研机构和企业等构成的"协同创新模式"都离不开强大的法律保障。尤其是职业教育领域的"双元制"，更是建立了一整套完备的职业教育法律体系。对企业培训主要由国家层面的法律进行约束，在企业承担的义

---

[1] 伍慧萍：《向德国学习创新（6）：高校与企业的五种合作》，2018年5月25日（http://german-studies-online.tongji.edu.cn/0f/77/c42a3959/page.htm）。

务、培训对象范围、培训内容、组织程序、考核评价等方面都作出了明确具体的规定，对职业学校的行为则由地方政府部门根据相关法律法规进行约束。这些都为校企合作创造了良好的制度环境，使校企合作的各方都有法可依。另外，法律法规的制定要结合当下的教育形势的发展状况进行适当调整和修改，以便于更好地实现科学界与企业界的融合。

（2）发挥政府的主导作用，坚持长效合作机制

政府是职业教育的领航员和调控师。在"双元制"体系中，政府的作用主要是通过制定法律、法规，明确企业和学校教育的任务。同时，政府也是规范企业和学校教育行为的监督者。再者，政府还通过制定战略规划为校企双方开展有效合作架起桥梁。如政府制定的《新科技战略》为企业和高校在科研合作上提供了平台。另外，校企共同培养人才是一个长期的过程，因为人才培养有其自身的时间周期，而市场需求的变化则日新月异。因此需要建立相应的组织保证校企双方能针对人才培养的规划保持长期的互动，以适应社会发展的需要。

（3）多方主体有效参与，深化产教融合

如前所述，政府是职业教育的领航员和调控师。而企业是职业教育的主体，既是教育的投资者和参与者，也是教育成果的享用者，企业根据劳动力市场的变化对劳动者能力的需求以及自身生产发展对知识和技能的要求，自行决定培训内容和方式，并通过提供实践的操作平台开展有针对性的职业培训；职业学校是职业教育的主要实施者，学校在教育框架计划下开展教学，以弥补学生在理论上的不足。行业协会则在职业教育的准入、职业证书的考试和评价以及职业考核标准的制定等方面发挥作用，以保证产教融合的顺利进行。所以深化产教融合需要多方主体的作用发挥才得以深化。

（三）日本的校企合作

1. 校企合作的政策

日本政府早在 20 世纪 50 年代起就大力支持产学研结合。在 1955 年，日本政府和企业成立了具有民间性质的"日本生产性本部"，在本部设置了产学协作委员会，随后 1956 年日本政府制定了"产学协作教育制度"，将产学协作在产业化中更加具体化。紧接着，1960 年，日本政府提出国民收入倍增计划，提出关注产学结合问题。直到 1983 年，

日本文部省成立研究协作室，制定大学与企业的共同研究制度，随后还制定出委托研究制度、委托培训制度、捐赠制度、研究室制度、人员互派制度等。[1]

在一系列的产学研制度初步形成后，1995年，日本通过引进技术刺激经济增长的作用已经很小，必须自主进行基础性、开拓性的前沿研究，强化自主技术创新，于是发布了《科学技术基本法》，要求增强产学研合作，推进基础研究、应用研究和开发研究的协调发展。[2] 1996年，日本政府制订的第一期"科学技术基本计划"中首次提出产学研联合的相关政策，包括推进大学与民间企业共同研究、允许大学研究员到企业兼职、允许政府委托研究的知识产权归大学或民间企业所有、加强对研发课题、研发机构和研究者的评价。1998年，日本国会通过《大学技术转移促进法》和《研究交流促进法》，促进大学及国立研究机构技术成果向企业转移，提高研发水平，活用研究成果，促进大学研究成果的商业转化，开拓新产业，从土地使用费、科研经费赞助、奖励等多方面促进企业与大学开展合作。2000年，日本政府制定《产业技术强化法》，鼓励企业长期委托国立大学或国家科研机构进行研究开发，将其中一部分商业收益返还给研究人员作为进一步研究的后备经费。[3] 2001年日本政府开展第二期"科学技术基本计划"，政府继续加大研发投入，重点确定了资源优先配置的生命科学、信息通信、环境和纳米材料等4大重点领域，提出竞争性资金倍增计划以促进科研人员的自主性，通过基础知识培育来振兴区域经济，提高大学与企业间的信赖关系。2006年，日本实施第三期"科学技术基本计划"，提出进一步推进产学研合作建设，集中合力进行课题研究、技术开发与转化，同时文部省出台了"产学共同研究成果创新化事业""独创性研究成果实用化事业"和"产学研合作活动高度化促进事业"。2011年，日本实施第四期"科学技术基本计划"，在人才培养方面，强化理工科学生培养以及特别研究员制度等，扩大在全国的大学范围内培养具有资金调配能力、技

---

[1] 李明华：《国内外产学研合作创新的比较研究》，天津大学，硕士学位论文，2010年。
[2] 曹勇、邢燕菊、赵莉：《日本推进产学研合作创新的立法效果及启示》，《情报杂志》2009年第10期，第191—196页。
[3] 张文强：《我国产业技术创新与产学研结合模式研究》，武汉理工大学，博士学位论文，2013年。

术背景、知识产权管理等综合经营素质的人才。①

2. 校企合作的模式②

（1）共同研究

一般指日本高校的研究人员与产业界的研究人员就某一研究领域的具体技术问题设置研究课题，以平等的地位和对等的立场进行合作研究的行动，相关研究成果为双方共同所用，该模式由大学提供研究场所或者在大学内部和企业研究场所共同开展研究活动。

（2）委托研究

文部省于1958年创设了委托研究制度，通过制定合同的形式，大学的研究人员接受民间企业、各部门研究机构、地方公共团体等委托进行的科学研究，研究题目由企业制定，研究经费由企业全额负担，其研究成果一般归委托方所有。

（3）委托研究员制度

大学从企业接收研究人员或者技术人员，由本校教师对其进行培训，提高他们的研究水平，为企业开发研究做准备。

（4）企业捐赠制度

日本政府提倡和鼓励民间企业、团体、个人向大学捐款，以改善大学办学条件和科研水平。

（5）设立共同研究中心

一般指大学、国家科研机构和企业共同设立研究中心开展研究活动，接受企业委托进行合作或者委托研究，向企业内部的研究机构提供技术咨询和培训等服务。

（6）建立科学园区

指政府利用行政手段在日本若干区域范围内建立具有高新技术集聚效应的工业园区，由企业和大学根据自身情况不同程度地投入人力、财力、物力，使得大批高新技术企业和创新型科技人才持续涌入，促进了新技术、新产业、新产品的大规模发展。

---

① 田辉：《日本"产学研联合"发展战略》，《中国民族教育》2013年第4期，第42—44页。

② 吴宛蒙：《中美日高校产学研合作发展比较研究》，吉林大学，硕士学位论文，2012年。

(7) 日本学术振兴会

学术振兴会设有"产学研合作委员会",会员都是产业界以及学术界的一流研究人员,他们共同探讨重要课题。

3. 校企合作的基本经验及启示

(1) 建立完善化、系统化的政策和法律法规支持

从日本的产学研实践中可以看到,其"科学技术基本计划"是一个系统长期的规划,通过不同的社会形势分期分步骤地制定新的产学研发展战略,每期计划的侧重点是动态调整变化的,是在国家科技发展大战略的基础上进行动态微调,日本视产学研协同为一项基本国策,以此为中心构建良好完备的制度环境,其政策制定的大局观与动态调整观值得我国相关部门在制定产学研政策时加以借鉴。除了制定相应政策,日本通过一系列的法律法规对产学研进行引导和规范,使得日本的产学研发展有条不紊地规范开展,一方面是对产学研合作的鼓励和优惠;另一方面是细化产学研的相关制度。

(2) 政府主导地位,企业主体地位

在日本的产学研发展过程中,日本政府对产学研的正确引导发挥了重要作用,日本政府以引导者的身份,通过不断立法和出台新的制度对产学研进行扶持,塑造了良好的产学研氛围,调动产学研各方的积极性,在企业和大学及科研机构之间起到良好的中介协调作用,除此之外,日本的文部省、通产省、科技厅等部门还对产学研合作加以监管和协调,保证产学研合作的顺利运转。而企业作为产学研的主体,其对产学研的成果具有强烈需求,迫切需要提高企业的技术水平和创新能力,但是仅仅依靠企业的科研部门研发则力度不足,必须将企业的资金结合大学、科研机构的人才、实验设备、研究资料等优势提升研发的效率,企业在产学研中的主体地位不可动摇,要充分调动企业参与产学研合作的积极性。

(3) 多种合作模式并存,促进研究人员流动

日本在产学研合作上存在7种模式,呈现出多样化的特点,每种模式都有各自的优缺点,可以满足不同产学研主体的需要,在合作过程中,既包括企业研究人员流向大学进修以提升研究能力的委托研究员制度,也包括大学和企业研究部门共同研究合作的共同研究制度,也包括建立协会以加强研究人员进行探讨的学术振兴会形式,但总而言之,日

本多样化的产学研合作模式大大促进了不同领域研究人员的沟通交流合作，凝聚各种创新优势资源，有助于科研能力的快速提升。

三　广东省产教融合的政策、典型经验及存在的问题

（一）产教融合的政策环境

1. 国家和各部委出台的产教融合（校企合作）政策及其目标

（1）校企合作政策的提出、发展及其目标

中华人民共和国成立后，经过几年的探索和实践，我国在职业教育领域逐步确立的半工半读的学校教育制度和半工半读的工厂劳动制度，在各行各业百废待兴和经济困难的时期，快速地为社会培养一批技术技能人才。与计划经济体制相适应，在若干年的发展中，我国实行以行业办学为主、企业办学为辅的体制，学校与企业的关系比较紧密。

改革开放后，与市场经济体制改革相适应，我国教育体制改革逐步由改革开放初期的行业办学为主、企业办学为辅，转向地方办学为主、行业企业办学为辅，使行业企业与学校的关系从紧密走向松散。学校主要在政府的主导下办学，在教育资源短缺、生源充足的社会条件下生存和发展。然而，经济的快速增长、科技应用的日新月异、日益分化和不断变化的市场需求，对人才培养的适切性又提出了许多新要求，客观上要求教育尤其是职业教育、高等教育与经济社会和产业发展需求紧密结合，培养出适销对路的专业人才，这就对加强校企合作提出了越来越强烈的需求。

1986年，《国家教育委员会、国家计划委员会、国家经济委员会关于经济部门和教育部门加强合作促进就业前职业技术教育发展的意见》（教职字011号）指出，为了使各级职业技术学校毕业生能够熟悉生产过程，具有较强的实践动手能力，对口的企业应积极接纳师生下厂进行生产实习和实践。各地经委与教委要共同帮助本地区企业与各类职业技术学校对口建立必要的协作联系，积极探索发展职业技术教育的新路子。可以进行厂校合作培训制度的试点，厂校共同负责考核。1996年颁布的《职业教育法》明确提出："职业学校、职业培训机构实施职业教育应当实行产教结合，为本地区经济建设服务，与企业密切联系，培

养实用人才和熟练劳动者。"

1998年教育部出台的《面向21世纪教育振兴行动计划》提出：加强产学研合作，促进高等学校、科研院所和企业在技术创新和发展高科技产业中的结合。鼓励企业在高等学校建立工程研究中心、生产力促进中心等技术集成与扩散的示范中心，开发高新技术产品。鼓励高等学校向企业转让技术，或利用现有中小企业兴办高新技术企业，探索企业与高校从立项到投产"一条龙"的全面合作。与以往的校企合作政策不同的是，这一时期的校企合作政策重在促进高校科技成果的转化和利用，而不是人才培养，因此着眼于普通高等教育。

2002年，《国务院关于大力推进职业教育改革与发展的决定》（国发〔2002〕16号）提出：深化职业教育办学体制改革，形成政府主导、依靠企业、充分发挥行业作用、社会力量积极参与的多元办学格局。企业要和职业学校加强合作，实行多种形式联合办学，开展"订单"培训，并积极为职业学校提供兼职教师、实习场所和设备，也可在职业学校建立研究开发机构和实验中心。

2005年印发的《国务院关于大力发展职业教育的决定》（国发〔2005〕35号）对职业教育领域的校企合作进行了明确的规定：大力推行工学结合、校企合作的培养模式。与企业紧密联系，加强学生的生产实习和社会实践，改革以学校和课堂为中心的传统人才培养模式。中等职业学校在校学生最后一年要到企业等用人单位顶岗实习，高等职业院校学生实习、实训时间不少于半年。建立企业接收职业院校学生实习的制度。实习期间，企业要与学校共同组织好学生的相关专业理论教学和技能实训工作，做好学生实习中的劳动保护、安全等工作，为顶岗实习的学生支付合理报酬。

2010年出台的《国家中长期教育改革和发展规划纲要（2010—2020年）》提出，建立健全政府主导、行业指导、企业参与的办学机制，制定促进校企合作办学法规，推进校企合作制度化。实行工学结合、校企合作、顶岗实习的人才培养模式。吸收企业参加教育质量评估。制定优惠政策，鼓励企业接收学生实习、实训和教师实践，鼓励企业加大对职业教育的投入。

至此，校企合作的理念和概念在我国教育政策中逐步得到明确和强化，并提出了法制化或制度化的目标。但是，这些政策文件并无太多具体的明文细则，也无配套的实施方案，侧重于宏观指导，没有考核、监督措施与责任追究机制，可操作性不强，实践效果不理想。在这一政策的指引下，校企合作大多是学校主动向企业寻求"帮助"，解决实习实训、就业和教师实践等问题，双方之间关系的维护主要靠的是彼此之间的口头承诺和信誉，较少通过合作协议明确双方的权利、责任和义务，也较少形成互利共赢格局，导致合作的广度和深度不够，可持续性不强。

（2）产教融合政策的出台及其目标

基于经济发展和产业升级、促进就业的需求，教育与产业之间关系的不协调问题日益受到党和国家的重视。2012年，党的十八大开启了"加快发展现代职业教育"的新征程，职业教育被摆在更加突出的位置。2013年1月，教育部出台了《关于2013年深化教育领域综合改革的意见》（教改〔2013〕1号），提出了"完善职业教育产教融合制度"的办学体制改革要求，首次在政策层面使用"产教融合"的概念并明确了建立健全行业企业参与办学的体制机制，建立职业学校与行业企业联动开发课程机制的具体目标。随后，党的十八届三中全会、五中全会以及《国务院关于加快发展现代职业教育的决定》（国发〔2014〕19号）都提出了"深化产教融合"的重要任务。其中《国务院关于加快发展现代职业教育的决定》进一步提出了同步规划职业教育与经济社会发展，协调推进人力资源开发与技术进步，推动教育教学改革与产业转型升级衔接配套，强化校企协同育人，鼓励行业和企业举办或参与举办职业教育，发挥企业重要办学主体作用的政策目标。2015年，教育部印发的《高等职业教育创新发展行动计划（2015—2018年）》（教职成〔2015〕9号）提出：坚持产教融合、校企合作，推动高等职业教育与经济社会同步发展的指导思想。同年，《教育部关于深化职业教育教学改革全面提高人才培养质量的若干意见》（教职成〔2015〕6号）在坚持产教融合、校企合作的基础上，明确了推动教育教学改革与产业转型升级衔接配套，加强行业指导、评价和服务，发挥企业重要办学主体作用，推进行业企业参与人才培养全过程，实现校企协同育人的政策目标。至此，"产教融合"的要求得到我国职业教育政策的确立。

（3）产教融合政策的推广及其目标

2015年，教育部、发展改革委、财政部印发的《关于引导部分地方普通本科高校向应用型转变的指导意见》（教发〔2015〕7号）提出了推进需求传导式的改革，深化产教融合、校企合作的基本思路，并明确了以下要求：建立产教融合、协同育人的人才培养模式；具有培养专业学位研究生资格的转型高校要建立以职业需求为导向、以实践能力培养为重点、以产学结合为途径的专业学位研究生培养模式；工程硕士等有关专业学位类别的研究生教育要瞄准产业先进技术的转移和创新，与行业内领先企业开展联合培养；校企合作联合开发在线开放课程；建立校企一体、产学研一体的大型实验实训实习中心，等等。

2. 广东省出台的产教融合（校企合作）政策及其目标

在贯彻国家产教融合（校企合作）政策，适应地方经济发展尤其是产业发展需求的过程中，广东省也出台了一系列推进产教融合（校企合作）的政策。

2006年出台的《中共广东省委、广东省人民政府关于大力发展职业技术教育的决定》（粤发〔2006〕21号）在校企合作上提出了以下内容：支持公办职业院校采取"前校后厂""名牌学校办民办学校"等形式，与企业和其他社会力量合作办学；鼓励有条件的地方依托企业集团、大型企业和示范性职业院校，组建职业技术教育集团，促进校企合作、产学结合，走规模化、集团化、连锁化办学的路子；推行工学结合、校企合作的培养模式；建立职业院校教师到企业实践制度，专业教师每两年须有两个月到企业或生产服务一线实践；企业有责任接收职业院校学生实习和教师实践，并向顶岗实习的学生支付合理报酬；对支付实习学生报酬的企业，给予相应税收优惠；支持和鼓励企业建设职业技术教育实训基地。

为贯彻落实《国务院关于大力发展职业教育的决定》（国发〔2005〕35号）和《中共广东省委、广东省人民政府关于大力发展职业技术教育的决定》（粤发〔2006〕21号），广东省人民政府于2007年印发了《广东省大力发展职业技术教育实施纲要（2006—2020年）》（粤府〔2007〕11号），提出了加快完善"政府主导、依靠企业、充分发挥行业作用、社会力量积极参与、公办与民办共同发展"的职业技术教育格局，在校企合作上明确了以下几项政策：公办职业技术院校可以采取联合、连锁、集团化、股份制、与企业和社会力量合作办学等模式；培育发展以企业集团或大型企业为龙头的职业技术教育集团；鼓励企业建设公共实训基地，到2010年建设300个企业实训基地，当地政府可根据实际情况给予适当资助和扶持等政策；成立由行业组织、企业与有关职业技术院校共同参与的省级专业教学指导委员会，鼓励行业组织、企业直接参与职业技术院校专业建设和课程开发，研究制订专业教学计划、教学大纲和人才培养方案；根据行业、企业职业岗位群对技能人才知识、能力、素质的要求，研究制定职业技术教育专业系列课程标准；健全职业技术院校教师到企业工作实践的激励制度。

2010年出台的《广东省中长期教育改革和发展规划纲要（2010—2020年）》提出了"推进职业教育校企合作"的发展任务，在校企合作方面明确了以下政策目标：建立政府主导、行业参与、校企结合的应用型技能型人才培养共同体，在专业设置、人才标准和培养方案设计、课程改革、教材建设、实训实习、就业指导、产学研合作等方面形成合力；推进校企合作、工学结合，实现人才培养与产业结构优化升级相促进；围绕现代产业发展需要，支持高等学校参与构建以企业为主体、以市场为导向、产学研结合的开放型区域创新体系，支持高等学校、科研院所、企业共建工程技术研发机构和产学研结合示范基地，支持高等学校参加省部企业科技特派员行动计划等要求；建立校企合作保障机制，推进校企合作制度化、常态化，落实有关税收政策，鼓励支持企业以各种形式参与职业教育办学，鼓励行业、企业、学校建立校企合作工作机构等内容。同年，为贯彻落实胡锦涛总书记在2009年视察珠海高级技工学校的重要指示精神，广东省技工教育系统启动了"百校千企"校企合作平台建设，由广东省人力资源社会保障厅制定相关政策，推动100所优质技工院校与1000家知名企业搭建一个资源共享、信息互通、合作紧密的平台。

2011年，《中共广东省委广东省人民政府关于统筹推进职业技术教育改革发展的决定》（粤发〔2011〕14号）出台，提出了"推进校企合作深度融合"的体制机制改革目标，明确了以下校企合作的政策目标：加大校企合作的扶持引导力度，促进学校和企业通力合作办学、合作育人、合作就业、合作发展；积极探索推行"教学工厂""企业校区""校企双制""生产实训一体化教学车间"等工学一体化人才培养模式;完善"百校千企"校企合作平台;鼓励职业技术院校与企业按照共同的培养目标,联合制定实施课程计划,合作共建生产实训中心;支持行业协会参与举办职业技术教育,支持校企合作组建职教集团。同年出台的《广东省职业技术教育改革发展规划纲要(2011—2020年)》(粤府办〔2011〕39号)提出了推进校企一体化合作的重点任务,明确了校企合作中加强法规和制度建设,完善合作机制,创新激励机制等若干具体内容。

为积极贯彻落实《国务院关于加快发展现代职业教育的决定》(国发〔2014〕19号)和2014年全国职业教育工作会议精神,全面提升职业教育服务经济社会发展的能力,广东省人民政府于2015年初印发了《关于创建现代职业教育综合改革试点省的意见》(粤府〔2015〕12号),提出到2018年,基本形成产教融合、校企合作人才培养"广东模式",以及创建产教融合发展示范区,创新工学结合人才培养实现形式,使产教融合、校企合作、工学结合成为职业教育教学的一种常规制度等要求。

2018年,《广东省职业教育条例》颁布,指出发展职业教育应当坚持产教融合、校企合作、工学结合、知行合一,并在校企合作、产教融合方面作出以下明确的法律规定:职业教育校企合作实行校企主导、政府推动、行业指导、学校企业双主体实施的合作机制,鼓励职业学校与企业事业组织、社会团体、行业组织在人才培养、合作研究、共建机构、共享资源、技术创新、就业创业、社会服务、文化传承等方面开展合作;规模以上企业应当建立校企合作制度,设立学生实习和教师实践岗位,安排专门机构或者人员与职业学校开展相关工作;支持行业组织、企业、职业学校依法牵头组建多元投资主体的职业教育集团或者其他形式的产教联合体;企业开展校企合作依法享受税收优惠。这些规定,为校企合作、产教融合提供了法律支持。

尽管广东省在政策文件中多次明确提出了产教融合(校企合作)的目标与任务,并对中央部委出台的相关政策进行了一些细化和分解,但校企合作政策的实施情况并不理想。2010年,刘合群、赵丽洁的研究就指出,广东省高职校企合作的态势良好,但存在着校长行为多,政府参与少,大型企业多,中小企业少,学校主动多,企业回应少,顶岗实习多,工学结合少等"四多四少"现象,成为阻碍校企合作向更好方向发展的隐忧。① 王惠霞、郑克俊、倪志敏（2013）的研究指出，广东高职院校校企合作保持着健康发展的势头，同时也存在缺乏法律支持与政策保障，企业参与合作的动力不足，缺乏操作性强的校企合作政策法规细则，缺乏校企合作中介服务机构，缺乏校企合作监督机制等"四缺乏"现象，阻碍了校企合作的开展。2015年，方晓霞、范明明的研究指出，广东高职院校与企业的合作存在深度融合缺乏、运行不畅、政策不完善等问题，其中在政策层面上主要体现为以中央宏观政策为主，具体配套政策和地方性政策少，财政扶持和税收优惠政策少，缺少企业利益保障，对学校要求多，对政府和企业要求少等问题。② 陶红、杨阳对广东省79所高职院校进行全样本调研，以9个企业参与高职人才培养年度报告（2016）以及部分高职院校人才培养工作状态数据系统中的数据为基础，调研广东省产教融合现状，发现广东省高职院校所在区位、办学水平和院校性质对产教融合有显著影响。比较而言，广东省珠三角地区的高职院校、国家级和省级示范校、公办高职院校产教融合现状较为理想，但粤东、粤西、粤北地区的高职院校、非示范性高职院校、民办高职院校的产教融合具有明显差距，需要发挥政府的引导协调作用，加大对产教融合落后院校的经费投入。

在技工教育领域，根据刘珺于2012年12月到2013年3月期间对全省79家企业和34所技工院校的调查结果，广东省技术教育的校企合作在政策方面主要存在以下四个方面的问题：一是制定了宏观的指导政策，但缺乏可操作的具体的政策法规，特别缺乏法律手段的保障；二是资金投入远远不够，学校缺少参与的经济能力，同时也无法调动企业参与的积极性；三是对政策的执行缺少监管，没有形成完善的考核机制；四是对政策的宣传力度不够，导致受众缺乏政策的认同感，影响了政策的贯彻执行。③

---

① 刘合群、赵丽洁：《广东高职校企合作的良好态势及发展走向》，《广东技术师范学院学报》（职业教育）2010年第1期，第1—6页。

② 方晓霞、范明明：《广东高职院校的校企合作现状分析及对策探索》，《广州职业教育论坛》2015年第4期，第60—64页。

③ 刘珺：《广东省校企合作政策分析》，《职业》2014年第15期，第29—30页。

(二) 产教融合的典型经验

1. 广东特色的现代学徒制模式

2014年，国务院印发《关于加快发展现代职业教育的决定》（国发〔2014〕19号），其中明确提出开展校企联合招生、联合培养的现代学徒制试点。广东省高职院校现代学徒制实践起步较早，自2009年开始了现代学徒制的探索，并形成了一些典型经验与做法。[①] 2006年，广东省出台了《关于大力开展职业教育现代学徒制试点的实施意见》（粤教高〔2016〕1号），为广东现代学徒制探索提供了更为完善的制度保障。当前，广东省现代学徒制各试点专业围绕"三双一体化"（双身份管理、双场所教学、双主体育人、一体化人才培养方案）学徒制模式，形成了7种典型的产教融合现代学徒制模式。

（1）"学校＋大型企业"现代学徒制模式[②]

清远职业技术学院医学美容技术专业与大型美容企业——广东伊丽莎白美容健身有限公司合作，构建"学校专业＋大型企业"联合招生、联合培养、一体化育人的现代学徒制模式。该模式从校企共同利益出发，将企业资源转化成现代学徒制的教学资源，建立校企相融的现代学徒制教学文化、建设专业教学资源（专业人才培养标准、专业课程体系、课程教学设计等）、打造双导师团队。通过自主招生方式，面向该公司员工招生，至今已有三届毕业生。它有效处理了专业建设与企业发展的关系，较好地满足了专业建设与企业转型升级的利益诉求，被企业誉为"解决专业技术技能人才难求、流动性大的最佳途径"。

（2）职业店长现代学徒制培养连锁模式[③]

广州番禺职业技术学院主动适应产业结构优化与零售连锁业变革的需要，联合零售连锁业领军企业深圳百果园实业发展有限公司及境内外院校，探索职业店长现代学徒制培养连锁模式。通过搭建"百果园职教联盟"连锁发展平台、开发现代学徒制专业标准、提炼现代学徒制校企合作模式、优化集"高等性""职业性"和"教育性"于一体店长培养

[①] 张志、赵鹏飞、李海东：《广东现代特色学徒制发展分析》，《中国职业技术教育》2016年第18期，第31页。

[②] 广东省教育厅：《广东省高等职业教育质量年度报告（2017）》，2017年。

[③] 同上。

课程体系、建设店长人才培养连锁学院，建构职业店长现代学徒制培养连锁模式。截至 2016 年 5 月底，百果园职教联盟成员院校在百果园公司正式入职的学生有 519 名，升任店长、副店长和总部管理人员的有 150 余人。

（3）基于职业教育集团的现代学徒制①

广东建设职业技术学院依托广东建设职教集团，探索"职业院校—职教集团—企业"的现代学徒制。实行招生招工一体化，在建设职教集团内建立中高职衔接的招生制度；依托职教集团由政行校企四方组成的专业技术技能委员会，统筹开展试点专业现代学徒制相关标准体系的研究与实践工作。由集团内行业协会、大型企业、高职院校共同出资成立"建筑行业跨企业培训中心"。该中心在集团专业技术技能委员会参与和指导下，按购买服务的方式运作。组建集团内"现代学徒制运营中心"，主要承担在集团内实施现代学徒制的管理、运营工作，为实施现代学徒制工作提供一流的运行保障。

（4）院园融合的现代学徒制②

中山火炬职业技术学院的模具设计与制造专业与中山联合光电科技股份有限公司合作、印刷媒体技术专业与中荣印刷集团有限公司合作，开展"现代学徒制"试点招生培养，探索并实践了"现代学徒制"。学院依托国家级高新区的八大国家产业基地，以"院（学院）园（园区）"融合为路径，实践探索出"政产学研一体管理、课岗合一能力导向课程体系建设、岗位学分弹性教学管理"等创新机制，将园区企业管理纳入教学过程，积累了产教合一现代学徒培养的成功经验。

（5）准现代学徒制③

中山火炬职业技术学院应用电子技术专业对接中小微企业岗位，开展了面向中小企业群的"准现代学徒制"试点和实践。"准现代学徒

---

① 艾祎、赵鹏飞、张志：《基于职教集团的现代学徒制探索》，《中国职业技术教育》2016 年第 31 期，第 120—124 页。

② 王春旭、李衡、王龙、陈新：《"院园融合"现代学徒制人才培养机制创新实践研究》，《中国职业技术教育》2016 年第 31 期，第 131—136 页。

③ 黄俊斌、曹勇、曾亚森、熊宇：《面向中小微企业群的"准现代学徒制"的实践探索》，《中国职业技术教育》2016 年第 31 期，第 146—150 页。

制"是面向多个企业的不同岗位的人才需求,学徒具有学校学生和企业准员工的双重身份,享受企业提供的准员工薪酬(三年级定岗实习期间),毕业之前企业为学徒购买"意外险"。一方面,充分遵循现代学徒制教育规律和国内外先进的实践经验,实行"招生招工一体化",教学内容与国家职业资格标准对接,职业资格考证成为学徒制的必要经历,建立了实施机制,如签订学校、企业、学生三方协议、建立联合教研室和双导师制度、企业和学校提供经费等,建立了考评机制,师徒结对,共同接受校企考核。另一方面,充分尊重学生的意愿,企业及其岗位的选择都是基于学生自愿。鼓励各企业"师傅"在条件允许的情况下,为"徒弟"定制个性化的培养方案。

(6)成人教育的现代学徒制[①]

佛山职业技术学院依托工业园区建立校企协同育人平台,构建了"12334"(一个平台、二元主体、三支队伍、三个针对、四个凸显)成人学历教育人才培养校企双元育人的成人学历教育现代学徒制模式。该模式面向企业员工,通过参加成人高考入学考试,学校和企业统筹培养,达到毕业要求的学员将拿到与普通全日制高等教育相等的大专毕业证书以及相应的职业资格证书。这种人才培养模式由企业统一安排面授时间,协助日常管理;同时,"学徒班"学生来自同一家企业,企业对学生在技术、管理、技能等方面的需求较为一致,有利于专门为学徒班制定和实施个性化的培养方案;另外,实施双导师制,企业为核心课程配备了企业导师,使教学与企业实际需求紧密结合;最后,企业将内训任务与学历教育相结合,大大增加了成人学历教育的吸引力,提高了成人学历教育的地位,也突破了现代学徒制学费和户籍的限制,是新形势下人才培养追求的理想模式。

(7)"学校+协会+中小企业"三元众筹现代学徒制[②]

广州铁路职业技术学院联手国家数字家庭应用示范产业基地(一种典型的高新技术产业园区,以下简称"国家基地"),开展智能家居领域技能型人才学徒制培养的探索实践。"三元众筹模式"由学校、

---

① 李柏青、刘常凌:《基于现代学徒制的成人学历教育人才培养模式创新实践》,《中国职业技术教育》2016年第31期,第142—145页。

② 王金兰、陈玉琪、林锦章、何剑锋:《基于"校企行"三方协同的现代学徒制实践探索》,《中国职业技术教育》2016年第31期,第125—131页。

行业协会、企业三方组成利益共同体，明确各方职责，学校是学徒培养的发起方和组织协调者，行业协会成立行会学徒中心全程参与学徒培养的全过程，行业内的若干个企业以众筹的形式承担学徒的具体培养，企业和学徒之间具有双向选择权和淘汰机制。参与众筹的企业，根据各自承担的责任和享有的权利不同，又分为主导企业和辅助企业。学校、行会学徒中心、主导企业、辅助企业构成了"三元众筹"模式的关键要素。

2. 校企（地）共建产业学院（研究院）模式

（1）大学与地方政府共建产业研究院

产业研究院是一种新型的产学研合作组织模式，以技术创新为核心，具有综合性、开放性、资源整合性，是一种更高级的科技产业化模式，可以较好地解决产业创新面临的问题。佛山市南海区广工大数控装备协同创新研究院（以下简称"研究院"）是由省科技厅、佛山市、南海区和广东工业大学共同建设的集数控装备技术研发、成果转化及孵化、人才培养与引进等功能于一体的开放式创新型科研实体和"政、产、学、研、金、用"六位一体的公共平台。该研究院是校地共建产业研究院，属于第三类事业单位，按企业化运作，由广东工业大学负责运营管理，同时作为广东工业大学的产学研基地。其主要特征包括：一是以服务于产业的技术创新需求为导向。研究院紧盯建设珠江西岸先进装备制造产业带创新引擎的发展目标，结合珠江西岸尤其是佛山市产业转型升级需求，以机器人及自动化、精密装备、3D打印和智能制造技术为核心；二是重视大学在技术创新中的作用，加速技术转移和成果转化。研究院加强与广工大等国内外高端人才队伍、重大科研成果对接，促进创业团队与行业龙头企业结成战略合作伙伴，构建有效促进技术转移和成果转化的全流程服务平台，促进科技产业化；三是协同培育高端人才。与广东工业大学等高校、研究院入驻团队、佛山本地优秀企业等单位合作，建立人才联合培养基地，联合培养本科生、硕士生、博士生，以及为企业提供技术人才培养服务。

（2）职业院校与产业、地方共建产业学院

早期职业教育中的产业学院通常被定义为：高职院校为了提升人才培养质量，促进工学结合而进行的一种积极有效的探索，是在与企业深度合作基础上建立的以教学为主体的实践教学基地。[①] 广东省职业院校深化产教融合，推动校企深度合作，以体制机制改革突破了传统校企合作育人的局限性，涌现出一批体现"精准对接""精准育人"的"产业学院"。这些产业学院的办学模式成为广东省高职院校发展与改革的重要关注点之一，已经逐渐突破了"实践教学基地"的属性，并成为具有相对完整的管理机制与育人机制的独立办学实体。综合来看，产业学院是学校所在地政府、行业协会、产业园区、龙头企业及职业院校相关优势专业合作兴办的集学历教育、技术研发、技能培训、生产服务为一体的新型产教融合办学模式。不少公办职业院校以此为切入点，举办混合所有制二级学院，探索出了以成建制的"二级学院"推动产教融合的新模式。

第一，"镇校企"多元混合所有制办学取得新突破。

中国建筑科学院建筑机械化研究分院、中山市南区办事处、广东不止实业投资有限公司联合中山职业技术学院，成立产学研混合所有制股份企业——中山职院南区电梯工程研究院有限公司（以下简称"研究院"），是企业与政府、学校深入合作，探索体制机制改革创新的典型，对于促进产学研合作，提高技术技能人才培养质量具有重要作用。研究院由中国建筑科学院建筑机械化研究分院、中山市南区办事处、学校三方以有形或无形资产共同投入，分别持15%、5%、15%的股份，剩余65%的股份按现金500万元由广东不止投资实业有限公司投入。

第二，混合所有制办学成立建筑学院。

东莞职业技术学院建筑学院是东莞职业技术学院与东莞市建设工程检测中心、东莞市建筑科学研究所、东莞市万科房地产有限公司、东莞市大业建筑技术咨询有限公司等企事业单位联合举办的混合所有制二级学院。建筑学院按照"入股自愿，股权平等，利益共享，风险共担"的原则开展多主体办学。在管理机制上实行董事会制度，董事会由9人组成，设董事长1人，副董事长2—3人，董事2—4人，荣誉董事1人。在运行机制上，实行董事会管理下的院长负责制。院长实行公开招聘，

---

① 徐秋儿：《产业学院：高职院校实施工学结合的有效探索》，《中国高教研究》2007年第10期，第72页。

由董事会聘任。目前,学院开设了建筑工程技术和建筑工程管理2个专业,2016年首批招生69人,已经建有实践基地3个,建筑面积达2.69万平方米。

第三,校企共建广东轻工职业技术学院瀚蓝环境学院。

广东轻工职业技术学院生态环境技术学院与瀚蓝环境股份有限公司组建"广东轻工职业技术学院瀚蓝环境学院",并在各自工作区域设立了专门的办公场地。校企双方确立了以"生院"省级实训项目基础为依托,建设"瀚蓝环境学院监测站"的方案,未来重点开展以下合作:第一,教学合作。根据合作办学需求,增设新专业,确立以行业标准服务教学、实践、科研为需求前提下共同开发专业核心课程的建设目标。第二,课程合作。确定环境监测、水环境自动监测运营管理、大气环境自动监测运营管理、"互联网+"环境大数据管理技术为合作办学核心课程。第三,技术合作。学院与瀚蓝环境公司共同申报省市级技术研发项目,共建国家级孵化器。第四,技术支持。学院组织专业教师与企业生产项目进行对接,将在污水处理和臭气处理方面对企业生产管理提供技术支持。

第四,广东轻工职业技术学院华为信息与网络技术学院。

为共同推进一流高职院校的人才培养工作,广东轻工职业技术学院与华为公司签署了框架合作协议,由信息技术学院与华为技术有限公司共建广东轻工职业技术学院华为信息与网络技术学院,并确定未来四年校企将共同推进一流高职院校的人才培养工作、共同开展技术研究合作、共建双师型团队、共建服务型团队、共同申报国家级平台建设项目等。同时,华为公司还将支持学校建设新一代智慧校园,采用最先进的ICT技术并融合未来信息化发展趋势,从网络、IT、云计算等多方面协助学校打造一流高职院校。

3. 依托工业园区举办学校的院园融合模式

工业园区一般是产业集聚或集群,是政府主导的产物。[①] 园区经济逐渐成为广东省主要经济发展模式。当前,广东省工业园区包括开发区、高新技术区、产业转移工业园和一般工业园区。这些园区发展对技

---

① 喻春光、刘友金:《产业集聚、产业集群与工业园区发展战略》,《经济社会体制比较》2008年第6期,第129页。

术与人才提出了越来越多元化、多层次的需求。围绕工业园区办学或工业园区直接办学成为满足其不断变化的人才与技术需求的可行路径。

（1）位于工业园区的高职院校

这类院校办学在专业设置方面倾向于产业园区，部分专业对接产业园区需求设置，部分教学资源和教学条件是由院园合作共同建立。本部分主要以佛山职业技术学院和东莞职业技术学院为例，阐述位于工业园区的高职院校与工业园区的互动形式。

佛山职业技术学院位于三水国家级工业园区。该园区是全国56个国家高新技术开发区之一，由电子电器、汽车零部件、医疗器械、自动化机械及设备四个重点行业构成。根据园区产业，学校设有机电工程学院、电子信息学院、汽车工程学院、工商管理学院、财经管理学院等六个二级学院，开设机械制造、汽车、光电技术、信息技术、食品饮料、经济管理、金融服务、旅游、艺术设计九大专业群。与此同时，该校还依托园区校企协同合作育人联盟和园区产教合作中心，建设服务工业园区的中小企业混合云计算服务平台，共组建6个园区协同创新平台、4个园区协同育人平台。

东莞职业技术学院位于东莞松山湖高新技术开发区。园区形成了高端电子信息产业、生物技术产业、机器人产业、新能源产业及文化创意、电子商务等现代服务业构成的"4＋1"现代产业体系。已引进华为机器、华为终端总部、中集集团、大连机床、合泰半导体等一批国内外行业龙头企业，以及350家中小型科技企业。东莞职业技术学院专业设置基本与园区产业对接，围绕先进制造业、现代服务业和战略性新兴产业，设置有机械制造与自动化、电子与电气工程等十个专业群，开设了工业机器人技术等36个专业。与华为、恩智浦等企业开展现代学徒制人才培养。总体来看，位于园区的学校以服务园区为学校建设的重要支撑，已经形成了与园区产业形态基本一致的专业结构，并与园区逐步探索二者共赢的院园合作形式。

（2）由工业园区主管的高职院校

在我国当前高等教育特别是高职教育蓬勃发展的背景下，一个地区的行业企业可以从区域外的高职院校招揽人才，为何还需要当地高职院校的存在呢？究其实质，被看中的恰恰是这所高职院校能满足该区域行业企业对人才的实际需求，有"立地"的科技研发能力和"落地"的服务水平；并且直接参与和作用于加速区域产业的转型升级和社会发展。这就是高职院校办学的出发点和落脚点。① 这也是园区办学的逻辑起点。由园区管理（或直接由园区举办）的学校，其专业根据园区产业需求设置，并形成了校园融合的产教融合模式。

中山火炬职业技术学院位于国家级中山火炬高技术产业开发区，隶属于工业园区管理，为广东省园区办学提供了诸多经验。第一，专业对接园区产业。工业园区有五大主要产业、四大新兴产业、1000 余家企业。中山火炬职业技术学院专业设置直接对接园区产业，设有包装印刷系、装备制造系、电子工程系、信息工程系、光电工程系、生物医药系、现代服务系、管理工程系 8 个专业教学系，开设包装策划与设计、应用电子技术、电子商务、光电制造与应用技术、药品生产技术、国际经济与贸易、移动互联应用技术、模具设计与制造技术等 28 个专业（见表 1-1）。

表 1-1　　中山火炬职业技术学院专业设置与产业对接情况②

产业基地	学院、专业设置
国家健康科技产业基地	生物医药系对接该基地，开设了药品生产技术、精细化学品生产技术、食品药品监督管理等专业；与基地的百年老字号企业——咀香园共建博士后工作站；与中智药业集团等企业开展订单培养、现代学徒制试点；30 名兼职教师来自该基地。学院专业教师与基地企业联合申报 20 多项市级以上课题
中国电子（中山）基地	开设电子工程系和光电工程系，共计 6 个专业与基地企业深度合作，开展订单培养和现代学徒制试点，并与基地的信达光学技术有限公司共建信达光电学院
中国包装印刷生产基地	包装印刷系的包装策划与设计、产品艺术设计、广告设计与制作、印刷媒体技术等专业与该基地的企业深度合作，并联合开展订单培养和现代学徒制试点，开展"双导师"培养，建设中益油墨研究等 5 个教师工作室
国家高新技术产品出口基地（高新技术产业园）	根据基地的电子信息、汽配、精细化工、光电一体化、新能源新材料五大主导产业链，学院信息工程、装备制造、精细化工等专业与基地的企业开展深度合作

---

① 王春旭：《论新时期高职院校发展战略的选择》，《中国教育报》2014 年 12 月 24 日第 4 版。
② 根据中山火炬职业技术学院官网简介及相关材料整理。

续表

产业基地	学院、专业设置
中国技术市场科技成果产业化（中山）示范基地	以汽配、电子信息、现代物流、电子新材料等产业为主，学院对接该基地开设了现代物流、电子商务、物联网、移动互联网、国际贸易等专业
国家火炬计划中山（临海）装备制造业基地、国家先进装备制造（中山）高新技术产业化基地	对接该基地，开设了数控模具、机械制造、电焊等传统专业，并适应"装备制造2025"战略的需求，探索建设智能制造专业，并在该基地建设翠亨分院和易山重工学院
中山国家现代服务业数字医疗产业化基地	生物医药系与该基地对接，对口培养从事医疗服务的专门人才

第二，形成了院园共治的治理结构。2004年，学校由火炬区管委会牵头成立了由区属十大总（集团）公司为成员、区管委会主任担任董事长的学校董事会，在宏观层面建立了"院园融合"的顶层架构，形成了"政行企校"四方联动的治理架构。董事会下设校企合作指导委员会、教学指导委员会、就业创业指导委员会和第三方评价委员会，与学校教学系、专业（群）对接，将"院园融合"延伸到课程建设和专业教学层面，具体负责校企合作、实习实训、技术服务、专业设置、培养目标、课程开发、招生规模、就业单位、人才培养质量评价等方面的决策、咨询、指导、协调、评估。

第三，产教对接的育人机制。人才培养上，学院教学系对接国家级产业基地，教学过程对接生产过程，专业发展对接产业升级。将人才培养时段细分为"理论教学、实践教学、顶岗实习"三个环节（累计一年），推行"毕业证、技能证、素质拓展证"三证书制度，将顶岗实习切割为"认知性、适应性、技能考证、生产性、就业性"五个阶段。

第四，院园共建优质师资队伍。火炬区管委会制定了《政府兼职教师津贴制度》，鼓励企业骨干精英到学校兼职，提高实践教学质量；学校制订"深海探珠"计划，要求教师带着教改任务深入企业生产一线去探取专业建设和课程重构的"珍珠"（第一手材料），及时将产业升级和技术进步的最新成果转化为教材、课程内容。学校与园区企业共同组建了研发性教师工作室，成为满足校企技术联合研发、推行"导师制"培养模式改革、吸引优秀人才的有效平台。

第五，校企共建共享模式。学校利用火炬区工业开发总公司、中炬高新（上市公司）的厂房物业，火炬区、学校、工业开发总公司、中炬高新四方共建融"生产、教学、研发、实训、培训和技能鉴定"于一体的生产性实训校区。共建模式包括物业和场地入股共建模式，资金和设备入股共建模式，红利股权共建模式。建设企业冠名的产业学院。学院在园区遴选标杆企业，共建以企业冠名的行业、产业学院，企业总经理或技术总监担任院长，学院专业带头人担任副院长，校企双方共同编写教材，共同开发课程，建成了信达光学学院、金源工程学院、明丰电子学院、华为—讯方学院、易山重工学院、翠亨分院等。

4. 产校协同育人的工学结合模式

部分高等院校与企业开展本科生"3+1"联合培养。高等院校与企业联合培养学生具有多种形式，调研中企业普遍提到了"3+1"本科生联合培养模式。"3+1"本科生联合培养模式的前3年在校理论学习，后1年在企业实践学习，以学校教师和企业工程师为指导老师，成立专项的课题小组，为企业进行开拓性项目预研发、传统设备的优化更新等服务工作，针对企业的实践问题开展实践实习与研发工作，实践完成后，优秀的实践学生可以留在企业工作，成为企业的正式员工。

"3+1"本科生联合培养模式能够激发企业的兴趣，契合企业的利益。一方面，有助于为企业提供实习实践结束即可上岗工作的员工，企业无须投入更多的时间对员工进行岗前、岗位培训等；另一方面，1年的实习实践期是一个双向选择的过程，企业可以通过实习实践了解学生的能力、素质，从中遴选优秀的学生留企工作，学生可以通过实习实践了解企业的文化，培养其对于企业的忠诚度，降低企业的员工流失率。

（三）广东省产教融合存在的主要问题

1. 关键保障性政策存在缺位或落实不到位问题

（1）缺乏激励企业参与产教融合的政策支持

产教融合是由融入、融通走向融合的过程，是产教双方的各种资源要素互相转化、互相支撑，形成一个良性互动的全新生态体系。[①] 因

---

① 刘志敏：《产教融合：从"融入"走向"融合"》，《中国高等教育》2018年第2期，第25页。

此，推进产教融合，不仅需要学校的主动参与，而且企业参与积极性的激发尤为必要和重要。企业参与人才培养的积极性除缘于企业内生性需求外，外部的激励同样不可或缺，即保证企业得到"好处"是激发其积极性的基础。但是，基于激发企业参与积极性的相关政策安排并没有发挥相应的作用，多数政策安排因缺乏可操作性而流于形式。如调研过程发现，目前针对企业参与校企合作的税前抵扣等减税政策缺乏操作性，实际并未发挥激发企业参与院校人才培养的作用。另外，企业参与学校办学的"瓶颈"问题尚未突破。国家虽然在政策层面提出"允许企业以资本、技术、管理等要素依法参与办学并享有相应权利"，但是，与之相关的产权归属、经营性资产管理、办学性质、退出机制等制约企业参与办学的关键影响要素的实施细则依然缺位。

（2）校企合作经费保障政策缺位或落实不到位

院校开展校企合作在人员派出与人员引入方面缺乏相应的经费支持。人员派出方面，学校教师到企业接受培训缺乏一定的经费激励，如交通等的补助。与国培、省培项目相比，学校自行联系企业的培训活动往往更具针对性，时间安排也相对灵活。但是，学校缺乏教师到企业参与非正式培训的专项经费支持。人员引入方面，聘请企业人员到院校授课经费不足，多凭借人脉关系等请企业人员进校授课，但要形成一种长期校企合作关系单靠人脉关系难以维系。如中等职业学校招聘企业人员成为学校的在编人员存在困难，企业人员入编需要经过和非企业人员同样的途径，造成引进高水平的企业人员通道不畅。

（3）企业提取培训费落实不到位

企业提取培训费落实过程缺乏有效监管，培训费适用范围过于狭窄。《国务院关于大力发展职工教育的决定》（国发〔2005〕35号）第二十一条规定："要认真落实'一般企业按照职工工资总额的1.5%足额提取教育培训经费，从业人员技术要求高、培训任务重、经济效益较好的企业，可按2.5%提取'的规定，足额提取教育培训经费，主要用于企业职工特别是一线职工的教育和培训。企业新上项目都要安排员工技术培训经费。"然而，企业存在未按要求足额提取培训，甚至未提取培训费的情况。此外，财政部、全国总工会、发展改革委、人事部、劳动保障部、国资委、国家税务总局《关于企业职工教育经费提取与使用管理的意见》（财建〔2006〕317号）第三条第一款规定："足额提取职工教育培训经费。要保证经费专项用于职工特别是一线职工的教育和培训，严禁挪作他用。"这对培训经费能够切实用于职工的再教育、再提升具有重要保障作用，但从另一角度讲也限制了经费作用的最大化，如培训经费不能用于企业的实习实训的职业学校和应用型本科高校学生。

2. 学校人才供给与企业人才需求的匹配度较低

人才供给侧与企业需求侧不匹配主要表现在两个方面：一是数量上，省内企业员工来源比较多元，省内院校毕业生并非其员工的主要来源渠道，从调研企业来看，其数量并未占据被调研企业的主体；二是质量上，毕业生的能力素养不能满足企业的需求，院校所授课程与企业现实需求存在脱节，院校吸纳企业人员参与课程开发及课程讲授不足。且对于一些新兴领域，职业学校和应用型本科高校缺乏相应师资，如工业机器人方面的操作、维修人员紧缺，而职业学校和应用型本科高校缺乏该领域的师资，难以培养满足市场需求的相应人才。

尤其是应用型高校人才培养目标和课程设置脱离产业需求。应用型人才培养的核心是需求驱动，面向实际问题。① 这里的实际问题就是，培养行业企业需要的应用型人才。然而，应用型高校的人才培养目标和课程设置未能很好地瞄准地方经济社会发展，未能关照地方产业发展和经济社会发展。许多专业设置本身和地方经济社会发展脱节，只是由于惯性或路径依赖，这些专业短期内难以调整或取消。此外，由于信息的有限性和信息搜寻成本的限制，二级学院在制订人才培养计划以及教务处在审核二级学院提交的人才培养计划时，没有全面了解到地方产业发展和经济社会发展的相关信息。尤为关键的是，行业、企业人员没有参与到人才培养目标的制定和课程设置中。这也就造成了应用型高校人才相关培养目标不能反映当前行业企业的最新需求，教学内容也与行业企业实际生产相脱节，所培养的"应用型人才"滞后于行业人才需求规格。

3. 校企合作的对接机制存在缺失或不稳定现象

（1）校企合作中政府的协调和监督作用未有效发挥

企业与学校在属性、功能和结构上均有所不同，企业的目标是盈

---

① 叶飞帆：《产教融合：普通本科高校向应用型转变的目标和路径》，《中国高等教育》2017年第22期，第29页。

利，需要创造经济效益；学校的目标是个体发展，需要提高人才培养质量。从某种意义上讲，二者缺乏交集，企业也缺乏与高校开展校企合作的动力。在校企合作尚未形成比较完善制度安排的背景下，人脉成为维系校企合作关系的重要渠道。基于人脉的非正式合作形式大多是短期的、不规范的、难以持久的低层次合作，未能形成统一协调的、自觉的整体行动，合作的成效参差不齐。为什么"人脉"会成为普遍认同的校企合作主要推动力？其关键原因在于校企合作推动主体的缺位。校企合作主要是由学校和教育部门发起的，为校企合作架起桥梁的是政府，因此各级政府出台了一些推动校企合作的文件，然而政府的提倡多是停留在政策层面，缺乏刚性的约束机制和灵活的激励机制。政府在出面统筹协调校企合作、联合办学、制定区域技能型人才发展规划等方面的作用缺位，致使校企合作的运行机制、体制和模式未能真正建立，政府沟通、协调校企合作的主导机制还没有形成，缺乏统一的组织机构对产教融合、校企合作的具体工作进行统筹和协调。

企业缺少专门的校企合作对接人员或组织。学校在校企合作过程中，通常由专门的人员（实习指导教师）全程负责，并且把校企合作通过"实践教学"组织与实施实现规范化、制度化。企业接受实习实训学生依然处于非"专门化"阶段。一是部分承担实习实训的企业在校企合作的机构建设方面略显滞后，尚未成立专门负责校企合作的组织机构或者部门；二是实习实训人员配备欠专业化，尤其是实习实训企业指导教师的培养、遴选机制略显滞后；三是与校企合作配套的制度建设滞后，没有针对长期校企合作活动制定专门的制度规范。

（2）学校教育教学安排与企业生产要求存在矛盾

校企合作对接机制的缺乏集中体现在二者合作过程中存在的冲突。从学校来看，实习实训是教学过程的一个环节，需要按照总体"教学计划"进行安排，实习实训时间需要遵循理论教学、实践教学相对固定的时间分配。但是，从企业来看，接受实习实训是生产过程的一个环节，需要按照生产流程进行安排。不同企业、不同岗位具有不同的生产流程。在此背景下，二者之间的合作集中体现为企业多样化的生产过程的弹性要求与学校相对固定的教学计划的刚性要求之间的矛盾。通常情况下，实习实训的教学计划已经完成，但生产过程依然没有完成。实习实训的质量也就得不到有效保障，另外企业生产过程也因实习实训时间安排的不合理而受到影响。二者之间的安排冲突必然影响实习实训的时效性，甚至人才培养质量。

4. 保障产教融合的优质教学资源（教师）不足

（1）师资队伍建设与应用型、技术技能型人才培养要求不匹配

第一，高校教师编制短缺与职称转换难。

高等学校在我国属于满足人民科、教、文、卫需要的事业编制单位。编制的确定，通常由主管部门按照单位工作职能、任务、性质等制订计划，报编制管理部门审批。超过编制用人与任职，是违反劳动人事法规的行为。引进行业企业的优秀师资是应用型高校深化产教融合的重要内容和支撑。然而，应用型高校却没有足够的教师编制用于引进行业企业师资。一方面，应用型高校的教师编制总体短缺。1999年高校扩招以来，应用型高校发展迅猛，学生规模大幅增加，但与此同时，政府分配给高校的教师编制却没有同比增长，甚至变化不大。教师编制短缺问题严重制约着应用型高校教育教学质量的提升，增加教师编制也成为应用型高校的普遍诉求。另一方面，在现有的高等教育评价体制下，科研成果是决定高校排名的核心要素，为维持和提高学校排名，应用型高校须将本就短缺的教师编制中的很大一部分用于引进各类高层次学术型人才，还要预留一部分编制作为机动指标和学校后续发展指标，如此一来，应用型高校可供引进企业行业师资的教师编制就显得非常短缺。

行业企业职称和高校职称之间的转换问题，是应用型高校引进行业企业师资的一个重要制度障碍。职称是专业部门选用人才和计核报酬的依据。然而，不同的单位属于不同的专业技术职务系列，其评价标准和报酬待遇也大相径庭。应用型高校想从企业引进师资面临一系列职称转换问题，包括是否对应职称级别引进教师，是否用高校的教师评价体系衡量行业企业师资的绩效，如何在制度或证书层面实现与其他系列专业技术职称和高等学校教师职称的转化。不突破这些制度问题，应用型高校引进企业师资只能是有心无力。

第二，双师型师资队伍建设迟缓。

校企合作需要校企双方共建具有双师素质、双师结构的高水平师资队伍，但当前双师型师资队伍在规模、质量方面均不能满足需求。如广东省2010年就提出，到2015年高职教育80%以上的教师要具有双师素

质,但到 2017 年 8 月,双师素质教师占专任教师的比例仅为 58%。[①] 一些应用型高校由普通高校转型而来,原来的师资以理论教学为主,缺乏相应的实践工作经历、经验,无法满足实验、实践等应用型人才的培养工作。这一问题同样存在于开展专业学位研究生教育的高校,专业学位研究生的校内导师多以学术型导师为主,缺乏相关领域的实践经历、经验,长期以理论研究为主,缺乏相应的应用研究能力。而企业师资虽然实践动手能力强,但多数理论功底不足,而且缺乏从事高校教学的基本技能和方法训练。双师型师资队伍建设迟缓、成效不理想等严重制约了产教融合的深度和广度,影响了应用型人才培养的质量。另外,由于聘用来自企业的教师相关政策与经费的缺位,造成具有实践技能或经验高水平的师资缺乏,双师型教师队伍的结构依然是学校教师队伍建设亟须解决的核心问题之一。

（2）高质量实训基地/实训中心数量有限

实训基地/实训中心是学生实习（实践）和培训的主要场所,既包括学校自己筹办建立的校内实训基地,也包括学校和企业合作建立的校外实训基地。实训基地,尤其是生产性实训基地是提高应用型人才实践能力和职业素养的重要场所,一般为真实或仿真度较高的生产车间或场所,配备有一系列可供学生操作的设备和仪器。各职业院校一系列的专业建设改革关键在于校企合作、工学结合的实施,而生产性实训基地建设是实现这一目标的重要平台。[②] 但是,因实训基地占地面积大,仪器配备数量多,很多基地必须装备一些完整的操作系统而非一两套仪器,需要投入大量的经费,一般的应用型高校很难有此财力。因此,应用型高校的校内实训基地较少。应用型高校的校外实训基地较多,只要和企业建立合作关系,企业就可以成为学校的实训基地。但企业与高等院校共建校外实训基地受到诸如支付学生到企业实训的交通、生活补助、实习工资,以及学生在实践基地的安全问题该由谁负责等因素的制约。因此,一些校外实训基地只是徒有虚名,一些企业只允许学生在企业的特定部门或车间实习,存在"走过场"的现象。

[①] 中国高职高专教育网:《高等职业院校人才培养工作状态数据采集与管理平台》,https://www.tech.net.cn/web/index.aspx。

[②] 刘宏:《产教融合型生产实训基地建设现状与对策》,《职教论坛》2016 年第 33 期,第 84 页。

5. 被企业录用的校企共同培养人才的流失率高

为企业培养人才也是企业参与校企协同育人的主要目的之一。但是，从现实来看，企业参与培养的毕业生流失率较高直接影响企业与学校合作培养人才的积极性。通过调研发现，企业具有与院校合作培养人才的积极性。这缘于人力市场上符合企业需求的人才较少，通过校企合作可以直接培养企业所需的人才。同时，在参与培养人才的过程中，企业可以遴选优秀人才直接留在企业工作，在一定程度上降低企业人才招聘的经济成本和时间成本。但目前企业参与培养的人才正式入职企业后，存在流失率较高的问题。这无疑削弱了企业与院校合作参与人才培养的积极性。

四 深化广东产教融合的对策建议

（一）加快政府政策供给

1. 强化并落实重点领域改革项目与政府政策供给

组织实施好纳入国家产教融合发展工程的项目。推动职业院校加强校企合作，共建共享技术技能实训设施。支持应用型本科高校加强产教融合实训环境、平台和载体建设。支持普通本科高校面向产业需求，强化实践教育环节建设。支持"双一流"建设高校加强学科、人才、科研与产业互动，重点推动协同创新和成果转化。制定公布企业参与办学跨部门全流程综合审批指引，按照"数字政府"建设部署。推动行政许可网上"一站式"办理。研究出台《广东省教育厅关于推进本科高校产业学院建设的若干意见》。建立"省—市"二级财政支持体系。省财政统筹安排专项资金，支持产教融合改革与试点相关工作，各地统筹产业、科教等专项资金，给予支持。企业因接收学生实习所实际发生的与取得收入有关的合理支出，以及企业发生的职工教育经费支出，依法在计算应缴纳所得额时扣除。企业投资或与政府合作建设职业院校、高校的建设用地，按科教用地管理，非营利性民办学校可按划拨方式供应土地，鼓励社会力量自愿以出让、租赁方式取得土地。支持符合条件的企业在资本市场进行股权融资，发行标准化债权产品，重点用于产教融合实训基地项目投资。由省保监局牵头，开发学生实习责任保险和人身意外伤害保险产品，鼓励保险公司对学徒制保险产品专门确定费率。

2. 健全产学人才需求与供给信息采集与发布机制

进一步健全人才培养结构动态调整机制，凸显就业市场对人才供给调节作用，将人才培养与产业需求对接。完善学校收集就业市场人才需求信息的机制，创新产业需求侧信息采集机制，各地通过购买服务等形式按地市和行业建立人才需求预测预警机制，编制急需紧缺人才目录。推动人力资源和社会保障数据与教育数据共享，健全高校、职业学校毕业生就业质量年度报告发布制度，定期发布高等教育、职业教育专业结构分析报告。建立健全高校、职业学校招生、毕业生就业与专业设置联动机制，把市场供求比例、就业质量作为应用型本科高校和职业院校设置调整学科专业、确定招生规模的重要依据。新增研究生招生计划向承担国家重大战略任务、积极推行校企协同育人的高校和学科倾斜。

3. 根据产业的需求搭建高水平产教融合平台载体

重点面向先进制造业和战略性新兴产业，实施政府、学校、企业、行业协会等共建模式，打造一批集布局合理、特色鲜明、功能健全、设备先进、集产学研于一体的区域性公共实训中心和实训基地。对经教育部门认定的公共实训平台，同级财政按承担的参与实训人数和学分数给予一定补助。到2020年，建成100个技术水平国内一流、产学研一体的公共实训平台。到2025年，建成200个技术水平国内一流、产学研一体的公共实训平台。省教育厅、省人力资源社会保障厅每年遴选建设一批校企合作深入、成果丰富的"广东省示范性产教融合集团（联盟）"，力争到2020年，各地级以上市围绕各自优势产业、战略性新兴产业、现代服务业等，分别培育3个以上示范性产教融合集团（联盟）；到2025年，培育一批在全国具有广泛知名度和影响力的产教融合集团（联盟）。在政府财政资金引导下，由一个或若干骨干企业牵头，联合高等院校和科研院所共同建设若干省技术创新中心，力争到2020年建成3—5家省技术创新中心，到2025年建成20家。支持具备较好创新基础的企业申报建设省工程技术研究中心，力争到2020年省工程技术研究中心达到3—5家，到2025年达到20家。各级政府连同有关部门、行业、企业、教育机构运用云计算、大数据等信息技术，建设互联互通、开放共享的产教供需对接平台。

4. 完善应用型与技术技能型人才的选拔制度改革

进一步完善职业教育"文化素质＋职业技能"对口升学考试制度。

完善中职注册入学制度，加强考试招生过程监督。在部分专业特色明显的高职院校试行注册入学制度。改革"三二分段"转段评价，实行依据"平时成绩"提前淘汰机制，制定职业技能+文化素质测评最低控制线。完善五年一贯制招生录取与培养模式，中高职全程参与，招生—录取—培养一体化，建立中期考核制度。建立中职学校学业水平考试制度。将中职学校学生学业水平考核与技能考核作为应用型本科院校招收中职学生的录取标准。应用型本科高校面向高职院校毕业生的专升本考试招生，试行技能评价为主的申请—考核制度。完善技能拔尖人才面试入读高职院校对口专业有关政策。完善现代学徒制招生即招工制度。完善行业企业参与职业院校招生计划制订、命题、录取等环节的机制，将行业企业主体作为招生工作委员会成员，建立考试招生咨询与评价第三方机构，主要承担考试招生组织管理监督、评价技术改进、实施效果评价等职责。新增研究生招生计划向承担国家重大战略任务、积极推行校企协同育人的高校、学科倾斜。

5. 立足区域需求，分批次启动产教融合的试点建设

根据国家和省的区域发展战略和产业布局，分批次遴选若干有较强代表性、影响力和改革意愿的城市、企业和行业开展试点。支持省内城市、学校和企业争取国家试点任务，申报国家产教融合发展工程项目。制定省级产教融合建设试点方案，明确试点任务、遴选方式、目标要求，完善支持激励政策。重点开展产学研合作、职教集团、产教联盟、混合所有制办学等试点任务。首批推荐国家级试点城市2—3个，省级试点城市5—7个。鼓励第三方开展产教融合型城市和企业建设评价，完善支持激励政策。经过3年建设周期，总结试点经验，提炼成功模式，在全省范围内推广。

6. 建立应用型科研项目校企联合申报的引导机制

高等院校普遍重视科研，但应用型本科高校与企业合作开展的应用研究项目仍非常有限。这是由于这类院校的发展的"惯性"模式决定的。这些高校长期以来模仿研究型大学从事学术研究，追求"高大全"，没有与产业形成紧密的互动关系。因此，应用型高校应主动调整科研的方向，将主要的科研资源和精力投入到应用型科研和支持教学的科研上来，鼓励具有科研实力的教师走进产业、走到企业，以应用型研究项目为载体与企业开展合作，提升服务产业的能力，通过完成应用型

科研项目提高自身的实践素养和能力。各省市科研项目管理部门可征集行业企业关注的直接服务于企业实际需求的科研项目，要求应用型本科院校须联合企业申报，且逐步增加应用研究项目的比例，引导应用型高校与研究型大学错位发展，以开展应用研究为主，而非基础研究和原创性研究，主动与行业企业合作。

（二）推动学校系统变革

1. 学校布局对接区域需求

学校布局结构优化是实现产教融合的直接路径。第一，学校布局合理是以区域合理定位为前提的。各地各部门要明确产教融合发展要求，制定实施社会发展规划以及区域发展、产业发展、城乡建设和重大生产力布局规划。结合全面实施创新驱动发展、构建"一核一带一区"区域发展新格局等战略部署，围绕先进制造业和现代服务业双轮驱动，统筹优化产业和教育结构。第二，推进不同层级院校分类发展。加强14所高水平应用型本科院校建设。支持办学基础较好、产教融合程度较高的应用型本科高校，与当地先进制造业龙头企业、高新科技企业合作建设产业学院，或者建立混合所有制应用技术大学。鼓励各地新建一批产业需求大、行业特色鲜明的高职院校。新建高职院校要向地市城区和产业园区集聚。各地要根据区域产业需求和高中阶段教育普职比例大体相当的要求，进一步优化中等职业学校布局结构。到2022年，未达到国家标准的独立设置的中等职业学校，一律不再安排招生。

2. 学科专业设置对接产业

针对广东产业集群式发展的特点和规律，联合行业主管部门和行业组织，制定重点专业集群建设规划。推进服务于广东"一核三群"优势传统产业布局和"一圈三带五轴"现代服务业布局的相关学科专业及战略性学科专业的建设。重点支持新一代信息技术、高端装备制造、绿色低碳、生物医药数字经济、新材料、海洋经济等领域的学科专业建设；做优做强电子商务、现代物流、互联网金融、研发设计、数字创意等相关学科专业；支持家政、健康、养老、文化、旅游等领域专业发展；培育航天海洋、未来网络、核技术等战略性学科专业；加强智慧城市、智能建筑等城市可持续发展能力相关专业建设；促进学科专业交叉融合，加快推进新工科建设，参照广东省产业发展规划，建成一批"新工科研究与实践"项目。把市场供求比例、就业质量作为应用型本科高校和职业院校专业调整的重要依据。职业院校新设置专业原则上应有相关行业企业组织参与。

3. 人才培养坚持产教协同

将工匠精神融入基础教育，基础教育阶段开展以职业体验、职业认知为主的职业启蒙教育。中小学与职业学校合作开发职业启蒙教育课程，依托职业学校建设中小学生职业体验中心。普通高中开设职业类选修课，职业学校实训基地面向普通中学开放。继续开展"南粤工匠进校园""企业技能大师进校园""能工巧匠进课堂""职业活动周"等活动。鼓励职业院校与企业合作开展"订单式"培养、定向委托培养。推动应用型本科院校推动校企合作育人，制定本科生企业导师制度，试行第四学年到企业完成毕业论文制度。建立并完善专业教学委员会、行业指导委员会参与职业院校、应用型本科院校人才培养方案修订、教材编写、考核评价的教学治理机制。推动现代学徒制人才培养改革，建立学校招生与企业招工衔接机制，强化学校和企业双主体、学生和学徒双重身份，以学历证书和职业资格证书双证书制度推动改革。推进专业学位研究生产学结合培养模式改革，增强应用型、复合型、创新型人才培养能力。

4. 建设双师型高水平师资

分类推进不同学校高水平师资和双师型师资队伍建设。重点支持一流大学、一流学科及广东省高水平大学引进"千人计划"、长江学者等高层次人才，扩大珠江学者规模；应用型本科院校高层次人才引进有实践经验的高水平技术与管理人员、"万人计划"教学名师倾斜；职业院校重点引进技能大师、技术能手、省级以上技能大赛获奖者及指导教师（教练）等。以上师资可采用直接考核方式进行聘用。职业学校的专业教师每5年累计不少于半年赴企业实践锻炼，新入职专业教师前两年须赴企业集中实践锻炼半年以上。在大中型企业和省级以上实习实训平台建立职业院校教师流动站，教师出站须完成相应的产教融合项目。试行专业带头人、骨干教师到骨干企业或行业组织开展3—6个月的实践假期。推动固定岗和流动岗相结合的职业院校教师人事管理制度，职业院校在教职工总编制中安排20%的编制用于流动岗位，招聘兼职教师。调整专业学位研究生教育企业（产业）导师选聘标准，对来自企业的优秀技术人员，可适当降低对学历及职称的要求。推动教师系列、研究系列、工程技术系列、技工系列职称对接，按照对应安排，实行同工同酬。

5. 完善实习实训机制建设

吸引优势企业和学校共建共享生产性实训基地。学校可通过减收或免收租金和共享实训设备等方式为共建共享实训基地予以推进。推动政府、学校、企业共建职业教育公共实训中心，由企业负责运营管理，学校通过购买服务方式参与实习实训。完善校企共同制订教学计划的常态工作机制，允许职业院校根据企业岗位现实需求，调整实习时间安排，创新教学计划配合实习岗位工作要求的实践教学管理制度，缩短职业适应时间。应用型本科院校学生在校期间参加实习实训累积不少于一年。职业院校实践性教学课时不少于总课时的50%。学生实习实训和现代学徒制所需成本及学生实习责任保险、人身意外伤害保险可从企业职工教育培训费中支出。

6. 探索建立四类产业学院

产业学院是一种"校企共址"的深度产教融合模式。"校企共址"不仅能消除地理上的隔阂，也能打通学者和企业合作的中间环节，从而使那些偶然建立的合作关系愈加紧密。[①]产业学院已成为广东职业教育探索办学模式创新的品牌工程，并且，部分本科院校也开始探索建立产业学院。应鼓励职业院校、应用型本科、研究型大学自主探索与企业共建产业学院，支持地市探索与院校共建具有区域特色的产业学院，激励行业协会与院校共建满足行业需求的产业学院，粤港澳三地探索建立契合粤港澳大湾区产业需求的跨区域产业学院，实现产业经验与产业教育融合，社会实践与业务发展融合，产业发展与专项研究融合，人力资源与人才培养融合，整体战略与区域资源融合。

7. 产教融合的国际化发展

立足粤港澳大湾区，以高起点、新机制组建新型湾区大学和高等研究院，支持港澳知名高校到广东独立办学。面向国家科技发展战略和湾区产业发展需求，依托高水平大学和重大科技创新平台，建成一批高精

[①] 贾娜·J. 华生、托马斯·R. 切赫：《产学研合作的下一步：校企共址》，《文汇报》2014年10月24日。

尖研究中心和产学研用一体化创新中心。新设立的中外合作办学项目、机构所设学科专业向广东省战略新兴产业与高新技术产业倾斜。对接产业转型升级，积极引入境外的优质办学资源，吸引境外排名前 200 位的高校来粤设立分校，支持应用型本科高校、高职院校与境外高水平应用技术大学合作办学，鼓励职业技术院校重点引入境外优质专业教学标准或行业标准。支持香港中文大学（深圳）、广东—以色列理工学院、深圳—北理莫斯科大学、北京师范大学—香港浸会大学联合国际学院建立高水平区域协同创新中心，服务区域产业转型升级。加快华南理工大学国际校区、中山大学深圳分校建设。对接广东省产能国际合作与骨干企业走出去，支持职业院校跟随企业走出去的境外办学，优先推动在"一带一路"沿线国家开设的贸易合作区开展办学活动，开设专业对接合作区需求。

（三）规范企业主动参与

1. 企业应落实产教融合责任

企业是校企合作教育的受益者，也应是校企合作教育责任的承担者。[①] 鼓励国有企业举办中职（技工）学校，可参照学校所在地公办校标准安排生均拨款。企业依法通过混合所有制方式参与职业教育办学并依法取得相应权利。推动行业龙头企业与高职院校、应用型本科高校共建产业学院，企业承担产业学院的教学计划安排、实习实训安排，依托产业学院培养所需人才。鼓励行业龙头企业牵头成立或加入与其密切相关的行业、区域职业教育集团。支持企业与学校、科研机构围绕产业关键技术、核心工艺和共性问题，组建技术研究平台与产业技术创新战略联盟。鼓励企业委托学校开发新产品、新技术、新工艺，发生的研究开发费用，可按规定享受企业所得税优惠。有条件的企业与省自然科学基金建立省企联合基金，解决企业发展中面临的重大技术问题。鼓励和支持行业企业对接新技术、新标准、新工艺开发职业培训班，政府可从就业补助资金中给予 10 万—30 万元的资助。企业落实职工培训制度，确保按照职工工资总额的 1.5%—2.5% 足额提取教育培训经费。鼓励企业开展企业新型学徒制培养，根据不同职业（工种）的培训成本，企

[①] 马永红、陈丹：《企业参与校企合作教育动力机制研究》，《中国高教研究》2018 年第 3 期，第 5—13 页。

业所在地人民政府对定向培养费用给予补助。企业应建立产教融合对接部门，专门负责职工培训、技术转移、校企合作等相关事宜。企业社会责任报告中将产教融合内容单列。

2. 骨干企业需发挥引领作用

骨干企业、行业组织与院校共同组建多元投资主体产教融合集团，带动中小企业参与。鼓励国有企业通过"订单式"培养、定向委培、建立职工教育培训基地，或深度参与职业教育教学的全过程，向学校提供人才需求现状、参与制定人才培养方案、接受学生实习、派遣技术人员讲实训课等方式，积极参与产教融合。将国有企业参与产教融合的情况纳入企业社会责任报告。鼓励国有企业牵头成立或加入与其主业发展密切相关的行业、区域教育集团。结合推进国企改革，支持有条件的国企继续办好、做强职业学校。

（四）实施第三方参与评价

利用第三方机构开展产教融合效益评价。以购买服务的形式，委托第三方机构分别对院校和企业开展产教融合的效益进行评价。以职业院校和高校为评价对象，对职业院校和高校与企业合作协同育人的效果进行评价，并通过蓝皮书、省教育厅网站等形式向社会发布。对产教融合效益较佳的高校颁发奖牌，并在招生指标、产教融合基地、项目审批方面给予一定的倾斜。以企业为评价对象，对企业承担人才培养的责任与效果进行评价，并通过蓝皮书、媒体等各种方式向社会发布。评价结果纳入企业社会征信之中。对于产教融合效益较佳的企业给予颁发奖牌，并在贷款、项目审批等方面给予一定倾斜。

第二篇　广东高水平大学科研创新能力提升与服务创新驱动发展的路径研究*

一　概述

（一）研究背景

1. 服务创新驱动发展

在科技革命和知识经济迅速发展的今天，创新发展已成为人类文明进步的重要条件。纵观世界各国的发展经验，各国都在加强国家创新体系建设，社会各行各业也在探索创新之路。"创新"这个历久弥新的话题，正在发挥其独特的魅力和实力，"科学技术是第一生产力"成为21世纪的主要命题。有关创新发展的一系列理念，已被提高到事关国家和民族前途命运的高度，摆到了国家发展全局的核心地位。党的十九大报告明确提出，创新是引领发展的第一动力，是建设现代化经济体系的战略支撑。围绕实施创新驱动发展战略，提升科技自主创新能力，党中央国务院出台了一系列政策，大力推动创新驱动发展。创新驱动发展越来越成为国家命运所系、前途所在。

高等学校具有人才培养、科学研究、社会服务、文化传承创新四大职能，是创新人才培养的摇篮、重大科技攻关的主力、创新平台建设的重镇、科技与产业对接的桥梁，在科技创新、知识传播和技术转移中发挥着独特的基础性作用，其影响力覆盖了创新链条的上、中、下游，是

＊　姚伟参与了本篇的撰写。

经济社会发展的重要推进器。① 在国家推进创新驱动发展战略中，高校应探索有利于创新的体制机制，发挥其引领和带动作用，培养创新型人才，促进产学研合作平台建设与科技成果的推广应用。因此，作为科技第一生产力和人才第一资源的重要结合点，高等学校在建设创新型国家、实施创新驱动发展战略中责任重大，是建设创新型国家的基础，也是创新驱动发展的重要力量源泉。

2. 广东高水平大学建设

2008年国际金融危机以来，广东以"腾笼换鸟"为主要抓手，推动传统产业的升级，培育战略性新兴产业。作为改革开放的前沿阵地，其发展进入新阶段、经济进入新常态。实施创新驱动发展战略需要有雄厚的科技实力作为支撑，而这恰恰是目前广东发展的一块"短板"。广东高校作为区域创新体系的重要一环，是科技创新的重要方面军。高校通过努力提升自身的创新能力，为广东实施创新驱动发展战略补上"短板"，真正成为实施科技创新驱动战略的先头部队，为先进生产力的培育解决好"科技从哪里来"的问题。②

近年来，广东省把加快发展高等教育作为教育"创强争先建高地"的重要内容，持续加大高等教育投入，全面推进高水平大学建设。但与先进国家和地区相比，广东虽是教育大省，但不是教育强省，与经济社会发展的需求相比，广东省高等教育整体水平还存在较大差距，突出表现为高水平大学和科研院所数量少、科研力量不足，结构不优、水平不高、支撑服务能力不强，这是制约创新能力的短板。

高水平大学是原始创新的核心阵地，是创新驱动发展的核心原动力。2014年4月，时任广东省委书记胡春华，在中山大学和华南理工大学视察调研时指出，今后广东高等教育要围绕提高办学质量和教育水平，加快高水平大学建设。为此，广东省教育厅自2014年4月起开始着手谋划高水平大学建设工作。2015年4月，广东省委、省政府印发了《关于建设高水平大学的意见》，并提出到2020年，高水平大学重点建设高校发展定位和目标更加明确，优势特色更加鲜明，综合实力明显上升，若干所高等

---

① 罗伟其：《全面提升高校创新能力，主动服务创新驱动发展战略》，《中国高校科技》2016年第4期，第4—6页。

② 同上。

学校跻身国内一流大学前列的目标。最终,经过层层筛选,中山大学、华南理工大学、华南师范大学、暨南大学、华南农业大学、南方医科大学、广东工业大学七所高校入选高水平大学建设行列。

广东省建设高水平大学是在经济发展进入新常态、大力实施创新驱动发展战略时期,通过集中力量建设一批高水平大学,对广东高等教育实施内涵提升和结构调整,对广东经济实现创新驱动发展具有重大而深远的战略意义。同时,广东省建设高水平大学是对接国家"争创一流行动计划",加快推动高等教育整体水平提升,在我国当前"双一流"建设格局中争得一席之地的现实需求。

本研究旨在结合广东省高水平大学建设基础上,客观分析广东省高水平大学建设高校科研创新能力各项指标、在全省乃至全国高校的排名以及与目标高校的差距,探索适应高校实际的科研管理模式以及增强科研创新能力的途径,推动高水平大学参建高校优化学科专业结构,紧紧围绕创新驱动发展战略深化改革,提高质量,为全国特别是广东创新驱动发展提供强有力支持。

(二) 文献综述

1. 国外研究现状

美国目前较有影响的关于科技创新的评价主要有由国家科学委员会(National Science Board)指导国家科学与工程统计中心(National Center for Science Engineering Statistics, NCSES)发布的"科学与工程指标"(Science and Engineering Indicators, SEI),以及由美国信息技术与创新基金会(Information Technology & Innovation Foundation, ITIF)发布的《大西洋世纪:基准化分析欧盟与美国的创新竞争力》(*The Atlantic Century: Benchmarking EU & U. S. Innovation and Competitiveness*)、国家新经济指标(The State New Economy Index)和全球创新政策指数报告(The Global Innovation Policy Index, GIPI)等4份报告。由于几份报告均基于国家的科技创新能力评价,对于大学科研创新评价借鉴意义不大,故在此不予专门介绍。

德国科学委员会于2011年通过了《关于科研绩效评价与监管办法的建议》,科学委员会将科研院所按其特征分为科研类与服务类研究院所,并针对其特性按不同标准进行评价。研究型科研机构的评价标准主要包括：①科研项目质量；②出版物、学术会议与专利等产出；③内部质量控制；④合作；⑤研究成果实施情况。对于服务型科研院所则主要考察其服务质量，具体包括服务提供情况、客户满意度、服务提供的形式与技术、质量控制情况、社会效应等[①]。

德国研究与创新专家委员会（EFI）由德国政府设立。该委员会是由在创新研究领域具有专业知识和经验的专家学者组成的独立智囊团队，它的一项重要职责就是定期向联邦政府提交有关德国研究创新和经济增长等相关议题的研究报告，即《研究、创新与技术能力评估报告》。该报告于2008年发布第一期，每年报告一次，其主要内容包括德国科技创新的发展现状及趋势、核心议题和国际比较三大部分。

《德国联邦研究与创新报告》由德国教育研究部（BMBF）组织发布，它对德国创新系统内各个要素进行考察，是关于德国创新活动及创新体系建设的综合性定期报告，对德国整体及各州高等教育机构、科研院所、经济部门等创新主体的创新绩效做评估分析，为联邦及各州政府提供创新政策制定的意见参考，其主要指标如表2-1所示。

表2-1　　　　　德国联邦研究与创新报告主要统计指标

核心领域	指标
研发资源	研发支出总额；研发投入的地区、产业分布；研发投入主体；研发投入资金来源；高校研发资金；研究人员数量及分布；外籍研究人员数量；高校区域分布等。
研发产出	每百万居民的科研出版物数量；跨国专利；各州专利申请数量；各产业部门的创新强度等。
教育	教育财政资金投入；高等教育入学率；高等教育毕业率；毕业生专业分布；劳动力受教育水平；就业和GDP等。

日本目前有两个政府机构对大学的科技创新能力评价活动进行规范与组织，一是文部科学省于2002年改组成立的大学评价与学位授予机构（NIAD-UE），专门在大学自己评价的基础上对大学实施定性的第

---

① 陈强、鲍悦华等：《德语国家科技管理的比较研究》，化学工业出版社2012年版，第130—131页。

三方评价；二是内阁领导下的综合科学技术创新会议，以评价轴对大学科技创新能力进行等级划分。

大学评价与学位授予机构组织的第三方评价主要监督大学研发活动是否符合其定位与使命，是否为社会发展作出了合理贡献。其《实施大纲》对大学科研水平的评价标准有两个维度：一是大学的科研体制；二是大学科研活动及成果产出。两个维度下各设三个指标点，分别是科研体制和激励机制的正常运行与发展、研究活动相关政策的切实制定与实施、研究活动质量提升状况和对现存问题所作的改进；研究活动开展状况、研究活动成果质量、研究成果在社会经济文化领域的利用状况[①]。

综合科学技术创新会议推进的科技评价是以评价轴为基准，同时从定性和定量两个方面开展的。评价前，首先要充分考虑客观的定量评价指标设定对研究开发活动发展的影响，对评价指标和检测指标进行合理选取。评价轴的具体评级分类主要有科研成果创新性（包括独创性、革新性、先导性、发展性），科研活动及成果对产业经济活动的贡献，科研成果的社会价值，科技人力资源管理与人才开发四个方面，评价等级由高到低为 S 级、A 级、B 级、C 级和 D 级。S 级代表科技创新能力达到了世界最高水准乃至划时代效果；A 级仅次于 S 级，代表科技创新取得了可观绩效；B 级意味着科技创新能力稳步发展；评价结果是 C 级和 D 级意味着大学的科研活动需要进一步努力与改进，综合科学技术创新会议也有必要对其提供建议与实施监督[②]。

此外，英国也有一个比较有代表性的对大学科研进行评价的体系，即英国科学研究卓越框架（Research Excellence Framework，REF），它是英国资助机构用来评价本国高等院校科学研究项目质量的一个行动计划。其目标在于提高质量、支持创新、奖励卓越、制定质量保障体系等，其特点在于关注对科研产出的评估、对科研声誉的评估、对科研环境的评估。研究卓越框架（REF）从科研产出、科研声誉和科研环境三

[①] 大学評価・学位授与機構：《実施大綱・選択評価事項》，[EB/OL]. http://www.niad.ac.jp/n_hyouka/sentaku/__icsFiles/afieldfile/2015/05/20/no6_1_1_daigaku6sentakutaikou28.pdf，2015.

[②] 総合科学技術・イノベーション会議. 独立行政法人の評価に関する指針 [EB/OL]. http://www8.cao.go.jp/cstp/tyousakai/hyouka/haihu107/siryo3-2b.pdf，2014.

方面出发评价本国高等院校的科学研究项目质量，其中科研产出权重占60%、科研声誉占25%和科研环境占15%，合并成为一个科学研究的卓越框架，以便将一个强有力但平衡的激励提供给研究者，以驱动他们追求科学研究的卓越性[①]。

2. 国内研究现状

目前国内学者关于高等教育科技创新能力的研究主要集中在以下四个方面：

一是关于科技创新能力构成要素的研究。施星国等（2009）将区域高校科技创新能力分解为：科技创新基础实力、知识创新能力、技术创新能力、科技成果转化能力和国际交流合作能力5个指标[②]。任义君（2008）认为高校科技创新能力是一个系统的网络，主要包括教育观念创新能力、制度创新能力、学科组织创新能力、技术创新能力以及知识创新能力[③]。刘书雷、吕蔚（2009）等将高校科技创新能力的构成要素分解为人员队伍、科技投入、科技产出、条件基础与文化环境，并以此提出了高校科技创新能力评价参考模型与组织流程[④]。

二是关于创新能力评价指标与方法的研究。赵红娟、刘小明、周晔、张立平、卢尚昆、任义君、黄璐、张文利、李广华、闫海燕等分别研究了甘肃、福建、河北、河南、黑龙江、湖北、江西、山东、浙江等省高校科技创新能力，构建了科技创新能力评价指标体系，并使用因子分析方法对各省高校科技创新能力进行评估与排名。李绩才、王晓波（2007）将高校科技创新活动分为科技人才培养、技术创新与知识创新三部分，并构建相关指标体系，使用主成分分析方法对全国14个省市的高等学校科技创新能力进行了评价分析研究，并对14个省市高校五年的情况进行综

---

① 田锋：《英国科学研究卓越框架研究》，《高教发展与评估》2012年第6期，第17—20页。
② 施星国、张建华、仲伟俊：《区域高校科技创新能力的评价研究》，《研究与发展管理》2009年第4期，第106—111页。
③ 任义君：《高校科技创新系统的构建及优化战略》，《西安交通大学学报》（社会科学版）2008年第6期，第83—86页。
④ 刘书雷、吕蔚：《高校科技创新能力的要素构成及评价体系研究》，《科学学研究》2009年第2期，第467—470页。

合评价及排序[①]。梁燕、耿燕（2009）等人运用层次分析法对高校科技创新能力评价指标体系进行赋值，通过对各变量系数的分析，分析了各指标对高等学校科技创新能力的影响程度[②]，还以广东省为研究对象，通过比较分析，提出影响广东高校科技创新能力提高的主要原因是科技资源整合难、效率低、科技投入不足、科技创新和社会发展联系不紧密等[③]。李倩、师萍（2010）等采用灰色关联分析法，从科技投入和产出两个方面构建了科技创新能力的综合评价指标体系，并进行了实证研究[④]。章熙春、马卫华（2010）等在分析科技创新能力内涵的基础上，采用层次分析法初步构建了高校科技创新能力评价指标，又利用灰色关联度的评价理论构建了高校科技创新能力评价模型，并以广东省为样本对其科技创新能力进行了分析[⑤]。杨宏进、刘立群（2011）运用三阶段DEA模型研究发现科技成果转化程度偏低在很大程度上制约着我国高校的科技创新绩效[⑥]。周静（2010）在其专著《高校科技创新体系的理论与实证研究》一书中，从论文产出、成果评审、科技服务等方面构建了高校科技创新全局主成分分析模型，采用数据包络分析模型测算了我国高校科技创新效率[⑦]。

三是对科技创新能力影响因素的分析。钟灿涛、李强（2008）等认为要注重高校科研质量管理体系的目的适用性与方法灵活性，才能处理好强调计划和控制的质量管理与创新所需要的自由和创造力之间的冲突，提高高校的科技创新能力[⑧]。于化龙、薛文飞（2008）对河北省高

[①] 李绩才、王晓波：《区域高校科技创新能力评价研究》，《科技管理研究》2007 年第 7 期，第 243—245 页。

[②] 梁燕、耿燕、李相银：《广东省高校创新能力比较研究》，《高教探索》2009 年第 4 期，第 58—62 页。

[③] 梁燕、耿燕等：《基于层次分析法的高校科技创新能力评价指标体系研究》，《科学学与科学技术管理》2009 年第 5 期，第 194—196 页。

[④] 李倩、师萍、赵立雨：《基于灰色关联分析的我国区域科技创新能力评价研究》，《科技管理研究》2010 年第 2 期，第 43—44 页。

[⑤] 章熙春、马卫华、蒋兴华：《基于灰色关联度评价方法的高校科技创新能力评价实证研究》，《科技管理研究》2010 年第 14 期，第 66—70 页。

[⑥] 杨宏进、刘立群：《基于三阶段 DEA 的高校科技创新绩效研究》，《科技管理研究》2011 年第 9 期，第 104—107 页。

[⑦] 周静：《高校科技创新体系的理论与实证研究》，高等教育出版社 2010 年版。

[⑧] 钟灿涛、李强、王伟：《科研质量管理体系建设与高校科技创新能力：冲突及解决方法》，《科学学与科学技术管理》2008 年第 3 期，第 103—108 页。

校的科技创新能力进行了纵向和横向的剖析，认为河北省高校科技创新是有后劲的，但是近几年成果产出与成果转化效果不够理想[①]。付晔、林艺文（2009）等研究了校企合作对高校科技创新能力的影响，并认为校企科技合作促进了高校科技创新能力的提高[②]。张茂林、董泽芳（2011）发现高校科技创新团队数量和科技创新能力分值具有很高的正相关关系，提出通过创新团队的建设来提高高校科技创新能力[③]。

四是关于提升大学科研创新能力的对策研究。这方面的研究主要集中在科研团队建设上，如张秀萍与刘培莉（2006）就大学科研创新团队建设给出了四条建议：第一，提高团队领导者领导能力，健全领导机制，着眼于团队的可持续发展；第二，建立有层次性和针对性的激励机制，充分调动成员的积极性；第三，加强团队文化建设，形成高凝聚力和高归属感团队；第四，完善团队绩效评价体系，引导团队健康、有序发展[④]。周静（2010）从优化高校科技资源配置、优化高校科技创新成果管理机制、改善高校科技创新生态环境、对高校科技成果评价制度进行渐进改革、在科研与教学的结合中培养科技创新精神等方面给出了具体建议[⑤]。除了学者们的一些研究成果之外，中央和一些地方也出台了一些相应文件，如《中共中央国务院关于深化科技体制改革加快国家创新体系建设的意见》《广东省人民政府办公厅关于深化高校科研体制机制改革的实施意见》等，在这些文件中也都有一些关于提升大学科研创新能力的意见。除此之外，国内的几个大学排行榜中也有类似的指标与评价。

3. 现有研究评价

目前，国内外基于科技创新评价的研究成果较为丰富，且各有所长。国外多从宏观维度，以国家组织的科技机构对高校或者科研机构的

[①] 于化龙、薛文飞：《河北省高校创新能力分析》，《科技管理研究》2008年第6期，第182—185页。

[②] 付晔、林艺文、马强：《校企科技合作对高校科技创新能力的影响分析》，《科技管理研究》2008年第2期，第12—15页。

[③] 张茂林、董泽芳：《高校科技创新团队数量与科技创新能力关系实证研究》，《科技进步与对策》2011年第4期，第151—155页。

[④] 张秀萍、刘培莉：《大学科研创新团队建设的制约因素及对策》，《武汉理工大学学报》（社会科学版）2006年第6期，第910—915页。

[⑤] 周静：《高校科技创新体系的理论与实证研究》，高等教育出版社2010年版。

科技创新能力进行评价研究；国内多从中、微观维度，区域层面或高校自身科技创新能力进行评价研究。这些研究成果无疑为本研究提供了很好的借鉴。

但仔细分析这些研究成果，高校科技创新能力评价的研究较多，而关于高校服务创新驱动发展能力评价的研究较少。以广东省高水平大学为研究对象，结合科研创新能力评价与服务创新驱动发展这个主题而言，目前尚无研究成果可以直接用于这个研究目的。在现有的指标体系设计中，未能考虑到高等学校的类型与层次，提出不同层次和类型高校中科技创新发展中的一些共性、特性问题。同时，目前的对策研究相对比较欠缺，从国家政策角度泛泛而谈的多，针对具体高校的对策研究相对不足。

（三）研究思路与方法

1. 研究思路

首先，本研究通过构建高水平大学科研创新能力与服务创新驱动发展评价指标体系与指数评价方法，并利用该体系与方法对广东省高水平大学参建高校创新能力和服务创新能力进行计分；其次，客观分析中山大学、华南理工大学、华南师范大学、暨南大学、华南农业大学、南方医科大学、广东工业大学七所广东高水平大学建设高校科研创新能力各项指标以及与目标高校的差距；最后，探索适应广东高水平大学科研管理模式以及提升高校科研创新能力与服务创新驱动发展的途径。

2. 研究方法

广东高水平大学科研创新能力与服务创新驱动发展是一个复杂系统问题，对这一系统问题的研究离不开适切的多学科理论指导和科学的多元方法支撑。在方法论层面上，本研究采用跨学科研究法。高水平大学科研创新能力与服务创新驱动发展的评价，本质上是高等教育系统资源要素整体功能和效益最大化的问题。这既有高等教育科技资源配置的一般性问题，又有高等教育发展的特殊性问题，同时还涉及提升路径的综合性问题，势必要求我们从统计学、教育学等多学科视角来加以系统分析和综合探究。

在操作层面上，本研究基于文献研究法，对目前的研究进行梳理，提出研究的主要问题，并对指标体系进行筛选。同时，本研究主要采用实证研究法。具体的方法如下：运用专家评议法构建指标体系，利用层次分析法测算指标权重。在此基础上，采用比较分析法，综合考察高校之间科研创新能力，探究广东高水平大学建设实施以来所取得的一些成就，重点分析与目标高校的差距，找出高水平大学在科研创新能力与服务创新驱动发展中存在的共性问题以及每所大学的个性问题，从而探索适应高校实际的科研管理模式以及增强科研创新能力的路径。本研究的主要研究手段有问卷调查、座谈会、专家访谈等。

二 科研创新能力与服务创新驱动发展现状分析

（一）高校科研创新能力与服务创新驱动发展评价指标体系构建

高校科研创新能力与服务创新发展指标是对广东高水平大学层面的现状进行价值判断的一种统计指标，是高校科研创新能力的一种具体化的分析框架。高校科研创新能力与服务创新发展指标是描述、评价广东高水平大学科研创新能力与服务创新驱动发展的可量度参数的集合，指标体系的构建是制定评价发展现状，促进高水平大学推进的重要依据。

1. 指标体系构建原则

指标体系通常存在四种功能：描述系统状态、描述系统的发展、描述系统与目标的差距、将系统分类，每一种功能将造成指标体系之间存在很大差异。科学的指标体系应满足用最少的指标、最易获取的数据，最为有效地反映评价对象的整体及差异状况。因此，高校科研创新能力与服务创新驱动发展评价的指标体系从功能上应该具有导向动态性、科学优化性、可操作性。

（1）导向动态性原则

高校科研创新能力与服务创新驱动发展评价指标体系的设计应当适应国家和社会发展趋势，以引导高校自身发展与国家科技发展战略相结合，明确自身定位，进一步提升高校科技创新能力与服务创新驱动发展为导向。指标的选取不仅要考虑高校自身科研创新能力，还要基于服务创新驱动发展这一社会大方向，将落脚点置于提升创新科研能力及更好服务创新发展的路径上。同时，指标选取应具有动态性，即评价的动态性。评价不同基础高校的科技创新能力，不宜单一考察其存量，只有存量与增量同时考察，才有可能较大程度地全面客观评价广东高水平大学科研创新能力政策实施前后的效果。

（2）科学优化性原则

高校科研创新能力和服务创新驱动发展能力，是一个由多层次，不同要素组成的复杂动态系统，包含了高校科研活动的多个方面。在设计高校科研创新能力评价指标体系时需要从科研创新过程出发，准确地把握其规律性，找到合理和科学的指标。一方面，要尽可能客观地选取与高校科研创新能力密切相关的指标，尽可能全面科学地、真实地反映高校科技创新能力水平；另一方面，也要考虑不同高校之间的差异性，对众多指标进行优化分析，较为客观地对不同高校的科技创新能力及在服务创新驱动发展中作出评价。因此，高校科技创新能力的指标应从不同角度设计出能够反映其特征的总指标和相对指标，使得评价具有科学性。

（3）可比可行性原则

任何评价活动的目的都是客观真实地反映评价对象的客观现实，在指标选取、评价方法及指标数据来源上要客观可行。指标体系的可比性主要是为了反映高校科研创新能力的一般共性，同时也要体现出各评价高校科研创新能力之间的差异。评价指标应该是所有高校的共同属性，每一项指标的含义、计量单位、口径、范围等必须一致，以保证采集到真实有效的数据，使得评价结果客观、合理和真实，只有这样高校之间的科技创新能力才具有可比性。与此同时，指标的选取需具有权威性，可以查证，可以监核。

2. 指标体系构建过程

（1）高校科研创新能力与服务创新驱动发展指标选取

高校科研创新能力与服务创新驱动发展是一个复杂综合的系统，是许多要素的综合反映和集成。在借鉴前人研究成果基础上，结合高等教育的自然属性，本研究认为高校科研创新能力与服务创新驱动发展的指标应包含高校科研创新投入能力、高校科研成果产出能力及高校服务创新驱动发展能力三个方面。

高校科研创新投入能力包括人力投入和财力投入，是高校科研创新能力的基本保障，也是高校科研创新活动的核心。人力资源投入选取研究与发展人员数作为指标，财力投入能力则采取人均科技经费均值为指标，可以反映高校的科研实力和重视程度。高校科研成果产出能力是科研创新能力强弱的直接体现，采用有形科研成果产出指标，如科技专著、学术论文、鉴定成果和专利申请等。高校科研创新是一个开放服务的系统，服务创新驱动发展，促进社会经济发展是一个重要的方面。结合广东高水平大学的特征，选取 ESI 排名前 1% 学科数、科技成果转化收入、成果获奖数指标，作为反映高校服务创新驱动发展能力的评价指标。

高校科研创新能力与服务驱动发展评价指标采用二级指标体系，其中一级指标包括 3 个评价模块，二级指标在 10 个评价项目的基础上，延伸出每个指标的增长率指标（其中 ESI 排名前 1% 学科数为增加数），即二级指标总共有 20 个评价指标。高校科研创新能力与服务创新驱动发展评价指标体系如表 2 - 2 所示。

表 2 - 2　高校科研创新能力与服务创新驱动发展评价指标体系

一级指标（代码）	二级指标（代码）
科技创新投入能力（A）	研究与发展人员数（A1）
	研究与发展人员数增长率（A2）
	人均科技经费（A3）
	人均科技经费增长率（A4）
科技创新产出能力（B）	人均专著数（B1）
	人均专著数增长率（B2）
	人均论文数（B3）
	人均论文数增长率（B4）
	人均鉴定成果数（B5）
	人均鉴定成果数增长率（B6）
	人均专利申请数（B7）
	人均专利申请数增长率（B8）
服务创新驱动发展能力（C）	ESI 学科数（前 1%）（C1）
	ESI 学科数（前 1%）增加数（C2）
	人均技术转让收入（C3）
	人均技术转让收入增长率（C4）
	创新平台数（C5）
	创新平台数增长率（C6）
	国家级成果获奖数（C7）
	国家级成果获奖数增长率（C8）

(2) 高校科研创新能力与服务创新驱动发展评价指标解释与来源

高校科研创新能力是一个多角度理解的复杂概念。本研究主要从创新过程的角度，把高校科技创新能力分为投入和产出两种能力。一级指标中，科技创新投入能力评价，即高校科技创新活动的资源投入的能力，投入以人力、经费、物力以及信息等投入来衡量。本研究采用狭义上的理解，即高校科技创新投入能力主要包括科技人力资源和经费资源的投入，这是满足高校科研活动顺利进行的基础，主要是人、财力要素的综合。① 高校科技创新产出能力是高校科技创新活动的直接产出，是指对经济发展起间接作用的创新能力。一般是以论文、专利、科技专著、科技奖励以及鉴定成果数等形式来表现的。②

高校服务创新驱动发展则是指以高校中科研人员为主体，以科技创新为驱动力和服务重点，通过整合高校、企业、政府等各方资源，发挥高校的四大功能的集聚优势，大力推进科教结合，产学研合作，加快转变区域经济发展方式为目标，通过科技创新成果转化，助推创新驱动发展的内涵式发展方式。③ 高校服务创新驱动发展是高校开展科研活动支撑社会经济发展的重要部分。

在二级评价指标里，科技创新投入二级指标选取自《高校科技统计资料汇编》已有指标。研究与发展人员主要指花费10%及以上时间用于研究与发展工作的人员，考虑到高水平大学科研创新活动需要大量持续的科技人力投入，因此，研究与发展人员选取全时当量人员数（花费的总时间为90%以上），即研究与发展全时作为科技创新人力的指标，这可以反映高校投入科技活动的时间当量。科技经费是指年度内拨入用于高校科技活动的经费，包括政府资金、企事业单位委托资金和其他经费，选取人均科研经费作为反映财力投入的指标，这可以在一定程度上反映高校从事科研活动的综合实力。科技创新产出指标则根据《高校科技统计资料汇编》中科技成果分类，采用均量指标，包括知识创新产出

---

① 高燕楠：《高校科技创新效率及影响因素的实证研究》，南开大学，硕士学位论文，2010年5月。
② 梁燕、耿燕、李相银：《广东省高校创新能力比较研究》，《高教探索》2009年第4期，第58—62页。
③ 刘克勤：《地方普通高校服务区域创新驱动发展探析》，《教育发展研究》2014年第7期，第23—27页。

与技术创新产出,具体有科技专著、学术论文、鉴定成果和专利申请数作为高校科技产出能力指标。其中,人均学术论文发表数,主要反映高校科技活动的近期产出,采用发表在国外及全国性刊物的数量作为衡量高水平大学论文产出能力的强弱,这里包含了文科及理工科发表高水平论文的数量,可以在一定程度上避免科技评价"重数量,轻质量"的现象,同时也反映高水平大学参建高校的应有能力。

高校服务创新驱动发展能力二级指标中,基本科学指标数据库(Essential Science Indicators,ESI)是当今世界范围内普遍用以评价高校国际学术水平及影响力的重要评价指标工具之一。ESI 学科排名主要根据高校近十年的论文数、被引频次、均篇被引次数和高引论文数进行排名。同时,这一指标选取也是基于对接广东省教育厅与各建设高校签订的高水平大学建设目标任务书的内容之一,因此选取 ESI 排名前 1% 学科数指标来反映高校科研创新的质量。其次,转让能力是高校将科研创新成果转化为社会生产力的能力,包括高校签订的合同数和技术转让当年实际收入数。因技术转让带来的收入是高校科研创新成果服务社会经济的最终体现,故本研究选取技术转让收入为高校服务创新驱动发展的指标之一。创新平台是整合集聚科技资源,支撑和服务于高校科研活动的机构,其作用于高校科技活动的全过程和引领社会经济发展的各环节,是开展科技活动的物质基础和保障,在区域创新体系中具有重要的作用,是高校服务创新驱动发展的新引擎[①],因此选取高校省部级以上创新平台数来反映高校服务创新驱动发展潜力。成果获奖是高校科研成果获得社会外界认可并奖励的优秀科研成果,可以从侧面反映出高校科研创新能力的高低,结合广东高水平大学的建设目标,故选取获国际级成果奖数作为高校服务创新驱动能力的重要指标之一。

上述指标的选取,主要基于统计资料中的既有指标,从均量指标的角度考察高校科研创新和服务创新驱动发展的能力,而不是用总量指标,一定程度上体现评价的公平性。但是,仅以绝对量的方法考察广东高水平大学科研创新能力的发展现状,容易忽略高水平大学建设基期部分高校之间存在的科研创新能力历史基础存量的差异,从而使得评价结果有失偏颇。

---

① 李妍:《广东创新平台体系建设与发展问题研究》,《科技管理研究》2018 年第 2 期,第 1—5 页。

因此，在注意到存量指标与增量指标的关系上，基于政策的研究目标，在借鉴他人研究成果基础上，在各个绝对值存量指标的基础上，引入相对增长率（除 ESI 排名前 1% 学科数增量），作为相对增量考察评价高水平大学政策实施后的效果，这在一定程度上可以体现高校科技创新能力的持久性和活跃能力，也体现出构建评价指标的公平思想。

3. 指标权重测算

高校科研创新能力与服务创新驱动发展评价是由众多相互关联、相互制约的因素组成的复杂问题。因高校科研创新能力与服务创新驱动发展的指标具有层次结构，可采取层次分析法为指标体系测算权重。层次分析法（The Analytic Hierarchy Process，AHP），由美国运筹学家 T. L. Saaty 于 1977 年提出，是一种定性与定量相结合的有效方法。这种方法首先把复杂的决策系统层次化，然后通过逐层比较各种关联因素的重要性程度建立模型判断矩阵，并通过一套定量计算方法为决策提供依据。[①] AHP 体现出分解、判断和综合的人类基础决策思维特征，同时将这种主观判断用数量形式加以表达，极大地提高了决策的有效性和可行性，在科技管理中有着非常广阔的应用前景。

（1）层次分析法的基本原理与步骤

运用 AHP 分析解决问题，其基本思路与人们对复杂问题的思维判断过程大体一致。首先，需要把复杂问题层次化，根据需要达到的总目标，建立若干组按照相互影响关系的递阶系统结构，这种层次结构可以形成一个包含目标层、准则层和指标层的系统，然后逐一比较、判断，从而确定相对重要性权值。大体可分为 4 个步骤：①建立问题递阶层次结构；②构造两两比较判断矩阵；③在单准则下的排序及一致性检验；④层次总排序及一致性检验。

高校科研创新能力与服务创新驱动发展评价是一个具有复杂层次的决策问题。第一，根据建立的指标体系，构造出评价的层次分析模型，如图 2-1 所示。高校科研创新能力与服务创新驱动发展评价层次分析模型主要分为 3 层。最高为目标层，即评价高校科研创新能力与服务创新驱动发展能力，从而提升高校创新能力，探究服务创新驱动发展的路径，更好地为社会服务；中间为准则层，准则层有 3 个方面，即高校科

---

① 许树柏：《层次分析法原理——实用决策方法》，天津大学出版社 1988 年版，第 5 页。

研创新投入能力、高校科研创新产出能力和高校服务创新驱动发展能力；最底层为指标层，即为具体评价高校的 20 个子指标。

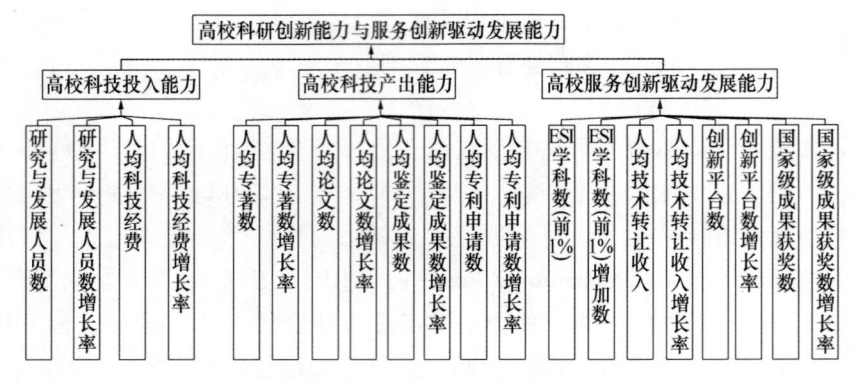

图 2-1　高校科研创新能力与服务创新驱动发展评价的层次分析模型

第二，建立递阶层次结构后，上下层次之间元素的隶属关系就被确定。判断矩阵表示相对于上一层次某一因素时，本层次各因素之间的两两相对重要性程度。构造判断矩阵的具体方法是，判断两元素 A1 和 A2 二者哪一个对指标 Ck 更重要以及重要多少，并对重要性赋予一定数值。本研究使用 1—9 及其倒数为判断矩阵标度。

第三，在单层次排序下，判断矩阵的一致性。由于人的判断思维，在对复杂事物的认识中，难以保持绝对的一致性，因此通过计算每个判断矩阵的最大特征根 λ_{max} 进行一致性检验（一致性指标比率 CR = 一致性指标 CI 比上同阶平均随机一致性指标 RI，即 CR = CI/RI ≤0.10，认为判断矩阵具有满意的一致性）。若通过，则继续计算最大特征值对应的特征向量；若不通过，则需要对原矩阵进行修正，直至通过为止。

第四，计算指标层相对于准则层的所有因素的相对重要性排序权值，即总目标的每个指标在整个体系中的权重。对层次总排序进行一致性检验，当符合一致性时则评价指标体系权重形成，否则需要重新调整判断矩阵的因素值。

（2）层次分析法中群组决策

运用 AHP 方法进行决策分析时，评判者往往不是一个人，而是由若干个专家组成的小组，这就属于群组判断。在本研究群组测算中，主要使用算术平均法将各位专家所给权重综合为一套指标权重，从而获取指标体系的最终权重。其公式如下：

$$\overline{w}_i = \frac{\sum_{k=1}^{m} W_{ik}}{m}$$

其中，i 表示第 i 个指标；k 表示某一位专家；W_{ik} 表示专家 k 对指标 i 赋予的权重值；m 表示专家评判者人数；$\overline{w}_i$ 表示第 i 个指标的最终权重。

（3）层次分析法赋权

本研究选取高等教育科技管理领域 10 位专家进行权重打分，测算出每一位专家的权重，最后将每位专家的权重取算术平均值得出指标权重。采用层次分析软件（Yaahp）进行判断矩阵的数据处理，最终得出如下权重，如表 2-3、表 2-4、表 2-5 和表 2-6 所示。

表 2-3　　　　各专家一级指标评定权重一览表

评分人	科技创新投入能力	科技创新产出能力	服务创新驱动发展能力
专家 1	0.105	0.637	0.258
专家 2	0.429	0.429	0.143
专家 3	0.143	0.429	0.429
专家 4	0.234	0.322	0.444
专家 5	0.248	0.325	0.426
专家 6	0.701	0.201	0.098
专家 7	0.200	0.200	0.600
专家 8	0.105	0.258	0.637
专家 9	0.429	0.429	0.143
专家 10	0.333	0.333	0.333

表 2-4　　　各专家科技创新投入能力二级指标权重表

评分人	研究与发展人员数	研究与发展人员数增长率	人均科技经费	人均科技经费增长率
专家 1	0.212	0.066	0.559	0.163
专家 2	0.085	0.111	0.292	0.512
专家 3	0.059	0.217	0.217	0.507

续表

评分人	研究与发展人员数	研究与发展人员数增长率	人均科技经费	人均科技经费增长率
专家 4	0.190	0.072	0.296	0.443
专家 5	0.197	0.252	0.378	0.173
专家 6	0.064	0.122	0.271	0.544
专家 7	0.201	0.235	0.311	0.254
专家 8	0.066	0.333	0.161	0.439
专家 9	0.111	0.292	0.171	0.426
专家 10	0.107	0.120	0.360	0.413

表 2-5　**各专家科技创新产出能力二级指标权重表**

评分人	人均专著数	人均专著数增长率	人均论文数	人均论文数增长率	人均鉴定成果数	人均鉴定成果数增长率	人均专利申请数	人均专利申请数增长率
专家 1	0.100	0.036	0.065	0.036	0.256	0.099	0.279	0.130
专家 2	0.040	0.050	0.076	0.144	0.087	0.197	0.145	0.262
专家 3	0.062	0.185	0.109	0.185	0.062	0.185	0.062	0.151
专家 4	0.050	0.026	0.138	0.259	0.085	0.113	0.164	0.164
专家 5	0.062	0.069	0.140	0.202	0.222	0.126	0.070	0.108
专家 6	0.029	0.301	0.063	0.050	0.086	0.145	0.120	0.205
专家 7	0.059	0.037	0.139	0.292	0.207	0.138	0.046	0.084
专家 8	0.110	0.091	0.031	0.045	0.238	0.279	0.064	0.142
专家 9	0.058	0.044	0.061	0.099	0.150	0.214	0.202	0.173
专家 10	0.100	0.036	0.065	0.036	0.256	0.099	0.279	0.130

表 2-6　**各专家服务创新驱动发展能力二级指标权重表**

评分人	ESI 学科数（前1%）	ESI 学科数（前1%）增加数	人均技术转让收入	人均技术转让收入增长率	创新平台数	创新平台数增长率	国家级成果获奖数	国家级成果获奖数增长率
专家 1	0.082	0.082	0.261	0.065	0.212	0.037	0.221	0.041
专家 2	0.102	0.279	0.039	0.069	0.106	0.141	0.080	0.183
专家 3	0.058	0.081	0.156	0.255	0.119	0.169	0.049	0.112

续表

评分人	ESI 学科数（前1%）	ESI 学科数（前1%）增加数	人均技术转让收入	人均技术转让收入增长率	创新平台数	创新平台数增长率	国家级成果获奖数	国家级成果获奖数增长率
专家 4	0.239	0.239	0.052	0.046	0.081	0.069	0.137	0.137
专家 5	0.159	0.153	0.124	0.223	0.134	0.067	0.077	0.062
专家 6	0.029	0.050	0.190	0.282	0.066	0.119	0.098	0.166
专家 7	0.089	0.078	0.086	0.320	0.108	0.052	0.147	0.121
专家 8	0.142	0.133	0.035	0.048	0.042	0.054	0.233	0.315
专家 9	0.147	0.232	0.176	0.143	0.022	0.029	0.125	0.125
专家 10	0.112	0.077	0.255	0.039	0.219	0.037	0.221	0.040

根据各位专家的权重，利用算术平均法归总计算出 10 位专家的权重，得到"广东高水平大学科研创新能力与服务创新驱动发展评价指标体系"所有指标的权重，详见表 2-7。

表 2-7 广东高水平大学科研创新能力与服务创新驱动发展评价指标体系权重

一级指标	权重	二级指标	权重
A：科技创新投入能力	0.293	A1：研究与发展人员数	0.129
		A2：研究与发展人员数增长率	0.182
		A3：人均科技经费	0.302
		A4：人均科技经费增长率	0.387
B：科技创新产出能力	0.356	B1：人均专著数	0.067
		B2：人均专著数增长率	0.087
		B3：人均论文数	0.089
		B4：人均论文数增长率	0.135
		B5：人均鉴定成果数	0.165
		B6：人均鉴定成果数增长率	0.159
		B7：人均专利申请数	0.143
		B8：人均专利申请数增长率	0.155

续表

一级指标	权重	二级指标	权重
C：服务创新驱动发展能力	0.351	C1：ESI 学科数（前1%）	0.116
		C2：ESI 学科数增加数（前1%）	0.140
		C3：人均技术转让收入	0.137
		C4：人均技术转让收入增长率	0.149
		C5：创新平台数	0.111
		C6：创新平台数增长率	0.077
		C7：国家级成果获奖数	0.139
		C8：国家级成果获奖数增长率	0.130

4. 指标的信效度检验

本研究通过面板数据对建立的指标体系进行信效度检验。信度是指标测验结果的一致性、稳定性及可靠性，一般以内部一致性来表示该指标信度的高低。信度检验一般采用 Cronbach's α 系数，一般信度系数在 0.5—0.9，表示指标体系的信度可接受；效度是指测量工具或手段能够准确测出所需测量的事物的程度。效度检验采用相关分析，一般相关系数在 0.3—0.8，则表示各个维度之间具有良好的结构效度。本研究采用 SPSS 统计软件对指标体系进行信效度测算。

根据搜集的 2016 年广东高水平大学各项指标的数据，首先将所有的数据进行标准化处理，然后利用 SPSS 软件测算评价指标体系的信效度。经信效度检验，高校科研创新能力与服务创新驱动发展指标体系的检验结果如表 2-8 和表 2-9 所示。

表 2-8　各个维度和总体 Cronbach's α 系数检验结果

指标	科技创新投入能力	科技创新产出能力	服务创新驱动发展能力	总体
Cronbach's α 系数	0.734	0.809	0.791	0.820

表 2 – 9　各个维度的相关系数（Pearson 相关性）效度检验结果

指标	科技创新投入能力	科技创新产出能力	服务创新驱动发展能力
科技创新投入能力	1		
科技创新产出能力	0.445**	1	
服务创新驱动发展能力	0.647**	0.388**	1

注：* 表示 P（显著性）＜0.05；** 表示 P（显著性）＜0.01。

由表 2 – 8 与表 2 – 9 可知，本研究构建的所有指标均通过信效度检验，说明本指标体系具有良好的信效度。高校科研创新能力与服务创新驱动发展能力指标整体的 Cronbach's α 系数达到 0.820，各个维度的系数均在 0.7 以上，表明整个指标内部的一致性满足要求；效度相关系数在 0.3—0.7，表明各个维度的指标存在一定的相关性，说明整个评价指标体系的结构效度较高，满足要求。

5. 评价方法

（1）数据的处理

由于评价高校科研创新能力与服务创新驱动发展能力所选取的各类评价指标都具有各自的量纲，因此需要将每一个评价指标按照一定的方法进行同度量化，即数据的无量纲化。考虑到本研究创新能力指标的特点以及方法的可操作性，本研究采取极差法进行量化，其公式如下：

$$d = \frac{D_i - D_{i\min}}{D_{i\max} - D_{i\min}} \times 100$$

其中，d 表示指标的标准化结果；D_i 为 d 指标的原始数据；$D_{i\min}$ 为指标的最小值；$D_{i\max}$ 为指标的最大值。

在样本数据无量纲化基础上，选择指标的合成方法，即指标评价方法成为确定权重后的一个重要问题。考虑到高校创新能力包括的科技创新投入能力和科技创新产出能力的二级指标在理论上是允许等量补差的，这两项对高校科研创新能力的提升作用不一，因此在考虑不同评价合成方法的理念上，选用算术平均法。依此类推，高校服务创新驱动发展指标下属的二级指标也是允许等量补差的。因此，对于高校服务创新驱动能力与服务创新驱动发展评价指标体系的合成公式如下：

$$A = \sum_{i=1}^{n} A_i W_i \times 100$$

其中，A 表示一级指标 A 的总分；n 表述 A 指标中二级指标的个数；A_i 表示 i 指标的得分；W_i 为 i 指标的权重。通过对二级指标的测算合成，进一步得到一级指标的得分，从而得出高校科研创新能力与服务创新驱动发展的总得分。

（2）权重的重新分配

本研究构建的高校科研创新能力与服务创新驱动发展评价指标体系的权重是根据层次分析法测算得到。因部分增量指标在 2015 年高水平大学建设基期未能体现，在不考虑这一部分指标的同时，剩余指标的权重会发生相应变化。为保持原有权重的科学性，这就要求要在缺失部分指标数据情况下对原有指标权重进行重新分配。

本研究采用了权重重新分配法，即将缺失数据的指标权重按照原有指标的比例分配给其他指标。[①] 保证参评指标的权重值满足归一化条件，处理方法如下：

$$W_i' = \frac{W_i}{\sum_{i=a}^{b} W_i}，且满足 \sum_{i=a}^{b} W_i' = 1 \text{ 的条件。}$$

其中，W_i' 为剔除缺失数据后的第 i 项二级指标权重；W_i 为未剔除缺失数据的指标中第 i 项二级指标权重，且剔除缺失数据后的其他二级指标权重之和满足等于 1 的条件。

（二）广东高水平大学科研创新能力与服务创新驱动发展现状分析

本研究利用其所构建的高校科研创新能力与服务创新驱动发展评价指标体系，以及所采取的比较分析方法，以 2015 年为广东高水平大学政策实施的对比期，2016 年为政策实施后考察期，考察中山大学、华南理工大学、华南师范大学、暨南大学、华南农业大学、南方医科大学和广东工业大学七所高校科技创新能力及其变化情况。在充分比较的基础上，探寻高校之间的科研能力与服务创新驱动发展中存在的共性与特性问题。

[①] 杜栋、庞庆华：《现代综合评价方法与案例精选》，清华大学出版社 2005 年版，第 36—39 页。

1. 2015 年广东高水平大学科研创新能力与服务创新驱动发展水平考察

2015 年,参与广东高水平大学建设的七所高校科研创新能力与服务创新发展情况如表 2 – 10 和图 2 – 2 所示。

表 2 – 10　　2015 年广东高水平大学科研创新能力与服务创新驱动发展水平状况

指标	中山大学	华南理工大学	华南师范大学	暨南大学	华南农业大学	南方医科大学	广东工业大学
A1	41.4000	9.0453	0.0000	8.9514	2.7503	15.8186	4.5953
A2	—	—	—	—	—	—	—
A3	6.6232	45.1068	67.2000	12.6320	37.7142	0.0000	25.0988
A4	—	—	—	—	—	—	—
B1	0.9771	1.0236	11.9576	0.0000	20.1000	4.0014	2.5125
B2	—	—	—	—	—	—	—
B3	0.2007	7.1478	22.3000	3.1555	3.3943	0.0000	4.2061
B4	—	—	—	—	—	—	—
B5	0.0000	3.3018	25.6810	6.2368	16.5092	10.8227	29.9000
B6	—	—	—	—	—	—	—
B7	0.8864	27.7000	14.8470	2.0148	9.1891	0.0000	14.9472
B8	—	—	—	—	—	—	—
C1	24.000	7.5000	4.5000	4.5000	1.5000	0.0000	0.0000
C2	—	—	—	—	—	—	—
C3	0.2882	26.1000	0.0000	1.1515	1.9430	13.2784	0.2173
C4	—	—	—	—	—	—	—
C5	23.5000	16.1889	5.7444	0.0000	4.7000	9.4000	3.1333
C6	—	—	—	—	—	—	—
C7	26.3000	21.9167	0.0000	4.3833	0.0000	8.7667	0.0000
C8	—	—	—	—	—	—	—

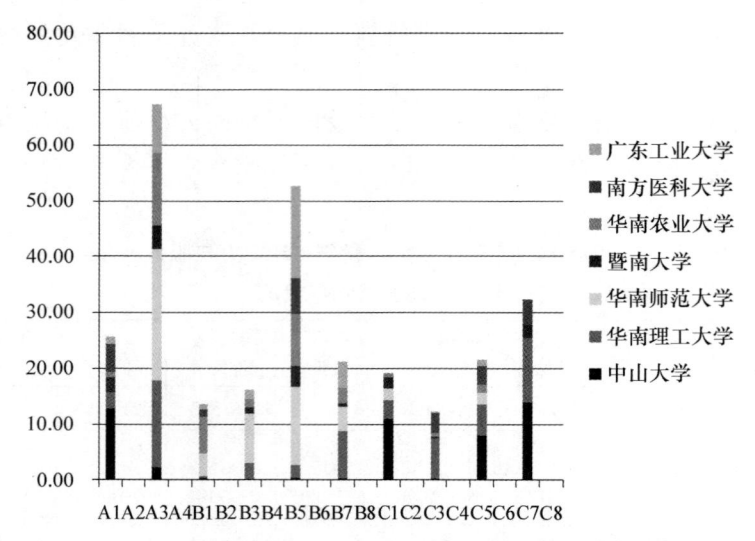

图 2-2　2015 年广东高水平大学科研创新能力与服务创新驱动
发展得分水平分布图

科技创新投入能力为效益型指标，其包括了全时研究与发展人员数和人均科技经费两个二级指标。从全时研究与发展人员数指标来分析，中山大学（以下简称中大）、华南理工大学（以下简称华工）和南方医科大学（以下简称南医大）得分排名靠前，全时研究与发展人员数均超过 1000 人，中大达 5000 多人，这表明广东高水平大学建设基期，这三所大学的科研人力的投入力度较大；而广东工业大学（以下简称广工）、华南农业大学（以下简称华农）和华南师范大学（以下简称华师）这三所高校的得分排名靠后，全时研究与发展人员数均未能超过 800 人，华师仅 264 人，这表明科研人力的投入相对处于落后的地位。从人均科技经费指标来分析，华师得分达到 67，排名最高。科技经费总量在各参建高校相差不大的情况下，我们认为这与其投入的科研人力数量较少有关。而华工与华农紧随其后，该指标的得分均超过 37，位于高水平大学人均科技经费得分的第一梯队。暨大、中大和广工该指标得分均未突破 30，位于该指标第二梯队，南医大该项指标得分最低。

科技产出能力为效益型指标，具体包括人均专著数、人均论文数、人均鉴定成果数及人均专利申请数四个二级指标。从人均专著数指标来分析，华农位列首位，得分达到20.1，华师得分为12，这两所高校位于第一梯队。位于第二梯队的南医大、广工和华工得分均处于1—5区间。而中大和暨大该项排名靠后，位于第三梯队；从人均高水平论文产出指标分析，华师得分最高为22.3，远远高于位于第二梯队得分7.15的华工，广工得分为4.21、华农为3.40、暨大为3.16，该项指标中大和南医大垫底，得分均未突破0.5；从人均鉴定成果数这项指标来分析，华师与广工居于第一梯队，得分均高于25。其他高校得分在0—16.5区间浮动，差异性较小；从人均申请专利数指标得分分析，华工以绝对优势高居榜首，得分达到27.7。华师和广工位居第二梯队，得分均在15左右。其他高校得分排名靠后，均在10以下。南医大的该指标得分最低。

服务创新驱动发展能力为综合效益型指标，具体包括ESI学科排名、技术转让收入、创新平台数、国家级成果获奖数四项指标。ESI学科排名1%数量中大得分24，以绝对优势位居第一梯队。华工为7.5、暨大为4.5、华师为4.5，得分居于第二梯队。南医大、华农和广工得分靠后，得分均在1.5以下；从人均技术转让收入指标得分来分析，华工和南医大分别以得分26.1和13.3列于第一梯队，其他高校的得分均不足2，在0—2区间内；从创新平台指标得分分析，中大得分最高为23.5，华工得分16.2位于其次，南医大为9.4紧随其后，其他高校该指标得分在5左右，暨大该指标得分排名靠后；从国家级成果获奖数指标来分析，中大和华工处于绝对优势，得分分别为26.3和21.9，其他5所高校得分普遍不高，均低于10以下。

从总得分和一级指标得分情况来考察2015年各高校科研创新能力与服务创新驱动发展情况，如表2-11所示。

表2-11　　2015年各高校科研创新能力与服务创新驱动发展总得分及排名表

高校	指标A	指标B	指标C	总得分	总分排名
中山大学	48.0232	2.0641	74.0883	40.8106	3
华南理工大学	54.1521	39.1733	71.7056	54.9809	1

续表

高校	指标 A	指标 B	指标 C	总得分	总分排名
华南师范大学	67.2000	74.7856	10.2444	49.9091	2
暨南大学	21.5834	11.4071	10.0348	13.9071	7
华南农业大学	40.4645	49.1926	8.1430	32.2268	4
南方医科大学	15.8186	14.8241	31.4451	20.9495	6
广东工业大学	29.6941	51.5658	3.3506	28.2339	5

2015 年为广东省高水平大学建设基期。首先，在科技投入能力方面，华师、华工和中大这三所高校得分位列前三，得分均超过 48，说明科研投入的人力和财力都比较大；位于第二梯队的华农和广工得分在 29—40 区间内，暨大该项指标得分靠后，南医大的该指标得分最低，这两所高校得分均不足 25，这说明在科技投入能力方面处于高水平大学建设的"末流"。其次，在科技产出能力方面，华师、广工和华农得分均超过 49 排名靠前，位于第一梯队；华工紧随其后，而中大、暨大和南医大该指标得分偏低，尤其是中大这一指标处于"垫底"位置。再次，在高校服务创新驱动发展能力方面，华工、中大两所重点高校得分均超过 70，位列前二，较好地发挥了高校服务创新驱动发展的功能。南医大得分 31 排名第三，列于第二梯队，其他高校在该指标得分上排名靠后。从构建的高校科研创新能力与服务创新驱动发展评价指标体系总的得分情况分析，华工、中大和华师凭借高校自身基础条件，在政策实施基期以相对的优势位列高水平大学建设基期第一梯队；华农和广工发展势头强劲处于第二梯队，暨大和南医大则处于第三梯队。

2. 2016 年广东高水平大学科研创新能力与服务创新驱动发展水平考察

2016 年是广东高水平大学建设政策实施的第一年，各高校科研创新能力与服务创新驱动发展情况如表 2 – 12 和图 2 – 3 所示。

表 2 – 12　　2016 年广东高水平大学科研创新能力与服务创新驱动发展水平状况

指标	中山大学	华南理工大学	华南师范大学	暨南大学	华南农业大学	南方医科大学	广东工业大学
A1	12.9000	3.2108	0.0000	2.6403	0.9528	4.4951	0.8273
A2	6.3546	12.0633	18.2000	6.7438	13.4642	4.5957	0.0000
A3	9.5277	30.2000	26.6886	5.6305	17.0486	0.0000	21.4435
A4	38.7000	20.2318	0.0000	8.0631	5.3578	13.7030	30.0267
B1	0.0000	1.4303	6.7000	1.2045	4.3663	5.2697	6.3236
B2	6.5146	5.6117	1.4196	8.7000	0.0000	4.3282	6.9933
B3	1.8096	3.5662	8.9000	1.5461	0.3307	0.0000	3.3512
B4	13.5000	2.4478	0.0000	3.4891	0.2747	6.2834	5.7632
B5	5.2179	0.8462	16.5000	0.0000	16.5000	14.3846	1.2692
B6	15.9000	1.5993	3.0827	0.3620	4.7644	6.1311	0.0000
B7	0.4510	9.4660	5.1466	0.6497	3.9791	0.0000	14.3000
B8	6.3094	2.2657	2.4454	0.0000	4.3443	6.4993	15.5000
C1	11.6000	4.0941	2.0471	3.4118	0.6824	1.3647	0.0000
C2	7.0000	7.0000	0.0000	14.0000	0.0000	14.0000	0.0000
C3	0.0000	13.7000	0.9460	1.4613	1.1887	4.1936	1.2114
C4	0.0000	3.7211	0.1490	7.1098	3.6189	1.8400	13.6139
C5	11.1000	6.6600	1.2686	0.0000	1.5857	2.5371	1.4800
C6	3.0147	1.1372	1.0007	7.7000	3.4053	0.0000	5.8726
C7	13.9000	10.4250	0.0000	0.0000	0.0000	6.9500	0.0000
C8	8.6671	7.8000	13.0000	0.0000	13.0000	13.0000	13.0000

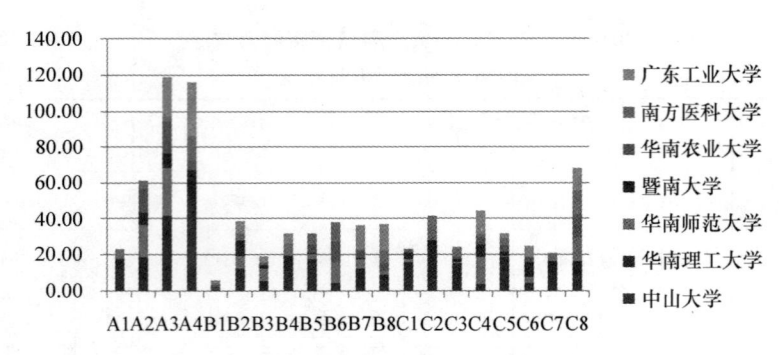

图 2-3　2016 年广东高水平大学科研创新能力与服务创新
驱动发展得分水平分布图

在考察高水平大学建设政策效果时，本研究以 2015 年为基期，引入增长率指标考察政策实施前后广东高水平大学科研创新能力与服务创新驱动发展水平。

科技创新投入能力方面，全时科研与发展人员数指标中大得分为 12.9、华工为 3.2、南医大为 4.5，这三所高校继续保持领先优势，科技人力投入能力进一步得到发挥；暨大得分 2.6，紧随华工之后，华农和广工该项得分未能突破 1，华师最低，表明这几所高校的科技人力投入能力有待进一步提升。从全时科研人员与发展人员数增长率指标来分析，华工、华师和华农三所高校得分排名靠前，华师的全时与研究人员增长率表现尤为突出，达到 21.21%，华工的增长率为 5.44%，华农的增长率为 9.04%，这三所高校位于得分第一梯队，进一步说明在政策实施后，这三所高校加大了科技人员的投入力度，全时研究人员数量得到增加。其他高校得分未突破 10，且全时科研与发展人员增长率均为负值，中大为 -9.23%、暨大为 -8.23%、南医大为 -13.75%、广工为 -25.56%。在人均科技经费指标上，列于第一梯队的华工、华师和广工，得分均突破 20，表现尤为抢眼的华工该项得分超过 30，广工发展势头强劲；中大和华农位于第二梯队，得分超过 9.5，暨大和南医大得分均未超过 9.5，处于第三梯队。从人均科技经费增长率得分情况分析，中大一路领先，得分高达 38.7，人均科技经费增长率达到 122.86%，这从侧面反映出中大在高水平大学建设后，优化了科研人员结构并加大了人均科技经费投入力度。同时，广工该指标得分 30 且增长率达到 98.27%，华工紧随其后，该指标得分 20.2，增长率达 70.5%，南医大、暨大、华农和华师排名靠后，得分均低于 14。

科技创新产出能力方面，参建高校在人均专著数指标上得分普遍不高。人均专著数指标中，华师、南医大和广工得分超过 5，其他"985"高校和"211"高校均在 5 分以下；从人均科技专著增长率方面分析，各高校得分主要分布在 1—9 这个区间内，其中华农该项得分为 0。除华师和华农两校之外，其他高校人均专著增长率都为正值，说明人均著作产出能力方面得到提高；其中，中大、暨大和南医大增长率都超过 40%，广工增长率超过 50%，南医大人均专著增长率更是超过 80%。而华师与华农该指标的减少率均超过 40%，华农更甚，达到 73%，这一现象，我们认为可能与高校不重视在著作方面的产出有关。从人均发表论文数指标得分分析，华师得分最高为 8.9，中大、华工、暨大和广工得分在 1.5—3.6 区间内，列于第二梯队，其他高校得分在 1 以下；从人均论文发表增长率推算产出速度来分析，中大得分最高，达 13.5，其人均论文发表增长率高达 134.46%，从建设高水平基期的人均发表高水平论文数低于 1 篇/人到 1.68 篇/人，高水平论文产出能力得到提升。华工、暨大、南医大和广工得分在 2.4—6.3 区间内，华师和华农得分垫底。同时，广工和南医大在该指标上表现也不俗，增长率均突破 47%，广工高水平论文发表数达到 2.23 篇/人，与华工在该指标上近乎持平。在人均成果鉴定得分上，中大得分最高，超过 15.9，除暨大和广工该指标的得分低于 1 之外，其他高校得分均在 1—7 区间内；在人均鉴定成果增长率上，中大得分超过 15.9，南医大得分超过 6.1，这两所高校的人均鉴定成果数增长率较高，其他高校的增长率均在一个较低的水平，其中，华工、暨大和广工的人均鉴定成果增长率均为负值，且减少率超过了 50%。从人均专利申请数指标来分析，广工和华工两所工科特色高校，该指标得分均超过 9，得分排名靠前，广工和华工的人均专利申请数超过 2 项/人，其他高校得分均在 5 以下，其中华师和华农达到 1 项/人，其他高校人均专利申请数均不足 1 项/人；在人均专利申请增长率指标得分上，广工再次位于榜首，得分超过 15，人均专利申请数增长率更是超过 206.30%，表现十分抢眼。其他高校得分均在 7 以下，除暨大外，各高校的增长率值都为正值。

各高校服务创新驱动能力方面，在 ESI 学科排名 1% 存量的基础上，中大得分最高，华工、华师和暨大得分依次递减，列于第二梯队，其他高校列于第三梯队；在 ESI 学科排名 1% 增量指标上，暨大和南医大进步最为显著，ESI 学科排名 1% 数各增加 2 个，其他高校的 ESI 学科数量也在稳步增长。在人均技术转让收入指标得分上，华工表现突出，是唯一得分超过 10 的高校，其他高校得分均在 5 以下，中大该项得分为 0；在人均技术转让收入增长率指标得分上，华师和广工得分排名靠前，暨大、华工和华农得分居于第二梯队，其他高校排名靠后，中大此项得分为 0，除中大的人均技术转让收入为负增长外，其他高校均为正增长，其中华师、暨大和广工增长率分为达到 539.38%、225.31% 和 487.35%。这也从侧面反映出这三所高校科技服务能力显著提升。在创新平台数指标得分上，中大和华工"一路领跑"，优势非常明显，其他高校除华师外，得分均在 1—3 区间内，差异较小；在创新平台增量指标得分上，各参建高校得分"不相伯仲"，都得到一定程度的增加，增幅最高为暨大，达到 59.38%，其次广工为 47.73%，其他高校增幅大多在 10%—30% 之间，增长幅度较稳定；在国家级成果获奖数指标得分上，中大和华工继续处于领先优势，除南医大外，其他高校该项得分均为 0；从国家级成果获奖的增量指标来分析，华师、华农、南医大和广工得分较为靠前。与此同时，中大和华工在该指标增量上也存在负增长的问题，这从侧面反映出广东高水平大学该指标的能力提升还任重道远。

从一级指标和总得分情况来考察 2016 年各高校的科研创新能力与服务创新驱动发展，如表 2-13 所示。

表 2-13　2016 年各高校的科研创新能力与服务创新驱动发展总得分及排名表

高校	指标 A	指标 B	指标 C	总得分	总分排名
中山大学	67.4823	30.0158	55.2818	49.8613	1
华南理工大学	65.7059	16.3096	54.5374	44.2007	2
华南师范大学	44.8886	37.1199	18.4114	32.8294	5
暨南大学	23.0777	15.3471	33.6828	24.0480	7
华南农业大学	36.8233	26.7946	23.4810	28.5700	6
南方医科大学	22.7939	36.8162	43.8854	35.1889	4
广东工业大学	52.2975	25.7005	35.1779	36.8200	3

首先，从高校科技创新投入能力指标上分析，中大、华工和广工得分超过50，名列前三，代表着科研创新投入能力的第一梯队。其中，中大和华工这两所"985"高校得分均超过65，科研创新投入能力在原有基础上得到进一步提升；华师和华农分别以得分44.9和36.9居于第二梯队；暨大和南医大继续处于高水平大学建设"末流"位置。其次，从高校科研产出能力指标分析，中大和广工两所高校继续保持领先优势，而科研投入能力得分进入前三的华工，被"后来居上"的华师赶超，排在南医大和华农之后，暨大垫底。再次，从高校服务创新驱动发展指标分析，中大、华工和广工"一路领先"，华师和南医大得分"紧随其后"，华农和暨大排名靠后。进一步根据各项指标权重的总得分得出广东高水平大学2016年科研创新能力与服务创新驱动发展的总得分。可以看到政策实施后的第一年，中大和华工综合得分名列前二，这与政策实施前的综合排名相差无几。广工以总得分36.8名列第三，较之基期总得分排名进步2名；南医大以总得分35.2名列第四，较之基期总得分排名进步2名；华师总得分32.8排名第五，较之基期总得分排名退步3名；华农总得分28.6排名第六，较之基期总得分排名退后2名；暨大总得分在参建高校中排名最后，较之基期未发生变化。

3. 广东高水平大学科研创新能力与服务创新驱动发展问题分析

广东高水平大学建设实施一年多来，各参建高校科研创新能力与服务创新驱动发展战略取得了明显阶段性成效。

相比较2015年建设基期，参建高校科研创新得到进一步提升，科技投入和产出能力也得到提升，同时，服务经济社会创新驱动发展显著增强。一是以体制机制为突破口的改革持续推进。各参建高校在高水平大学建设目标管理责任书的基础上，围绕学科建设、人才队伍建设、平台基地建设、人才培养、科研创新与社会服务研究和国际交流与合作等方面，详细制定高校整体建设规划和改革方案。其中，暨大出台了《暨南大学高水平大学建设与综合改革方案（2015—2020年）》《暨南大学高水平大学建设改革28条》等措施[①]，南医大相继出台《南方医科大学加强ESI学科建设方案》和《南方医科大学高水平大学建设专项资金

---

① 《暨南大学高水平大学建设与综合改革方案（2015—2020年）》［EB/OL］. https：//news.jnu.edu.cn/Item/37924.aspx.

管理细则》等改革措施。① 二是高校科技创新能力不断提高。各参建高校在加大科研创新投入能力的同时，高层次人才引育能力也明显增强。2015年高水平大学建设以来，各参建高校共新增国家级人才200余人，其中院士6人、国家杰青14人、长江学者28人、千人计划入选115人。② 同时，各高校以学科建设为重点，以人才搭建平台，致力于推动高校科研创新能力新增一个高度。2016年，广东省高水平大学参建高校共有41个学科入围ESI全球前1%，与建设基期相比，新增6个学科，增长率达17%；参建高校人均发表高水平论文增长率整体呈上升趋势，平均增长率达到33%；省部级以上科研平台数达563个，同比增长22%。三是高校服务经济社会发展能力进一步提高。各参建高校主动面向经济社会发展，不断产出创新成果，为实施创新驱动发展战略、建设创新型广东作出了重要贡献。2016年整体高校专利申请数达9项/人，专利申请增长率达58%，技术转让收入突破1.55万元/人，同比增长81%。这一成就的取得与广东高水平大学建设政策有直接的关联。

通过对各参建高校之间的对比，本研究分析了广东高水平大学在建设发展过程中的一些共性及个性问题。在高水平大学建设过程中，各参建高校在科研创新能力及服务创新驱动发展中也存在较为突出的问题，主要表现在：各建设高校历史基础能力差异问题、人均科研产出增量增长问题、进入ESI排名前1%的学科数偏少、重点学科结构不尽合理、科研平台建设及国家级成果获奖当量偏少等共性问题。与此同时，各参建高校也存在一些个性问题，如广工科技人力投入减少、暨大人均科技产出成果减少等在科研创新能力与服务创新驱动发展过程中的个性问题。

（1）高水平大学建设高校共性问题

本研究通过构建广东高水平科研创新能力与服务创新驱动发展的指标体系，对建设高校进行评价。基于面板数据分析，各参建高校的共性问题主要指的是在科研创新能力与服务创新驱动发展两个维度方面高校

---

① 南方医科大学加强ESI学科建设方案［EB/OL］. http：//www.fimmu.com/info/1139/1727.htm.

② 广东高水平大学建设专栏［EB/OL］. http：//gspdx.gdedu.gov.cn/.

存在的一些主要问题。在对广东高水平大学建设实践考察的基础上，重点分析2016年各参建高校取得的成效，从而横向对比，探寻各高校之间的差距。

第一，参建高校相较于建设基期的科技人员投入数量增长幅度缓慢，个别参建高校存在全时科研人员数不同程度减少的问题。中大、华工、暨大和南医大四所高校自身科研人员投入基数较大，在政策实施的第一年，科研人员投入数量增幅相应缓慢；广工在建设后的一年，全时科研人员数减少幅度达26%。第二，参建高校人均科技经费的增长率不一，总体呈增长的趋势，但是"985工程"高校与其他高校的人均科技经费增长率差距明显。一方面这与学校之间的基础能力差异有关；另一方面与各高校的经费投入力度不一，从而导致这一问题。第三，参建高校科研产出能力较之建设基期，有一定的增长幅度，但人均发表高水平学术论文和人均申请专利指标上，总体的人均科技产出能力还是处于一个较低的水平。究其原因，考虑到指标体系的构建主要基于均量指标的考察，但是各指标、权重之间存在差异，尤其是2016年的得分加入了增量指标这一得分，因此各参建高校的科技产出能力还需进一步提高。第四，各参建高校在服务创新驱动发展总得分上都取得一定程度的提高，多数高校在这一指标维度上，发展较为均衡，差异性较小，但与"985工程"高校之间差距明显。总体上讲，代表着高校统筹办学资源，打造学科高峰的ESI全球排名前1%指标数上，除中大有18个学科之外，其他参建高校均未能突破10个；在反映高水平大学服务重大经济社会问题能力的国家级成果获奖指标上，各参建高校未能取得较大进步，发展缓慢，多数高校在这一指标上未取得任何突破。这从侧面反映出各参建高校与目标高校之间还存在着差距，重点学科建设的"高峰"不多，重点学科与经济社会发展的理工科类数量偏少，对国家重大需求凝练不够，距离达到真正意义上的高水平层次的大学任重而道远，还需进一步提高服务创新驱动发展的动力。[①]

（1）高水平大学建设高校个性问题

在对高校共性问题分析的基础上，进一步就各参建高校在科研创新

[①] 丰国政：《基于ESI数据库的广东重点建设高校科研竞争力计量分析》，《高教探索》2016年第3期，第41—45页。

能力与服务创新驱动发展中存在的个性问题进行有针对性的分析,进而为广东省高水平大学建设的科研创新与服务创新驱动发展探寻发展路径。

从最早整体进入高水平大学建设的两所"985 工程"高校分析,在高水平大学建设过程中,中山大学突出的问题表现在两个方面:一是建设经费不足;二是发展劲头稍显缓慢。中山大学其自身科研能力和服务创新驱动发展能力基础好,无论是科研投入能力,还是科研产出能力,在参建高校中都处于领先地位。但正是由于这种以总体规模大而著称的基础实力,使得中大在构建的评价指标体系中,涉及均量考察的指标表现并不如其总量考察那般显著。首先,在高水平大学建设基期,中大的科研人员投入力度最大,但人均科技经费在各参建高校中最低。经过 1 年多的发展,其人均科研经费仅高于暨大和南医大两所高校,人均整体建设科技经费投入处于一个相对靠后的位置,在前期和第一方阵高校投入已有较大差距。其次,服务创新驱动发展能力,中大凭借其自身的优势条件,该项指标得分一直处于领先地位,其服务经济社会发展能力在各参建高校中具有"领头羊"的作用。以 ESI 学科排名前 1% 数量来分析,中大的存量指标得分遥遥领先其他参建高校,优势十分明显。同样,中大的省部级科研平台和国家级成果获奖的存量指标也都处于领先地位。但是,我们不容忽略的一个问题就是在增量指标上,中大的"强劲表现"与其他诸如广工之类的"后起之秀"的表现不相上下。以人均技术转让收入为例,其他各参建高校的增量指标均呈现直线上升的发展趋势,特别是有的高校如华师和广工该指标增长率超过 400% 和 500%,而中大该指标却是负增长。这也从侧面反映出中大的基础能力虽然雄厚但是增长潜力不足,发展后劲缓慢,这也是中大面临的一个突出问题。

华南理工大学是广东省"985 工程"高校中以工科见长的高校,其在科研创新能力和服务创新驱动发展中处于一个"上游"的位置。华工在高水平大学建设中,突出的问题表现在两个方面:一是部分关键指标与一流大学存在差距;二是工科学科优势未能得到发挥。从构建的指标体系总得分分析,华工从高水平大学建设基期到建设一年的成效情况,都保持在一个上升的趋势。在科研创新人力投入抑或财力投入方面,华工均保持平稳的发展态势。但与同是"985 工程"高校的中大相比，中大的基础科研人力是华工的3倍多，华工在科技创新人力投入和财力方面与中大存在着较大差距。同样，在科研产出能力方面，因指标侧重考察均量指标的情况，虽然华工的科技人力投入与中大的投入相差3倍，但其科技成果产出与中大相差无几，这从侧面说明两校在科研成果总量上存在一定的差距。另外，从2016年的科研产出指标能力得分来分析，华工的工科优势并未得到充分体现。在各参建高校中的得分排名靠后，落后于华师、南医大和广工。在服务创新驱动发展指标中，华工表现较为平稳，各项指标发展均处于"中上游"位置，相较于中大的发展后劲不足，华工的服务经济社会发展能力稳中求进，发展步伐稳健。

华南师范大学是广东综合师范类重点院校，其在高水平大学建设基期处于一个相对靠前的位置。华师在建设发展过程中突出问题表现在目标定位还有较大差距，发展动力不足，前进步伐较小，尤其在科研创新能力方面。具体表现为：一是华师的服务需求不够强，科技成果转化能力比较薄弱；二是内涵提升步伐缓慢，高层次研究人才数量总体不足；三是优势学科特色不突出，学科布局分散，专业设置比较陈旧。在高校科技人力投入指标中，华师的全时科研人员数量最少，与其他三所"211工程"高校相差悬殊。具体来讲，高水平大学建设基期，与中大科技人员投入相差19倍；建设后一年，差距缩小至14倍，与其他高校间的差距也很大，科技人员的投入短板无疑制约了华师的基础研究能力。在高校科技产出能力指标中，华师科研产出能力较弱，科技成果转化能力有待进一步提升。相较于2015年高水平大学建设基期，从人均科研产出的增量指标来分析，华师在人均专著数、人均发表高水平论文数和人均鉴定成果增量指标上，都呈现下降的趋势，科研创新能力有待进一步提升。在高校服务创新驱动发展指标上，华师表现"中规中矩"，但在ESI排名前1%数量和国家级成果获奖指标的存量和增量上，发展停滞，在政策实施后的一年均未取得突破，有待进一步发展。

暨南大学是广东四所"211工程"高校之一，国家"双一流"世界一流学科建设高校，其在高水平大学建设过程中突出的问题表现为：较之其他参建高校，暨大科研创新能力基础较弱，发展动力不足。暨大在高校科研创新能力与服务创新驱动发展评价指标中，表现稍"逊色"，在2015年和2016年广东高水平大学建设中总得分排名不变，均处于7所整体建设高校最后一名。从高校科研创新能力与服务创新驱动发展两个维度的整体得分情况来分析，暨大均处于一个相对"下游"的排名位置。仅从科技创新人力投入存量指标分析，暨大的科技人员投入能力在各参建高校中处于"中游"位置，但增量指标却呈下降趋势。相较于其他高校，暨大人均科研经费和人均科技产出能力得分均较低，这从侧面反映了暨大科研创新能力发展缓慢，基础能力有待进一步提升。再从高校服务创新驱动发展能力指标分析，暨大表现"尚可"。具体从ESI排名前1%学科数指标来分析，暨大进步突出，在高水平大学建设的第一年该指标的增量数就达到2个。同时，在人均技术转让收入及省部级创新平台指标上，暨大发挥优势，进一步弥补前面指标得分落后的处境，得分排名处于相对"中游"位置。

华南农业大学是参建高校中以农业科学和生命科学为优势学科的省属重点高校，其在高水平大学建设过程中的问题突出表现为：一是人均科研产出能力有所下降；二是服务创新驱动发展能力不足。在高校科研创新能力与服务驱动发展评价指标上，华农在总得分上表现"一般"，相较于建设基期的排名，建设一年后排名有所下降。在科研创新能力中，华农的人均科研产出增量指标，具体包括人均专著数和人均发表高水平学术论文指标均呈下降趋势，其中人均专著数降幅达到73.8%，为各参建高校之最。在高校服务创新驱动发展能力指标中，华农在该指标得分一直处于"末流"地位，表现为从2015年高水平大学建设基期该项指标得分的倒数第二名，到2016年得分排名倒数第一。相较于其他参建高校，华农在服务创新驱动发展能力指标中"逊色"不少。从指标来分析，ESI排名前1%学科数的增存量指标，得分均不占优势，增量指标发展停滞，高水平学科建设发展有待进一步提高。

南方医科大学是广东高水平大学建设中以医学见长的高校，其在高水平大学建设过程中突出的个性问题为人均科技经费投入不足。在高水平科研创新与服务创新驱动发展的评价指标体系中，南医大在总得分上表现"尚可"，相较于建设基期的排名，建设一年后排名有所上升。在科研创新能力指标中，南医大的科技人员投入基础能力相对较强，存量指标排在中大和华工之后，且与华工的差距也不大。但是，人均科技经费投入在高水平大学建设前后均处于末位，科技经费投入能力明显落后于其他高校。在人均科研产出存增量均保持稳定增长趋势下，科技经费投入这一短板制约了南医大科研创新能力的提升。在高校服务创新驱动发展指标上，南医大在政策实施前后均能保持前三的位次，排名于中大和华工之后。相较于其他高校，科研创新平台仅次于中大和华工，国家级成果获奖数也仅次于中大和华工，这反映出南医大充分利用其医学优势学科，服务社会能力得到进一步提升。

广东工业大学是以理工科为主的重点建设高校，也是七所高水平大学建设高校里面最"年轻"的一所高校，其在高水平大学建设过程中的问题突出表现为：一是政策基期其科技人员投入不足，且在2016年呈较大的下降趋势；二是服务社会创新驱动发展能力不足。综合考察广工在高水平大学建设前后的发展，是参建高校里面进步最大、发展动力和潜力最大的一所高校。从本研究所构建评价指标体系上看，广工建设基期的总得分排名倒数第三，约为最高分华工的一半。到2016年建设的第一年后，广工以总得分36.8的高分位列第三，与前一名华工的差距进一步缩小。高水平大学建设为广工的发展注入了强大的政策动力，广工凭借自身的努力，科研创新能力与服务创新驱动发展的能力进一步提升。但是，广工表现突出的问题即科技人员投入力度不足，其全时研究与发展人员数在参建高校中处于"落后"地位。究其原因，广工自高水平大学建设以来实施了高层次研究人员"百人计划""青年百人计划"等人才引进战略，汇聚高端研究人员，不断优化科研队伍人员，因此从这一角度可以说明科研人员数量减少是优化结构的一种表现。① 广工在精简科研人员数量、提高科研人员结构的前提下，人均科研产出能力得到进一步提升。在高校服务创新驱动发展指标上，广工的得分并不如其总得分那般"突出"。在反映高水平大学服务经济社会能力的指标中，ESI学科排名前1%和国家级成果获奖存量和增量均未取得突破。因此，要实现高水平大学整体水平的提高，广工还需要继续加大投入力度，突出服务社会的能力。

---

① 广东工业大学"百人计划"实施与管理办法［EB/OL］. http：//hr.gdut.edu.cn/info/1049/1095.htm.

三　广东高水平建设大学科研创新能力与服务创新驱动发展路径

通常情况下，高校利用科研成果服务区域经济社会的成效，一方面取决于高校自身的科研创新能力，高校的科研创新能力与服务区域经济社会的发展能力一般呈正相关，即大学自身的科研创新能力越强，其服务区域经济社会发展的能力才有可能越强。另一方面，还受制于高校科研创新成果与区域经济社会发展的需求契合程度，即大学科研创新成果与社会需求契合程度越高，其服务创新驱动能力就越高。

因此，本研究具体通过构建评价广东高水平大学建设高校科研创新能力与服务创新驱动发展的指标体系，客观分析广东高水平大学参建高校科研创新能力和服务创新驱动发展各项指标，不仅追求单一的能力的提升，而是"双能力"的共同提高。在综合考察高水平大学建设推进一年来取得成效的基础上，结合广东省高等教育长期滞后于省域经济实力的现实局面和高校在创新驱动发展面临被边缘化的趋势。其突出的问题表现在广东高校整体水平不高，创新人才培养不足，科技创新成果较少，成果转化能力不强，高校统筹协调不到位等。[1] 本书分析得出高水平大学政策实施取得了阶段性的成效，各参建高校的科研创新能力得到不同程度的提升。但是，在归纳参建高校共性问题和独立分析各高校个性问题基础上，政策实施还需进一步破除制约高校发展的体制障碍，加大统筹推进高水平大学建设的力度，发挥参建高校的主体作用。因此，本研究一是从政府层面，评价广东高水平大学建设政策取得的效果及存在的问题，认为广东省应以高水平大学建设为契机，继续深化全省创新驱动发展战略，进一步围绕高校创新科研机制体制和协同创新发展政策进行改革；二是从各参建高校层面，各参建高校应致力推动特色学科发展和深化交流合作的改革，探索提升高校科研创新能力的路径，从而促进科技创新与服务创新驱动发展、促进经济繁荣与社会进步。

---

[1] 田兴国等：《创新驱动发展战略背景下广东高校科研体制机制改革思考》，《科技管理研究》2016年第7期，第125—128页。

（一）从政府角度提升高水平大学科研创新能力与服务创新驱动发展路径

从政府视角而言，各参建高水平大学高校是一个整体，不同高校间的科研创新能力与服务创新驱动发展能力都存在相对的缺陷。各参建高校创新能力强弱不等，尤其表现在历史条件基础的差异，这就体现出政府从全局上平衡引导的重要性，需要通过政策支持来破除机制体制的改革阻碍、推动各高校间协同创新，并利用粤港澳大湾区建设契机来实现高校的统筹协调发展。

1. 进一步加大以问题为导向的高水平大学建设机制体制改革

机制体制的改革是高校改革的保证。为有效破除制约高校创新活力的体制机制障碍，增强高校科研创新对经济社会发展的支撑力，广东省自建设高水平大学政策以后，先后相应出台一系列具有创新性、针对性的高水平大学建设支持措施。针对广东高水平大学建设各参建高校在科研创新能力与服务创新驱动发展中的问题，以资源投入为根本着眼点，还需进一步加大以问题为导向的高水平大学建设机制体制改革。一是在人才政策方面，人才资源是高校发展的第一资源，人事制度改革是高校体制机制改革的关键环节。因此，广东省政府需要深化人事制度改革，在 2016 年中央《关于深化人才发展体制机制改革的意见》的政策中，针对当前高校人事制度的重点领域和薄弱环节，进一步打破体制壁垒，扫除身份障碍，促进人才顺畅流动，提高人才横向和纵向流动性。[1] 广东省政府在加大对科研人员的投入和科技经费投入政策支持的同时，进一步在《高水平大学建设人事制度改革试点方案》基础上，逐步向所有参建高校下放岗位设置权、公开招聘权、薪酬分配权和人员调配权。[2] 二是在财税政策方面，财务管理制度是现代大学制度的重要内容，也是关系学校发展的"生命线"。[3] 广东省政府需要在《审计署关于审计工作更好地服务于创新型国家和世界科技强国建设的意见》的指

---

[1] 中共中央印发《关于深化人才发展体制机制改革的意见》[EB/OL]. http://www.most.gov.cn/kjzc/gjkjzc/kjrc/201701/t20170117_130534.html.

[2] 省人社厅启动高水平大学建设人事制度改革试点工作 [EB/OL]. http://news.sina.com.cn/c/2016-01-29/doc-ifxnzanh0353345.shtml.

[3] 李国俊、廖宏伟：《基于高校发展战略的高校财务制度安排》，《中国高教研究》2009 年第 9 期，第 29—32 页。

导思想上，充分认识到高校科技创新的重要性，进而继续推动科技项目预算和财务管理改革，着力推动科技经费加大投入和有效使用。在继续深入财务制度改革，出台相关实施细则完善财政科研项目资金管理措施的同时，简化财政科研项目预算编制，大幅提高人员费比例，激发科研人员创新创业活力，从而充分调动科研人员积极性，提高学校创新活力。① 三是在科研体制方面，科研体制改革是提升区域创新实力的关键要素。在高校服务创新驱动发展能力上，针对参建高校整体水平不高，突出表现为 ESI 排名前 1% 学科数和国家级成果授奖存量指标较少，服务创新驱动发展能力有待进一步提升。广东省政府在《关于深化广东高校科研体制机制改革的实施意见》基础上，针对参建高水平大学高校应落实深化创新高校科研体制机制改革，激发高校科研创新活动，充分调动高校科研人员创新创业主动性、积极性和创造性，全面服务创新驱动发展战略。② 同时，广东省政府深入落实《广东省关于全面深化科技体制改革加快创新驱动发展的决定》《广东省人民政府关于加快科技创新的若干政策意见》《广东省自主创新促进条例》等一系列关于科研体制改革的政策文件，政府应继续出台促进科技与教育相结合的政策文件，促进科研与教学互动，科研与人才培养紧密结合，促进培育跨学科跨领域的科研教学团队，进而探索引进和培育世界级领军人才与团队的政策与机制。

2. 推动广东参建高水平大学建设高校间的协同创新

通过提高各参建高校的科研创新能力，还不足以提高高校服务创新驱动发展的能力。将各参建高校视为一个整体，广东省政府需要进一步推动建设广东高水平产学研协同创新共同体，促进高校创新成果从产出、成果转化到推广的高效运转，从而更好地服务省域经济社会的发展。自国家出台"2011 计划"以来，广东省就将协同创新作为提高全省高等教育质量的基本理念，相继出台《广东省 2011 协同创新平台建设规划》，结合实施广东省"2011 计划"和高校重点学科、重点人才、重点平台、重大科研项目和成果建设紧密结合，大力推动高校间的协同

---

① 审计署关于审计工作更好地服务于创新型国家和世界科技强国建设的意见［EB/OL］. http：//www.audit.gov.cn/n4/n19/c84084/content.html.

② 广东省人民政府办公厅关于深化高校科研体制机制改革的实施意见［EB/OL］. http：//zwgk.gd.gov.cn/006939748/201512/t20151203_ 631285.html.

创新。

第一，政府推动广东参建高水平大学高校间的协同创新，需要搭建创新资源共享的平台。在"互联网+"的时代背景下，利用大数据和云计算技术，政府和高校致力于搭建广东高水平大学创新资源共享网络平台，创新资源信息主要满足市场需求目标，国家和省重大科研任务，科技成果动态和科技前沿等，加快推进高校间资源优化和共享机制。第二，政府推动广东参建高水平大学高校之间的协同创新需要打造高水平大学产学研创新共同体。依托经济发展的社会需求，由政府组织搭建企业、高校、科研机构、社会组织等的高水平大学协同创新平台，在巩固提升基础研究领域的前提下，大力开展应用研究和关键工程技术攻关，推动人才、技术、资金、项目、市场等创新要素的协同，搭建产学研合作平台，促进科研成果的进一步转化。第三，政府应鼓励参建高水平大学高校充分发挥特色，人文社会科学学科见长的高校，在高校建立各类技术转移中介服务机构和管理平台，创新科技成果转移转化机制。实施特色新型高校智库推进计划，为全省创新驱动发展战略提供决策咨询；理工科高水平大学建设立足国家特别是广东经济社会发展的重大需求，促进科技发明、专利成果的产业化发展，显著增强对经济社会的贡献力。[①]

（二）从高校自身角度提升高水平大学科研创新能力与服务创新驱动发展路径

从高校视角而言，各参建高水平大学高校是一个互相独立的个体，不同参建高校间类型、层次不同，科研创新能力与服务创新驱动发展能力的提升需要高校以特色重点学科发展为主，提高高校科技创新能力，积极促进高校国际合作交流。

1. 以特色学科发展引领高水平大学内涵提升

广东高水平大学在建设之初，本着科技创新促进产业和省域经济发展的思想，瞄准广东产业结构调整和经济发展转型的重大需求，遴选包含了综合类、理工类、师范类、医科类、农林类等不同类型优质高校。因此，突出办学特色，重点建设特色学科是建设高水平大学内涵提升的

[①] 石贵舟：《高校产学研协同创新的涵义、作用及机制构建》，《现代教育管理》2015年第11期，第50—54页。

要求。高校在进一步落实《关于加强理工科大学和理工类学科建设服务创新发展的意见》等基础上，积极探索优化高水平大学学科专业布局，根据经济社会发展需要和专业优势，明确各类参建高校的科研定位，错位发展，突出学科创新特色，建立以服务需求和提升创新能力为导向的科技评价和科技服务体系。① 首先，高校要进一步强化统筹规划，统筹布局全省重点学科及其相应的支撑学科，逐一制定各重点学科建设规划，利用学科优势成为科技创新的引领者。② 各参建高校要大力加强学科建设，因为学科是形成大学核心竞争力的主要源泉和社会声誉的重要支撑。各参建高校要进一步优化学科布局，凝练学科发展方向，集中力量加强建设。同时，要围绕国家重大需求和经济社会发展，以学校自身特色优势，重点建设一批优势学科群，抢占相应学科领域制高点。③ 比如：中山大学的眼科学、华南理工大学的亚热带建筑科学、华南农业大学的植物航天育种、华南师范大学的发展与教育心理学等，围绕重点方向打造高水平学科团队、构建高层次科研平台、培育高显示度的创新成果，使得有关学科的优势和特色更加明显。④ 例如，以中大为代表的综合类高校，全面对接国家"双一流"建设，做强主流学科方向，积极发展优势学科，尤其是加快 ESI 前 1% 学科和前 1‰ 学科的建设步伐。其次，根据学科发展需求，参建高校实施高层次人才和团队倍增计划，全面加强学科带头人等各类高层次人才引进，提高人才培养质量的同时，进一步提升创新驱动服务能力。以华师为代表的师范类综合高校，重点建设 3 大学科群（心理学、教育学、体育学），打造国内一流教师教育，彰显人文社科的优势与特色；以华工为代表的理工科见长的高校，继续瞄准国际前沿，以国际校区建设为契机，打造和培育新兴优势学科，注重学科人才的引进和输出，着力构建高水平大学，支撑创新管理战略，重在服务广东经济发展。在科学研究方面，聚焦前沿科学问

---

① 《建设高水平大学和高水平理工科大学服务创新驱动发展战略》（http://www.moe.gov.cn/jyb_ xwfb/xw_ zt/moe_ 357/jyzt_ 2017nztzl/2017_ zt03/2017_ zt03_ gd/17zt03_ yw/201706/t20170605_ 306457. html）。

② 周学铁、秦俊华：《高校服务创新驱动发展战略的路径选择》，《教育评论》2017 年第 11 期，第 76—79 页。

③ 余峰：《培育优势学科：提升大学竞争力的理性选择》，《理论月刊》2007 年第 12 期，第 95—97 页。

④

题、重大工程技术问题和社会发展问题,加强国际一流科研创新平台建设,产出高水平的科技成果并成功转化应用,支撑创新驱动发展;以华农为代表的农业类见长高校,进一步推进 ESI 学科排名前 1% 的植物和动物科学、农业科学学科发展,以学科群的方式促进优势学科的长足发展。以南医大为代表的医学见长高校,以医学类学科建设为重点牵引,紧密对接国家"双一流"计划,发挥拓展型多校区学科功能定位,为广东创新驱动发展战略和大健康产业提供更有力的支持。

2. 以粤港澳大湾区建设为契机促进高校交流合作

国际化是世界一流大学的基本特征,是衡量大学办学水平的重要指标。促进高校间的国际交流与合作,有利于推进高等教育国际化、增强对各学科的世界前沿知识的了解、加强人才培养。各参建高校应以粤港澳大湾区建设发展为契机,一是对外引进国际一流大学的办学理念和人才队伍;二是对内联合国内一流大学实施对口帮扶,全方位推进自身的高水平大学建设;三是要全面深化粤港澳高校的交流合作。

首先,要注重引进国外一流大学的先进管理理念和模式,更新教学科研人员和管理人员的教育理念、教育内容和教学方法。国际学术交流要着重协同共享,立足学科发展前沿,服务国际行业产业变革需求,共同确定科研选题,共建科研团队或平台,催生出实质性的学术成果。其次,参建高校在与标杆学校横向对比的基础上,结合自身建设实际需求,具体到相应的学科领域,按照"个案设计,打包支持"的方式进一步寻求国内一流大学的"对口帮扶"与交流合作,共同促进学科共建发展。再次,参建高校以粤港澳大湾区战略建设的机遇,充分利用区位优势,要全面深化粤港澳交流合作。以深化科技合作为手段促进高校之间结成更加紧密的合作关系,共建粤港澳重点实验室和协同创新平台,在提升参建高校学科水平和科研能力的同时,促进重点学科服务社会经济的影响力,致力于打造世界区域型高水平科研和人才培养高地。[①]

---

① 黄崴:《建立粤港澳大学联盟——打造世界高水平科研和人才培养高地》,《高教探索》2016 年第 10 期,第 18—21 页。

第三篇　新生代农民工发展与广州城镇化水平提升和谐互动研究[*]

一　新生代农民工现状与广州市现阶段城镇化发展水平

（一）新生代农民工现状

1. 新生代农民工的内涵

目前学界对新生代农民工这一概念并没有一个权威的公认的科学界定。全国总工会的界定为：新生代农民工主要是指出生于20世纪80年代后，年龄在16周岁以上，在异地以非农就业为主的农业户籍人口[①]。学者刘传江认为，新生代农民工是相对于改革开放后于20世纪80年代中期到90年代中期从农业和农村中流出并进入非农产业就业的第一代农民工而言的，具体指1980年以后出生、20世纪90年代后期开始进入城市打工的农民工[②]。青年学者储著源认为，新生代农民工是农村农业人口，大致可以分为农村农业人口、上学转出的非农业人口、上学转出毕业转回的非农业人口、进城买房定居的农转非人口等几个部分[③]。

---

[*] 祁晓、赵妍参与该篇的撰写。
[①] 《全国总工会关于新生代农民工研究调查总报告》，《工人日报》2010年6月21日。
[②] 刘传江：《第二代农民工市民化现状分析与进程测度》，《人口研究》2008年第5期，第48页。
[③] 储著源：《城镇化进程中新生代农民工职业教育问题研究》，《山西高等学校社会科学学报》2012年第1期，第19—23页。

虽然，各种具体的概念界定不同，但是在概念的内涵上基本是一致的，都认为新生代农民工是出生在20世纪80年代后，16周岁以上，具有较高的受教育程度，非农就业的农村人口。本研究中新生代农民工指相对于第一代农民工而言的，出生于20世纪80年代后，16周岁以上，具有相对较高的受教育程度，进城务工的农村人口。

2. 新生代农民工的特点

（1）新生代农民工已经丧失了从事传统农业生产的能力

新生代农民工虽然从户籍上看仍然归属于农民，但是他们大多数是直接从中学一毕业就走上了外出务工的道路，部分新生代农民工甚至没有完成中学学业就中途辍学外出务工了。还有部分新生代农民工是在城里跟着打工的父母成长起来的，对于现代城市生产和生活规律的熟悉程度远远高于传统的农业和农村。这就意味着，这些农民工已经不再具有农业生产的基本技能和经验，如果他们中的大多数人重新回到农村，将很难胜任农业生产。

（2）新生代农民工乡土观念淡化，对城市具有较强的认同和向往

与上一代农民工相比，随着生产、生活条件的改善和提高，新生代农民工与土地之间朴素的情感已经不如他们父辈那样强烈了，他们即便是出生并生活在农村，但是随着科技的进步，他们也较少有机会参与到农业生产的具体过程之中，而且加上农村土地制度以及税制方面的改革，使得他们对传统的农村乡土社会的认同和对土地的依恋感情都在减弱。同时，由于城市方便、快捷的生活方式，深深地吸引着他们，他们极力谋求对城市社会的认同，在经历了城市生活和文化氛围的熏陶之后，新生代农民工的思想观念、生活习惯、行为方式已经日趋城市化了，更感觉到城乡社会之间的巨大差距，从而表现出对城市的更强烈的向往。

（3）受教育程度普遍提高

与上一代农民工相比，新生代农民工的受教育程度普遍较高，有的甚至受过高等教育。他们一般具有初中以上文化教育程度，超过40%以上的具有高中（含中专）文化程度，有的具有大专甚至本科以上文化程度，仅仅出于家庭困难或是就业困难等方面的原因，才走上了外出务工的道路。较高的文化教育程度，使得他们知识面比较宽、信息来源也比较广泛，学习的愿望也比较强烈，在工作的过程中，对新知识、新

事物的理解和接受能力较强，也比较认同知识可以改变命运这样的观念，对学习具有比较强的热情。同时他们不仅仅关注自身的学习追求，还比较关心下一代的受教育问题。

（4）事业心和创业意识比较强

新生代农民工对职业的期望值比较高，与上一代农民工相比，他们进城务工的目的不再仅仅满足于单纯生存，他们更多地希望能通过自身的努力，获得留在城市发展的机会。他们在务工的过程中，表现出较强的拼搏和进取精神，不仅仅满足于打工挣钱养家糊口，改善家庭生活水平，他们更看重个人能力和发展的机会，希望能有所发展，简单地相信通过个人拼搏就能获得成功，在争取待遇、谋求更大发展空间上，与上一代农民工相比，他们的要求更加直接，一些新生代农民工通过学习专业技术，提升就业竞争力，部分人甚至把务工当作学习、提高、适应的过程，希望通过自身努力，实现从农民到工人再到更高社会层次的生存方式的转变。

（5）新生代农民工流动性强，流动范围、流动行业广泛

新生代农民工一般年纪比较小，随着农村生产和生活条件的改善，在其个人成长过程中受到家人的千般呵护，万般宠爱，思想一般都很单纯，辨别是非和自我控制能力相对较差，加上社会阅历浅，缺乏个人职业生涯的整体规划，外出务工的主要渠道是依靠亲戚朋友的介绍，在工作上，缺乏应对压力和挫折的能力，遇到稍不顺心的事情，就会凭感情或意气用事，随便作出更换工作的决定。因此新生代农民工工作的流动性强，流动范围和流动行业较广泛。

（二）广州市现阶段城镇化发展水平

城镇化水平是目前国际上通用的衡量一个国家或地区城镇化程度的重要指标，城镇化水平通常用城镇人口占总人口的比重来表示。城镇化进程主要是指城镇在国民经济与社会发展过程中占主导作用的过程。城镇化是一个比较复杂的社会现象，具有丰富的内涵。从人口学上讲，城镇化是指农业人口转化为城市人口的过程，即以农村人口不断向城市迁移和聚集为特征的一种历史过程；从地理学上讲，城镇化是指农村地貌不断转化为城市景观的过程；从社会学上讲，城镇化是指城市文明不断覆盖农村，农村生活方式不断向城市生活方式转化的过程；从经济学上

讲，城镇化是指由传统的农村自然经济不断地转化为城市现代化大生产的过程。因此用单一的经济社会发展指标难以全面地反映城镇化的科学内涵[1][2]。为了全面地反映广州市的城镇化进程，我们在借鉴现有研究成果的基础上，拟从人口、经济发展、社会和环境三个方面来描述广州的城镇化进程。

1. 广州市现阶段人口方面的情况

农业之外的工业和服务业，尤其是第三产业是有效地吸纳劳动力的主要渠道，非农产业的发达程度，是衡量城镇化水平高低的重要指标之一，就业结构中非农行业的从业人员的比重，可以反映出一个地区的产业结构的优化程度。截至2010年底，广州市非农产业中从业人员占从业人员的比重为93.01%，远高于同期全省73.4%和全国63.3%这样的平均水平；与广州市2000年的86.38%相比，提高了6.63个百分点。

城镇人口占全部人口的比重是衡量城镇化水平的主要标准之一，城镇化过程的直接表象就是要把农业人口变为城镇人口的过程，首先通过人口的城镇化，进而通过一系列提高人口的文化素质、生活水平、精神面貌的政策措施，最终实现人口的市民化，融入城市中来，变为一个合格的市民。截至2010年底，广州市的城镇人口比重为83.78%，高于同期全省66.18%和全国49.68%的平均水平；与广州市2000年83.79%的水平相比，也基本上持平。

人口自然增长率是反映一个地区人口发展速度的重要指标，它表明人口自然增长的程度和趋势，是反映人口再生产的综合性指标。同时它也是衡量一个地区经济社会发展是否具有活力的标准之一。截至2010年底，广州市的人口自然增长率为6.52‰，高于同期广东省6.19‰和全国4.79‰这样的平均水平，与广州市2000年2.95‰的水平相比，提高了3.57个千分点。

婴儿死亡率是反映一个国家或地区居民健康水平和经济社会发展水平的重要指标之一，尤其是反映妇幼保健工作水平的重要指标。截至2010年底，广州市的婴儿死亡率为4.04‰，远低于同期广东省4.83‰

---

[1] 姜爱林：《城镇化水平的五种测算方法分析》，《中央财经大学学报》2002年第8期，第76—80页。

[2] 肖万春：《论中国城镇化水平度量标准的合理化》，《社会科学辑刊》2006年第1期，第112—117页。

和全国 13.1‰ 这样的平均水平；与 2000 年广州市 11.82‰ 的水平相比，降低了 7.78 个千分点。

表 3-1　广州市人口方面情况及其与广东省、全国平均水平情况比较表

项目名称	广州市 2000 年	广州市 2010 年	广东省 2000 年	广东省 2010 年	全国平均 2000 年	全国平均 2010 年	标准
非农从业人员占从业人员比重	86.38%	93.01%	60%	73.4%	50.0%	63.3%	≥70%
城镇人口占常住人口数的比重	83.79%	83.78%	55.00%	66.18%	36.22%	49.68%	≥50%
人口自然增长率	2.95‰	6.52‰	8.14‰	6.19‰	7.58‰	4.79‰	≥6‰
婴儿死亡率	11.82‰	4.04‰	16.8‰	4.83‰	32.2‰	13.1‰	≥10‰
初中升学率	90.66%	88.47%	38.7%	86.2%	51.2%	87.5%	≥95%
受高中以上教育人口比例	29.75%	42.15%	16.44%	25.29%	11.15%	14.03%	≥90%

初中毕业升学率反映的是一个国家或地区初中毕业生接受更高层次教育的难易程度，是衡量一个地区教育普及程度的重要标准之一。截至 2010 年底，广州市初中毕业生升学率为 88.47%，高于同期广东省 86.2% 和全国 87.5% 这样的平均水平，与广州市 2000 年的水平相比，该项指标下降了 2.19 个百分点。

居民中受高中以上教育人口的比例是衡量一个国家或地区居民文化素质的重要指标之一。根据 2010 年第六次人口普查结果，广州市常住人口中受过高中（含中专）以上教育的人口比例为 42.15%，远高于同期广东省 25.29% 和全国 14.03% 这样的平均水平，与 2000 年广州市第五次人口普查结果中的 29.75% 相比，提高了 12.40 个百分点。

2. 广州市现阶段经济发展方面的情况

人均国内生产总值是衡量一个国家或地区经济发展水平和人们生活水平的一个指标。截至 2010 年底，广州市人均 GDP 为 12882 美元，远超过同期广东省的 6608 美元和全国平均水平 4430 美元；与广州市 2000 年的 3096 美元相比，提高了 9786 美元，是 2000 年的 4 倍，年均增长速度为 31.61%。

各产业增加值占 GDP 的比重是衡量一个国家或地区的产业结构优

化方面的综合性指标之一。截至 2010 年底，广州市非农产业增加值占 GDP 的比重，由 2000 年的 96.14% 提高到 2010 年的 98.25%，分别超过同期广东省 94.97% 和全国 90.9% 的平均水平 3.28 个百分点和 7.35 个百分点。截至 2010 年底，广州市第三产业增加值占 GDP 的比重已经达到 61.01%，分别高出同期广东省和全国平均水平 16.44 个和 17.87 个百分点，相对于广州市 2000 年的 52.35%，提高了 8.66 个百分点。

表 3-2　广州市经济方面情况及其与广东省、全国平均水平情况比较表

项目名称	广州市 2000 年	广州市 2010 年	广东省 2000 年	广东省 2010 年	全国平均 2000 年	全国平均 2010 年	标准
人均 GDP	3096 元	12882 元	1538 元	6608 元	949 元	4430 元	≥6000%
非农产业增加值占 GDP 比重	96.14%	98.25%	89.58%	94.97%	85.68%	90.9%	≥80%
第三产业增加值占 GDP 比重	52.35%	61.01%	38.53%	44.57%	30.24%	43.14%	≥45%
科技人员占从业人员比重	8.75%	6.95%	1.85%	2.95%	2.84%	3.80%	≥65%

科技人员占就业人口的比例[①]是反映一个国家或地区经济发展质量水平方面的重要综合性指标之一。截至 2010 年底，广州市各类科技人员占就业人口的比例仅为 6.95%，虽然高于同期广东省 2.95% 和全国 3.80% 的平均水平，但是与广州市 2000 年 8.75% 的水平相比，下降了 1.8 个百分点。

3. 广州市现阶段社会与环境方面的情况

社会保障覆盖率反映的是一个国家或地区经济社会发展水平以及居民享受基本公共服务水平方面的指标之一。由于数据指标方面的限制，这里我们用居民参加基本社会养老保险的人数与户籍人口之间的比率作

---

① 由于数据可得性以及数据口径方面的原因，广州市 2000 年该项指标是全社会年末各类科技人员与全部从业人员的比，2010 年该项指标为城镇就业人口中科技人员的比例；广东省和全国的该项指标均为公有制经济单位中科技人员占全部就业人员数的比例。

为衡量社会保障方面的标准。截至 2010 年底,广州市该项指标为 29.51%,远远高于同期广东省 25.32% 和全国 19.14% 的平均水平;与广州市 2000 年 15.29% 的水平相比,10 年间平均每年提高了 1.422 个百分点。

恩格尔系数指食品支出总额占一个人消费支出总额的比重。一般来说,一个家庭收入越少,家庭收入中用来购买食物的支出所占的比例就越大,随着家庭收入的增加,家庭收入中用来购买食物的支出所占的比例则会降低,推而广之,一个国家或地区经济社会越落后越贫穷,每个国民的平均收入中用于购买食物的支出所占的比例就越大,随着国家经济社会的发展,人民生活更加富裕,这个比例呈下降趋势。截至 2010 年底,广州市的恩格尔系数为 0.33,低于同期广东省 0.365 和全国 0.38 的平均水平,与广州市 2000 年 0.426 的水平相比,降低了大约将近 10 个百分点。

基尼系数是国际上用来综合考察居民内部收入分配差异状况的重要指标。其经济含义为,在全部居民收入中,用于进行不平均分配的那部分收入占全部收入中的比例,基尼系数一般介于 0—1 之间。我国由于最近 10 年都没有公布基尼系数方面的数据资料,这里选择用城乡居民人均收入之比来反映居民之间收入的差异。截至 2010 年底,广州市的城市居民人均可支配收入与农村居民人均纯收入之比为 2.42,低于同期广东省 3.03 和全国 3.23 这样的平均水平,与广州市 2000 年 2.29 的水平相比,稍有提高,这表明广州市城乡居民生活水平之间还存在着比较明显的差异。

平均预期寿命,是对人的生命的一种有根据的预测,即预测年龄为某岁的人今后尚能生存的平均寿命。平均寿命是衡量一个国家或地区人民健康水平的主要指标之一。截至 2010 年底,广州市居民平均的预期寿命为 79.04 岁,高于同期广东省 76.1 岁和全国 73.0 岁的平均水平,与广州市 2000 年 74.69 岁的水平相比,提高了大约 4.4 岁的水平。

截至 2010 年底,广州市人均住房面积达到了 21.4 平方米,分别低于同期广东省 34.13 平方米和全国 31.6 平方米的平均水平 12.73 平方米和 10.02 平方米,但是与广州市 2000 年 13.32 平方米的水平相比,提高了 8.08 平方米。

表3-3 广州市社会与环境方面情况及其与广东省、全国平均水平情况比较表

项目名称	广州市 2000年	广州市 2010年	广东省 2000年	广东省 2010年	全国平均 2000年	全国平均 2010年	标准
社会保障覆盖率	15.29%	29.51%	9.33%	25.32%	10.70%	19.14%	≥90%
恩格尔系数	0.426	0.33	0.386	0.365	0.44	0.38	≥0.30
基尼系数（城乡居民收入比）	2.29	2.42	2.67	3.03	2.79	3.23	≥0.355
平均寿命	74.69	79.04	73.27	76.1	71.0	73.0	≥72岁
人均居住面积	13.32	21.4	24.60	34.13	10.3	31.6	≥20m²
人均生活用电量	603	971	239.09	536.60	132.4	365.9	≥60度年
自来水普及率	99.01%	99.56%	83.9%	99.96%	63.9%	96.7%	≥95%
百人拥有电话数	117	262	57.94	222.12	20.01	64.36	≥30部/百人
人均拥有公共道路面积	8.16	11.20	10.86	12.69	6.1	13.2	≥10m²
人均绿化面积	7.87	11.87	9.86	13.29	3.7	11.2	≥10m²
电视综合人口覆盖率	99.47%	100%	96.4%	98.0%	93.7%	97.62%	≥95%
平均每个医生服务人数	298	240	778	619	595	559	≥300人
图书馆人均占有图书量	655	1955	310	442	323	460	≥2000册/千人

截至2010年底，广州市人均生活用电量达到了971千瓦时，分别高出同期广东省536.60千瓦时和全国365.9千瓦时的平均水平434.4千瓦时和605.1千瓦时，与广州市2000年的603千瓦时相比，也有了较大的提高。

截至2010年底，广州市自来水普及率达到了99.56%，稍低于同期广东省99.96%的水平，但是高于全国96.7%这样的平均水平，与广州市2000年99.01%的水平相比，有明显的提高。

截至2010年底，广州市每百人中拥有电话数达到了262部，高于同期广东省每百人222部和全国每百人64部这样的平均水平，与广州市

2000年每百人117部的水平相比，10年间每百人中整整增加了145部。

截至2010年底，广州市人均拥有市区公共道路面积达到了11.2平方米，低于同期广东省的平均水平12.69平方米和全国平均水平13.2平方米。但是与广州市2000年8.16平方米的水平相比，人均拥有市区公共道路面积提高了3.04平方米。

截至2010年底，广州市人均拥有市区绿化面积达到了11.87平方米，低于同期广东省的平均水平13.29平方米，但是高于同期全国的平均水平11.2平方米。与广州市2000年7.87平方米的水平相比，人均拥有市区绿化面积提高了4.0平方米。

截至2010年底，广州市电视综合人口覆盖率达到了100%，实现了人口全覆盖，这一比率高于同期广东省98%和全国97.62%这样的平均水平，与广州市2000年99.47%的水平相比，有了较为明显的提高。

截至2010年底，广州市平均每个医生服务人数为240人，低于同期广东省的平均水平619人和全国的平均水平559人，与广州市2000年的平均每个医生服务298个人的水平相比，10年间每名医生服务人数下降了58人，进步幅度也是非常显著的。

截至2010年底，广州市每千人拥有图书册数为1955册，平均每人拥有2册，分别高于同期广东省的平均水平每千人442册和全国平均每千人460册的水平，与广州市2000年平均每千人拥有图书655册的水平相比，10年间，每千人拥有图书册数提高了1300册，进步幅度是非常显著的。

目前国际上判断一个国家或地区城镇化发展水平是超前还是滞后的一个判断标准——用非农化率N（第二、第三产业就业人员占总劳动力的比重）与城镇化率U（城镇人口占总人口的比重）的比值NU来衡量非农化与城镇化之间的合理发展关系。因为在市场经济条件下，劳动力就业结构的非农化，总是伴随着人口地域的城市化，并带动人们生活的城市化发展。一方面，随着经济的发展，劳动力不断地由传统的农业向第二、第三产业转移，使就业结构不断非农化；另一方面，农村地域人口不断向城镇迁移，使人口地域分布不断城市化。劳动力就业结构的非农化与人口的地域城市化之间是相互伴生、耦合联动、共同发展的关系①。

根据国际上经济和城市化发展的历程和经验，一般来讲，当城市化进程与非农化的发展比较适度，二者之间呈现出耦合联动协调发展状态时，NU 的值大致为 1.2 左右。NU 值若明显小于 1.2 时，表明城市中不仅集中了从事非农产业的人口，而且还集中了相当数量的农业人口，这反映了城镇化进程的超前，而且 NU 值越低，城镇化进程超前水平越明显。NU 值若明显大于 1.2 时，则反映了大量从事非农产业的劳动力仍然分散在农村地区，说明城镇化发展滞后，而且 NU 值越大，城镇化发展滞后水平越明显。

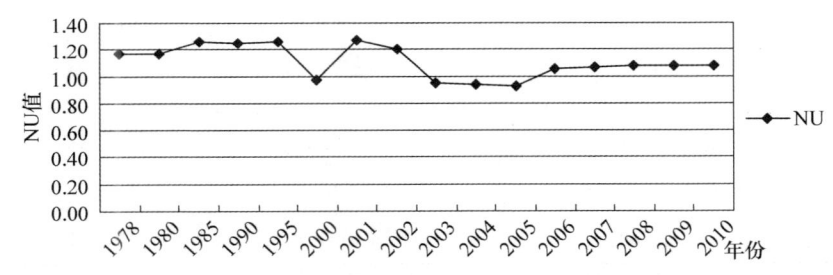

图 3-1　广州市 1978—2010 年城镇化合理发展水平度量指标 NU 变化情况图

如图 3-1 所示，广州市城镇化发展水平已经由以往发展的相对滞后阶段向发展相对超前阶段过渡，其明显的分界点出现在 2002 年，2002 年广州市城镇化率与非农化发展之间处在耦合联动协调发展的状态，随后 NU 值开始逐步偏离 1.2 的正常水平，2006—2010 年广州市的 NU 值一直维持在 1.07 这样的水平，与 1.2 正常的 NU 值之间还存在有一定的距离。这就表明目前广州市的城镇化进程相对超前了，也即现阶段广州市城镇化发展的质量是存在问题的。

此外，在本研究中我们还比较了广州市的非农业人口增长速度和建成区土地面积的增长速度这两个指标，其中前者反映的是人口意义上的城镇化进程，后者反映的是地域（土地）意义上的城镇化进程，2000 年广州市非农业人口为 436.1055 万人，建成区面积为 431 平方公里。

---

① 彭启鹏、曾文棣：《广东城镇化进程分析》，《南方人口》2003 年第 2 期，第 36—44 页。

截至2010年底，广州市非农业人口达到722.1540万人，年均增长速度为6.56%；建成区面积达到921平方公里，年均增长速度为12.09%。这表明2000—2010年，广州市城市的面积扩大了，然而，广州市人口的增长速度却落后于土地的扩张速度，在这个过程中，土地的利用效率其实是在下降的。

综上所述，通过我们对广州市人口、经济发展、社会与环境等方面情况的全面分析，从总体上讲，目前广州市的城镇化发展进程已经处在较高的水平，尤其是在人口的城市化率、经济的发展水平、产业结构的优化以及城市基础设施建设和居民物质生活水平方面表现得尤为显著。广州市现阶段的城镇化主要是人口的城镇化、地域（土地）的城镇化和生产方式的城镇化，其中人口的城镇化进程还滞后于地域（土地）的城镇化进程；城市中还存在着大量的农业人口，主要是来自省内外的农民工群体，他们在广州城镇化进程中发挥了并将继续发挥着不可替代的作用，虽然他们已经工作和生活在令他们向往已久的城市，然而他们却无法真正从根本上融入城市中去，无法与城市居民一样享有分享城市发展成果的平等权利。未来制约广州市城镇化水平提升的主要因素是社会文化以及人口素质等社会软环境，比如，社会保障建设、居民文化素质提高、社会文化建设等方面。此外，这些诸多方面的制约因素中，新生代农民工作为广州市城镇化进程中的一支独特的生力军，如何根据广州市未来产业发展的重点和关键性行业对劳动力素质的现实要求，通过继续教育及培训，从整体上提升新生代农民工群体的文化素质和职业技能，提高他们在就业市场上的竞争力，使他们可以具有像城市居民一样的思维和文化生活方式，经过他们个人的努力获得在城市长期、稳定发展的平等机会，并最终享有分享城市发展成果方面的平等权利，显得尤为迫切。

二　广州市城镇化发展与农民工之间关系分析

（一）广州市城镇化进程的推进，为农民工进城创造了条件

经济高速发展，产业结构不断优化，为广州市城镇化发展进程提供了动力，外向型经济发展模式加速了广州市城镇化发展的进程；乡镇企业的蓬勃发展是广州城镇化发展的主要因素；基础设施建设和宏观调控对广州市城镇化进程起到了重要的促进作用。广州市城镇化建设进程的

推进,为农民工进城务工创造了条件,吸引着全国各地的农民工前来寻求就业和发展的机会。

1. 经济高速发展,产业结构不断优化

改革开放以来,广州市利用其在珠江三角洲所具有的政治、经济、文化等方面的优势,狠抓实干,开拓创新,经济社会发展取得了可喜的成绩。1979—2010年广州市GDP年均增长速度一直保持在14%的高水平,截至2010年底,广州市GDP达到了10748亿元,占全省的23.36%,人均GDP按照年平均的汇价计算达到了12882美元,是广州市2000年的3096美元的4倍。

伴随着经济的快速发展,广州市的产业结构不断得以优化,1978—2010年广州市第一产业和第二产业的产值在地区生产总值中的比重一直处于下降的趋势,第一产业和第二产业产值所占比重分别由1978年的11.67%和58.59%下降到2010年的1.75%和37.24%;第三产业产值在地区生产总值中的比重一直处于上升的趋势,由1978年的29.24%提高到2010年的61.01%。同时各个产业内部的结构也发生了较大变化,在第一产业内部,传统的粮食作物产值的比重不断降低,蔬菜、花卉、水果、特色养殖等新兴农业所占的比重不断提高;在第二产业内部,传统产业所占的比重不断降低,支柱工业所占的比重不断提高,截至2010年底,汽车制造、电子产品、石油化工三大支柱产业的产值占工业产值的比例达到了48.01%;在第三产业内部,传统服务产业继续快速发展,总量不断扩大,新兴服务产业开始崛起,教育、科技和信息服务业等新兴知识密集型行业已经成为广州市经济发展新的增长点。

如图3-3所示,1978—2010年广州市第一产业就业人员在全部就业人员中的比重一直处于下降的趋势,第一产业就业人员所占比重由1978年的43.69%下降到2010年的9.95%;第二产业和第三产业就业人员在全市总就业人员中的比重一直处于上升的趋势,第二产业和第三产业就业人员在全部就业人员中的比重分别由1978年的32.13%和24.18%提高到2010年的39.65%和50.4%。但是第二产业就业人员在全部就业人员中的比重没有第三产业人员所占比重提高的幅度大。

截至2010年底,广州市第三产业产值在地区生产总值中的比重和就业人员占全部就业人员的比重均已超过了50%,这充分说明第三产业的发展对广州市经济社会发展所起到的重要作用。如图3-2所示，广州市1978—2010年城镇化率的变化与同期广州市第三产业产值占地区生产总值比重和第三产业就业人员占全部就业人员的比重的变化趋势基本上是一致。这表明广州市第三产业的发展是有效地推动广州市城镇化进程的基本力量，第三产业的发展，一方面可以有效地吸纳外来农民工就业；另一方面，大量农民工进城工作，可以方便市民的生活，为城市的经济社会建设贡献力量。

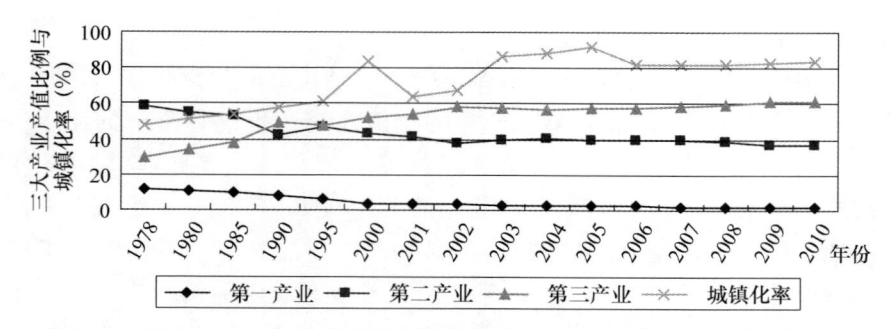

图3-2 1978—2010年广州市城镇化率与三大产业产值所占比例变化情况图

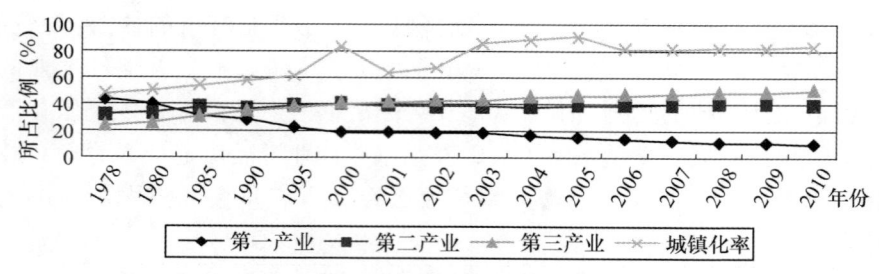

图3-3 1978—2010年广州市城镇化率与三大产业从业人员所占比例变化情况图

2. 外向型经济发展模式

广州市地处中国大陆的南部，位于广东省的中南部，珠江三角洲的北缘，濒临南海，邻近香港和澳门特别行政区，是中国通往世界的南大门。改革开放40年来，广州市利用独特的地理位置优势，大力发展外向型经济，对外经济贸易蓬勃发展。对外贸易规模不断扩大，截至2010年底，广州市进出口贸易总额已经由1999年的191.85亿美元增加到2010

年的 1037 亿美元，年均增长速度达到 40% 以上。同时利用外资的领域不断拓宽，结构不断优化，1978—2010 年期间累计利用外资 560.54 亿美元，利用外资的投向已经逐步拓展到基础产业、城市基础设施、高新技术产业以及其他第三产业领域，广州目前已成为全国乃至全世界的电子产品、纺织服装、建筑材料、汽车制造及零部件的生产基地。

外向型经济发展模式，不但部分地解决了经济发展的建设资金，而且推动了广州工业体系的逐步形成和不断发展完善，加速了农村人口向城镇的集聚，从而加快了广州市的城镇化进程。一方面，外向型经济发展给工业发展提供了更广阔的国际市场，同时也在一定程度上完善了广州市的现代工业体系；另一方面，现代工业的发展，不但可以为农村劳动力提供更多的工作机会，而且从根本上可以改变广州市整体的产业结构和劳动力就业结构，进一步提高人口就业的非农化程度，加速推动广州市的城镇化进程。如图 3-4 所示，广州市年末外来劳动力数由 1997 年底的 67.23 万人，提高到 2009 年的 225.23 万人，年均增长速度为 19.58%。

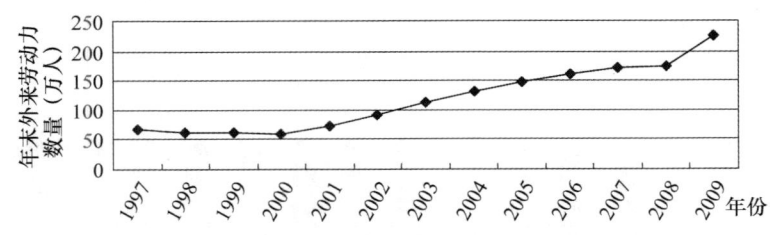

图 3-4　广州市 1997—2009 年年末实有外来劳动力变化情况图

3. 乡镇企业蓬勃发展

在广州市城镇化进程中，以工业为主体的乡镇企业的发展是推进广州市城镇化进程的主要因素之一。改革开放后，由于独特的区位优势，广州市率先成为外资尤其是港、澳、台资金涌入的主要地区之一，以利用外资和从事"三来一补"为主要形式的乡镇企业迅速发展，乡镇企业的发展，给大量农业人口提供了向第二、三产业转移的有利条件，部分农村劳动力逐渐摆脱了土地的束缚，外出务工，融入到了城镇生活体系之中，广州市的城镇化进程有了明显的提高。

如图 3-5 所示，从广州市年末外来劳动力的来源构成上看，虽然来自省内的外来劳动力在外来劳动力总数中所占的比例由 1997 年底的 46.56% 下降到 2009 年底的 26.95%，但是，从绝对数量上来看广州市来自省内的外来劳动力仍然从 1997 年底的 31.3 万人提高到 2009 年底的 60.71 万人，这主要是因为在 20 世纪 80 年代后期，广州市的乡镇企业有了更为迅猛的发展，区域内的劳动力供给出现了较大的缺口，单靠来自广东省内的外来劳动力的增加已不足以满足广州市乡镇企业蓬勃发展对劳动力的需要，需要更多的省外劳动力来补充，从绝对数上看，广州市年末外来劳动力中来自外省的劳动力由 1997 年底的 35.93 万人提高到 2009 年底的 164.52 万人，从相对数上看，来自外省的劳动力在广州市外来劳动力总数中所占的比例由 53.44% 提高到 2009 年底的 73.05%，广州市来自外省的劳动力无论是从绝对量上还是相对量上均多于来自广东省内的劳动力数，这表明广州市外来劳动力是以来自广东省以外的地区为主。在市场经济的作用下，大量的外来人口集聚在广州，新的小城镇不断地在广州市的周边发展起来，广州市主城区也由 2000 年以前的八个区，扩大为目前的十个区。显然乡镇企业的发展在推动广州市工业化进程，促进产业结构升级的同时，也推动了广州市城镇化进程的发展。

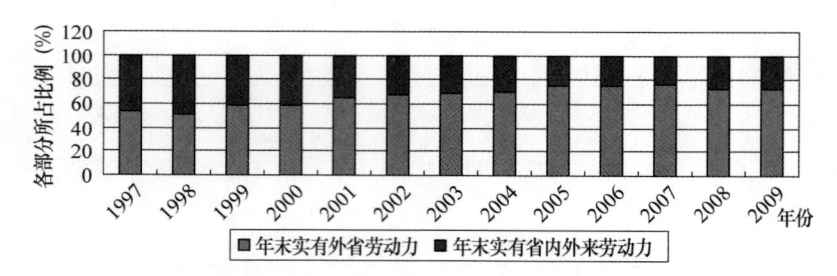

图 3-5　广州市 1997—2009 年年末实有外来劳动力的来源构成情况图

4. 基础设施建设不断完善

20 世纪 90 年代，广州市在省委、省政府的领导下，认真贯彻落实国家经济建设的各项大政方针和政策，利用国际国内的有利环境，适时抓住了我国实施积极财政政策的机遇，发挥政府的宏观调控作用，进一步加快重点工程建设的速度，有效地实施城镇化发展战略。在全市各级政府的有力配合下，全市的公共交通、城乡电网、交通通信、环境卫生等方面的基础设施建设成效显著。支撑经济社会发展的硬件条件得到了进一步的提高、市容市貌有了明显的改善、投资环境也得到了有效的优化。如图3-6所示,1978—2010年广州市城市市政公共设施建设固定资产投资总额由1978年的3150万元提高到了2010年的6463223万元,其中用于公共交通、桥梁、排水管道、污水处理及再生、园林绿化、市容环境卫生、垃圾处理等方面的公用设施投资额由1978年的2296万元提高到2010年的5983926万元。

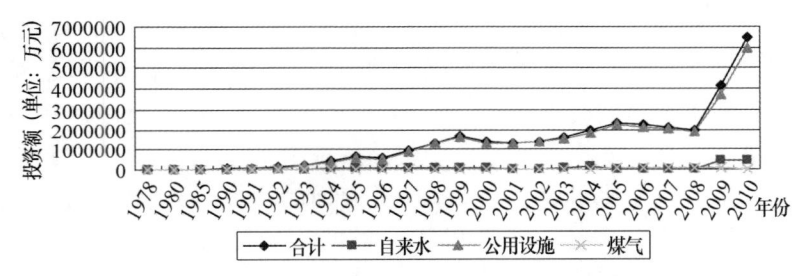

图3-6 1978—2010年广州市城市固定资产投资情况图

基础设施和基础工业的迅速发展,基本上解除了对经济发展的制约,也有效地确保了城市长远发展的后劲和动力,同时也促进了不同城区之间、城乡之间人流、物流、信息流的交换,使不同城区之间、城乡之间的联系更加紧密,也使得初具现代特色的城市体系在发展中不断得到完善[1]。截至2010年底,根据广州市第六次人口普查结果,广州市常住人口数达到了1270.08万人,其中,中心城区为772.7163万人,占60.84%;新城区为334.3491万人,占26.33%;县级市为163.0146万人,占12.83%。与2000年广州市第五次人口普查结果中的994.30万人相比,10年间增加了275.78万人。城市人口数量的增多和中心城区面积的扩大,反映了广州市城镇化进程的不断加速发展,也反映了广州市实施的城镇化发展战略已取得了显著的成就。

---

[1] 彭启鹏、曾文棣:《广东城镇化进程分析》,《南方人口》2003年第2期,第36—44页。

(二) 农民工在广州市城镇化进程中的作用

广州市城镇化进程的推进，为农民工进城创造了条件，大量农民工涌入城市，为城市的发展提供了充足的劳动力，在客观上促进了广州市劳动力市场的完善，加快了广州市城市基础设施的建设和完善，与此同时他们通过消费的拉动作用促进了广州市整体消费水平的提高。农民工已经成为广州市城镇化进城的主力军。

1. 农民工进城促进了广州市劳动力市场的完善

农民工进城务工，冲破了城乡分割的二元社会结构体制，打破了城市人才市场中人才和劳动力计划配置的传统，在数量上弥补了城市劳动力的结构性不足，同时推动了城市劳动力市场上的职业竞争。一方面，农民工进城弥补了城市劳动力市场的结构性不足，进城农民工与城市居民相比，由于在文化素质、技术水平等方面的不足，从总体上讲，他们所能选择的职业大多是城市居民不愿做的比如建筑、采矿、纺织、化工、餐饮、批零、缝纫、理发、修理、家政、搬运、环卫等方面的脏、险、难或收入偏低的工作；另一方面，农民工进城，也只能在工资低、缺乏保障的次要的劳动力市场上就业，无法进入主流劳动力市场，但是在市场经济条件下，农民工主要是在体制外实现就业的，他们进入和退出工作岗位完全由市场需求来调节。这样一来，劳动力要素的配置机制就主要地由市场来实现，农民工是作为市场化的劳动力进入城市的，是自由流动的，他们与用工单位之间是双向选择的结果。农民工大量进城，必然会刺激城市劳动力市场的不断完善，资源配置效益的不断提高。

大量的外来劳动力为广州市的城市发展和建设，以及现代工业和第三产业的发展提供了充足劳动力，如图3-7所示，广州市外来劳动力

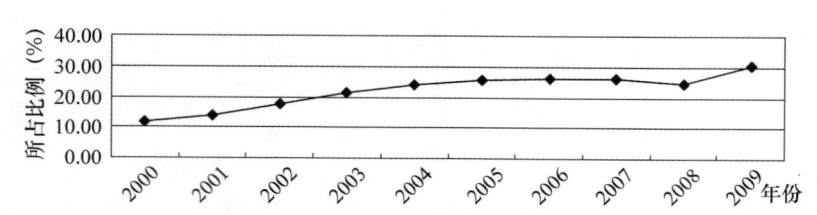

图3-7 2000—2009年广州市外来劳动力占全部社会从业人员比例变化情况图

占全市社会从业人员的比例由 2000 年的 11.51% 提高到 2009 年的 30.49%，年均增长 2.11 个百分点。

2. 农民工进城有效地推动了广州市城市基础设施的建设和完善

一个城市的基础设施水平如何，直接决定着城市发展的基本空间，农民工进城对城市基础设施的建设和完善具有重要意义。一方面，农民工进城为城市基础设施建设和完善提供了劳动力，在诸如城市道路、建筑、环境、卫生等领域，基层操作工人大多都是进城农民工，而这些基本上都是城里人不愿做的工作，以建筑行业为例，如图 3-8 所示，广州市具有资质以上建筑企业从业人员在 1978—2010 年一直处于上升的趋势，从绝对数量上看，由 1978 年的 90214 人增加到 2010 年的 351232 人，在 30 多年间年均增长率保持在 9.09%，他们中的大部分人是来自省内外的农民工；另一方面，农民工大规模进城，同样会对城市的基础设施等公共产品的需求造成一定的压力。为了缓解城市公共产品供给不足，各级政府就会重点扩大对道路、公交、供水、供电、环境、卫生等方面基础设施的投资力度，进而推动城市整体公共基础设施的建设和完善。

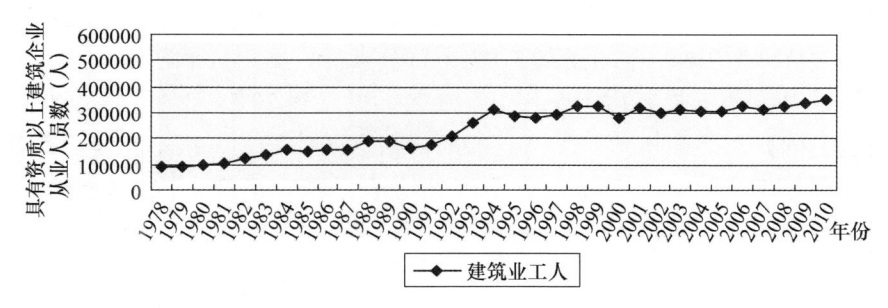

图 3-8　1978—2010 年广州市具有资质以上建筑企业从业人员情况图

最近 10 多年来，广州市城市环境有了很大的改变，城市面貌和生活发生了翻天覆地的变化，城市公共基础设施、道路桥梁、城市景观等方面都得到了很大的改善。截至 2010 年底，广州市人均住房面积由 2000 年的 13.32 平方米提高到了 21.4 平方米，人均拥有市区公共道路面积由 2000 年的 8.16 平方米提高到了 11.2 平方米；人均绿化面积由 2000 年的 7.87 平方米提高到了 11.87 平方米；自来水普及率由 2000 年的99.01%提高到了99.56%；每百人中拥有电话数由2000年的117部提高到262部；电视综合人口覆盖率由2000年的99.47%提高到了100%。

3. 农民工通过消费的拉动作用提升广州市整体消费水平

农民工通过消费的拉动作用提升广州市整体消费水平主要表现在两个方面：一方面，农民工通过进城务工或经商，由于文化素质、资金、行业准入门槛等方面的限制，他们中的大部分人主要从事小商品生产、零售、餐饮、理发、家政等行业，开拓和发展了广州市相关生产经营服务领域，进一步丰富了城市居民的日常生活消费服务的选择，扩大了以城市居民为主的消费市场；另一方面，农民工进城后，不仅要在城市进行生产劳动，更重要的是他们还要生活在城市，同样需要在住房、餐饮、水电、交通、文娱等方面进行消费，尽管进城农民工都很节俭，但是在城市中即便是维持最基本的生活消费，全部费用也是相当可观的，加上他们数量庞大，这就意味着他们是城市中一个不容忽视的消费群体，通过消费，农民工部分地拉动了城市经济社会的发展。

如图3-9所示，从广州市1991—2010年消费支出、资本形成总额、货物和服务净流出对地区生产总值的贡献率变化情况来看，消费支出对广州市GDP的贡献率是逐步提高的，由1991年的9.6%提高到2010年的67.9%，年均提高3.07个百分点。资本形成总额对广州市地区生产总值的贡献率由1991年的41.4%提高到2010年的44%，但是在这期间其对广州市地区生产总值的贡献率波动很大，很不稳定。而货物和服务净流出对广州市地区生产总值的贡献率呈现下降的趋势，由1991年的49%下降为2010年的负的11.9%。

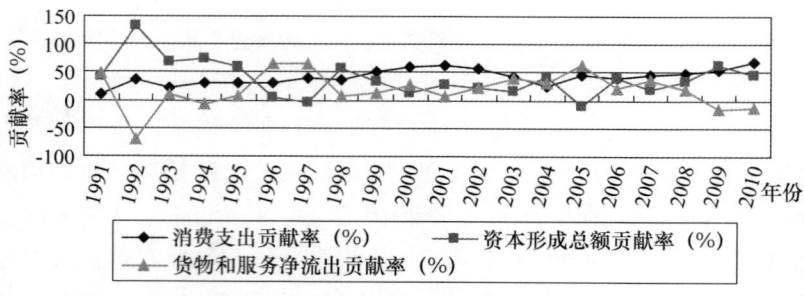

图3-9 1991—2010年广州市三大支出总额对地区生产总值的贡献率变化情况图

(三) 广东省及广州市实施的有关保障农民工权益的政策

农民工大量涌入城市，为城市的经济社会发展贡献着力量，他们身上普遍具有不怕脏、不怕累、吃苦耐劳、任劳任怨等淳朴的品质，在城市的各个行业和角落都闪动着他们辛勤付出的身影。他们已经成为城市建设中不容忽视的一支生力军，受到社会各界的广泛关注和重视。但是由于我国经济社会中长期存在的城乡二元分割的局面，他们在城市的建设和发展中所付出的努力和辛劳远远超出了他们所能从城市发展中获得的权益，他们无法和城市居民享有分享城市发展成果的平等权利。这种不平等处境的长期存在，不利于城市文明的长远发展，各级政府对此也有了比较深刻的认识，在农民工继续教育及随迁子女教育、医疗保险和社会保障、户籍改革和公务员招考等方面出台了一系列的维护进城农民工权益的政策和措施。

1. 农民工继续教育及随迁子女教育政策

2011 年广东省为贯彻落实党中央书记处对共青团做好新形势下农民工工作的要求，帮助新生代农民工更好地融入社会、成长成才，在深入调研和反复论证的基础上，广东省团省委推出新生代农民工骨干培养发展计划（下称"圆梦计划"），力争将其打造成"三工程一通道"：即党在新生代农民工群体中基本的可依靠力量的培养工程；实现社会管理创新，推动新生代农民工群体"自我管理、自我服务"的骨干培养工程；助推"广东制造"走向"广东创造"、加快专业升级的高素质劳动者培养工程以及新生代农民工成长发展的向上通道。通过这个载体，实实在在为新生代农民工谋幸福，为"加快转型升级，建设幸福广东"做贡献。

"圆梦计划"争取从 2011 年下半年起，每年资助 1 万名新生代农民工接受 2—2.5 年的本科或是专科网络教育，力争每年打造 100 个"圆梦 100"，圆新生代农民工的读书梦、大学梦，每年为党培养万名骨干，夯实党在农民工群体中的群众基础。

2010 年 3 月广州市发展和改革委员会、市教育局、市人力资源和社会保障局、市公安局联合印发《关于进一步做好优秀外来工入户和农民工子女义务教育工作的意见》，要求各级政府把来穗务工就业农民子女义务教育纳入经济社会发展规划。凡在广州市居住半年以上，有固定住址、固定工作和收入来源的来穗务工就业农民，可为其6—15周岁、有学习能力的同住子女，申请在广州市接受义务教育。凡被广州市及各区（县级市）政府授予优秀称号的外来工，其子女可优先申请公办义务教育学校就读。享受本市户籍学生义务教育免学杂费和课本费的政策，就读学校不得收取借读费，其他需交费标准与本市户籍学生相同。

2. 农民工医疗与社会保险政策

2008年12月广州市出台了《广州市农民工基本医疗保险试行办法》，灵活就业人员，每月缴纳40元，除不具有个人账户外，其他待遇与基本医疗待遇一样，可以享受门诊特定项目和门诊慢性病医疗待遇。

2009年广州市人力资源和社会保障局就《农民工参加基本养老保险办法》和《城镇企业职工基本养老保险关系转移接续暂行办法》公开征求意见。两办法实施后，农民工参加基本养老保险，只要履行了同样的参保缴费义务，就与城镇职工享有同等养老保险权益，农民工参加基本养老保险缴费年限累计满15年以上（含15年）将可按月领取基本养老金。

2011年7月1日，针对矿山和建筑施工企业农民工流动性比较强的特点，而参加社保需要同时捆绑参加养老、工伤、事业三类社会保险，由于农民工本身及企业共缴费率接近缴费基数的40%，许多农民工以及企业不参加社会保险，并导致了一些工伤纠纷。广州市实施了广州市矿山和建筑施工企业的农民工先行办理工伤保险的办法，这使得农民工可以先行参加工伤保险。

3. 农民工积分入户政策

广东省政府2010年6月出台了《关于开展农民工积分制入户城镇工作的指导意见（试行）》，农民工及随迁人员可以通过积分制入户城镇。所谓农民工积分制入户城镇，是指通过科学设置和确定积分制体系，对农民工入户城镇的条件进行指标量化，对每个指标赋予一定分值，当指标累计积分达到规定分值时，农民工即可以申请入户城镇。截至2010年7月底，全省就有1.7万名农民工通过积分制入户城镇。截至2011年8月，全省共有14.4万农民工通过积分制入户城镇。

2012年1月广东省实施积分制入户新政策，扩大积分入户城镇对象：由"在粤务工农业户籍劳动力"扩大至所有在粤务工城乡劳动者，在广东省务工的农村户籍人员和城镇户籍人员均适用农民工积分制入户政策；扩大积分适用范围：由原先仅用于积分入户扩大至享受城镇公共服务；优化积分指标：缩小低学历分值差距，加大职业资格、专业技术职称、缴纳社会保险年限的分值和比重；完善各地积分指标：规定各地区要根据全省统一指标，及时修改完善本地区积分制度，在完全包含全省统一指标的前提下，结合本地区实际，重点鼓励长期稳定就业、有一技之长、获得表彰奖励和积极参加社会服务、就地就近的农民工入户；优化办理服务：简化入户申请人员的办理手续，明确规定入户申请资料能通过政府部门相互配合审核和检验的，由政府部门负责直接审核和检验，尽可能减少入户人员需要提交的材料；强化配套服务：推进农民工随迁子女平等接受义务教育，逐步将农民工纳入城镇住房保障和社区服务管理体系，扩大社会保险覆盖面，尽快制定城镇职工养老保险与新农保的衔接办法，完善外省户籍在粤灵活就业人员在就业地参保政策等服务。

广州市 2010 年 11 月 4 日出台了《印发广州市农民工及非本市十城区居民户口城镇户籍人员积分制入户办法（试行）的通知》，2011 年 7 月 31 日，1000 名农民工及非本市城镇户籍人员通过积分制入户成为广州人。

2012 年 5 月 9 日，广州市政府网站公布的《关于 2012 年广州市深化体制改革重点工作的意见》中透露了广州市将剥离依附在户籍背后的医疗、教育、社保等福利制度，探索以开发区、产业园区和中心城镇作为重点承载地的农民工转户制度。

4. 农民工公务员招考政策

2009 年东莞试水农民工公务员考试。

2010 年 9 月 14 日，广东省委组织部、广东省人力资源和社会保证厅发出《广东省 2010 年从优秀外来务工人员中考试录用基层公务员公告》，开外来务工人员考试的先河。当年，珠江三角洲九市的外来务工人员对 50 个岗位进行了角逐。

2011 年 7 月 15 日，广东省组织部、广东省人力资源和社会保障厅再次发出公告，从优秀工人、农民中选拔 250 名公务员和事业单位职员，学历要求高中以上，这意味着广东省进一步打破了学历低对于农民工的限制。

2012 年 3 月 19 日，广东省招考 3767 名工作人员，全省 16.4 万人报考。报考人数创历史新高，越来越多的外来务工人员和本地优秀农民工渴望进入"体制内"，但据了解，以往两年"农民工"考入公务员的公示名单中，入选人员最低学历都在本科以上，其中不乏硕士研究生，尽管具备高中毕业学历就可以报考农民工公务员考试，但实则只具备高中学历的真正的农民工考上公务员的寥寥无几。

三 广州市城镇化进程中新生代农民工发展存在的问题

（一）受户籍的限制，新生代农民工无法平等地分享城镇化发展的成果

由于我国长期存在的城乡二元结构的经济社会格局，以及政治经济制度改革的滞后性，在计划经济体制下形成的既得利益格局短时间内难以打破，在这种情况下，教育、医疗和社会保障等方面的社会福利措施均依附于户籍体制之上，而在我国现阶段的条件下，不同社会阶层之间缺乏流动性，处于社会底层的农村孩子只有通过高考这条单一的渠道实现向上的流动。但是不同区域之间高考录取率的差异是非常大的，加上我国人才市场建设的不完善和人事制度改革的滞后性，各类企、事业单位之间在社会保障方面实行的并不是统一的标准，农村的孩子即便是顺利通过了高考，也未必能顺利地纳入到完善的社会保障体系之下，享受到全面的社会福利。新生代农民工处于社会的最底层，缺少向社会上层流动的渠道，无法在教育、医疗和社会保障方面享有与城市居民同样的平等权利。

新生代农民工基于自身阅历和切身体验，对子女的教育期望都很高。他们中越来越多的人正是出于让子女能够在城市接受到更好的教育而选择了在务工地就业或定居。根据全国总工会的调查表明：2009 年全国农村流动人口子女中，70.2% 随同父母流动，29.8% 留守在农村。然而，农民工随迁子女入学难问题相当突出。据教育部 2008 年发布的报告称，农民工随迁子女在公办学校就读的比例，北京为 63%，上海为 49%，广州仅为 34.6%；学龄儿童未上学的比例，北京为 3.81%，上海为 3.56%，广州高达 7.19%。

新生代农民工要想在城市长期稳定发展，必须能够享有一定的社会

保障，尤其是为了解决老年和生病时的养老保险和医疗保险，为解决失业后生活困难的失业保险和为防止陷入贫困生活境地的最低生活保障这三重保障，而根据相关方面的调查显示，目前，新生代农民工中享有基本养老、医疗和失业保险的比例分别为 21.3%、34.8% 和 8.5%，而且即便是这些享受了这三方面保障的农民工中，企业为他们缴纳的保险金也基本上是按各地区缴费标准的下限来执行的，而城市最低生活保障的对象仅为当地城市户籍人口，农民工基本上无法享有这项保障。

（二）缺少接受继续教育及职业技能培训的机会

随着广州市城镇化进程的深入推进和产业结构的不断升级，各行各业对劳动力和人才素质的要求也越来越高，但是根据我们对广东省新生代农民工继续教育及培训情况的问卷调查[①]收集的数据资料来看，目前广东省新生代农民工普遍学历不高，具有高中（含中专）以上教育程度的占 54.8%，初中及以下教育程度的占 22.7%，虽然从总体上来看，广东省新生代农民工的受教育程度普遍高于第一代农民工，但是与广州市城市居民的受教育程度相比还存在着很大的差距。虽然广东省及广州市也相继出台了一系列的农民工继续教育及培训方面的政策以及支持农民工接受网络学历教育的"圆梦计划"等，但是这些措施不是普适性的，受益人群非常有限，无法有效地满足广大新生代农民工对接受继续教育和职业技能培训的强烈需求，所取得的效果也非常有限。而继续教育及培训对于新生代农民工融入城市以及广州市城镇化的深入发展具有多方面的积极意义，应该引起各级政府以及社会各界的广泛关注和重视。为了较为全面地反映新生代农民工继续教育及职业技能培训方面的情况，我们对广东省农民工接受继续教育及培训的情况进行了广泛而深入的调查。

1. 农民工对接受继续教育及培训的需求分析

如图 3-10 所示，广东省农民工年龄段主要集中在 20—30 岁，这部分人群中正在接受继续教育及培训的人数占 44.5%，而有接受继续教育及培训需求意愿的人数所占的比例在 90% 以上，处在这一年龄段

[①] 发放问卷 2000 份，回收 1809 份，回收率为 90.45%，其中有效问卷为 1730 份，有效率为 95.63%。

的人是农民工的主体,对接受继续教育及培训的需求比较高,他们不再仅仅满足于作为停留在流水生产线上的简单操作工人,希望通过接受继续教育及培训,学习技术知识改变自己目前的工作和生活处境,他们需要知识提高个人的自身素质和工作能力,来获得社会的认可,争取更好的就业和发展机会。

在 30—35 岁这一年龄段中正在接受继续教育及培训的人数占 39.9%,而处在 35—40 岁这一年龄组中的人正在接受继续教育及培训的人数占 27%,从中不难看出,正在接受继续教育及培训的人数是随着年龄的增长而逐渐降低,35 岁以后的人群正在接受继续教育及培训的人数较处在 20—25 岁年龄组和 25—30 岁年龄组下降很多,这部分农民工已步入中年,工作负担较重加上家庭负担的拖累,他们主要是没有时间来接受继续教育及培训。但是,年龄在 35 岁以上的农民工却具有较强的接受继续教育及培训的意愿,处在 35—40 岁、40—45 岁和 45 岁以上年龄组的人群具有接受继续教育及培训意愿的比例分别为 82.24%、60.27% 和 54.55%。由此可见,多数已经步入中年的农民工目前虽然没有参加继续教育及培训,但是他们也希望有机会能再学习一些新技术,提高个人的工作能力。

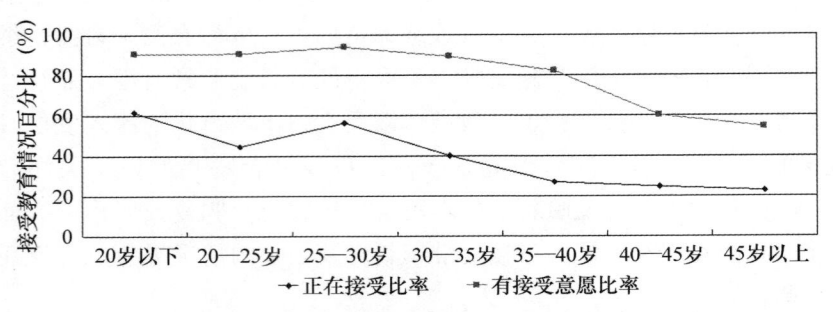

图 3-10 目前在接受教育培训和有接受教育培训意愿的人员情况图

40 岁以上的农民工正在接受继续教育及培训的人数不多,部分原因是有的原来曾参加过一些继续教育及培训,他们中的大多数人认为自己只要在目前的工作岗位上做好本职工作就可以了,因为他们已不能像年轻人那样有更大的发展空间。从图 3-10 中可以看出,在 40—45 岁(含 45 岁以上)打算接受继续教育及培训的人数所占的比例超过了

50%，这部分农民工主要是进城较早，已经在城市生活多年，原来没有机会接受继续教育及培训，在个人文化素质上与城里人之间存在较大的差距，为此一直受到多方面的歧视，希望能有机会接受继续教育及培训的机会来提升个人素质，更好地融入城市生活。在实地调查和访谈中我们也了解到这部分人基本上要照顾老人及小孩，时间和经济能力是制约他们接受继续教育及培训的最大障碍。

2. 不同工作岗位上农民工对接受继续教育及培训的需求分析

如图3-11所示，对于有接受继续教育及培训需求意愿的农民工，从事纯粹体力劳动的人占70.52%，从事管理岗位工作的占94.09%，从事服务行业工作的占93.33%，从事技术岗位工作的占90.2%，从事个体经营工作的占85.19%。纯粹体力劳动人群对接受继续教育及培训需求的意愿在上述工作岗位中是最低的，这是因为纯粹体力劳动对农民工的职业技能要求不高，而且工资收入相比其他行业也要低得多，使得在这一岗位工作的农民工群体对接受继续教育及培训的需求意愿不高，而有需求意愿的那部分农民工群体是在相同岗位里收入较高的人群。

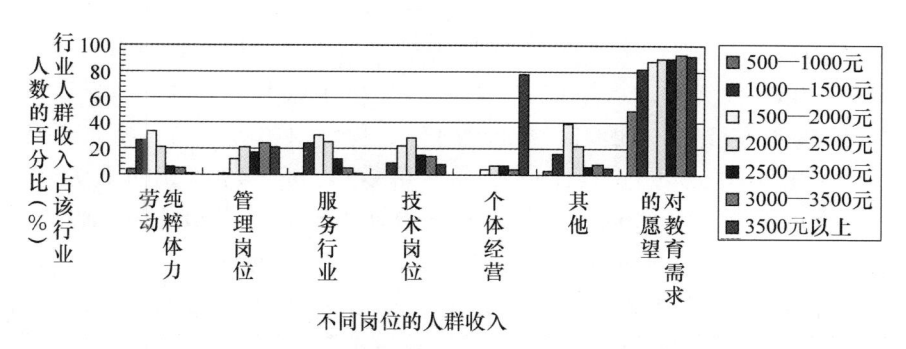

图3-11 农民工接受教育培训需求与其收入水平的关系比较

处在管理岗位的农民工对接受继续教育及培训的意愿最强烈，有接受继续教育及培训意愿的农民工达到了94.09%。这是因为这些农民工通过个人的努力从底层劳务人员奋斗到初级的管理岗位，他们自身的能力还不能完全达到所在职位的要求，渴望通过继续教育及培训，学到更多与岗位相关的知识，获得职业资格证书，而这些农民工的收入相对较高，大部分人月收入达到2000元以上。

服务行业工作岗位的农民工对接受继续教育及培训的需求意愿与管

理岗位上的农民工之间只差1%，分布在各个服务行业的农民工希望通过接受继续教育及培训，提高个人素质和工作技能，更好地在服务领域发展。

技术岗位大部分农民工都来自技工学校，随着信息化产业化的加速发展，使得他们原有的技能不能满足社会发展的需要，他们渴求通过接受更多的继续教育及培训，拥有更加熟练的操作技能。

个体经营者由于个人经营的业务不同，对教育的需求也不同。从事其他行业的农民工，部分是个人学历不高，工作不稳定，经常性地更换工作，缺乏个人发展的长期规划，这部分人希望接受继续教育及职业技能培训，在接受继续教育及培训中寻找个人努力和奋斗的方向。

3. 不同收入水平下农民工对接受继续教育及培训的需求分析

如图3-12所示，农民工的月收入与接受继续教育及培训之间有直接的关系，农民工的月收入越高他们愿意承担的继续教育及培训费用越高，月收入在500—1000元的农民工群体，他们每年可以承担的学费在500元以下的人员占20.83%，可以承担500—1000元、1000—2000元的均占8.33%；月收入在1000—1500元的人员，每年可承担1000—2000元的继续教育及培训学费的人数上升到18.14%，每年可承担2000—3000元学费的人数占12.24%；月收入在1500—2000元的农民工的人数是最多的，他们能够承担的高学费比例相对前两者略有提高，月收入在2000元以上的农民工，每年可承担500—1000元的学费有所下降，承担学费在1000元以上的比率有所上升。这表明农民工收入与接受继续教育及培训的意愿呈正相关，收入高则有能力支付学费，也情愿支付高额学费接受继续教育及培训，也说明继续教育及培训所获得的

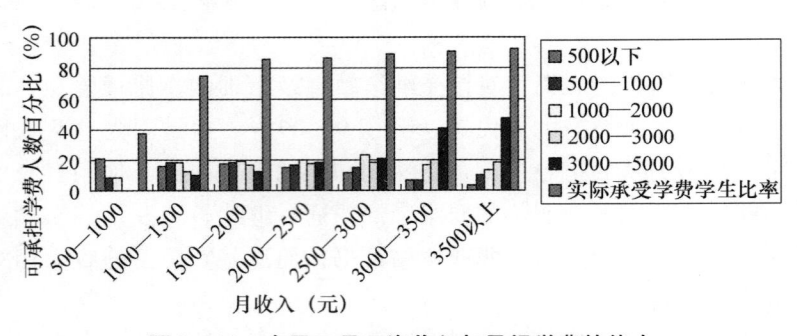

图3-12 农民工月工资收入与承担学费的能力

知识技能让农民工的收入提高，导致农民工有接受继续教育及培训的需求，以获得更好的工作和发展机会，实现他们在城市长远发展的愿望。

4. 不同年龄组农民工对接受继续教育及培训模式之间的关系分析

如图3-13所示，年龄在20岁以下的农民工选择接受全日制教育的占57.1%，高于其他年龄组，他们更渴望进入校园生活；年龄在20—30岁这部分农民工，在各种学习模式的选择中，所占人数比例都很多，这部分年龄段是农民工中接受继续教育及培训的主要人群，也是新生代农民工的主力军，他们对接受继续教育及培训模式上有更多的需求，希望通过多种形式的继续教育及培训模式获得自身素质的提高；而处在35—45岁年龄组中的这部分农民工大多选择成人业余教育和短期培训教育这样的教育形式作为他们接受继续教育及培训的模式，都是根据个人的不同实际情况，具体问题具体分析，最终选择实际适合各自需要的继续教育及培训模式。

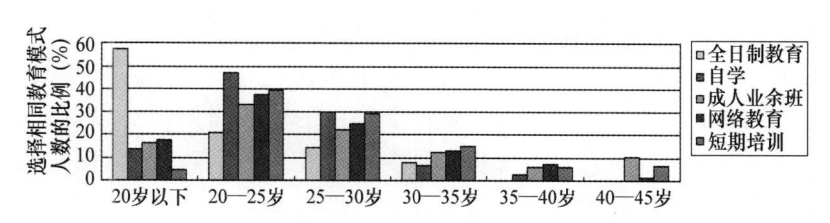

图3-13 不同年龄组农民工对继续教育学习模式的需求

（三）正当的劳动保障权益得不到保护

一方面，新生代农民工大多年龄小，他们中的大多数人是一离开校门就外出务工的，心智尚未完全成熟、思想尚未稳定、身份认同也不十分清晰、确定职业发展的能力不强，他们寻求工作的渠道主要是依靠亲戚和朋友的介绍，加上他们在成长过程中较少有机会去独自承担责任，在工作和生活上的抗挫折能力较差，对工作缺乏长远的职业发展规划，工作的流动性和流动范围及行业都很大，自身的合法权益不能得到有效的保障。

另一方面，在目前的经济社会条件下，虽然新生代农民工在基本的劳动权益的保障上与传统农民工相比有所提高，但是他们的总体境况还是相似的，仍面临着一些共同的、亟待解决的基本问题，表现得尤其明显的是劳动合同签订率低、欠薪时有发生、职业卫生健康保障不够等方面的问题。根据在广东省范围内的一项调查，2009年，新生代农民工的劳动合同签订率只有61.6%，遭遇拖欠工资的人所占的比率为7.1%，人均拖欠工资为1538元，差不多相当于农民工一个半月的工资。另据国家计生委发布的流动人口监测报告显示，2009年60%的农业流动人口就业于工作条件差、职业发病率高和工伤事故频发的低薪、高危险行业。同时，新生代农民工发生工伤事故时，仅有60%的用工单位为其支付医疗费用，其中，服务性行业表现得最差，这一比例只有47.3%。

四 提升广州市城镇化水平与新生代农民工发展和谐互动的对策

（一）通过对新生代农民工实施继续教育及培训提升广州的城镇化水平

1. 建立适合我国国情的新生代农民工继续教育及培训体系

随着知识经济时代的临近，科技进步的速度日新月异，以及城市化发展速度的加快，城市中各行各业所能提供的就业岗位中对只具备从事简单体力劳动的劳动力的需求越来越少，就业市场上对劳动力的选择已经基本上是依据知识和技能作为选择的标准。知识和技能对于新生代农民工顺利融入城市并获得良好的发展，具有至关重要的作用。在此背景下，针对我国目前所实行的农民工培训缺乏针对性，各方面权利和责任不明确以及农民工参与积极性不高的现状，探索适合我国新生代农民工特点，由政府、高等院校及社会中介性机构、企事业单位以及农民工等各利益相关者群体多方参与的继续教育及培训体系显得尤为迫切，意义深远而重大，这也是提升城镇化水平的关键所在。

（1）政府是农民工继续教育的主要责任者，应对新生代农民工继续教育及培训进行统筹规划

各级政府应该站在统揽区域经济社会发展全局的高度，根据区域经济社会发展的实际情况，通过广泛深入的调研，在全面掌握本地区关键行业及重点产业对各类型人才需求特点及目前所存在制约其发展的关键性问题的基础上，联合产业界、教育界的专门性人员以及各行业新生代农民工代表来统筹规划本地区的新生代农民工继续教育及培训体系的

构建。

一方面，各级政府应该不断完善新生代农民工继续教育及培训的政策和制度建设，应该成立专门性的关于新生代农民工继续教育及培训的研究或是组织实施机构，通过多种渠道和方式深入各企、事业单位了解各类用工单位对新生代农民工在知识和技能上所面临的问题以及农民工对知识与技能的现实需求情况，及时地把这些情况反馈给高等院校及专门性的社会培训机构，寻求智力支持和帮助，在此基础上，制定配套的政策和制度，推动这些政策和制度在实践中得到切实的贯彻和落实。

另一方面，政府应该加大对新生代农民工接受继续教育及培训的财政支持力度，确保新生代农民工接受继续教育及培训工作各个环节经费的及时到位和畅通，比如，可以考虑通过法律的形式，给予各企、事业单位用在新生代农民工继续教育及培训方面的投资予以税收减免等优惠政策，提高各企、事业单位参与新生代农民工接受继续教育及培训活动的积极性，最终使新生代农民工获得知识的增进和技能的提升，在各自的工作岗位上更加富有成效地工作，提高产品数量和质量，实现全社会整体人力资本质量和经济发展质量的全面提升，最终提升广州市城镇化的质量。

（2）高等院校及社会中介性机构有责任发挥自身优势提供全面的教育及培训服务

高等院校以及社会中介性教育培训机构应该发挥自身在教育及培训方面的优势，为新生代农民工提供全面的教育及培训服务。根据新生代农民工人力资源的现状，动态地调整教育培训的内容，根据就业市场对各行业、劳动力的工种、岗位和从业人员的素质要求，详细分类用工市场，有针对性地制定教育内容，开设培训课程，编制教育培训教材并建立统一的考核标准，在教学内容和教育层次上，应以学习实用技术为主，并将生活技能培训纳入为新生代农民工提供的培训和服务中；加强引导性培训：如开展公德教育、法律教育、卫生教育、安全教育、信息技术教育、环境保护教育、城市生活教育和语言社交能力教育等，行之有效地提高新生代农民工的道德文化素养，在城市生活和发展中与人沟通交流的能力、心理承受能力、情绪调节能力，让他们的思想观念、道德水准不断跟上现代城市发展步伐。

针对新生代农民工数量大、流动性强、素质参差不齐的特点，高等院校以及教育培训机构应该对未完成义务教育的新生代农民工进行义务继续教育与简单实用技能的培训;对完成义务教育的新生代农民工进行中等专业教育与较为复杂的职业教育;对有中等教育水平的新生代农民工进行高等教育与复杂的技能教育,使其掌握一定深度的专业知识和专业技能。

高等院校举办的高等教育自学考试具有开放性、自主性、经济性等特点,新生代农民工可以根据自身时间的安排,自主学习,避免了传统教育固定的学习时间的弊端,减少学习与工作的冲突,可以缓解新生代农民工因工作时间长而影响学习,以非学历和单课程学习为主;以实用技能培训为主,适合新生代农民工就业发展的原则,开设具有地域特色的课程,要注重课程内容之间的相对独立,学员根据自身学习情况,可以选择技术与应用较强的专业课程,也可以针对某种专业能力的培养,选择组合的课程,通过这种非学历式的教育来提高职业技能。新生代农民工课程建设要努力体现学员自主学习的理念,实行职业资格证书、非学历证书与学历证书相结合的办法,将技能知识考试融入自学考试之中,将动手实践纳入自学考试的体系中,折合成考试分数,加在自学考试的总成绩中,课程学分相互沟通,打破自考学历教育和职业技能教育间的壁垒,将工作实际与学习内容有效贯通,增强学生的就业竞争力,满足社会对技能人才的培养。

(3) 用工单位不仅是农民工继续教育的利益获得者,也是责任承担者,应该为新生代农民工接受继续教育及培训创造条件

企、事业单位应该积极创造条件鼓励单位内的新生代农民工参加继续教育及培训,为接受继续教育及培训的农民工提供奖励、激励政策,让他们更加积极主动参加培训,学习更有动力。企、事业单位内新生代农民工素质的提升更有助于企、事业单位的发展。企、事业单位可以考虑从年度净收入中提取一定的比例,用作资助单位内新生代农民工参加继续教育及培训的专项费用,在企、事业单位的会计账簿中可以通过提取职工福利的形式来反映。企、事业单位内部可以通过定期举办岗位技能考核、岗位知识能力竞赛,让新生代农民工将培训所学知识应用到考核竞赛中,切实灵活掌握所学知识,对于在竞赛中获胜的新生代农民工给予薪金补助等奖励,提高他们进一步学习的热情,同时,对于参加继续教育及培训的新生代农民工给予一定的经济补助,减少他们仅仅出于

学习费用负担上的考虑而选择不参加继续教育及培训，对经过培训后获得职业资格证书的新生代农民工，应给予他们一定的岗位晋升机会和工资福利的增加。企、事业单位让更多的新生代农民工参加继续教育及培训，也可以为企、事业单位的长期稳定发展提供持续的动力和保障。

（4）农民工自身是其继续教育的最大受益者，应根据自身实际选择合适的继续教育及培训模式

农民工接受继续教育一方面可以提升农民工的文化素质，使其尽快融入城市生活，提高城镇化的质量，从这一点来讲，政府和社会是受益者；另一方面，农民工也可以因接受继续教育而带来诸如薪酬的提高、向社会上层流动的机会、使子女受到更好的家庭教育等实惠，应该说，农民工自身是其接受继续教育的最大受益者。因此，新生代农民工应该转变观念，根据自身的实际情况，树立长远的职业发展规划，分步骤有秩序地去落实。对于有志于提升自己学历的新生代农民工，可以通过努力学习文化知识，重新参加高考或是通过参加自学考试以及网络教育和成人教育等形式，接受系统的学历教育；对于希望通过接受继续教育及培训，提升自身职业技能并最终获得职业技术资格，争取好的发展机会的人员，可以选择参加由政府或是企业机构组织的公益性的短期培训项目，或是自费参加高等院校及中介性的教育培训机构组织的培训项目。

2. 新生代农民工继续教育及培训过程中应该坚持的基本原则

笔者认为，对于各级政府来讲，农民工继续教育及培训的最终目标是为城市塑造新型的产业工人队伍；对于企业来讲，企业经营者关心的是农民工继续教育及培训是否有利于实现企业利润的最大化；对于农民工个人来讲，他们最关心的是其自身利益的最大化以及合法权益得到保障的程度。农民工作为接受继续教育及培训的主体，他们对继续教育及培训的需要是建立在最基本的生存需要基础之上的，目的是追求更好的生活，融入广州的城镇化进程之中。因此，我们必须紧紧围绕这个实际来探讨新生代农民工的继续教育及培训问题，做好新生代农民工继续教育及培训工作应该遵循以下原则：

（1）继续教育及培训要坚持强化精神层面教育的原则

农民工的继续教育首要任务是强化其心理适应能力，农民工由于受到文化程度和经济条件的限制，他们很少能光顾城里的书店、图书馆等

文化设施，繁重工作之余就是打扑克、睡大觉①。在笔者的调研中，年龄在18—27岁的新生代农民工大约占农民工人数的85%以上，他们日常工作量大，精神层面的需求得不到满足，多数人心理压抑，长期处于焦虑、烦躁郁闷的状态，心理健康出现严重危机。在开展农民工教育时，应当积极加强农民工心理适应能力的培养，对这支进城的庞大劳动群体多加关怀，他们都是带着梦想来到城市，希望通过奋斗来改变个人的生活，农民工已经成为城市的一个新的社会群体，各级政府和社会心理健康教育机构有义务保障农民工对正常的精神文化方面的需求，开展各种活动增强农民工心理适应能力的建设，让健康的文化活动走进农民工群体的生活中，丰富他们的精神文化世界。

还有一些人从农村来到城市谋求职业，他们住在城乡接合部，城市的思想道德文化教育还没有很好地覆盖到这些地区，而这部分区域的人们正是需要接受道德和思想教育的，若不及时完善城乡接合地区人员的教育及培训，不仅会影响整个城市精神文明的建设，还会危及城市社会的安全稳定。城市人对农民工产生歧视，加之农民工空虚的精神文化生活，导致他们在心理上对城市产生强烈的疏离感，一些人都存在自卑、封闭等心理疾病。如果不及时消除农民工的这种自卑心理，会影响他们主观能动性的发挥，不利于他们在城市的生活和工作，也会给社会的发展带来影响，最终阻碍城市化进程的深入推进。要针对农民工精神层面的需求，让他们正确认识周围生活及所处的工作和生活环境，消除心理上的自卑感、紧张感；加强农民工的文化心理素质、道德价值观念、行为方式等方面的教育工作。可以开展心理文化健康活动，让农民工参与到心理健康活动建设中来，让他们在活动中吸收城市新的文化，增加与外界的接触，通过各种心理健康教育活动，让他们逐渐适应城市的生活，接受城市的主流文化，丰富农民工的精神文化，提高其精神层面的适应能力。

与此同时，思想观念和思维方式等方面的素质教育也要加强，应该在法律法规、企业制度、签订劳动合同、价值观、人生观的引导等方面加强对新生代农民工的继续教育及培训。

---

① 甄月桥：《农民工就业心理透视》，科学出版社2009年版，第71页。

（2）继续教育及培训要坚持文化素质和职业技能并重的原则

农民工的继续教育及培训需要从两方面开展，一是文化知识和职业技能；二是思想观念和思维方式。前者属于职业能力范畴，也是农民工接受继续教育及培训的基础，农民工参加继续教育是为了提高自身的职业技能，在城市获得更大的发展空间，通过教育让他们获得社会的认可，切实体会到教育给他们的发展带来的好处；农民工要想适应城镇化发展的需要，仅仅在职业技能方面获得提高是不够的，还必须提高自身的综合素质，尤其是思想观念和思维方式方面的教育对进城务工的农民工们来说显得尤为重要，不仅要实现生活和工作在城市，还需要学会像城市居民一样思考和规划自己的职业生涯以及人生安排，这也是农民工继续教育及培训的应有之义。要让他们意识到文化素质教育对提升他们综合能力的重要性。笔者在对农民工进行调研时发现，农民工的经历往往决定了他们安于现状、没有勇气面对向更上一层社会发展的现实，他们的思想观念及技术水平限制了他们在城市的发展，这也是导致他们收入微薄的因素之一。因此，农民工的继续教育培训要顺势而为，在把最实用、最好用的文化知识和职业技能的训练放在核心地位的同时，有针对性地对他们进行文化素质方面的教育，鼓励他们树立远大的理想和志向，攀登更高远的人生目标。

（3）继续教育及培训要坚持培训模式的灵活性原则

农民工的人数众多，不仅相互之间的文化基础、工作能力大相径庭，更是涵盖了18—50岁各个年龄段，职业分布在第二、三产业的几十种行业之中，他们的工作时间、工作强度与城市"朝九晚五"的上班族相比，往往是难以想象的。而根据农民工的文化层次、技术水平、年龄结构及行业分布不均的特点，需要对他们采用多元灵活的教育管理模式开展继续教育及培训。既要有适合众多人同时参加的大课堂教育模式，又要有适合少数人参加的小班教育及培训模式；既有在业余时间可以参加的教育及培训模式，又要有在上班时即便是在工地上时也同样可以参加的继续教育及培训模式，同时也要确保教学过程贯穿始终；在教育内容上，可以针对男、女性别偏向和喜好开设不同的课程，以开发不同性别农民工的潜能，继续教育及培训要坚持"做事"与"做人"并重，树立诚信、爱心、责任心和自信、自强的精神为依托，让农民工学员们产生对继续教育及培训的乐趣，提升他们自身的综合素质，为他们参与经济社会发展和自立于社会创造条件[①]。

各级政府或公益性的社会组织可以考虑开展有关社会性别意识、公民意识、民主法治建设的讲座，在每个城市建立农民工法律工作援助站，对农民工开展普法宣传讲座[②]，帮助其增加法律知识，提高维权意识和维权技巧；开发针对女性农民工学员诚信、就业心理、婚姻法、劳动合同法、自我保护等方面的教育课程，组织学员参加社会活动，培养学员自我管理能力，也为成功寻求理想就业岗位创造更多的可能机会。企业可以考虑与劳动保障部门合作，建立定向培训关系，形成定点培训学校，利用政府劳动保障部门广阔的人力资源渠道覆盖整个城市。

引导学员珍惜重新获得继续教育及培训的机会，定期对学员的实践课程做检验，教师要把励志教育和学习技能结合起来，鼓励学生们树立终身教育的信念，从学员的实际出发，根据行业的特点进行培训，培训实行课后定期考核制，通过培训考核的学员给予一定的奖励，如参加单位的岗位晋升评选、提升工资福利等，只有这样，农民工的继续教育及培训活动才能真正地不流于形式，切实考虑到农民工的实际情况及工作特点进行培训，让农民工在教育及培训中提升学习的兴趣，真正认可培训对他们在工作及生活上的帮助。

（4）继续教育及培训要坚持性价比上的低费高效原则

农民工继续教育及培训离不开政府及企业的资金支持，以我国实施的"阳光工程"为例，从2004年启动实施以来，进展顺利，成效明显。2004—2006年，"阳光工程"共培训农村劳动力880万人，转移就业760万，转移就业率达到85%以上，中央财政投入的力度不断加大，从2004年投入的2.5亿元，到2007年增长到9亿元，参加培训的农民人均补助也逐渐提高，2004年人均补助标准为100元，2007年已达到245元，这只是针对农村劳动力向城市转移前的培训，对进入到城市农民工的教育政府只出台政策，在执行力度上效果甚微[③]。

---

① 雷世平：《关于贯彻〈全国农民工培训规划〉的思考》，《职教论坛》2004年2月号上，第20—23页。

② 微软（中国）有限公司、清华大学社会学系主编：《农民工：社会融入与就业——以政府、企业和民间伙伴关系为视角》，社会科学文献出版社2008年版，第128—129页。

③ 中国农民工问题研究总报告起草组：《中国农民工问题研究总报告》（http://www.pinggu.org/bbs/thread-390036-1-1.html）。

据调查，要掌握一技之长实现稳定就业，农民工需培训约 3 个月的时间，培训学费一般在 500—1000 元，这对于收入微薄的农民工来说，只能对参加教育及培训望而却步。同时，农民工担心交完学费无法学到一技之长。解决此问题的方法之一是实行低费培训。政府财政部门拨款用于农民工培训的资金，对需要参加培训的农民工学员登记，然后发放免费的教育培训券，培训机构通过培训券去财政部门申领教育培训资金，确保农民工的培训资金切实应用到农民工教育培训中。农民工培训不能单单依靠政府财政部门的拨款，同时更需要社会各界、群众团体能够积极地参与到农民工培训工作中来，提供人力、资金等方面的支持。免去学费是一方面，还要抓好教学质量，教育及培训的效果至关重要，学习技术就能应用，通过技术获得就业岗位，从而提高农民工的经济收入，这样农民工自己交学费也愿意学习。但如果学不到真本事，或者学习技能无法迎合岗位的需要，免费让农民工参加培训他们也不会学习，所以一定要在培训低费高效上切实制定好继续教育及培训的具体举措，让农民工对参加继续教育及培训的效果有信心。

以北京"富平学校"的教育模式为例，学校主要招收困难地区农村剩余劳动力，以扶贫帮困为主要目标，学校面向社会集资办学，以股东入股的形式，举办股份制有限责任中级职业技能培训学校。股东不参与学校的经营收入分红，全部收入用于机构自身发展及扶贫项目，学校采用教育培训与市场人才需求相结合的运作方式。同时，学校与农民工流出地政府及流入地政府合作，采取招生加就业结合的模式解决就业问题。富平学校的教育模式，给我们很多有益的借鉴，首先是和政府合作，参与培训招生，可以增强农民工对教育及培训机构的信任感，与流入地政府合作解决农民工的就业问题，从而显著增强农民工参加继续教育及培训的积极性[1]。

(5) 继续教育及培训要坚持知识的连续性原则

要确保农民工参加继续教育的连续性，要确保学习知识的连续性，及时更新农民工陈旧落后的知识理念。根据农民工的教育层次，按照他们所掌握的知识情况，制订相应的教学计划和讲课方法，设定明确的教

---

[1] 李湘萍：《富平模式——农民工培训的制度创新》，《教育发展研究》2005 年第 6B 期，第 81—84 页。

学目标，保证农民工所掌握的知识技能与课堂讲授的知识衔接。让农民工有目标的学习，让他们的知识技能不断地完善；同时要让农民工了解城市现代化、多元化的发展方式，塑造他们适应城市生活节奏的心理。通过给他们进行各种素质的训练，不单单只进行职业技能的培训，农民工的教育要与我国高等教育的发展相互联系，通过技术实践、政治思想辅导、文化活动参与，使他们的教育和多方面的教育活动形式相联系，建立各种不同的模式，通过这样的培训过程，农民工各方面行为和志向都将受到进一步的尊重。农民工的继续教育及培训包括在职的学历教育、非学历教育、职业技能培训等，让教育方式向多方面延伸，借助继续教育及培训这一平台，对农民工提高生存能力和生活质量创造便利条件，这不仅是对人力资本的提升，更是提高城镇化质量的保证①。

通过继续教育及培训让农民工学员学会理性思考自己的职业生活方式，培养他们的社会责任感，积极参与城市经济建设，自觉融入社会，通过自身的劳动获得社会的认可，体验到奋斗的乐趣，增加他们融入城市的自信。接受科学进步的生活方式，喜欢城市生活，让学习充电成为生活的一部分，从思想上改变、提升他们的价值观，促进农民工自身能力的增长和社会经验的积累，从而减轻社会对他们的各种排斥，使他们成功地融入社会。

3. 新生代农民工继续教育及培训学习系统建设的主要内容

建设农民工继续教育及培训支持服务系统是以农民工为中心全国联网的远程学习体系，目的是方便流动性大的农民工在业余时间自学知识技能，自我提升，在学习中遇到疑问给予解答的平台，同时发布教育培训信息及社会就业信息，以便农民工及时获得相关信息，这也是农民工继续教育及培训顺利开展的重要平台。首先，对农民工学习需求做分析评估，如表3－4所示。

通过分析评估，制定相应的教育学习课程，再完善课程各环节中需要的构成要素，如表3－5所示，教育服务在农民工继续教育培训中，与其他构成要素都存在对应的关系，而这些要素的实现又需要其他构成要素共同发挥作用才能完成，这就需要教育培训机构完善相应设施建

---

① 孙学敏：《从"返乡潮"到"用工荒"看农民工继续教育的缺失——兼论如何加强农民工继续教育》，《长江工业大学学报》（高教研究版）2010年第6期，第17—19页。

设,依托辅导教师、硬件设施、网络支持平台及学习资源这些系统要素,提高农民工继续教育培训质量。

表 3-4　　　　　　　　农民工教育课程制定分析

需求分析预评估	通过对农民工生活状况以及学习需求的调研,帮助我们制定教育培训的策略
教育课程开发	依据农民工学习需求评估,制定一套有效的培训课程,包括专业技能、信息技术、心理健康与社会融入
装备计算机教室、图书室、实习基地	配备计算机多媒体教室,图书阅览室,利用企业资源形成社会实践教育基地
学员与志愿者的招募	利用新闻媒体、网络及报纸的宣传协助,快速积极招募志愿者与农民工学员
社会支持研讨会	邀请社会各界探讨针对农民工教育社会支持系统和网络构建

表 3-5　　　　　　　　农民工继续教育培训系统

农民工继续教育培训系统	教育资源服务	网络课程资源	实践教学服务	校内实践基地
		图书资料		企业实习基地
		纸质资料		网络实践资料
	学习辅导服务	课程信息	硬件设施服务	农民工图书馆
		课后答疑		计算机网络中心
	信息咨询服务	就业信息发布	学习评价服务	平时表现
		职业证书信息发布		课程考核
		论坛交流		实践技能考核

农民工继续教育及培训系统主要是由农民工教育资源服务系统、课后学习辅导服务系统、课程信息咨询服务系统、教学实践操作服务系统、教学硬件设备设施服务系统、课程学习评价服务系统来组成,农民工教育资源服务系统包括纸质打印资料,综合图书资料以及能提供网上图书阅读和网络期刊的网络图书资料,还要有网络课程资源,相关网络课程课件等网络资源,将这些作为农民工学习的最主要的资源。通过教师在课后对农民工在课堂上遇到问题的解答,所提供课程章节的学习辅

导服务，以巩固农民工对课程知识的掌握。信息咨询服务主要给农民工学员提供职业资格证书考核及就业信息，及相关的社会公共服务信息，管理者要及时处理农民工学员在网络论坛上提出的问题，并给予答复。农民工课程实践教学服务要包括培训学校内部建设实践操作基地、校企合作定点企业实践基地、网络模拟实践课件课程等，这些都应该在农民工继续教育及培训中形成一定的教学规模，这也是应当重点加强建设的。农民工课程学习评价服务系统包括农民工平时学习表现、课程考核及实践技能考核，切实让农民工把所学知识应用到实践中，提高农民工的综合素质技能。

（1）学习资源服务

农民工学员根据个人的实际情况，不能有充裕时间参加教育培训机构固定的课堂学习，可以在培训机构的网站上独立学习课程内容，同时需要培训部门在网上提供丰富的学习资源，及相对完整的网络课程，不仅是每个教育机构单独为本机构的学员提供教育资源，应建立农民工学员网络学习资源共享平台，避免各教育机构知识体系的封闭和低水平的网络资源重复建设。让农民工在一个开放式的、规范化的教育及培训平台学习，得到知识的更新，在这种规范化的继续教育及培训平台学习更能提高农民工参加继续教育及培训的信心。

（2）学习辅导服务

农民工课后学习辅导服务，是帮助对农民工解决在课程学习中遇到困难不懂之处的课后详细指导服务，这是与农民工日常学习关系最紧密的环节，在这种辅导下，他们可以随时咨询请教学习中的疑难问题，应把这个辅导环节作为基本的教育服务来开设，每天有固定的时间安排相关课程专业人员对农民工学习课程进行教学辅导及课程学科性质和教学内容相关的学习技巧指导，训练项目、实验和其他实践操作、应用技能环节的指导；每周选定时间，组织农民工学员开展小组学习讨论；并组织小组实践技能应用操作比赛。让农民工在学习讨论中进一步巩固所学知识。学习辅导是课堂讲解和网络辅导同时进行，可以师生面授，在平日或假期，在教育培训机构；也可以通过电话和网络平台进行"非面授"和"非连续"的课程辅导。让农民工学员在不能参加课堂学习的情况下依然能够解决学习中遇到的疑难问题。同时要指导农民工开展网络学习，对于电脑操作技能有障碍的学员，要开展电脑操作技能培训，让农民工学员掌握基本的电脑操作技能，主要从 Office 办公软件、网络浏览器的使用、上传下载文件的使用，培训机构定期为农民工学员开放多媒体教室，为那些不具备上网条件的学员提供学习机会。

（3）信息咨询服务

信息咨询服务主要是让参加继续教育及培训的农民工及时了解所学技能如何参加职业技能考核，以获得职业资格证书；企业用工信息以及对农民工个人技能的要求；对生活中遇到的实际问题，进行解答、建议和帮助的服务，这也是在网络平台体系和教育机构同时建立的服务，聘请专业的咨询老师及学生顾问，通过论坛中的留言及在线交流，在对农民工解答问题时也进行沟通辅导，了解农民工的学习需求、就业环境，通过这样一个开放的平台及时获得农民工教育需求信息。

（4）实践教学服务

农民工无论是在课堂学习还是网络学习理论课程内容，都需要实践操作来巩固专业技能，实践教学服务是继续教育支持服务体系中必不可少的一个环节。由于一些农民工学员工作时间及生活区域所限导致他们不能按时参加培训学校的实践性教学，为了让农民工学员掌握扎实的专业技能，采用学员利用模拟实验课件，通过模拟实验技术和多媒体技术的应用，在计算机上就可以完成实验操作，反馈给指导老师，这项资源的建设方便不能参加课堂实践学习的学员，同时让农民工学员在模拟课件中掌握机器工作过程、操作的原理。不能仅仅只让农民工学习实际操作的基本理论，还要加强农民工动手熟练应用的能力，要对实践教学环节充分重视，要在教育培训系统平台上公告实践基地的分布地点，农民工根据个人情况选择实训地点。

（5）硬件设施服务

各继续教育及培训机构要设立农民工图书馆，同时将所列图书在网络教育平台公布，方便农民工及时查阅图书信息，同时分享图书阅读资源；建立网络多媒体教室，定期对农民工学员开放，增加上机实践操作的机会，也是对农民工学员熟练掌握计算机知识的锻炼。网络多媒体教室是培养农民工学员掌握现代职业技术理论知识的保证。

（6）学习评价服务

农民工继续教育及培训的最后完善环节是对学员学习效果的评价，对农民工的教育重在"教"，还要保证教的质量，要开展学习质量评估服务，这是整个课程学习的必要环节。每一个参加教育培训的农民工都要接受课程学习质量的评估考核，这是确保农民工学员综合素质和职业技能切实提升的手段，更是检测教师教育质量、网络课程教学效果的重要一环。农民工学习质量的评价要分为综合文化素质和职业技能素质两部分进行考评，课程考核要在农民工学习课程中开展，针对农民工学员课程学习反馈作评价，目的是对开设的学习课程是否被农民工学员灵活掌握，并将所学习的知识熟练地应用，以解决在工作中遇到的实际问题。还要多方面、多角度地对农民工学员开展综合文化素质培训，培训涉及从道德、法律、安全、卫生、人际关系等多方面开展，对每部分的知识要分阶段考核，要注重农民工学员的学习过程的能力培养考核，然后推荐他们参加职业技能考试，对学习评价不达标的学员做进一步的学习辅导，保证每一个学员的学习质量。

农民工继续教育及培训学习系统包含的这些环节要素内部之间都存在相互联系，各环节都需要其他环节的协作配合才能充分发挥主要功能，从实践教学环节来讲，需要农民工动手操作、实践技能指导老师、实践基地、硬件设备，共同协作完成；从课程学习辅导环节来讲，需要专业的辅导老师、书籍和网络教育资源、网络硬件设备等要素共同协作完成。因此，要顺利地开展农民工继续教育及培训的学习，就要不断地完善每个教育环节，需要教育环节的每个要素的相互协调与配合。

4. 落实新生代农民工继续教育及培训的具体对策

（1）完善继续教育及培训的补贴政策，增加资金投入

要完善农民工继续教育及培训的补贴政策，在全市县级以上城市依托人力资源保障部门的公共就业服务信息系统，建立针对农民工继续教育及培训信息管理平台，对农民工继续教育及培训机构实行专门管理，参加培训的人员要实名登记附有本人照片，在各地区之间可以实行培训资源共享。根据各地区的产业经济发展规划、行业就业情况、用工企业的招工人数、招工岗位的需求，合理确定培训人数，在当地政府网站公布政府对这些工种培训的财政补贴。根据每个地区的实际情况，用工种类的难易程度，继续教育及培训时间长短和培训成本，及农民工自身实际情况，制定统一的补贴标准；按照劳动力市场需要，随时调整农民工继续教育及培训补贴标准，真正让农民工从继续教育及培训中提升文化

素质及熟练掌握一门实用技能。

同时，各地级市及（县）市，要按照工种类别给予固定的教育补贴标准，对未享受过政府教育财政补贴的农民工优先进行职业技能培训，实行统一领导、统一培训。参加农民工创业教育培训和职业技能培训的人员，课程培训合格后，参加职业技能资格鉴定考试通过的人员，根据职业技能的等级，颁发职业资格证书，或者是培训合格证书。按照农民工获得职业资格证书的等级，政府要按规定给予财政补贴，以示鼓励；同时结合拥有证书人员的就业情况，来了解职业资格证书的实用性，企业要给予已获得职业资格证书的农民工以一定的教育补贴。对企业新聘用的农民工，由企业依托所属培训机构或政府认定培训机构开展岗前培训，按规定给予企业一定的培训费补贴；对未完成初、高中学历进城打工的农民工学员除给予培训费补贴外还要给予一定生活补贴。根据国家最新颁布的全国农民工教育培训规划及年度培训计划，统筹落实农民工继续教育及培训资金。

（2）建立多元化的新生代农民工继续教育及培训投入机制，拓宽筹资渠道

当前，我国在农民工教育培训的制度层面还不够完善，培训工作刚刚开始，因此要制定更全面、更协调、具有长久性、稳定性的一套政策、法规制度，要制定有效的、完善的农民工培训激励政策，政府及用工企业要鼓励农民工主动地参加培训，建立完善长效机制。各地方要将每年培训农民工的人数上报到中央财政部门，根据培训人数予以财政拨款，中央财政部门要安排专项经费来扶持农民工的教育及培训工作。设立专门负责农民工教育培训的管理机构，加强对地方教育机构的审核与管理，加大教育信息指导服务工作，为农村劳动力有序地向城市转移提供详细的信息咨询平台[①]；整合城市和农村现有教育资源，加强城市和农村现有的职业技术学校建设，同时建设农村劳动力转移培训基地，逐步建立以村为基础、乡镇为主阵地、县为补充的教育培训体系；建立以政府财政投入为主，用人单位、农民工个人以及其他社会力量共同负担的合理的、多元化的投入机制；建议政府设

---

① 黄锟、楚瑞：《农民工职业技能培训的现状特征与对策》，《辽宁农业职业技术学院学报》2008 年第 7 期，第 18 页。

立专项资金，用于农民工的继续教育及培训工作，对接受职业技能培训和学历教育的农民工给予财政支持。企业要投入农民工教育及培训专项资金，农民工个人承担参加教育培训的生活费用，从而在经济上解决农民工的培训问题。

（3）建立规范的新生代农民工继续教育及培训资金管理制度，提高资金使用效益

各级政府，按照每年计划培训农民工的人数，将教育资金列入财政预算，进一步加大农民工继续教育及培训补贴资金的投入力度，统筹使用中央和省级用于农民工继续教育及培训的各项财政拨款，将教育拨款切实有效地落到实处，强化各教育部门的职责和任务，认真做好农民工相关教育及培训工作，杜绝教育资金分散安排、分散下达、资金落实不到位的情况。

严格落实教育培训资金款项，各级政府要加强教育培训资金的监管，明确资金用途、申领拨付程序。要采取切实措施，对补贴对象、财政拨款等重点环节公开透明化。强化财务管理和审计监督，建立健全教育资金管理的财务制度，以完善教育资金补贴审批为重点，加强农民工教育财政补贴的基础工作，建立完整的资金补贴数据库，将享受政策补贴的企业和农民工人员的信息录入数据库，严格审核申请补贴人员资料的真实性，防止挪用、骗取补贴等问题的发生，确保资金安全。

财政扶贫培训资金只能用于贫困家庭劳动力的培训补贴，切实让农民工享受到教育培训的补贴，减少因为无法支付学费而不能参加教育培训的情况发生。同时按照谁审批谁负责的原则，严肃查处违规违纪行为。要按照政府信息面向社会公开的规定，定期向全社会公开农民工教育资金使用情况，审计部门依法加强对职业培训补贴资金的审计，接受社会的监督和监察。将教育成本、教育质量、就业效果与国家的财政补贴挂钩，根据培训取得的效果，建立补贴绩效评估机制，严肃查处套取教育补贴的违法行为。对有套取、挪用、留用、私分、虚报教育补贴资金等行为的单位和个人，根据有关规定严肃查处，追究审批负责人和单位的责任，涉嫌犯罪的要依法移送司法部门处理。

（4）重视整合社会资源，构建新生代农民工继续教育及培训的新机制

通过政府政策引导、项目带动、市场运作等手段，整合农村、城市

各类教育资源,以市、区县劳动职业培训中心为依托,充分发挥职业院校、技工学校、社会力量办学等各类职业教育培训学校的作用,政府要在政策上加以引导,让培训学校积极承担农民工的职业教育培训,并以此建立农民工公共职业培训基地和以农民工为主体的人力资源市场,公共职业培训基地享受财政专项资金,专门用于包括外省籍在内的农民工的职业培训。农民工人力资源市场用于农民工的劳务输出,登记所有招聘农民工企业的用工信息,由用工单位向农民工人力资源市场提供技能需求信息,包括所需工种、人数、薪金和技术要求等,人力资源市场把这些信息加以整合后,提供给教育培训机构,教育培训机构根据订单要求适时调整专业设置和培训方向并进行培训,然后将经过培训的人员通过农民工人力资源市场整体输送给用工单位。

(5)要加强新生代农民工思想教育工作,重视引导性培训

农民工进入城市生活工作,对城市的文化、生活常识不够熟悉,教育部门要加强农民工的思想教育,积极开展生活常识及法律道德培训,重视对农民工的生活和工作方向的正确引导培训,这种引导性培训对农民工的生活及就业素质大有帮助。可以通过教育机构办班授课,在城市设立城市生活、就业知识咨询服务处,印发资料开展引导知识宣传学习活动,以及利用电视、广播、互联网等媒体多种形式、多种途径灵活开展,也可以在各级政府和培训机构开展农民工职业技能培训时将有关内容融入其中(见表3-6)。

表3-6 农民工教育内容及实施过程

教育内容	实施过程
心理健康、法律常识、就业安全、语言社交能力、信息技术、环境保护、基本权益保护	以不同形式的知识,提高农民工的科学文化知识和就业技能,加强农民工人力资本提升,增强在城市生活和发展的动力
公民基本道德规范、家庭美德、社会公德、职业道德教育	加强农民工团队主义精神,学会热爱家庭成员,把中华传统美德不断注入农民工的头脑中,让他们的思想行为、道德水准不断跟上现代城市发展的步伐
城市各项生活常识、社会适应教育、城市热爱教育	农民工学习城市现代化的生活常识及所在城市的历史文化、风土人情,对所在城市培养归属感,使之尽快融入城市,逐步引导他们破除封闭保守、小富即安的小农思想意识,逐步形成与现代城市生活相适应的思维方式,树立自立、竞争意识,增强合作和开拓创新精神

(6)建立有效的新生代农民工继续教育及培训工作的评估监管机制

政府要设立农民工继续教育及培训的监管部门,针对培训机构的各个环节制定一整套标准化的农民工继续教育及培训监测和评估指标,比如:培训机构要将报名参加培训的农民工学员名单上交到监管部门,监管部门要定期去教育培训机构核实参加教育培训人员的上课情况及学员在课后对所学知识的掌握情况;建立农民工教育培训的电子系统,用于记录农民工的培训情况,每一个参加培训的农民工都有自己参加教育培训的电子档案,农民工可以将个人的学习需求发布在电子系统上,借助这个电子系统分析农民工教育培训形式、内容、走向、学习需求以及学习能力等,把监测和评估的结果作为重要的反馈信息来相应调整以后培训的计划,提高教育培训效果。

(7)健全就业服务体系,提高新生代农民工参加继续教育及培训的积极性

健全农民工就业的组织管理机构,建立和完善职业介绍机构,加强劳务中介市场的监管,加强对转移出去的农民工的跟踪服务,通过建立健全良好的就业服务体系为农民工提供充足的用工信息,广播、报纸、电视台、网络等媒体定期为农民工就业做跟踪报道,及时准确地将企业对劳动力的需求情况、掌握技能的要求通知给农民工,积极地做好农民工就业信息的联络工作,充分帮助农民工实现就业,让他们享受到教育培训对于实现就业的重要性,让他们学有目标,学有信心,学有所成。

通过各级政府出台的教育政策、企业的定向培训及社会各界力量的参与支持,严格做好农民工就业资格的准入制度,对于他们要先实行教育培训,然后再就业;有条件的地区要对农村劳动力进行转移前的教育培训,然后再输出;制定完善的农民工用工制度和地区劳动力输出制度,结合农民工的实际情况,引进高水平的教师,这可以提高农村劳动力对教育培训的重视程度,调动农民工参加培训的积极性和主动性[1],提高农民工自身学习的意识,形成全社会合力,为经济社会的发展、为包括农民工在内的广大人民群众的生活水平的提高,起到最有力的助推

---

[1] 吴岚:《农民工教育培训的现状分析与对策研究》,《中国成人教育》2009年第23期,第110—112页。

作用。

（二）广州城镇化水平的提升可以为新生代农民工分享广州城镇化发展成果提供全面的保障

1. 改革不合理的户籍制度

新生代农民工发展与提升广州市城镇化水平之间和谐互动关系的良好实现必须改革目前不合理的户籍制度，使依附于户籍制度背后的教育、医疗、社会保障等社会福利措施与户籍脱离关系。

（1）改革目前不合理的户籍制度，降低农民工入户广州的门槛

各级政府应该在认真贯彻和落实广州市关于农民工通过积分入户这一政策的基础上，根据实际情况，具体问题具体分析，深入研究、积极稳妥地开展户籍制度方面的创新和改革，降低农民工入户广州各城镇的门槛，在稳定就业的前提下，可以考虑通过鼓励农民工在城镇购房、稳定居住、提升学历和技术职称、缴纳社会保险、为社会作出突出贡献等方面的途径扩大农民工入户广州的渠道，有秩序、分步骤地把符合条件的已经完全放弃农村土地并在广州市实现稳定就业或是创业的新生代农民工纳入到广州市的户籍体系中来，使他们与广州城镇居民一样享有分享城市发展成果的平等权利，不仅可以激发新生代农民工在广州市工作和创业方面的积极性，最终实现从根本上融入城市，获得在广州市长远稳定发展的愿望，而且可以从根本上提升广州城镇化水平，加快广州城镇化进程的早日实现。

（2）解决农民工随迁子女就学问题

新生代农民工已经成为广州市城镇化进程的主要推动力量，随迁子女的受教育问题不仅关系着广州市居民整体文化素质的提升，而且关系到广州市经济社会发展的质量和远景目标的实现。各级政府应该进一步加大教育财政投入力度，取消基础教育阶段重点校和非重点校之分，实现城区之间以及城乡之间公立学校的均衡发展，同时通过多种途径和渠道对民办学校的办学进行指导和监督，确保民办学校的办学条件和教育质量达到较高水平，对于非营利性的民办教育机构，政府应该给予必要的经费资助，用于改善办学条件，提高教育质量。坚决制止学校的乱收费、乱摊派等违规收费行为，从根本上解决新生代农民工随迁子女的就学问题，最终实现新生代农民工随迁子女按照居住所在片区就近入学，

与城市居民子女一样享受平等接受优质基础教育的权利,避免新生代农民工的子女成为第三代农民工。

(3) 把农民工纳入基本医疗和社会保障体系

各级政府以及企、事业单位应该对农民工的基本医疗和社会保障体系的建设给予足够的重视,尽快落实各自的责任把农民工纳入基本医疗和社会保障体系之下,使农民工享有与城市居民一样的基本医疗和社会保障方面的福利,因为医疗以及必要的社会保障投入同样是人力资本投入和积累的重要渠道,有效的医疗保障投入不仅可以提升人力资本的质量,而且可以促进社会的和谐稳定。各级政府应该进一步加大财政统筹的力度,完善基本医疗和社会保障方面的规章和制度,同时保证必要的财政投入力度;各企、事业单位也应该明确各自的责任,为自己的员工提供完善的医疗及社会保障服务,既是各企、事业单位本身应尽的义务,也是各企、事业单位履行社会责任的表现,一个只片面追求利润而无任何社会责任感的公司或单位,是无法在一个现代文明社会立足的,这样的单位或公司也注定无法获得长远的发展。

2. 建立和完善法律体系,确保农民工的合法权益得到切实保护

为了确保新生代农民工的合法权益得到有效的保护,各级政府应该进一步完善法律体系建设,规范企、事业单位的用工行为,建立新生代农民工法律援助体系,建立和完善企业单位职工代表大会制度和工会制度,为维护新生代农民工的合法权益营造良好的法治环境和制度保障。

(1) 进一步规范企、事业单位的用工行为,维护农民工的合法权益

督促各类企、事业单位严格贯彻执行《劳动合同法》,积极指导新生代农民工与用工单位签订劳动合同,严禁各类企、事业单位采取临时性的经济性裁员行为,出台相关政策,硬性规定用工单位必须为签订劳动合同的农民工依法缴纳工伤保险和必要的医疗、养老、失业保险。以中小劳动密集型企业、城乡接合部、服务性行业以及乡镇企业为重点,定期或不定期地开展打击非法用工专项检查行动,督促各类企、事业单位依法规范用工。鼓励企、事业单位建立有效的农民工工资正常增长机制、完善工资指导线、劳动力市场工资指导价位和行业人工成本信息指导制度,推动企、事业单位内部农民工与其他各类工人之间实现同工同酬。

科学指导企业改善管理,强化企、事业单位贯彻科学管理和人性化

管理理念，积极履行社会责任，使广大新生代农民工实现体面劳动。依法加强企、事业单位对农民工进行职业病的防治和职业健康保护工作的力度，搞好新生代农民工安全生产培训教育，严格执行高危险行业农民工持证上岗制度，依法保护农民工职业卫生和生产安全。建立企业诚信档案和社会责任制度，对于"恶意拖欠"农民工工资的企、事业单位依法应该给予严格的行政处分和经济处罚，依法将其纳入企业诚信黑名单，对于此类企、事业单位在向银行申请贷款或是申请扩大厂房用地等方面予以必要的限制。

（2）建立农民工法律援助体系，为新生代农民工依法维权提供全面的咨询和代理服务

鼓励社会中介组织依法组建新生代农民工法律援助体系，可以考虑依托各级政府或是工会组织设立新生代农民工法律援助中心，由政府相关部门提供必要的经费资助和办公条件，可以法律援助中心的名义向社会各界募集援助资金，用于开展向新生代农民工提供法律援助方面的公益性活动。同时法律援助中心可以在全社会范围内招募热心社会公益事业的法律界人士，为新生代农民工无偿地提供法律咨询和代理服务，依法维护他们正当的合法权益。

（3）建立完善企、事业单位职工代表大会制度，提高农民工参与企、事业单位内部事务管理的积极性

鼓励企、事业单位依法成立完善的职工代表大会制度，企、事业单位内部的重大事务必须经由单位职工代表大会决定的议事机制。扩大新生代农民工代表在企、事业单位职工代表大会中的代表席位，鼓励他们依法参与企、事业单位内部事务管理过程的积极性与主动性，提高企、事业单位管理的科学水平和民主水平。引导企、事业单位依法履行社会责任，积极营造尊重和关心新生代农民工的良好工作氛围，畅通农民工利益诉求渠道，切实保障新生代农民工依法参与企、事业单位内部事务管理的民主权利。

（4）建立和完善企、事业单位内部工会制度，拓宽农民工依法维权的渠道

督促各企、事业单位建立工会组织，健全以党政为主，工会运作、相关部门协同参与的新生代农民工社会化维权工作机制，赋予工会更多的资源和维权手段，切实维护新生代农民工的合法权益。各级工会应该

进一步加大组织建设力度，增强对新生代农民工的吸引力和凝聚力。要以新生代农民工为重点对象，创新农民工组织形式和入会方式，通过源头入会、劳务市场入会和先入会再组织成建制劳务输出、加强劳务派遣工入会等措施，推进工会组建和发展会员工作。加强农民工会籍管理工作，推广完善农民工"一次入会、持证接转、全国通用、进出登记"的工会会员会籍制度，健全城乡一体的农民工流动会员管理服务工作制度。加强城区、乡镇（街道）、村（社区）工会组织建设，大力推进区域性、行业性基层工会联合会建设，聘用社会化、职业化的工会工作者，充分发挥基层工会联合会在组织农民工加入工会中的重要作用，扩大对农民工的覆盖率，切实做到依法维护农民工的合法权益。[1]

---

[1] 《全国总工会关于新生代农民工研究调查总报告》，《工人日报》2010年6月21日。

第四篇　区域内多元办学体制高等学校协同发展的政策与实践研究[*]

一　绪论

（一）研究背景

改革开放之前，我国高等教育形成了与高度集中的计划经济体制相匹配的国家统包的办学体制。改革开放以来，随着经济体制的改革，国家明确提出了要建立与社会主义市场经济体制相适应的教育新体制的要求。经过近40年的不断探索，目前基本形成了一主多元的办学体制。

从宏观办学主体和投资主体而言，有政府办学、民办和中外合作办学三种办学体制。在每一种办学体制下，仍存在不同的办学主体和投资主体。在公立高等学校中，有教育部直属高等学校、国家部委所属高等学校、省级人民政府直属高等学校、省级人民政府部门所属高等学校、地市级人民政府所属高等学校；在民办高等学校中，有私人投资举办的高等学校，企业投资举办的高等学校，中介性组织举办的高等学校，以及私人、企业、政府、中介性组织、事业单位等多投资主体联合举办的高等学校等；在中外合作举办的高等学校中，有单一办学主体和多元办学主体之分。国内办学主体有具有法人资格的教育机构或其他社会组织，国外办学主体有大学、大学以外的其他法人组织、个人以及国际组织等不同办学主体。

多元办学体制有利于高等教育资源的优化配置和提高利用效率、有利于弥补政府高等教育供给不足、有利于高等教育的多样化发展以满足

---

[*] 彭旭、任永泽、李斌琴、丁云华、张驰、李建强参与了撰写。

经济社会对高等教育的多样化需求。但是，如果制度设计跟不上实践发展，同样会因为政策等因素而导致多元办学体制间和体制内高等学校发展的不公平，甚至出现矛盾、冲击和消极影响等，进而出现多元办学体制发展的不协同。现实当中，显而易见的是：尽管民办高等学校同样为国家经济社会发展培养人才，但却得不到财政的支持，其教师和学生也不能与公立高校的教师和学生享受同等对待；因民办高等学校产权不清而严重制约了民办高等教育的发展；即使同属于公立高等教育体制内的高等学校，同样因其隶属教育部和地市而获得显著差异的投资水平；民办高校也同样因办学主体的不同而在招生和资源获得等方面得到不同的对待；现行的人才评价和使用政策导致培养应用型人才的高校无法从企业、政府等部门聘用实践经验丰富和实践能力强的人才到校任教，这一政策只有利于研究型大学；现行的招生政策有利于普通高等学校而不利于民办高校，等等。

由此表明，就目前我国多元办学体制而言，还存在因政策设计上的缺陷而导致不同办学体制以及同一办学体制内不同办学主体高等学校不协同发展问题。这些问题最终导致区域内高等学校自身发展活力不足，区域高等教育系统促进区域经济社会发展的功能下降，难以适应区域经济社会发展对区域高等教育多样化的需求，也不利于区域高等教育自身的可持续发展。这样的问题必须通过调整、完善政策来予以解决。如何来调整和完善政策是一项十分复杂的系统工程，越来越多的人认为，"没有研究的政策不可能成为好政策"。本研究正是基于这一背景而进行的。

随着我国经济发展区域化特征的强化以及中央政府高等教育权力的逐步下移，高等教育的区域化特征也越来越明显，区域高等教育逐步成为高等教育研究的一个新领域，甚至成为高等教育学的一个分支学科——区域高等教育学。但是，区域高等教育研究刚刚开始，区域高等教育学学科建设处于起步阶段，本研究成果无疑会为区域高等教育学学科建设奠定基础。

高等教育政策在高等教育发展中发挥着重要的导向和调控作用，随着高等教育办学体制的多元、高等教育规模的扩大和高等教育结构越来越多样化，高等教育政策问题越来越凸显。因此，高等教育政策研究越来越受到重视，高等教育政策研究也开始进入高等教育政策学科建设的轨道。本研究是利用政策科学的理论和方法来研究高等教育政策问题，是高等教育学和政策科学的多学科研究，本研究成果无疑会促进高等教育政策学学科建设。

政策过程主要包括五个环节，即政策问题确认、政策规划、政策决定、政策执行和政策评估。本研究属于政策问题确认和政策规划两个环节，本研究成果可以促使区域内高等学校多元办学体制协同发展的政策问题进入政府议程，可以为政府对区域内高等学校多元办学体制协同发展的政策作出决定提供依据和咨询。本研究的价值体现在：一是利用政策为区域内多元办学体制高等学校创建一个公平、平等的发展环境，引导区域内多元办学体制高等学校有机地形成一个功能完善高效的高等教育系统，让区域内不同办学体制的高等学校更好地为本地区经济社会发展服务。二是促进政府正确制定和有效执行政策能力的提升，促进高等教育政策制定的科学化和民主化，充分发挥高等教育政策在高等教育发展中的导向和调控作用。

（二）研究现状

本项目研究现状可以划分为两个方面。

一是基于多元办学体制的研究。有学者对高等教育办学体制的内涵进行了揭示。刘铁（2003）认为，高等教育办学体制是"有关举办或创立高等教育机构的主体结构形态及其相应制度规范的总和，它包括高等教育由谁举办、谁来投资、谁来办学、谁来管理、归谁所有等问题，它涉及举办主体、管理主体，即（中央与地方）政府、学校、社会几方面的关系。其中主要是指高等学校与举办者之间的关系。高等教育的办学体制分为两个层面：宏观上是指由谁出资，由谁兴办学校，如政府举办、社会力量举办等；微观上是指每所高校具体的办学行为。它与高等教育的投资体制和管理体制关系密切，其实质是由谁举办高等学校"。

有学者对我国高等教育办学体制的变革进行了梳理。杨德广（2009）对计划经济时期我国高等教育的办学体制进行了总结，对引起我国高等教育办学体制改革的内外部因素进行了揭示，对我国一主多元办学体制的形成过程进行了归纳。

有学者对多元办学体制的价值进行了探讨。张翼（2004）认为多元办学体制可以拓宽教育经费的来源渠道，增加教育机会供给数量；多元办学体制会带来学校之间的竞争，有利于促进学校提高经营管理效率，提高教育质量。同时也有利于教育行政部门改变僵化的、等级制的领导体制和领导作风，使教育活力得到释放；多元办学体制有助于教育多元化发展，满足人们对教育机会供给类型的多样化需求。王彦（2014年）认为，以多元办学为导向的办学体制改革是教育体制改革的逻辑起点和强大动力；实施多元办学可以满足经济社会发展的多样化人才需求；实施多元办学可以实现广大人民群众对优质教育资源的需求；多元办学体制有利于克服僵化教育体制对教育活力的束缚和扼制。

有学者对我国多元办学体制存在的问题进行了揭示。康永久和吴开华（2003）提出，政府及其教育行政部门很多时候仍只是公立学校的主管部门，只愿对公立学校负保护、支持责任。在公立学校与民办学校竞争中，政府及其教育行政部门没有营造公平竞争的氛围。梁文文（2011）认为，有些地方政府对改革后的学校放任不管，由原来一管到底的极端走向彻底不管的另一个极端，导致教育市场部分领域竞争无序，还有些领域缺乏竞争形成低效率的垄断，造成教育教学质量保障能力下降。王彦（2014）认为，多元化办学的理论和实践准备不足，对于多元化办学的关键问题尚缺乏明晰的法规界定，对于多元化办学缺乏整体性的制度设计，民办教育的发展依然面临诸多实践问题；利益博弈对多元化办学产生阻碍和制约，体现在多元化办学中的政府职能错位、多元化办学中企业作用发挥动力不足、多元化办学中民间组织作用未被重视等方面。

二是基于高等教育发展政策的研究。与本课题相关的高等教育政策研究主要集中在不同办学体制高等教育政策问题研究上。

有学者对我国宏观高等教育办学体制政策问题进行了研究。祁型雨（2010）发现，我国办学体制改革的政策法规还存在着诸多缺失，明显地与市场经济的发展态势不相适应。从内容上看，这些政策法规对市场力量的估计仍显不足，对民办教育办学体制中政府与市场力量没有加以区分和侧重；从形式上看，这些政策法规还欠完整，有些政策法规适用范围不明确，各部门的相关政策法规不协调。

有学者研究了民办高等教育政策存在的问题。徐绪卿（2013）提出，我国民办高等教育政策缺乏一致性；民办高等教育政策执行状况较差；民办高等教育政策落后民办高等教育实践需求。周国平（2006）通过对1978—2006年我国民办高等教育政策的回顾，认为政府对民办高等教育的地位和作用认识不足，对其采取"控制发展"的政策，以"引导和管理"作为"鼓励和支持"的前提，对民办高等教育控制的成分较多；政策法规滞后于实践，不能满足和适应实践发展的要求；政策法规的制定存在"钟摆"现象，合理性和科学性不足。张胜军和张乐天（2007）对1978年以来的民办高等教育政策问题进行了梳理，认为民办高等教育的政策法律体系不够完善，体现在相应的法律法规与政策规定不一致、不协调的问题，以及一些法律规定不够清晰、明确的问题，不利于民办高等教育的健康发展。

有学者对地方高等教育政策问题进行了揭示。张应强和彭红（2008）认为，将管理地方高校的权力和责任交给地方政府后，中央财政对地方高等教育的投入极其有限，而受各地经济发展等条件的限制，在各种教育资源储备不足的情况下，短期内接受高等教育规模的迅猛扩张，地方高校成了高等教育系统中的弱势部门。

有学者对国家重点大学建设政策问题进行了分析。李金春（2007）提出，国家有选择性地进行重点投入，人为地打破了大学之间的有序竞争与均衡状态，而且重点建设的投资力度很大，使得重点建设学校与非重点建设学校的差距突然拉大，加剧了系统的分化。因此，实施这种政策的对象虽然是少数高水平的大学与学科，但其给整个高等教育系统带来的影响却是全面而深远的。

现有研究评价：就高等学校多元办学体制协同发展的政策研究而言，目前的相关研究存在明显不足：一是目前的研究基本限于政策问题发现研究方面，政策方案的研究明显不足，大多只是提出了一些没有政策目标、没有经过可行性分析的政策建议；二是现有的研究基本是基于某一个办学体制方面的政策研究，如地方高校、民办高校等，尚没有学者将各个办学体制作为一个研究对象来系统地研究协同发展的政策；三是研究方法不规范。现有的高等教育政策研究基本没有按照政策科学的理论和方法进行，要么是政策文本解读，要么是作者的自身感受，要么是文献的梳理。

（三）研究依据与理性思考

1. 研究依据

本研究的指导思想以《国家中长期教育改革和发展规划纲要

（2010—2020 年）》和《广东省中长期教育改革和发展规划纲要（2010—2020 年）》为指引，以协同发展理论和相关高等教育理论为依据，坚持客观与中立原则，努力为构建功能强大的区域高等教育系统提供决策咨询服务。

本研究的主要理论依据为协同学理论。该理论认为，自然界和人类社会的各种事物普遍存在有序与无序两种现象。无序就是混沌，有序就是协同，且有序与无序两种现象在一定条件下可以相互转化。协同是指元素对元素的相干能力，表现出元素在系统发展运行过程中协调与合作的性质。各元素之间的协调、协作形成拉动效应，推动事物共同发展。导致事物间属性互相增强、向积极方向发展的相干性即为协同性。对事物双方或多方而言，协同的结果使各方获益，且整体加强，共同发展。协同现象在宇宙间一切领域中都普遍存在，没有协同，人类就难以生存，生产就无法发展，社会就不能前进。在一个系统内，若各子系统（要素）不能很好协同，甚至互相排斥，这样的系统必然呈现无序状态，无法发挥整体性功能而终至瓦解。相反，若系统中各子系统（要素）能很好配合、协同，多种力量就能集聚成一个合力，形成大大超越原各自功能总和的新功能。[①]

2. 理性思考

（1）区域内不同办学体制高等学校协同发展具有四个层次的内涵。

第一，区域内任一办学体制、办学类型、办学层次高等学校的发展都不对其他办学体制、办学类型、办学层次高等学校的发展产生消极影响，更不伤及其他办学体制、办学类型、办学层次高等学校的发展，即高校和合发展。这种发展形态的特征是，区域内不同办学体制、不同办学类型、不同办学层次高等学校之间相对比较封闭，相互间缺少联系，但彼此也不会将自己的发展置于对方利益基础之上。区域高等教育系统处于低层次的有序状态，区域高等教育系统功能等于各自高校独立功能之和。这是区域内高等学校协同发展的基本内涵，也是区域内高等学校协同发展的基本境界。

第二，区域内不同办学体制、不同办学类型、不同办学层次高等学校之间，利用各自优势，在人才培养、科学研究、社会服务、文化传承

---

① http://baike.so.com/doc/107358-113334.html.

与创新等方面实现资源共享与合作,相互促进地发展,即高校合作发展。这种发展形态的特征是,区域内不同办学体制、不同办学类型、不同办学层次高等学校之间具有一定的联系,彼此之间在某些方面利用各自的优势进行合作。但这种联系与合作往往是个体高校之间的行为,受益者只是合作方高校。整个高等教育系统处于一个相对较高层次的有序状态,区域高等教育系统功能略大于各自高校独立功能之和。这是区域内高等学校协同发展较高层面的内涵,也是区域内高等学校协同发展的较高境界。

第三,区域内不同办学体制、不同办学类型、不同办学层次高等学校,在人才培养、科学研究、社会服务、文化传承与创新等方面实现分工,并在分工的基础上实现合作,进而避免恶性竞争的发展,即高校分工发展。这种发展形态的特征是,区域内不同办学体制、不同办学类型、不同办学层次高等学校形成各自的子系统,高校之间的分工与合作由个体的高等学校上升为子系统之间的分工与合作,受益的是各个子系统及其高等学校。区域高等教育系统处于更高层次的有序状态,区域高等教育系统功能明显地大于各自高校独立功能之和。这是区域内高等学校协同发展更高层面的内涵,也是区域内高等学校协同发展的更高境界。

第四,区域内不同办学体制、不同办学类型、不同办学层次高等学校在区域内政府的统筹下,实现区域内高等教育发展的整体规划,进而形成功能完善和强大的区域高等教育体系的发展,即高校规划发展。这种发展形态的特征是,区域内不同办学体制、不同办学类型、不同办学层次高等学校间联系十分紧密,在分工合作的基础上,能够整体地融入区域经济社会发展之中,并在政府依据经济社会发展所需编制的发展规划基础上实现规模与结构以及学校职能的优化发展。区域高等教育系统处于最高层次的有序状态,区域高等教育系统功能远远大于各自高校独立功能之和。这是区域内高等学校协同发展最高层面的内涵,也是区域内高等学校协同发展的最高境界。

(2)区域内多元办学体制高等学校协同发展所应秉持的思想、理念与价值取向。

第一,多元办学体制是建设现代高等教育体系的需要,多元办学体制高等学校共存于高等教育体系之内,有利于通过竞争而产生高等教育发展活力与动力；同时也有利于通过合作而扬长避短，拓展各自的发展空间。

第二，任何办学体制高等学校都是高等教育体系的重要组成部分，是经济社会发展所需要的，不存在谁高谁低、谁好谁差、谁强谁弱的问题。只有区域内不同办学体制高等学校均得到较好发展，区域高等教育系统才会形成强大的功能。

第三，区域内多元办学体制高等学校的协同发展是一个渐进的过程，不大可能一下子就实现最高层次的协同发展，往往是一个从最低层次的协同发展到最高层次协同发展的过程。这个过程十分复杂，而且若是靠自然形成则会需要十分漫长的时间。外界的有效干预会有效地缩短这个时间，为此，政府的作用就显得十分重要。

第四，区域内不同办学体制高等学校协同发展的价值在于建立一个功能强大的为经济社会发展服务的高等教育系统，因此区域内所有高等学校必须将此作为基本价值追求，而将自身的价值追求置于第二位，自身的价值追求服务和服从于基本价值追求。

（3）区域内多元办学体制高等学校协同发展的外在表现形式及其考量依据。

由于办学体制是看不见、摸不着的，区域内高等学校不同办学体制的外在表现只能是通过区域内不同办学体制高等学校的办学活动、办学水平等反映出来，因此区域内高等学校多元办学体制的协同发展归根结底要看区域内多元办学体制高等学校的协同发展。

区域内多元办学体制高等学校是区域高等教育体系的组成部分，无论是办学目的，还是研究目的，最终的目的均是为了构建强大的区域高等教育系统，为了区域高等教育系统整体功能的提升和有效发挥。为此，考量区域内多元办学体制高等学校协同发展的依据可以从以下三个方面着手。

一是从区域高等教育系统整体的视角，通过考察区域高等教育系统服务区域经济社会发展的能力来侧面反映区域内高等学校协同发展的程度。区域高等教育系统服务区域经济社会发展的能力，包括区域高等教育经济增长贡献率和社会服务贡献率。在高等教育规模不变的情况下，贡献率越高，意味着区域内高等学校协同发展的程度越高。

二是从区域高等教育系统内不同办学体制高等学校所形成的各个子

系统之间的平衡关系视角来考察不同办学体制高等学校协同发展程度。由于办学条件和学生就业水平是教育政策、办学水平、教育理念等因素的综合作用结果，因此不同办学体制高等学校平衡关系的考察可以从生均教育经费、教师平均工资、学生平均奖学金等办学条件方面进行，可以从不同办学体制高等学校学生就业质量进行考察。不同办学体制高等学校之间的办学条件和就业质量差距越大，表明不同办学体制高等学校之间的协同发展程度越低，反之则越高。

三是从社会对不同办学体制高等学校认可度的视角来考察不同办学体制高等学校协同发展程度，若社会对某一种办学体制高等学校的认可度特别高或特别低，表明不同办学体制高等学校协同发展程度低，反之则高。

二 政策视角的民办高等学校发展困境及成因

1982年，我国第一所由社会力量举办的高等教育机构——中华社会大学的正式成立，拉开了我国民办高等教育恢复发展的序幕。在这个过程中，我国政府对发展民办高等教育的政策，经历了一个从"严格控制"到"鼓励"到"积极鼓励"再到"大力支持"的曲折过程。1997年7月31日颁布的《社会力量办学条例》规定："国家严格控制社会力量举办高等教育机构。"1998年8月29日颁布的《中华人民共和国高等教育法》规定："国家鼓励企事业组织、社会团体及其他社会组织和公民等社会力量依法举办高等学校，参与和支持高等教育事业的改革和发展。"1999年6月13日颁布的《中共中央国务院关于深化教育改革全面推进素质教育的决定》规定："鼓励社会力量以各种方式举办高中阶段教育和高等职业教育。经国家教育行政主管部门批准可以举办普通高等学校。"2002年12月28日《中华人民共和国民办教育促进法》规定"民办教育事业属于公益事业，是社会教育事业的组成部分。国家对民办教育实行积极鼓励，大力支持，正确引导，依法管理的方针。各级人民政府应当将民办教育事业纳入国民经济和社会发展规划。"《民办教育促进法》的颁布，表明政府已视民办高等教育为我国高等教育事业的重要组成部分，它极大地促进了社会力量办学的积极性。2010年《国家中长期教育改革和发展规划纲要（2010—2020年）》明确指出，

"大力支持民办教育。各级政府要把发展民办教育作为重要工作职责。"① 教育部2015年工作重点中就明确提出:"鼓励社会力量兴办教育。出台鼓励社会力量兴办教育的政策文件,召开全国民办教育工作会议。研究制定民办学校分类管理配套政策。"② 各地方政府纷纷进行试点研究或出台相应政策。可见,民办高等教育政策经历的变迁过程勾勒了一幅民办高等教育发展的历史图画。

三十余年来,民办高校经历了艰难曲折的发展历程,已经从高等教育的有益补充成长为我国高等教育体系中一支不可或缺的生力军。据教育部统计,2014年,全国民办高校728所(含独立学院283所),比上年增加10所;民办高等教育在校生587.2万人,比上年增加29.6万人,增长5.3%。其中,在校生中硕士研究生408人,本科生374.8万人,高职(专科)生212.3万人;民办普通本专科在校生574.5万人,占全国普通本专科在校生总数的比例为22.6%,比上年提高0.4个百分点。③ 2015年,广东省拥有民办普通高等学校52所,占全省普通高等学校的36.36%,普通本专科在校生61.8万人,占全省普通本专科在校生的33.29%。2005年,潘懋元教授曾对未来15年我国民办高等教育有一个预测:"到2020年,多种模式的民办高等学校及其学生,可能达到高等教育总数的三分之二左右;将有若干所民办高校成为各自定位的一流院校。而其前提条件是:抓住机遇、自强不息、社会支持、政策到位。"④ 正如潘懋元教授所言,发展民办高等教育是我国高等教育大众化的必由之路,而民办高校蓬勃发展的一个重要前提条件是"政策到位"。

经过三十余年的探索和发展,我国民办高等教育已积累了一定的办学经验,初步形成了自身的办学特色、层次和科类结构。我国民办高等教育的恢复与兴起,不但促进了教育增量,扩大了教育规模,缓解了高等教育供给不足的困境,而且盘活了现有教育资源和社会资源,在一定

---

① 《国家中长期教育改革和发展规划纲要(2010—2020年)》。
② 《教育部2015年工作要点》(http://www.moe.gov.cn/publicfiles/business/htmlfiles/moe/moe_l64/201502/183971.html,2015-03-01)。
③ 《中国教育概况——2014年全国教育事业发展情况》(http//www.moe.gov.cn/jyb_sjzl/s5990/201511/t20151125_220958.html,2015-11-25)。
④ 潘懋元、林莉:《2020:中国民办高等教育的前瞻》,《浙江树人大学学报》2005年第3期,第1页。

程度上满足了公众对高等教育多样化、个性化的需求，促进了教育公平和效率。

但是，目前民办高校的发展面临着自身优势没有得到充分发挥等困境。政府作为高等教育的主要承担者，肩负着实现社会公益性目标的责任，对于如何通过政策扶持、引导民办高校良性发展，解除民办高校发展的体制性障碍，充分发挥民办高校的优势，政府必须拿出对策、有所行动。一个公平公正、政策法规明确合理、保障措施有力的环境，才是民办高校茁壮成长的土壤，才可能形成民办、公办高校良性互动、有序竞争的繁荣局面。

（一）办学经费不足严重限制了民办高校的发展

1. 单一的经费来源导致经费严重不足

当前，民办高校的资金筹集主要来自学费收入、办学者的集资、各种社会捐资和少量的政府补贴等。这其中，学费收入是主体。由于学费水平已达极限，政府补助难以获得，办学者投入和社会捐资甚少，资金严重短缺。[①]

社会力量办学管理办公室对全国民办高教机构（含民办高校）进行了一次全面的问卷调查。结果显示，它们的主要收入来源是学杂费收入，占总收入的90%，贷款占5.6%左右，社会捐赠、服务收入、校办产业等收入只占很小的比重。[②]

姜华统计了政府对非营利性民办大学的财政援助：公立高校的财政预算内拨款占总经费的比例大约50%，学杂费在20%—40%之间，但民办高校的学杂费却超过90%。我国民办高校的办学经费大多依赖于学杂费，通常走的都是一条"以学养学"的道路，90%以上的民办高校的90%以上的办学经费都源自于学杂费的收入，办学经费的缺失严重影响了民办学校的发展。[③]

[①] 潘懋元：《民办高等教育持续发展问题》，《浙江树人大学学报》（人文社会科学版）2006年第4期，第3—4页。

[②] 国家教育发展研究中心：《2001年中国教育绿皮书——中国教育政策年度分析报告》，教育科学出版社2001年版，第139页。

[③] 姜华：《政府对非营利性民办大学的财政援助》，《民办教育研究》2007年第1期，第26页。

邱晓健以江西作为个案，对公共财政资助民办高等教育的情况进行调查。2004—2007 年，政府财政资助的总额由 400 多万元增至 1000 多万元，占学校总收入的 1%—5%。2004 年、2005 年资助金额占总收入的比例分别为 0.94% 和 0.79%。2006 年后得到改善，2008 年为 4.26%。从被调查的民办高校来看，88.9% 的学校在公共财政资助总额方面均在 2000 万元以下，11.1% 的学校为 2000 万—5000 万元，没有一所学校达到 5000 万元。[1]

据云南某新闻报道：目前公办高校的生均财政拨款已经到了每生 12000 元，按照每名学生每年缴纳 5000 元学费来计算，公办高校每名学生的人头费就有 17000 元左右。我省民办高校学生收费多在 10000 元至 13000 元，相比之下较公办学校出现了每名学生 4000 元至 7000 元的办学成本差异。[2] 因此，我国多个省份或地区的民办高校纷纷出现了提高学费的现象。这将进一步加剧我国高等教育的不公平。

目前有一部分省市为了促进本地区民办高校的进一步发展，设立了民办教育发展专项资金，用于改善教学条件、改善教师的待遇以及购置教学设备等。从 2009 年开始云南省政府每年设立 2000 万元民办教育发展专项资金；[3] 从 2008 年开始，湖南省政府在教育事业经费外，每年划拨 500 万元作为民办教育发展专项资金，并随同级财政收入的增长而逐年增加；2010 年，上海民办高校、民办教育管理及评估机构获得民办教育发展专项资金拨款达 5000 万元等。[4] 但目前民办教育发展专项资金只在少数的几个省份设立，而且在专项固定基金中较少提及对民办高校资助问题。

陕西省制定了《关于进一步支持和规范民办高等教育发展的意见》。该意见指出，省财政从 2012 年起每年设立 3 亿元民办高等教育发展专项资金，重点用于民办高等教育公共服务和信息平台建设等方面；

---

[1] 邱小健：《民办高等教育可持续发展财政政策思考》，《中国高教研究》2010 年第 7 期，第 68 页。
[2] 《民办高校学费要涨的节奏》（http://news.163.com/15/0421/06/ANN58E1U00014Q4P.html.2015 - 04 - 21）。
[3] 《云南决定设立 2000 万元民办教育专项资金》（http://news.163.com/09/0319/17/54PMJMLA000120GU.html2009 - 03 - 19）。
[4] 雍素英：《公共财政资助民办高校的政策分析》，四川师范大学，硕士学位论文，2012 年，第 30—35 页。

对非营利性民办高校给予与公办高校同等的支持力度;对民办高校实施分类管理,允许民办高校获得办学结余40%的合理回报。① 除此之外,在融资方面,还允许民办高校进行信用担保贷款和长期低息贷款,允许非教学资产作抵押、学费收费权作质押申请贷款。陕西的分类管理政策以其扶持政策之多、支持力度之大、发展模式之全、合理回报之高、规范力度之强,在全国民办高校分类管理试点地区中可谓是一面旗帜,受到当地民办高等教育界的普遍欢迎和好评。②

福建省制定的《关于进一步支持和规范民办高等教育发展的若干意见》指出,省政府设立民办高等教育发展专项资金,重点用于扶持非营利性高水平民办高校的建设、表彰和奖励等,符合条件的非营利性民办高校享受相关的企业所得税优惠,非营利性民办高校建设用地享受与公办高校同等的政策。③

在社会捐赠方面,黄藤对全国15所民办高校接受捐赠情况进行了调查,发现民办高校接受捐赠的形式和捐赠的来源都较为单一。接受捐赠的形式以实物为主,民办高校所获得的社会捐赠无法与国内公办名校相提并论,更不必说与国外私立高校相比。从捐赠的来源来看,捐赠图书设备等实物或奖学金的基本上都是国内的社会组织、个人或企业;货币资金的捐赠者大多为香港或台湾同胞、海外爱国华侨。④ 他分析了原因,主要是因为我国捐赠制度不完善。社会资金对学校的捐赠不能享受税收优惠,这大大限制和制约了我国捐赠机制的形成和发展,不利于吸纳更多的民间资金投入到民办高校。

2. 教育财政政策方面原因探析

从国家的法律法规上来看,国家对民办高等教育的财政支持经历了一个由开始的完全"自筹经费"到"大力支持民办教育"的过程。

---

① 《关于认真学习和贯彻落实〈陕西省人民政府关于进一步支持和规范民办高等教育发展的意见〉的通知》(http://www.snedu.gov.cn/news/jiaoyutingwenjian/201202/17/2667.html 2012-2-17)。

② 曾祥志:《陕西民办高校分类管理政策分析》,《中国电力教育》2012年第35期,第8—9页。

③ 何国伟:《政府公共财政资助非营利性民办高校问题研究》,《教育探索》2016年第1期,第61—62页。

④ 黄藤:《政府经费资助:公民办高等教育协调发展的必要条件》,《民办教育研究》2006年第6期,第1—4页。

1982年《宪法》第一章第十九条明确规定："国家鼓励集体经济组织、国家企事业组织和其他的社会力量依照法律规定举办各种教育事业。"但是没有出台相关的法律法规，社会力量办学有待规范。1987年7月8日国家教委颁布的《关于社会力量办学的若干暂行规定》第十条指出："社会力量办学的经费自行筹措。可向学生收取合理金额的学杂费。"此时的办学经费来源主要依靠学杂费的收入，自行筹措，并没有得到国家公共财政的补助。1995年3月18日公布的《教育法》第七章第五十三条指出："由企事业组织、社会团体和个人依法举办的学校或是其他的教育机构，办学的经费由举办者负责筹措，各级人民政府可以给予适当支持。"首次提出各级政府可以给予适当的支持，但这一规定既没有具体的资助标准，也不是强制性的硬性要求，很难得到具体的落实。1997年7月31日颁布的《社会力量办学条例》规定了保障与扶持的具体措施，第四十五条要求县级以上各级政府对社会力量办学给予扶持。第四十七条教育机构建设需要使用土地的，县级以上地方各级人民政府应当根据国家有关规定和实际情况，纳入规划，按照公益事业用地办理，并可以优先安排。可见，依据教育的发展规律以及随着社会力量办学的不断发展、壮大，国家开始意识到应承担部分促进社会力量办学机构发展的责任，并从具体的各方面进行落实、完善。

2002年12月28日公布的《中华人民共和国民办教育促进法》，对于民办教育在立法上是一个重要的转折点。此法第七章也规定了公共财政对民办教育的扶持与奖励。其中第四十四条规定："县级以上的各级人民政府可以设立专项资金，用于资助民办学校的发展。"第四十六条规定："民办学校均享受国家规定的税收优惠政策。"第四十八条："国家鼓励金融机构运用信贷手段，支持民办教育事业的发展。"另外，第五十条也规定："新建、扩建民办学校，政府应当按照公益事业用地及建设的有关规定给予优惠。"《民办教育促进法》明确了通过设立专项资金、税收优惠、信贷手段等方式对民办学校进行资助，以促进民办学校的发展。与《条例》相比，《民办教育促进法》对民办教育的政策扶持措施有所加强且相对较具体，范围逐步扩大。继《促进法》之后，2004年3月5日国务院公布了《中华人民共和国民办教育促进法实施条例》，该条例对民办学校办学优惠政策的规定更加具体、明确，更有利于民办学校的发展。在此条例中，第十一条详细地规定了对民办学校的扶持与奖励的政策措施。第三十八条规定:"捐资举办和出资人不要求取得合理回报的民办学校,也可依法享受与公办学校同等的税收及其他的优惠政策。"对享受优惠政策的民办学校的对象进行了确定,是非营利的民办学校,也即营利性的民办学校则不在此之列。另外,第四十一条也明确了,县级以上的人民政府可以根据本行政区域的具体情况而设立民办教育发展专项资金。

据江西民办高校的调查结果显示,33.3%的高校享受过配套建设费减免政策;44.4%的民办高校享受过所得税减免;88.9%的高校享受过学校收益的各种税费减免政策;全部民办高校都免交办学的土地征用费。但是,目前我国仍没有制定专门的民办高等教育财政资助法律法规,对民办高校的财政资助缺乏法律和制度的保护,政府应把扶持与资助民办学校作为自己的一项义务,这方面的政策还有待国家落实和完善。[①] 2010 年 7 月 29 日发布的《国家中长期教育改革和发展规划纲要(2010—2020 年)》(以下简称《纲要》)提出:"大力支持民办教育,把民办教育作为教育事业的重要增长点与促进教育改革的重要力量","清理并纠正对民办学校的各类歧视政策","制定并完善促进民办教育发展的优惠政策","健全公共财政对民办教育的扶持政策",等等。第五十六条规定,要加大对教育的投入:教育投入是公共财政的职能,要健全以政府投入为主、多渠道筹集教育经费的体制,大幅度增加教育投入。在增加教育经费的基础上,逐步地健全、完善公共财政对民办高校的扶持政策。《纲要》指出 2012 年国家财政性教育经费支出占 GDP 的比重要达到 4%。继《纲要》之后,国家教育体制改革试点方案发布,提出一些针对民办高等教育发展的具体措施,从国家层面建立起支持民办高等教育发展的基本制度框架,又从实践层面完善民办教育的发展环境,改革我国的办学体制,明确办学体制改革的试点地区和学校。如完善支持民办教育发展的政策措施,探索公共财政资助民办教育的具体政策与民办学校创新体制机制和育人模式,办好一批高水平民办学校的试点地区与学校,包括:上海市、浙江省、福建省、江西省、广东省深圳市、云南省、宁夏回族自治区和武汉科技大学中南分校。《纲要》为我国民办高

---

① 邱小健:《民办高等教育可持续发展财政政策思考》,《中国高教研究》2010 年第 7 期,第 68 页。

等教育的发展带来了新的机遇,各级政府把发展民办教育作为自身重要的职责,逐步理顺我国民办与公办高校的关系,建立与完善符合中国国情的民办高等教育发展的新体制,促使民办高等教育健康、持续地发展,形成一批高质量、有特色、高水平的民办高校。

1999年出台的《公益事业捐赠法》,由于没有与其他法律体系的衔接以及落实的细则,很多没有落到实处。企业对公益事业的捐赠,只有对十几个社会团体的捐赠可以得到税收减免,对学校的捐赠则不能享受税收优惠。直到2007年3月开始实施新的《中华人民共和国企业所得税法》第九条规定,"企业发生的公益性捐赠支出,在年度利润总额12%以内的部分,准予在计算应纳税所得额时扣除。"但受到制度惯性的影响,企业和个人捐资教育很难在短期内有很大提高。[①]

虽然各级政府对民办高校有进行一定程度上的财政支持,但相比于公办高等学校的经费资助,民办高校的办学经费可谓是杯水车薪。要解决民办高校发展资金瓶颈,一方面政府要严格要求举办者必须保证必要的投入;另一方面政府应构建对民办高校的财政资助政策,从而促进民办高校与公办高校和谐发展。我国政府已经逐步认识到应该要对民办高校进行财政资助,但鉴于民办高校的法人属性、产权归属等问题,导致政府不知如何对其进行资助。如何设计科学合理的资助政策并有计划实施,是政府当前应该着手解决的首要问题。虽然各项法律都指出应给予民办学校优惠,但都是要求各相关部门建立相关的制度,既没有强制性,也没有具体的操作性,以至于制定资助民办高校的政策迟迟没有得到落实,各相关部门也在相互观望。

由此可见,我国政府对民办高等教育的认识有一个不断提高的过程,这一认识也体现在了有关法律法规和政策上。但因法律法规和政策相对比较宏观,随着我国民办高等教育的快速发展,这些法律法规与政策难以适应民办高等教育发展实践的需要,导致民办高等教育的投资得不到保证,严重制约了民办高等教育办学条件的改善和资金的再投入,从而影响了民办高校整体办学水平的提高。

---

① 冉云芳:《民办高校筹资中的社会捐赠问题》,《教育发展研究》2008年第2期,第14页。

（二）民办高校办学自主权尚未得到有效落实

《民办教育促进法》规定："民办学校与公办学校具有同等的法律地位。国家保障民办学校的办学自主权。"民办高校由社会个体或团体捐资办学，应享有比公立高校更充分的办学自主权，如专业设置的权力、自主招生的权力等。但在目前民办高校办学实践中，还存在着很多问题。

1. 专业设置受到严格限制，办学活力难以释放

民办高校与市场有着紧密的联系，对社会需要的人才有着灵敏的反应，这应该是民办高校的优势所在。为此，在专业设置与人才培养方面应该给予民办高校更大的自主权。如随着现代科技的迅猛发展，科学技术转化为生产力的速度越来越快，高新技术的广泛应用，产生了许多与高新技术直接相关的职业岗位，急需设置新的专业，数控加工技术、智能机器人技术、可控硅集成、网络与商业在互联网上的应用等诸项技术[①]，这些都是当今社会急需的人才，是可以考虑开设的新专业。然而，民办高校在专业设置方面也受到严格的限制，缺乏办学特色与活力。

2003年开始实施的《民办教育促进法实施条例》规定，民办高校"可以按照办学宗旨和培养目标，自行设置专业、开设课程，自主选用教材"。实际上，民办高校在专业设置上所受到的约束远远大于公办高校。目前已有很多公办高校获得了开设目录外专业的资格，但迄今为止，没有一所民办高校获得开设目录外本科专业的资格。[②]

目前，我国民办高等教育主要集中在专科和本科两个层次，其学科专业设置和公办院校一样，执行教育部制定的2004年的《高职高专专业目录》和2012年的《本科专业目录》。目前，大部分民办高校专业设置缺乏科学性，结构不合理，有的学校甚至不顾学校现实条件，没有人力、物力进行广泛深入的社会调查分析和科学论证，盲目跟风设置一些热门专业。李维民对陕西省普通高校与民办高校的专业设置情况进行

---

① 万建明：《我国民办高校专业设置的现状、问题及对策》，《高等教育研究》2005年第3期，第58—63页。

② 王一涛、徐绪卿：《民办高校专业设置：管制与自治》，《教育发展研究》2008年第8期，第13—14页。

了量化分析,并揭示了公办高校和民办高校之间存在的同质化、趋同化现象。从学科设置看,陕西民办本科高校主要集中在文学、管理学、经济学和工学四大类,其中前三类占总数的61.5%。陕西有普通本科高校51所,其中公办本科高校32所,民办本科高校7所,独立学院12所。全省本科专业布点1674个,其中专业设置重复现象十分严重,并以英语专业布点数量最多,有43个,其次为计算机科学与技术41个等。前20个布点较多的专业总数已占专业布点总数的33.5%,这也是近年来英语、计算机、市场营销、艺术设计、电子信息工程、国际经济与贸易等专业毕业生就业日趋困难的主要原因。[①]

现行的本科专业目录是2012年教育部颁布的第五版本科专业目录,在一定程度上增加了专业的丰富性,将目录外386种与目录内249种专业整合成了635种,缓解了专业口径设置过于粗、细的问题,下放了部分专业设置权力,[②]但仍然存在许多问题,如人才培养的同质化问题、应用型人才"难产"、人才培养规格趋同、办学特色不鲜明和千校一面等问题。[③]同时,由于教育部仍主要掌握本科高校的专业设置权,民办本科高校完全没有自主设置本科专业的权限。其生命活力和发展空间受到很大限制。另外,除了专业设置自主权受限以外,高校自身的办学经费不足也是导致民办高校专业设置不合理的重要原因之一。民办高校在专业设置上重视投入产出,尽可能降低办学成本,优先考虑办学成本较低的专业,较少考虑专业设置结构的合理性。绝大多数民办本科高校都把社会和家长认为最具就业前景的专业作为首选,设置"短、平、快"的热门学科专业,如财经类、外语类、信息与计算机类、工商管理类专业,造成民办本科高校专业布局总体上的不合理,各个学校之间的差别很小,办学特色不明显。[④]根据认知距离的理论,地方政府可能比中央政府更清楚区域经济社会发展的需要。因此,由地方政府调整专业设置

[①] 李维民:《民办普通高校学科专业建设探析》,《黄河科技大学学报》2011年第5期,第10页。

[②] 林蕙青:《实施新本科专业目录扎实提升高等教育质量》,《中国高等教育》2013年第5期,第6—8页。

[③] 陈涛:《高等教育学科专业目录:问题与逻辑》,《西南交通大学学报》(社会科学版)2015年第3期,第45—47页。

[④] 万建明:《我国民办高校专业设置的现状、问题及对策》,《高等教育研究》2005年第3期,第23页。

可能更有针对性。①

民办院校诞生于市场环境之中,能够根据社会需求的变化灵活调整专业是其优势之一。如果民办高校不能根据劳动力市场需求变化来进行专业的调整,那么民办高校很大一部分优势便无从发挥,同时也会影响到高等教育对经济发展的适应性。此外,"千校一面"是目前我国高等教育发展中的一个突出问题,民办高校应该坚持自己鲜明的办学特色,不仅要与公办高校有所区别,民办高校之间也应该各有特色。自主设置专业有利于民办高校多样化的形成。

2. 政策成因探析

2001 年,教育部在《关于做好普通高等学校本科学科专业结构调整工作的若干原则意见》中指出,"进一步扩大高等学校学科专业设置自主权。高等学校可根据《高等学校本科专业设置规定》,在《普通高等学校本科专业目录》外设置社会发展急需、已具备培养条件的本科专业。"虽然专业设置的管理有所放松,但除了北大、清华等几所名校之外,其他高校设置的目录外专业还需要经教育部审批。2012 年教育部颁布实施了新的《普通高等学校本科专业目录（2012 年）》和《普通高等学校本科专业设置管理规定》,对高校下放了专业审批权,高校可以自主设置专业目录内的专业,设置专业目录外的专业依然较难,要经过六道程序报教育部审批。当前各高校的专业设置之所以高度雷同,正是缺乏专业设置自主权的必然结果。专业设置自主权是高校办学自主权的长期改革诉求。当各高校只能从本、专科目录中选择专业,而不是根据自身特色和优势条件进行专业设置,这就不可避免地导致高校间专业设置的雷同。

在我国《高等教育法》规定的高校 8 项办学自主权里,专业设置自主权改革进展最慢,2003 年,我国具有完全专业自主设置权的高校只有 7 所。2012 年新的本科专业目录和专业管理规定公布以后,教育部下放了部分专业审批权,高校专业设置自主性有所提高,但是由于专业设置自主权缺乏制衡与保障机制,高校专业设置自主权实践状况呈现混

---

① 周光礼:《我国高校专业设置政策六十年回顾与反思——基于历史制度主义的分析》,《高等工程教育研究》2009 年第 5 期,第 69 页。

乱迷茫状态。① 为什么我国高校的专业设置自主权迟迟难以落实？这与我们国家的经济制度有着紧密的关系。高校专业实质上是一种特殊的制度安排，是分门别类进行高深专门知识教学活动的实体单位。正因为如此，高校专业设置一直是一个十分重要的公共政策问题，它关涉人才培养的规格和目标，关涉教育资源的配置和协调，关涉教育的质量和效益。

周光礼用路径依赖理论揭示了长期以来我国高度集权的高校管理体制与计划经济体制的关系，认为影响我国专业设置制度背后的"深层结构"主要有计划经济体制、集权管理模式和社会本位的文化模式。这种模式集中体现为中央政府发布的全国统一的指导性专业目录。权力配置的变迁经历了集权—分权—集权—分权的多次反复，始终没有跳出"一收就死、一放就乱"的循环；专业划分标准经历了按行业部门分类—按学科分类—按社会需要分类的左右摇摆，始终没有突破"社会本位与学科本位"的论争。他从政府和高校两方面提出了制度难以改变的原因。政府方面，他认为高校专业设置制度的改革无疑将削弱中央政府对高校专业设置决策的直接干预能力，政府为了保障高等教育的宏观调控能力以及现有的制度和体系都使得专业设置改革难以执行；学校方面，根据教育部发布的《教育部学科发展与专业设置专家委员会工作章程》（2002）规定，"专家委员会由教育部直属高等学校、部内有关单位的专家、学者共41人组成。设主任委员1人和副主任委员4人。委员由教育部聘任，任期四年。"可见，除了政府官员，专家委员会成员全是重点大学的学科专家。他们的主要兴趣是推进计划经济体制下专业设置数量和结构等方面的改革，在成功促使我国本科专业设置由"按行业需求分类"转向"按学科分类"中起到了很大的推动作用。事实上，专业设置"按学科分类"也只是代表重点大学的观点，非重点大学则在很大程度上希望"按社会需求分类"。②

1999年的《中共中央国务院关于深化教育改革全面推进素质教育的决定》再次强调了教育要以人为本的观念。2001年，江泽民在建党

---

① 王玥：《我国高校专业设置自主权及其实现研究》，武汉理工大学，硕士学位论文，2014年12月。
② 周光礼：《我国高校专业设置政策六十年回顾与反思——基于历史制度主义的分析》，《高等工程教育研究》2009年第5期，第69页。

80周年的讲话中第一次明确表述以人为本的发展观,以人为本需要"克服在学科建设专业设置上重客体发展的需求轻主体发展的需求的观念,使开发自然与开发人类自身、满足人自身的发展需要相协调。"①

除了严格的审批限制了民办高等学校新专业的开设外,民办高校自身的创新力不足也是一个重要的原因。1994年以来,我国高校学费不断上涨,尤其近几年来,高校学费水平已经达到了"天花板",给普通老百姓带来了沉重的经济负担。对此,教育部已明确表态,今后我国高校教育的收费不能再提高了。②"学费水平已达到极限,政府补助难以获得",办学经费不足,使得民办普通本科高校创办新专业力不从心。③

可见,不论是公办高校还是民办高校,在专业设置上都被严格限制。而民办高校出生于市场之中,市场是民办高校生长的土壤,民办高校自主设置专业的权力是其最富有生命力的部分,因此更需要获得专业设置的自主权。目前对专业设置的严格规定及对新专业设置过高的门槛规定,基本上堵塞了民办高校设立新专业的门路。在今后的改革中,在处理政府管理和高校自主设置专业这一对矛盾中,应将天平向高校的专业自主设置倾斜,尤其是民办高校,降低民办高校设立新专业的门槛,使他们能够根据市场需要灵活地设置专业。

(三) 优质稳定的师资队伍建设面临多重困难

民办高校的教师队伍建设面临着多重困难,主要表现在高素质教师数量不足、师资队伍结构不合理、教师权利无法得到保障、教师队伍不稳定等方面。

1. 师资队伍结构不合理及教师权利得不到保障

民办高校的教师大多是公办学校的退休教师或兼职教师,虽然可以通过引进和外聘教师等方式来满足教学的基本需求,但不利于建立稳定优质的教师队伍,根本问题难以解决。其中,年龄结构不合理,职称结构不合理,专、兼职结构不合理,教师队伍不稳定,教师缺乏在职培

---

① 胡显章:《以人为本,促进人的全面发展是科学发展观的核心》,《清华大学教育研究》2004年第4期。
② 潘懋元、林莉:《2020:中国民办高等教育的前瞻》,《浙江树人大学学报》2005年第3期,第2页。
③ 覃美琼:《民办高校本科专业设置问题探析》,《中国高等教育》2006年第23期。

训，教师在公、民办学校间流动不畅及民办高校教师权利难以得到保障是主要问题。

景晓娜调查了辽宁省28所民办高校教师队伍的现状，发现在辽宁28所民办高校中，自有教师少于所用教师一半的民办高校有13所，占46.4%；自有教师少于所用教师三分之一的民办高校有6所，占21.4%。由此可见，部分民办高校自有教师少，兼职教师多，导致民办高等学校教师的教学科研气氛薄弱，师资科研能力偏低。所用师资的年龄结构呈现出两头高、中间低的马鞍形特点，原因是经验丰富的中年教师大多流向公办高校。调查显示，在4466名自有教师中，初级专业技术职务教师所占比例达48.3%，几乎占辽宁省民办高校自有教师的一半，副高级以上教师的比例为15%，有23所民办高校的高级职务教师比例低于辽宁省平均水平，其中5所学校其自有教师中没有一个人具有高级专业技术职务。在自有教师中，博士学位教师只有77人，仅占1.7%，其中有18所民办高校无博士学位教师。除此之外，还有教师流动性大、师资队伍不稳定、"双师型"教师比例偏低等问题。[①]

王庆如通过调查陕西省的民办高校（不含独立学院）发现师资队伍结构不合理，主要体现于专兼职比例、年龄、学历和职称结构四个方面。专职教师比例在逐步提高，但由于待遇问题面临着兼职师资聘用难、自身培养的师资队伍不成熟、不能满足本科评估等多重压力；年龄结构上出现"两头大，中间小"的显著特征；学历及职称水平整体偏低，2009年数据显示，陕西省民办普通本科高校的教师队伍中，具有博士学位者寥寥无几，具有硕士学位的仅占34.2%[②]，某学院2011年教师中拥有副高以上职称的仅为26.2%，其中正高职称的只有7.7%，且多为普通高校离退休教师；讲师和助教的比例大致相当，中级职称仅比初级职称高不到6个百分点。[③] 教师队伍中缺少年富力强的中年教师骨干，无法形成合理的教学团队，更缺少学校培养应用型人才的目标相匹配的、经验丰富的"双师型"教师。

---

① 景晓娜：《民办高校师资队伍现状及对策——以辽宁省为例》，《现代教育管理》2014年第8期，第72—75页。
② 根据2008—2010年《陕西教育事业统计年鉴》测算。
③ 王庆如：《民办高校办学水平提升策略研究——以陕西民办高校为例》，陕西师范大学，博士学位论文，2012年6月。

由于政府对民办高校缺少关注，使得民办高校所享有的权利与公办高校教师享有的待遇严重不平等，这严重阻碍了民办高校的进一步发展。甚至可以说，由于政府政策没有赋予民办高校教师同公办高校教师相等的权利，使得民办高校教师在如工资福利、职称评定以及社会认同等诸多方面没有公办高校教师的好，这就使民办高校对于教师特别是优秀教师的吸引力明显不足。

云南省为维护民办学校举办者、教师和学生的合法权益，完善人事代理制度，鼓励教师在公办学校与民办学校之间合理流动，支持公办学校教师到民办学校任教，并在基本社会保险、教师资格认定、业务进修、职称评定、表彰奖励、科研立项、职业技能鉴定等方面与公办学校教师享受同等待遇。[①] 有些地方的民办高校为了补偿给民办高校教师的权利，还额外购买补充保险，这在一定程度上可以缩小公办高校教师和民办高校教师的差距，但仍不能从根本上解决问题。

尽管从 2000 年开始，中央和地方开始认识到民办高校教师的重要性，开始着力赋予民办高校教师同等待遇，但这些规定只限于人事档案、职称评定、工龄计算以及在职进修等，至于长期以来影响民办高校教师专职于民办高校的"三金"待遇问题和编制问题等很少涉及，偶尔提及也缺乏明确的说明或提供可操作性的实施办法。本课题也开展了一些调查，以广州市的 6 所民办高校为调查对象，对 27 位民办高校教师进行半结构式访谈，对广东省民办高校教师权利保障现状进行了调查。获得 25 份有效访谈资料，结合访谈笔记，基于扎根理论，运用 QSR Nvivo 8.0 质性分析软件进行分析，形成了民办高校教师职业权利模型，即民办高校教师的教育教学权、学术研究权、报酬待遇权、参与管理权、进修培训权。经过分析之后，得到如下结论：一是教育教学权基本能够保障，但教师在教材选取和课程设定方面还需完善；二是学术研究权不受重视，最直接的影响就是弱化教师职称层次；三是报酬待遇权问题突出，最直接的表现是保险和福利；四是参与管理权难以保障，教师难以体验到民主的氛围；五是进修培训权不完善，进修培训经费和目的方面不能令教师满意。这些也许是未来民办高校要发展壮大所要致

[①] 云南决定设立 2000 万元民办教育专项资金，http://news.163.com/09/0319/17/54PMJMLA000120GU.html 2009 – 03 – 19。

力解决的问题,或者说是政府出台民办高等教育政策所应重点考虑的问题。

2. 政策成因探析

《民办教育促进法》规定:"国家保障民办学校举办者、校长、教职工和受教育者的合法权益。"《社会力量办学条例》中规定:"社会力量举办的教育机构及其教师和学生依法享有国家举办的教育机构及其教师和学生的平等的法律地位。""教育机构的教师和其他教育工作者的工资、社会保险和福利,由教育机构依法予以保障。专任教师在教育机构工作期间,应当继续计算教龄。"但这些规定的结果只是与公办学校教师具有相同的法律地位,享有同等的权利。但是没有具体说明如何去享有这个权利。

《中华人民共和国民办教育促进法实施条例》第四十三条规定:"行政部门要逐步建立、完善制度,从而保证师资在公、民办学校之间的合理流动,进而保证民办教师的合理权益。"但是由于社会保障、养老金缴纳、人事编制、档案保管等制度的不完善等构成了民办高校教师流动的障碍,教师难以在公办学校与民办学校之间形成正常的流动。民办高校教师的人事档案管理实行的是人事代理制度,民办高校教师虽说在法律上与公办高校教师地位相同,但实际上其人事管理还没真正纳入国家管理体系。在缺乏相应的监督机制的条件下,民办高校对于教师权利保障义务的履行就会以其主观条件为转移。经营情况良好的民办高校可能为了吸引到优质的师资力量,而在教师待遇保障方面会做一定的工作,而相对效益较差的高校,在国家法律制度没有强制性的规定下,自然会选择逃避责任。这样一来,大部分民办高校教师的基本权利就无法得到保障。

《民办教育促进法实施条例》中第二十三条和第二十四条规定:"民办学校聘任的教师应当具备《中华人民共和国教师法》和有关行政法规规定的教师资格和任职条件;民办学校应当有一定数量的专职教师;其中,实施学历教育的民办学校聘任的专职教师数量应当不少于其教师总数的1/3。""民办学校自主聘任教师、职员。民办学校聘任教师、职员,应当签订聘任合同,明确双方的权利、义务等。民办学校招用其他工作人员应当订立劳动合同。"而办学实践中,有许多民办高校教师的专任教师总量是低于教师总数的1/3的。

这些法规规定了民办学校教师的任职资格及结构比例,但在实践中还需设立具体的细则,严格监督民办高校设立的办学条件是否达标;法规在文本上规定了教师与民办学校间的权利和义务,但在实践中真正去执行监督享用法律规定的权利时却与之相差甚远,权利和义务都无法充分实现。

民办高校在政府经费投入、办学自主权以及教师队伍建设三方面的问题,有些是因为政策缺失所致,有的是因为政策没有得到落实所致。但根本上来说都是民办高校发展中的政府缺位问题。因此,加强民办教育相应法律法规与政策体系建设,尽快解决政府缺位问题,是解决民办高校发展问题的关键。

比如,为了解决政府如何对民办高校进行资助的问题。首先,应该引导民办高校进行分类与定位,对民办高校是否营利进行划分、限定其合理回报收益率、明晰产权制度等。其次,为了解决现有政策难以落实的问题,可以通过地方立法,设立民办高校专项资金,设立财政账户,监督拨款去向,有针对性地解决地方民办高校的难题。有效落实《民办教育促进法》第七章"扶持与奖励"规定:地方立法可以设立专项基金、采取经费资助、为资金信贷提供担保等;享受与公办学校相同的优惠政策,落实与公办学校一视同仁的师生待遇,等等。最后,政府在办学上应给予民办高校多一些办学自主权。在专业设置方面,允许民办高校围绕产业需求自主设置专业,政府负责办学条件和办学质量监管等。

三 政策视角的部委属高校与地方高校不协同发展的表现及诱因

"部委属高校"即中华人民共和国中央部门直属的高校,它们的建设资源主要来自中央政府财政,人事权在中央相关部门。由于这些高校办学条件相对较好、办学水平较高,往往都是国家重点建设高校。与部委属高校相对的是地方高校,包括省属高校、省市共建高校及地级市属高校等。

新中国成立后,在经历了从1954年10月5日《关于重点高等学校和专家工作范围的决议》发布,部属高校制度初步形成,到20世纪六七十年代的曲折发展,再到20世纪80年代的恢复与重建,到20世纪

90年代，我国部属高校政策开始进入了创新与完善阶段。"211工程"（1993年7月国家教委《关于重点建设一批高等学校和重点学科点的若干意见》）与"985工程"（1998年12月24日教育部《面向21世纪教育振兴行动计划》明确提出）实施，为我国重点学科的建设、高层次人才的培养、科研实力的提高及一流大学的建设起到了举足轻重的作用。同时，1999年，我国高校启动了扩招计划，在"建立有中国特色社会主义高等教育体系"思想的指导下，建设"世界一流大学"和实现"大众化高等教育"几乎同时成为高等教育的跨越式发展目标。一方面部委属高校承担了面向一流大学的目标，广大的地方高校则承担了高等教育大众化的任务，表面看起来二者似乎相安无事，各司其职，国家也在协调二者协同发展、正确处理数量与质量的关系上作了一些政策安排，如：在2005年高等教育毛入学率达21%后，国务院提出适当控制高等教育招生增长幅度，把重点放在提高教育质量上，加大高教"质量工程"；在2011年清华大学建校100周年大会上，胡锦涛总书记提出实施《高等学校创新能力提升计划》（简称"2011计划"），指出总体目标是构建"多元、融合、动态、持续"的协同创新模式与机制，形成有利于协同创新的文化氛围；2012年教育部《关于全面提高高等教育质量的若干意见》提出"推动文化协同创新"等30条措施等。但从目前我国部属高校的政策实践来看，还存在不少问题，特别是在区域内部委属高校和地方高校的协同发展问题上有诸多表现。

（一）区域内部委属高校与地方高校不协同发展的表现

1. 办学自主权问题

从现实来看，地方高校与部委属高校相比，更受政府的牵制，更加缺乏办学自主权，行政化现象更严重，学校灵活应对市场需求能力弱，不能自主设置专业以及开设课程等。具体主要表现在两个方面：第一，行政体制和行政管理方面，政府的制度并没有考虑高校办学的特殊性，学校内部的行政机构设置被要求与地方政府的机构设置相一致；干部的选拔和培育制度也取决于政府，尤其校领导的选拔均由省委组织部和市政府控制；学校编制受市里编委严格限制；国际交流也受市外事办各种制度限制等。第二，学术权力和专业设置方面，政府对地方高校的干预较多。如某地方高校音乐学本是该校最强的一个学科，因2013年筹建省音乐学院，政府未经该校教职工代表大会讨论决定，就将该校音乐学学科，包括专业、师资、学生、设备等整体划拨给省音乐学院。此外，某些不想设的专业有时也会受政府领导个人意志影响而强行设置，如家政学。这一专业本来与某地方高校的现有学科基础和专业结构并不一致，但因省里某位重量级领导的某种想法，强行要求开设这一专业。后经多方协调这一专业放入成教，并被指定与当地的某公司合作，但所有办学成本却均由学校承担。

2. 教育资源和教育投入问题

我国推行部委属高校政策和"985 工程""211 工程"是中央政府为了在财政资源相对紧缺的条件下，集中力量办好高等教育的体现，这一政策符合国家高等教育战略发展需要，培育了一大批全国知名的研究型大学。但在执行过程中忽视了政策实施后的不良后果，部委属高校不仅比一般地方高校获得了更为丰厚的经费支持，也获得了地方高校难以企及的办学特权，这种高等教育资源配置整体向优倾斜的差异化配置政策，实际上人为地制造了高校间的不公平竞争，拉大了部委属高校与地方高校间的差距。

首先，从财政性经费占总经费比例来看，政府对地方高校财政投入的重视程度远不及部委属高校。2010 年普通高校总经费 5497.86 亿元、财政性经费 2901.80 亿元，分别是 1999 年的 7.81 倍和 6.57 倍。从绝对值来看，地方高校总经费和财政性经费都在增长，但这是以地方高校规模的急速扩张为基础的，实际上地方高校的财政性教育经费占总经费的比例从 1999 年的 62.75% 降至 2010 年的 52.78%，下降了 10 个百分点左右。[①] 同时，预算内教育经费是财政性教育经费的主要构成部分，1999—2010 年间地方高校预算内教育经费占总经费的比例由最初的 51.97% 下降至 44.65%，而部属高校这一比例则上升了近 13%，并于 2010 年达到最高点。[②] 可见部属高校自扩招后获得的财政投入在相对比例上并没有减少，反而得到了增加；而地方高校的财政投入则是实质性地减少了，且呈现出与部属高校财政投入差距逐渐拉大的趋势。地方高校承担了比部属高校大得多的教育规模，却拥有着比部属高校少的财政

[①] 杨家珍：《地方普通高校生均拨款研究》，湖北大学，硕士学位论文，2013 年 4 月。
[②] 同上。

投入。地方高校的学生规模与财政收入的不平衡促使地方高校面临着财政收入不足的境地。更值得我们深思的是,历经了高等教育大众化进程的地方高校在招收了更多学生之后,总经费年均增长率从1999—2004年的29.83%下滑至2005—2010年的19.79%。[1] 地方高校预算内教育经费占总经费比例的减少,从侧面也说明了政府对地方高校财政投入的重视程度不及部属高校。在当前高等教育规模基本趋于稳定状态下,学费的增长空间并不大,地方高校在未来很长一段时间内只能依靠财政投入提高经费水平,以保障高等教育的发展。

其次,从生均拨款来看,地方高校较部属高校生均预算内教育经费存在着严重不足。2011年中央部属普通高校生均教育经费支出全国平均值是39866.70元,地方普通高校生均教育经费支出的全国平均值则是22227.40元,明显低于中央部属高校,且部分地区的中央部属普通高校与地方所属普通高校在教育经费资源配置上差距尤为显著,影响了地区高等教育的整体发展。例如山东省的中央部属高校生均教育经费支出为50710.57元,排在全国第4位,高于全国平均值10843.87元,而地方普通高校的生均教育经费支出仅为16254.79元,排在全国第26位,与全国平均水平相差5972.61元,地方普通高校的生均教育经费支出与中央部属高校生均教育经费支出相差34455.78元之巨。另外,2011年中央部属普通高校生均预算内教育经费是23026.62元,远远超过了地方普通高校的生均预算内教育经费（14574.46元）,部分地区内部差距也较为明显,如福建省2011年部属高校的生均预算内教育经费为21000余元,而地方高校的仅为7589.06元,[2] 同时部属高校的年增长幅度比地方高校大,进一步加深了地方高校生均拨款不足的现实。

最后,地方政府对地方高校的投入显得有点心有余而力不足。一方面,从地方政府高等教育财政性经费投入数额及其占GDP的比例来看,由于管理体制的改革,部委属高校的办学经费主要是中央财政负责,地方高校的办学经费主要由地方财政负责,受制于我国经济发展水平不平衡,分税制改革后税收的流向,基础设施的欠缺,以及养老、医疗、失业救济等多方面资金的缺乏,地方政府很难有足够的资金来投入高等教

---

[1] 杨家珍:《地方普通高校生均拨款研究》,湖北大学,硕士学位论文,2013年4月。
[2] 数据来源:中国教育经费统计年鉴,2012年。

育。如广东省 2010 年高等教育财政投入的总数额约为 210 亿元，仅占该省 GDP 的比例不到 0.5%（世界平均水平为 0.8%），排在全国各省高等教育财政性投入占 GDP 比例的倒数第 4 位。① 地方政府高等教育财政性经费总数额的高低与高等教育规模有关，也反映了政府对本地区高等教育发展的重视程度。除广东省外，江苏、浙江等多数东部省份对高等教育的财政投入，并未达到与其经济发展水平相适应的水平。另一方面，地方又把有限的高等教育财政投入中的大部分投给了"211 工程"和"985 工程"高校，给予了部委属高校大量的经济支持，并为其提供优越的办学环境（包括土地、设备、人才待遇等），难以保证对地方高校的投入。

上述诸种情况说明政府对地方高校的财政投入不及部委属高校，部委属高校来自政府拨款的支持明显高于地方高校。财政投入的不足可能会影响地方高校的发展，最终影响到我国整体高等教育质量。

3. 生源分配和大学生就业问题

主要表现为部属高校招生地方化，挤占了地方高校潜在的优质生源。如前所述，一方面，部属高校享受了地方政府给予的比地方高校优厚的经济支持和办学环境；但另一方面，正是因为"拿人家的手短"，及在现实生活中，从水电到土地、从物资到治安，高校的正常运行都离不开地方政府的"统筹协调"，高校因在"统筹协调"上依赖地方政府，自然不可能板起脸来执行"招生"平等。于是，许多部属高校采取了降低当地录取分数线、增加招生名额的办法回报地方，部属高校招生"本地化"也就成了必然。据统计，复旦大学在上海的招生数占总数的 40%，武汉大学在湖北的招生数占总数的 40%。② 更有甚者，一些部属重点大学招收本地学生的比例曾达到该校总体招生额度的 50%，最高的中山大学曾达到了 67%。浙江大学、复旦大学、南京大学等部属院校在所在省的招生比例都曾占到 60% 以上甚至达到 70% 左右。③ 部属高校向本地考生降低录取分数线的做法不仅在一定程度上剥夺了异地

---

① 杨家珍：《地方普通高校生均拨款研究》，湖北大学，硕士学位论文，2013 年 5 月。
② 纪杰：《教育公平视角下的我国"部属高校"政策审视》，《理论导刊》2014 年第 3 期。
③ 颜色盛：《基于教育公平的高校招生政策改革研究》，湘潭大学，硕士学位论文，2011 年 5 月。

考生享受优质高等教育资源的机会，也侵占了地方高校潜在的优质生源，形成了区域内部属高校和地方高校间不公平的生源竞争，是造成地方高校生源质量不高的原因之一。这种现象来源于高考招生分省定额、划线的录取方式，而这种录取方式又是由中央与地方联合共建的投入模式决定的，很值得人们去思考。同时，部属高校招生地方化还带来其他一些负面影响，如加剧"高考移民"？降低部属高校自身的质量和"国际化"及"一流化"的进程？这些高校主要是由中央财政举办的，是"国立大学"，理应面向全国招生，而不应变成高校所在地的招生"自留地"。

与生源相对应的就是就业。由于高校建设政策向部属高校倾斜以及我国高校管理体制所带来的实际存在的金字塔形的大学等级制，给社会造成了认识上的偏见："只有部属高校才是最好的高校，它们培养出来的学生才是最好的人才"，这种认识导致用人单位在选择用人时唯名校是问，而忽略应聘人员的能力条件及所聘岗位实际所需要的素质和能力要求。这一政策的长期执行使用人单位形成招聘的心理定式：优先招聘这些部属高校的毕业生，甚至个别招聘单位要求应聘人员必须是"211工程"或"985工程"高校毕业生，而不少大学在招聘博士时，竟要求第一学历必须是"211工程"或"985工程"大学，能力、业务水平往往被本科毕业学校这第一道门槛给拦住了。也就是说，用人单位往往都根据高校等级标准来评判毕业生的能力和素质。相比之下，地方高校的毕业生不但没有享受到优质的教育资源，其就业还要受到相关政策引起的歧视。这一系列现实问题使地方高校毕业生在社会竞争中始终处于劣势。

4. 科研经费与科研项目资源问题

首先，从科研经费看部委属高校和地方高校间差距大。

科研经费是高校支出的大头，而科研经费中的财政拨款比例又可以直接看出政府对部委属院校和地方高校的政策倾斜导向和不同重视程度。以2013年为例，据教育部统计，2013年科研经费最多的高校是清华大学，总金额达到39.31亿元，其中财政拨款为27.75亿元，占到全部经费的70.6%。财政拨款占比最高的是北京大学，为86.5%（当年科研经费是27.73亿元），其次是复旦大学，为84.8%（当年科研经费是25.52亿元），大多数"985工程"高校科研经费的财政拨款占比都在 60% 以上。"211 工程"高校科研经费的财政拨款则一般都在 40% 以上。而非"211 工程"、"985 工程"的地方高校科研经费最多为 4.6 亿元（西南石油大学），其中仅 26.1% 为财政拨款，73.9% 为自筹，[①] 更何况其他科研经费少的高校。可见，现有制度（政策）在为科研资金投入带来更高效率的同时也带来了巨大的资源分配不平等，占全国少数的部委属高校却拿走了全国绝大多数的科研经费，进一步拉大了部委属高校及地方院校间巨大的"贫富差距"。区域内部委属高校和地方高校间的科研经费差距也很明显，以广东省为例，"2013 年，全省高等院校科技经费为 45.83 亿元"，[②] 而仅教育部直属高校中山大学当年拨入的科技总经费就达 13.06 亿元，其中计划项目科研经费 10.64 亿元、委托项目科研经费 2.42 亿元。据统计，该校科研总经费已连续四年超过 10 亿元，2014 年超过 14 亿元人民币，2015 年更是超过 17 亿元人民币；另一所教育部直属高校华南理工大学 2013 年科研项目实到经费也达 12.41 亿元，其中政府资金超过 8.68 亿元。国务院侨办直属高校暨南大学 2013 年拨入的科技经费 3.15 亿元，其中政府资金为 2.72 亿元。仅这三所部委属高校 2013 年拨入的科技经费总数就达 28.62 亿元，占了全省当年科技经费总量的 62.45%。而当年 32 所省属高校及其他数十所各地级市属公办高校仅占了科技经费的 37.55%，可想而知很多地方高校的科研经费是捉襟见肘的，政府资金投入部分更少。例如 2013 年嘉应学院科技经费仅为 1542.4 万元（其中政府资金为 551.3 万元，仅占 36%），韩山师范学院科技经费为 1665.8 万元（其中政府资金为 403.3 万元，仅占 24.21%），韶关学院为 1858.6 万元（其中政府资金为 536.5 万元，仅占 28.87%），而广东第二师范学院当年的科技经费更是仅为 826.1 万元，[③] 和部委属院校相比简直是少得可怜。

其次，科研项目向部委属高校倾斜，对地方高校人为设置障碍。

一所高校科研项目的获得直接和科研经费挂钩，但这里所说的不是科研项目立项后获得科研经费的多少（此点前文已述），而是科研项目申报过程中对地方高校而言人为设置的一些障碍。此点最典型的表现在

---

① 光明网：《2015 高校"富豪榜"出炉 211、985 拿走近 70% 科研经费》，http://henan.china.com.cn/finance/2015/0823/752087_4.shtml，2015（8）。

② 数据来源：广东省科技年鉴·广东省科技厅，2014：24。

③ 以上各校数据来源：教育部 2014 年高等学校科技统计资料汇编，2014。

两个方面。

一是将科研项目的申报资格直接和高校级别相挂钩,地方高校无缘申报。如国家留学基金委的有些国家项目就直接规定必须是"985工程"或"211工程"高校方可申报。

二是对地方高校实行限额申报。这又表现在两个方面,其一,在分配名额时部委属高校名额多、地方高校名额少。有些省份将教学科研项目申报名额直接下达给高校,由高校自主评审,最后由项目管理部门作形式审核后立项。但是项目管理部门在分配名额时并非一视同仁,通常会向"985工程"或"211工程"高校倾斜,会给予比地方院校更多的项目。例如2013年度广东省质量工程项目(不含大学生创新创业训练项目),中山大学、华南理工大学、华南师范大学等"985工程"或"211工程"高校的配额分别为50项、41项、33项,而嘉应学院、惠州学院、韶关学院等大多地方院校的配额为10项左右,二者差距显著。其二,在项目申报时部委属高校不受名额限制、地方高校限额申报。还有一些省份的做法是如果头一年无人获得立项,则第二年实行限额申报。例如国家社科基金的申报。这条规定实际上很不合理,科研成果的出现本身需要一定的周期,谁能保证每年都有新成果?再加上地方高校自身的科研水平和师资力量较弱,远不及部委属高校,导致实际在执行过程中受此限制的是地方高校。

虽然科研经费和项目资源的获得会受不同高校的科研任务、办学规模、科系设置等多重差异的影响。但现有投入体制也带来了实际存在的不合理的地方,造成了富者更富,地方高校因自身实力在国家社科、国家自科、省自科等课题的申报较之部委属高校本身处于劣势,更需要政府的支持和扶持,但现有体制却让地方高校在科研项目争取和科研经费的获得更处于弱势,有些甚至是人为设置的限制性条件。如前所述,例如申报名额、申报院校的级别等,对地方高校的发展极为不利,让地方高校的发展更是举步维艰。好在继"985工程""211工程"重点大学政策之后的"2011计划"已于2012年正式启动,新计划中有不少非"985工程""211工程"高校等享受到了这一计划的支持,包括河南农业大学、云南农业大学等。这对地方高校的发展是个利好消息,一定程度上部分缓解了部委属高校和地方高校间发展的矛盾问题。但是政府还可以出台什么样的政策,进一步促进部委属高校和地方高校的协同发展?这是我们需要进一步思考的问题。

5. 人才引进问题

部委属高校因其优厚的待遇、浓厚的学术氛围等更容易引进高层次人才,而地方高校由于地理位置、社会声誉、硬件条件等问题难以招聘到合适的人才,即使暂时招聘到,也容易流失,更遑论高层次人才。如某地方高校原本欲引进一名紧缺的心理学博士,但由于不能提供做实验所需的价值近 100 万元的设备而最终该博士未选择该校。此外,地方高校相对部委属高校能够提供给教师的发展机会也受限,如部委属高校有很多教师出国培养或交流项目,而给地方高校很少有类似的机会甚至是没有机会等。

6. 办学定位问题

教育市场化思潮的泛滥,办学竞争压力的增大,以及在高等教育大众化进程中财政投入的不足,导致高等学校都在通过举办"大而全"的学科来努力提升所谓的办学实力,来获得更多的教育资源。其直接的结果便是不同类型高等学校在定位上出现了严重的职能交叉,导致互相挤压各自的生存空间。如教育部所属高校大多是研究型大学,但都在举办一般性的成人高等教育、专业学位研究生教育,地方本科高校也存在向职业教育和专科层次教育延伸问题,对民办高校和职业院校都产生了较大冲击。

(二)地方高校与部委属高校不协同发展的政策原因分析

众所周知,地方高校是我国高等教育体系的重要组成部分,通过为所在区域地方培养高素质应用型人才从而促进区域经济社会发展等。据不完全统计目前我国有各级各类地方高校 2500 多所,占全国普通高校总数 95% 以上。但是,由于我国高等教育重点建设的政策影响,国家和中央财政政策、项目、经费等有限资源主要都集中投放在部委属高校。地方高校虽然为数众多,但因其隶属于各省、市、区管辖,主要依靠地方财政供养,在获得国家和中央财政经费数额、项目支持、得到国家部委重视程度等方面成为我国高教体系的"弱势群体"。政策的不公平使得部委属高校与地方高校的"贫富差距"越来越大。地方高校与部委属高校相比,在发展中遇到的不公平政策问题及其影响亟待重视和解决。具体来看,地方高校与部委属高校不协同发展的政策原因主要有以下几个方面。

1. 政策不合理

拨款政策不合理。首先是国家的拨款政策不科学、不合理，过于向部委属高校身份固化式地倾斜，让有钱的高校更有钱，对地方院校极为不利，大多数地方财政困难，导致学校经费少，进而引起教师待遇偏低，难以吸引人才等问题，造成恶性循环。其次是某些省份对地方高校的配套政策不合理。例如广东省对一些省市共建的地方高校实行师范生才有生均拨款，而非师范生没有任何拨款的政策，这样很容易使得这些地方高校不顾市场需求一味发展师范专业，造成专业结构不合理，进而又影响了地方高校的发展。

招生政策不合理。第一，地方高校本应更多地根据地方经济发展需要及本校实际来招生，但目前地方高校的招生计划并不根据学校实际能力来制订，基本由省里计划划拨。第二，国家规定的按批次招生政策，"985工程""211工程"重点大学往往在本一批次录取，而地方高校排后，导致地方高校很难招到满意的学生，招到的学生各方面素质不如部委属高校。第三，20世纪90年代以来，我国一批部属高校开始实行"省部共建"的政策。如前所述，为了回馈地方，许多部属高校采取了降低当地录取分数线、增加招生名额的办法回报地方，部委属高校招生"本地化"，挤占了地方高校潜在的优质生源，形成了区域内部属高校和地方高校间不公平的生源竞争，造成了地方高校生源质量不高。

2. 政策执行不到位

首先，始于20世纪末的"985工程""211工程"政策是国家在特定阶段根据我国高等教育发展的需要作出的"效率优先、兼顾公平"、以点带动面的部署，在高校基础设施建设、人才培养、科学研究、师资队伍建设、学科专业建设等各个领域都取得了显著成绩，为我国经济社会的快速发展、文化科学技术的进步和高层次人才的培养作出了重要贡献。但是，随着我国高等教育大众化进程的推进，该政策有被人为异化的趋势，高等教育公平问题越来越突出。如地方高校向"985工程""211工程"高校看齐，集体综合化，造成大学同质化；家长、考生报考时唯学校名气是从，而不考虑专业是否合适；特别是近些年来，地方高校毕业生在求职过程中屡遭部分用人单位的院校歧视，尽管教育部在

2013年4月16日发布的《关于加强高校毕业生就业信息服务工作的通知》中明令规定："严禁用人单位发布含有限定'211工程'、'985工程'高校等字样的招聘信息"，但是地方高校毕业生遭到学历歧视的现象仍然屡见不鲜。究其原因，正是由于政策执行不到位、加入了各界人士主观意愿的人为因素、脱离了政策的初衷造成的。

其次，20世纪90年代以来，一批部委属高校开始实施"省部共建"政策，"211工程"和"985工程"原则上采取地方中央按1：1配套投入方式进行。"省部共建"政策本身没有错，但是由于地方政府在执行此项政策过程中只重视部委属高校，忽视甚至轻视地方高校，再加上自身资源、财政有限，把有限的高等教育财政投入中的大部分投给了"211工程"和"985工程"高校，并为其提供优越的办学环境，而往往无法保证对地方高校的投入，对地方高校的支持不到位。这样更是拉大了部委属高校与地方院校间的差距，尤其是对于一些地处偏远地区和经济落后的地级以下城市的高校，发展更是举步维艰，也造成了区域内部委属高校与地方高校发展的矛盾问题。

3. 政策缺失

首先，教育补偿政策缺失。由于部委属高校和地方高校所属的"婆家"不同，高等教育管理体制改革中缺乏教育补偿政策，导致地方高校普遍存在着发展经费短缺的问题。

其次，政策实施后的监督和奖惩机制缺失。国家缺乏对"985工程""211工程"政策实施的及时反馈机制和对地方政府对地方高校投入的监管和奖惩机制，未能对政策实施情况和实施结果进行及时调整和监督，未能督促地方政府对地方高校的投入；省级主管部门对地方政府没有履行督促监管职能，导致一些地方政府对本地地方高校的非师范生也没有按照省厅要求足额拨款，造成不顾学校实际扩大师范生招生现象愈演愈烈。

总之，"国家给学校的支持是有身份上区别的，即学校身份的不同国家给的支持就不同，门槛的设置将不具备身份的学校拒之门外。支持力度大的学校不一定就变化更好，但得不到支持的学校肯定会更差。"与部委属高校相比，各地方高校由于政策上的"等级身份差别"问题，在获取办学资源的能力和条件上，始终不能和部委高校相提并论，差异明显，如拨款经费不足，申请科研项目受限制，招到的学生素质不如部委属高校等。而资源分配的不合理又进一步导致教师待遇不高，无法引进高层次人才等。

2016年6月，教育部、国务院学位委员会、国家语委宣布一批不利于"稳增长、促改革、调结构、惠民生"的文件失效，其中8份与"985工程""211工程"相关，例如《教育部、财政部关于继续实施"985工程"建设项目的意见》《教育部、国家发展改革委、财政部关于印发高等教育"211工程"三期建设规划的通知》《教育部、财政部关于加快推进世界一流大学和高水平大学建设的意见》等。这8项被废除的文件规定了许多重点支持"985工程""211工程"学校的条款。例如《教育部、国家发展改革委、财政部关于印发高等教育"211工程"三期建设规划的通知》明确规定："211工程"三期建设资金由国家、部门、地方和"211工程"学校共同筹集。中央安排专项资金100亿元，由国家发展改革委、财政部各安排50亿元。有关部门、地方政府及高等学校相应增加投入，负责落实各自应承担的资金。又如《教育部、财政部关于加快推进世界一流大学和高水平大学建设的意见》基本就是为"985工程"高校量身定制。这些文件的废除具有重要的意义。如果政府能够科学、合理地发挥行政权责，制定公平、公正的政策促进各高校的协同发展，则部委属高校与地方高校的"贫富差距"有望缩小。

综上，区域内部委属高校与地方高校协同发展涉及面广，是一个系统工程，要统筹各方力量，整合各类资源，协调联动，强化政策落实，为区域内部委属高校与地方高校协同发展提供坚强保障，使区域内部委属高校与地方高校协同发展这一政策得以有效推进，并取得丰硕成果。为此，应充分认识区域内部委属高校与地方高校协同发展对于高等教育改革与发展的价值与意义，把区域内部委属高校与地方高校协同发展置于区域高等教育事业发展的重要地位，站在区域内部委属高校与地方高校协同发展的高度上，正确认识区域内部委属高校与地方高校协同发展的状态、进程及其发展水平，科学判断制约或影响区域内部委属高校与地方高校协同发展的问题与原因，理性把握区域内部委属高校与地方高校协同发展的实现程度与时间，制定科学合理的区域内部委属高校与地方高校协同发展总目标与具体目标，厘清区域内部委属高校与地方高校协同发展的方向或变革的路径，并作相应的机制保障与政策上的调整，积极探索区域内部委属高校与地方高校协同发展之路,通过发展来解决发展中的问题,才能不断推进区域内部委属高校与地方高校协同发展。相信,只要制定切实有效的规划和政策,并得以具体落实,区域内部委属高校与地方高校协同发展的前景是可以期待的。

四 区域内多元办学体制高等学校协同发展的政策建议

通过前面的分析可知,影响区域内多元办学体制高等学校协同发展的问题很多,一些问题还比较复杂,不是高等教育自身所能够解决的。考虑到现实的紧迫性与可行性,本研究仅围绕《广东省教育发展"十三五"规划(2016—2020年)》中所提出的不断完善学校内部管理机制、实施高校分类定位与管理、建立分类人才培养体系、下放学校办学自主权、规范民办高校办学、政府指导区域内高等学校科学定位等六个方面内容提出建议。

(一)瞄准制约高等教育发展的关键问题,实施以教育制度改革和思想引领为核心的"高校改革发展特区"策略

我们国家从新中国成立之初,为了尽快恢复国民经济,改变落后面貌,在各个行业都实施了重点发展策略。改革开放以来,为了尽快实现小康社会和现代化等发展目标,同样实施了重点建设策略。例如高等教育领域的"211工程"和"985工程"等。这些重点发展策略对于促进经济社会的快速发展起到了积极作用,但也带来了负面影响。例如在产业领域,由于国家采取了一些重点扶持的政策,导致一些大中型企业依赖思想严重,自主创新能力明显不足,影响了企业的可持续发展。在高等教育领域,一些重点建设高校利用国家的大量投资,解决了影响办学水平的物质方面的因素,大额奖励在短时期内刺激了科研成果数量的大幅度提升。办学水平显示度的提高,满足了一部分大学校长对业绩的追求而丧失了全面深化改革的进取心,对于那些尚不满足当下显示度的大学校长们则仍是乐此不疲地希望得到更多的投入、继续加大奖励力度进而再度提升显示度。办学水平显示度提高的同时,也助长了教师的浮躁心态。可以设想的是,一旦重点投入政策取消,这些重点建设高校办学水平的显示度会立刻下降。原因在于决定办学水平的另一个重要因素——办学思想、理念、模式、体制与机制等改革始终裹足不前,一个有利于教师科学精神的养成与发扬的人文与制度环境尚没有形成。一直以来,我们很多人将没有建成世界一流大学的原因归咎于没有一流的人才,事实上这可能只是一个表象。因为这些年国家通过"百千万工程"引进了一大批人才,但效果并不像预期的那样。另外,我们为什么即使花再多的钱也引进不来世界级大师?之前可能与我们的科研条件差而无法满足其科研的需要有关,而今天我们的科研条件已经有了很大改善,甚至在某些方面已经走在了世界的前头,如超级计算机等。这背后的根本原因还在于我们的人文与制度环境,我们有充分的理由认为,教育制度与教育思想是目前制约我国高等教育发展的最大障碍。与此同时,重点建设政策也给未能纳入重点建设行列的高校发展造成了严重的不公平,影响了这一高等教育基础的发展,而整个高等教育质量与水平的提高才是我们的根本目的。

随着国家对高等教育投入的持续增大,就物质条件与思想制度两个方面比较而言,思想制度这个要素已经上升为影响我国高等教育发展的第一因素。在未来一个时期,我们应将教育思想理念、办学体制与机制、人才培养模式、高校内部管理制度等的改革作为重中之重来予以解决。建议广东省针对这一根本问题实施"广东省高校改革发展特区"策略,高校特区策略的内容不在于重点投入以改善物质办学条件、出所谓高水平的研究成果,而是对办学思想理念、办学体制与机制、人才培养模式、学校管理制度等进行改革探索,为全面实施高等教育深化改革探索路径、积累经验,进而引导高等教育改革进入深水区。当然,为了保证改革的顺利进行,可以适当辅以必要的经费投入。

高校特区策略可以通过自荐和组织推荐相结合的方式在研究型、应用型和职业型高校中各选择几所进行。高校特区策略重点建设的内容包括办学思想与理念、办学与管理体制、扩大高校办学自主权、人才培养模式、校长的聘任、学院制管理体制、招生制度、拨款制度、人事管理制度等各个方面。重点建设与改革试点不同,重点建设是在总结之前国内外经验尤其是国内高校改革试点成功经验的基础上进行的重点推广。高校特区策略既可以是全方位改革在某一所或几所高校的推广,也可以是局部的改革在某一所或几所高校的推进。

下面就以学院制管理体制改革为例，予以详细阐述。

我国的大学学院制最早可追溯到20世纪20年代。新中国成立之后的50年代，为适应建立计划经济体制的需要，以原苏联高等教育为模式进行院系调整，高校按学科门类甚至一级学科进行设置，校内按二级学科甚至是专业设系，实行校系管理体制。进入20世纪末，随着改革开放的深入，我国高等教育开始向西方学习，学院制开始重新进入我国的大学，并迅速得到普及。到今天为止，无论是大学还是学院、无论是本科还是专科、无论是几万人的还是几千人的，几乎所有的高校都由原来的"校—系"管理体制改为"校—院—系"（简称"学院制"）管理体制，新成立的高校则直接采用了这种内部管理体制。

学院制是大学按照学科分类体系或依托学科力量设置学院，以"校—院—系"三级组织结构将学术管理和行政管理有机结合并对大学内部进行管理的一种体制；校系制是高校依据专业及其资源设置系，并以"校—系"两级组织结构对学校内部进行管理的一种体制。学院制以学科为载体，强化学校内在的学术与知识的逻辑，强调知识的系统性与完整性，核心在于知识的生产与创造。所培养的人才是能够创造知识的人才，强调的是批判性思维与创新能力，所采用的教学模式主要是研究性教学；校系制以专业和课程为载体，强化高校与社会的紧密关系。强调面向社会实践，核心在于解决社会生产的实际问题。所培养人才是能够解决现实问题的人才，强调的是解决实际问题的应用能力，所采用的教学模式主要是产教结合，突出的是实践性教学。学院制的逻辑起点是学科，校系制的逻辑起点是专业，二者之间具有本质区别。两种管理体制是基于不同类型高校办学的需要而构建的，不存在谁优谁劣、谁高谁低的问题。高校选择哪一种管理体制的唯一依据就是看哪一种管理体制更适合学校办学的实际需要。现实当中，大学的内部管理改革存在着从众行为。很多改革并不是因为学校人才培养与学科专业建设等办学实际需要才进行的改革，而是因为别人这么做了，自己也跟着这么做。出现了内部管理体制改革没有为人才培养、科学研究、社会服务职能发挥服务的现象。

为此建议广东省选择一所学科门类比较齐全、规模较大、培养跨学科的复合型人才和宽口径的研究型人才的研究型大学和一所学科门类比较少、规模较小、培养专业性强、上手快的应用型和职业型人才的应用型本科或高职专科学校分别进行学院制与校系制体制改革"特区"建设。

实施学院制管理体制的高校实行"校—院—系"三级管理模式，管理重心下移，责权利一致。以学术权力为中心，以学科建设为主旨。以学院学术管理为主体、职能部门高效行政管理服务于学术管理，各个学科依据各自的特点有效地发挥各自的功能。具体而言，学校是决策中心，进行目标管理。主要任务是宏观管理、统筹规划、发展定位，把握大政方针和办学方向、指导思想，开展制度建设，多渠道筹措办学经费，集中精力研究部署全局的改革和发展等重大问题，保证学校整体管理更具有全局性和前瞻性。职能部门由过程管理转为目标管理，直接管理转为间接管理，由管理为主逐渐转变为组织协调、参谋指导、服务保障、检查评估为主；学院是管理中心，进行过程管理。享有相对独立的人事、财务、学科建设和办学自主权，集教学、科研、社会服务和行政于一体，对全院各项工作全面负责。学院可根据办学规模，按学科专业性质设置系级建制，也可根据科研和社会服务的需要设立研究机构，实行系、所、中心组织架构；系（所、中心）是质量中心，进行岗位管理。主要任务是负责教学和科研工作，发挥学术权利，加强学科建设和教学建设，保证人才培养质量。学院数量不宜过多，每个学院要有一定的学科容量，不宜以单一学科来设置学院，较理想的是以学科门类、相近的学科群或适宜交叉的多学科设置学院。

实施校系制管理体制的高校实行"校—系"两级管理模式，以专业和课程建设为核心。管理重心在学校，以职能部门的行政管理为主体、系为执行单位。具体而言，学校是决策中心、管理中心，实施全面过程管理。系是学校各项决策的执行单位，不具有相应的权力，但对教师的教学质量负责。教研室基本不具有管理职能，只是教学事务性工作的协调者，起到上情下达、下情上传的作用。以较少的几个专业设置一个系，甚至一个专业也可以设置一个系，系的数量可以较多。

省教育主管部门对学院制和校系制两种高校内部管理体制实施情况进行指导跟踪。

（二）提升高校办学活力，切实扩大高校办学自主权

近些年，随着改革的深入，从中央政府到地方政府均向高校下放了

一些办学自主权，但从实际效果来看并不理想。第一个方面，源于与之下放权力相配套的政策措施不到位，导致高校难以落实；第二个方面，政府所下放的权力更多的是责任，没有做到责任权力一致，导致高校不愿落实；第三个方面，政府所下放的权力对于高校办学而言无关紧要，导致高校不热心落实。基于以上三个方面的考虑，鉴于政策实施的可行性以及高校的关注点，本研究就高校专业设置自主权问题提出建议。

专业是高等教育与经济社会发展的纽带，体现着高等教育与经济社会的关系。改革开放之前，我们是按行业设置专业，体现的是一种按社会需求设置专业的思想，较好地满足了社会需求。改革开放之后，为了拓宽专业口径，实行了按学科分类设置专业的做法，尽管学生的适应面拓宽了，但适应岗位需求的能力变差了。社会既需要宽口径的人才，也需要适应能力强的人才。为此，建议广东省改变单一按学科分类设置专业的做法，实行按学科分类设置专业与按社会需求设置专业并举，以满足多样化的需求。按学科设置的专业实行国家统一编制专业目录，高等学校原则上在专业目录内选择专业；按社会需求设置的专业，国家不编制统一的专业目录，完全由高等学校依据自身定位、办学条件和社会需求自主设置。

由于研究型大学和应用型高校所培养的高层次人才需要较宽的知识面，为今后的发展奠定基础，故研究型大学和应用型高校的本科专业设置执行学科分类设置专业方案，依据国家统一编制的专业目录进行设置；应用型高校的专科层次人才与职业型高校的本专科人才更多地应强调适应岗位需要的能力，故应用型高校的专科专业和职业型高校的本专科专业设置执行社会需求设置专业方案，由高等学校自主设置。教育主管部门制定自主举办新专业的基本申请条件，包括学时（学分）、教师、教学用房、实验设备、实习实践条件、图书资料等的最低要求，并对自主设置专业的申请与专业办学过程进行严格审核，即申办新专业时审核、办学过程中每五年审核一次，过程审核结果向社会公开。过程审核不合格的，将给予一年的警告期，警告期满仍不合格的取消专业资格，并在五年内禁止举办新专业。以此来引导高校尤其是民办高等学校和高等职业学校，必须慎重举办新专业，必须加强专业建设，只有达到一定办学条件的才能举办新专业，并在建设过程中不断提升内涵，避免出现"三无"（无专职教师、无实验室、无图书资料）专业，避免因成本低而随意举办和取消专业。

(三) 适应多样化人才培养需要，实施高校教师分类管理

随着经济社会对高等教育需求的多元化，在高等教育大众化进程中，我国高等学校的分化越来越明显，政府也试图在引导这种分化。目前，依据高等学校人才培养的类型将高等学校划分为研究型、应用型和职业型三种。研究型大学是指以培养研究型人才为主的大学，研究型人才是指以探索事物规律为主要工作内容和目标的人才，其外部表现就是知识的创造，其身份指向是科学家；应用型高校是指以培养应用型人才为主的高校，应用型人才是指以运用专门的知识或技术于实践以推进生产力提高为主要工作内容和目标的人才，其外部表现就是知识的运用，其身份指向是工程师（包括律师、中小学教师、医师、药师、会计师等）；职业型高校是指以培养职业型人才为主的高校，职业型人才是指充分发挥现代劳动技能，以提高劳动生产效率为本位的人才，其外部表现是常规技术、先进经验或技巧的熟练运用，其身份指向是高级技师。三种类型高校并非有着绝对的界限，研究型大学也可以培养一部分应用型人才，应用型高校也不意味着不培养研究型人才，职业型高校也可以培养少量的应用型人才。

目前，在高等学校内部，依据教师所从事的主要岗位将教师划分为教学型和科研型两种，并在职称晋升与考核方面实施分类管理。由于这一分类将所有高等学校的教学视为是一样的，没有考虑到不同类型高校人才培养的规格与特点及其对教师的需求，因此所有高等学校对教师入职门槛以及在职培养的要求基本限定在学历（学术）水平上，进而导致具有实务部门工作经历的教师比例严重不足。表4-1为广东省3所应用型本科高校和3所高职专科学校12个应用性较强专业学院具有实务部门工作经历专业教师情况。尽管高职专科学校来自实务部门教师的比例明显高于应用性本科高校，但两种类型高校均明显地存在用学术型教师培养应用型与职业型人才的现象。目前我省高校教师队伍现状难以适应应用型与职业型人才培养的需求，是制约应用型与职业型人才培养质量提升的一个重要因素。

导致这一状况的直接原因就是高校现有的教师分类对于传统的大学或今天的研究型大学而言是适用的，但不适应应用型的尤其是职业型高校人才培养需要。为此，建议对高等学校的教师重新进行分类，并以此

来引导高等学校选聘适合本校人才培养需要的专任教师。

表4-1 广东省部分高校具有实务部门工作经历专业教师情况一览表

学校/学院名称		专业教师（含专业实验室、基地专职人员）总数（人）	一年实务部门工作经历（人）	三年实务部门工作经历（人）	五年及以上实务部门工作经历（人）	合计（%）
A	商学院	69	3	3	4	12.4
	生命科学与技术学院	68	1	3	3	
B	政法学院	33	2	2	1	12.1
	电子信息工程学院	25	2	0	0	
C	商学院	57	6	2	5	18.0
	工学院	110	1	0	16	
应用型本科合计		362	15	10	29	14.9
D	软件学院	44	3	5	10	37.9
	电子通信学院	51	7	3	8	
E	外语外贸学院	70	12	4	6	47.1
	机电工程学院	66	13	7	22	
F	设计学院	59	1	1	7	10.7
	酒店与旅游管理学院	62	1	0	3	
高职专科合计		352	37	20	56	32.1

建议依据所培养学生的不同需求将教学型教师划分为理论型教师、实践型教师、复合（"双师"）型教师。理论型教师以课堂讲授理论知识为主，主要分布在公共课、基础课和部分专业课教学岗位上。对这种类型教师的聘用，在学历方面可以限定为研究生学历，如本科层次高校需要博士研究生学历，专科层次高校需要硕士研究生学历。在职务晋升与日常考核方面，除了考核教学水平之外，着重考察能够体现其学术水平的科研成果，如论文、专利、专著、成果奖等。在学术水平提升方面，主要是通过到更高水平大学包括国外高水平大学读学位或研修等方式实现；实践型教师以在实践基地、实验室指导学生的实践教学为主。

对这种类型教师的聘用，在学历方面可以限定在本科及以上。除此之外，必须要求其有较丰富的实践经验和较强的实践动手能力，如实务部门工作经历不少于五年，具有较强的解决实际问题的能力等。在职务晋升与日常考核方面，主要考察其实践教学的效果，包括学生实践能力提升情况、实践教学内容与方法等改革成果等，以及社会科技服务或决策咨询的成果。在业务能力与素质提升方面，主要是通过到实务部门进行挂职锻炼或技术与管理服务等方式实现；复合（"双师"）型教师既需要具备一些理论型教师的素质，也需要具备一些实践型教师的素质，达到二者兼备。这种类型教师主要集中在专业课教学岗位上。对这种类型教师的聘任，在学历上可以限定在硕士研究生及以上，同时在实务部门工作经历不少于三年。对这种类型教师的职务晋升与日常考核，无论是学术成果、教学成果还是社会服务成果，均可以同等重要地作为考核的范畴。在业务能力与素质提升方面，主要是通过到更高水平大学继续深造和到实务部门实践锻炼两种方式实现。学校要明确教师的类型，并分别按照不同的管理体系进行管理。

不同类型高校其专业课教师应有不同的结构，研究型大学的专业课教师以理论型教师为主，其他类型教师可以根据应用型人才培养的需要予以控制；应用型高校的专业课教师应以复合型教师为主；职业型高校的专业课教师应以应用型和实践型教师为主。各种类型教师的数量确定以满足其人才培养需要为标准。

（四）强化各方责任，实现民办高校办学经费来源多元化

第一，强化民办高校举办者的投资主体责任，确保民办高等学校举办者必要的投资到位。为了避免民办高校"以学养学"，真正实现国家利用非财政性资金举办民办高等教育的初衷，通过立法或条例的形式对民办高校举办者的投资主体责任进行明确，即民办高校的举办者是办学投资的第一责任人。举办者的投资是指来源于企业盈余或自有资金（财产）或他人捐赠，而非学生交纳的学费。举办者的投资占固定资产的比例不得少于70%，占流动资产（当地公立高校生均经费）的份额不得少于35%。新建民办高校必须完成基本建设任务规划的70%方可提出办学申请，不得采用租赁场地的方式进行办学。对于在办民办高校，按实际出资的比例对固定资产进行确权。鼓励民办高校举办者通过投资的

方式扩大产权份额。

第二,政府履行作为公益性民办高等教育投资主体之一的责任,确保财政对民办高等学校投资到位。基于目前大多民办高等学校的办学条件与质量不如公立高等学校的事实,本着优质优价的原则,为了保护民办高校学生的权益,应降低非营利民办高等学校学生学费标准,与公立高等学校一致。财政承担学生学费不足生均经费65%的差额部分,并按实际招生人数按年度拨款至民办高校。营利性民办高等学校按照市场原则自行确定学费标准,财政原则上不予资助。

(五)提高民办高校办学实力,切实保障民办高校教师权益

民办高校教师权益得不到有效保障是制约民办高校可持续发展的重要因素,为此依据新修订的《民办教育促进法》修订完善《广东省实施〈中华人民共和国民办教育促进法〉办法》非常必要。建议在新《办法》中增加教师权益保障部分,着重保护民办高校教师以下几个方面的权益。

1. 民办高校教师的薪酬不得低于当地公立高校的最低水平。

2. 民办高校专职教师在校工作时间每周不得超过40小时,特殊情况需要加班时,学校应按照国家有关规定支付加班费。按月支付工资的民办高校教师每周上课不得超过20个计划学时。

3. 民办高校必须为教师缴纳"五险一金",且标准不得低于当地公立高校或事业单位的最低水平。

4. 民办高校主动辞退教师非以下情况,必须给予教师六个月的基本工资补偿。一是教师犯罪并被处以刑罚的;二是教师严重违背职业道德的;三是严重违反学校工作纪律,并给学校造成较严重损失的。

5. 民办高校教师与公立高校教师一样,享受带薪寒暑假。

6. 建立学校工会教师分会,分会主席、副主席及成员均由教师担任,并由教师大会直接选举产生。教师分会主席是学校工会的当然副主席(兼职)。

7. 各级工会、社保与教育主管部门,定期对民办高校教师权益保护情况进行专门的检查。对于侵害教师权益的行为,及时予以纠正。行为严重的,给予系统内通报批评,直至追究其法律责任。

（六）政府干预区域内高校定位，切实提升区域高等教育系统功能

本着构建功能强大的区域高等教育系统的目的和分工与合作的思想，地方政府应对本区域内不同办学体制、不同类型、不同层次高等学校的定位进行协调与指导，对各自的人才培养、科学研究、社会服务等办学职能边界进行划定，并通过地方法规的方式进行确认，避免强势高校对弱势高校的不合理竞争。

就广东省域而言，几所部委属高校和个别地方本科高校为研究型大学，其人才培养为研究型人才，学术型研究生占有较大比例。科学研究以基础研究为主。社会服务重在价值观和社会文明进步的引领；多数地方本科高校和民办本科高校为应用型高校，培养应用型人才，包括专业学位研究生。面向区域内的大中型企业开展应用研究。面向社会开展技术和管理服务；地方专科高校和民办专科高校为职业型高校，培养职业型人才。面向中小企业开展技术和管理服务，面向社区开展社区服务。

为了有效推进此项工作，建议广东省教育主管部门协调不同类型高校成立联盟，如研究型大学联盟、应用型高校联盟、职业型高校联盟等，通过联盟来划定不同类型高校办学职能边界以及同类型高校之间的分工与合作事宜，实现高校错位发展、特色发展，提高区域高等教育整体服务区域经济社会发展的能力。

在此需要说明的是，以上六个方面的建议，似乎有些建议与本课题的研究主题关系不是十分密切，事实并非如此。如教师分类管理的建议，表面上看与多元办学体制高等学校协同发展无关，事实上关系十分密切。一方面，因为教师的分类管理在某种程度上就是一座"篱笆墙"，可以在一定程度上克服教师从一种类型高校单向流向另一种类型高校。就区域而言，可以有效地保护以职业教育为主的民办高校教师向以应用型人才培养为主的应用型地方本科高校单向流动以及应用型地方本科高校向研究型部委属高校的单向流动，避免公立高校对民办高校、部委属高校对地方高校的冲击。另一方面，通过教师的分类管理，可以有效地提高民办高校、地方高校的人才培养质量和办学水平，进而提高区域内不同办学体制高等学校协同发展的能力。

第五篇　创新型人才管理与服务研究*

一　概述

（一）研究背景

当今世界正处于大发展、大变革、大调整的重要历史时期，科技进步日新月异，学科分化与学科交叉融合的进程不断加快，创新要素和创新资源在全球范围内加速流动，科学技术以前所未有的深度和广度影响着人类的生产方式、生活方式和思维方式。创新对一个国家、一个民族的现在和未来的发展具有决定性的作用，人才是创新要素中最具能动性的核心要素，是国家发展最具根本性的战略资源。随着我国经济社会的持续快速发展，人才资源是经济社会发展的第一资源，人才是推动经济转型升级的重要引擎。人才，尤其是创新型人才对经济社会发展的支撑和引领作用日趋凸显。

目前，在我国加快创新型国家建设的过程中，我国各级政府都深刻地认识到了创新型人才对于地区经济社会发展的重要作用，都将创新型人才开发工作放到了重要的战略地位，各地都制定了相应的发展战略和具体的管理与服务政策。然而，目前各地区在创新型人才管理与服务过程中，由于对创新型人才内涵的理解和认识上的偏差，在创新型人才的管理和服务实践中存在一些误区，比如简单地把创新型人才理解为高层次人才或是科技人才等，忽略了创新型人才的多级多类的特征，致使创新型人才管理和服务政策单一，受惠面较小，创新型人才政策实施效果不显著。如何把先进的创新型人才理念、战略、政策落到实处，有赖于边界清晰、层次分明、

---

* 祁晓参与了本篇的撰写。

科学合理的创新型人才分类标准的设计和制定。因此本研究选择创新型人才管理和服务作为研究的选题，具有深刻的现实意义和较大的理论价值。

（二）研究现状

1. 国外研究现状

虽然国外并没有关于"创新型人才"的提法，更多的是创新者如："Creative man""Creative mind""Critical thinking"等提法，散见于人力资本、科技创新和成功学的研究著作中，但是国外很早就有学者从心理学的视角针对"创新型人才"的内涵和特征展开系统的研究，主要关注创新型人才的知识结构、技能结构、个性品质，强调把当代社会对创新的需要融入全面发展的培养理念之中，但是没有形成创新型人才的概念。比较典型的如美国心理学家吉尔福特（J. Guilford）曾把富有创造性的人的人格特点总结为以下八个方面：（1）有高度的自觉性和独立性，不肯雷同；（2）有旺盛的求知欲；（3）有强烈的好奇心，对事物的运动机理有探究的动机；（4）知识面广，善于观察；（5）工作中讲求理性、准确性与严格性；（6）有丰富的想象力、敏锐的直觉、抽象思维能力，对智力活动与游戏具有广泛的兴趣；（7）富有幽默感，表现出卓越的文艺天赋；（8）意志品质出众，能排除外界干扰，长时间地专注于某个感兴趣的问题之中。[①] 另一方面，国外对于创新型人才管理和服务方面的研究首先开始于企业领域，在人力资本理论和人力资源开发理论的指导下，国外在创新型人才管理方面经历了从人事档案管理阶段（20世纪90年代前）、人力资源管理阶段（20世纪90年代）、战略人力资源管理阶段（2000年以后）和人才管理阶段（2010年以来）四个发展阶段的演变历程；目前已经形成了一套包括创新型人才的吸引与招聘、测评与评估、学习与开发、继任与保留等方面完整而成熟的科学管理体系。这些方面涉及素质模型、领导力模型、人才测评、评价中心、360评估和雇员调查等多项技术。

2. 国内研究现状

我国关于创新型人才方面的研究起步较晚，20世纪80年代初，钱学森教授倡导成立了中国创造学会，为我国创造性思维科学的研究奠定

---

① 刘宝存：《创新型人才理念的国际比较》，《比较教育研究》2003年第5期，第6—11页。

了基础。改革开放 30 多年来，我国涌现出很多关于创新型人才以及创新型人才管理方面的研究成果，主要表现在以下方面。

一是创新型人才涵义和特征研究。代表性的成果主要有：徐晓玉等（1998）认为，创新型人才应该是思想品德、智力能力和体质素质等方面更高水平，而且要具有高度创造力的新型的复合型的优秀人才，应该具有强烈的创新意识。[①] 叶山士（1999）根据邓小平的人才观，认为创新型人才主要是有理想、有道德、有文化、有纪律的新人；是善说新话，有新思路，新办法的实践创新人才，和以新的思想、观点，去继承和发展马克思主义的理论创新人才；是勇于思考，勇于探索，勇于创新的闯将。[②] 张黎（2001）认为，所谓的创新人才是指具有独立创新能力，能够提出问题，解决问题，开创事业新局面的人才，他们必须具有超常的健康人格、很强的创造性思维能力以及良好的社会适应性和充沛的精力，其素质主要表现为：科学的世界观和方法论、新型的合理的智能结构、团队精神和合作意识、献身精神和顽强的毅力、对新事物敏感等。[③] 冷余生（2001）通过研究认为，创新型人才是指具有创造精神和创造的能力，他是相对于不思创造、缺乏创造能力比较保守的人才而言的，这同理论型人才、应用型人才、技艺型人才等人才类型的划分不仅不是并列的，而且要求不论哪种人才都要具有创造能力。[④] 朱洪波（2004）通过研究认为，创新型人才是指那些具有优良品质，富有创新意识，具备创新能力和创新精神，在科学研究和社会实践活动中，通过创新实践取得杰出创新成果，为人类不断认识和改造世界，为经济、社会发展进步作出积极贡献的人才。[⑤] 此外，周瑛（2005）[⑥]，王树国

[①] 徐晓玉、姚立英：《搞好高校创新型人才培养 迎接知识经济时代的挑战》，《西南民族学院学报》（哲学社会科学版）1998 年第 12 期，第 103—105 页。
[②] 叶世山：《邓小平的创新人才观与创新教育》，《高等师范教育研究》1999 年第 5 期，第 15—19 页。
[③] 张黎：《创新型人才素质浅谈》，《高等工程教育研究》2001 年第 4 期，第 95—96 页。
[④] 冷余生：《论创新人才培养的意义与条件》，《高等教育研究》2001 年第 1 期，第 51 页。
[⑤] 朱洪波：《论高等学校创新型人才培养的重要性》，《贵州大学学报》（社会科学版）2004 年第 3 期，第 112—117 页。
[⑥] 周瑛、廉永杰：《创新型人才培养的反思与对策》，《当代教育论坛》2004 年第 8 期，第 88—91 页。

（2007）[①]，张辉、焦岚（2012）等[②]，朱晓妹、林井萍（2013）等[③]先后根据自己的理解给出了创新型人才的不同定义。周林、查子秀等人（1993）对创新型人才的性格特征进行了研究。[④] 魏登才（2005）从素质特征、人格特征和成就特征等几个方面对创新型人才进行了深入的阐述和研究。[⑤] 丁辉（2010）在总结前人研究的基础上，提出创新型人才应该具备：知识基础、创新意识、创新能力和创新人格等特征。[⑥]

二是创新型人才分类研究。代表性的研究成果主要有：李惠斌（2000）根据创新活动将创新型人才分为：知识创新人才、技术创新人才、制度创新人才、对策创新人才和价值创新人才。[⑦] 刘泽双（2003）将创新型人才分为：研究创新人才、技术创新人才、管理创新人才。[⑧] 范伯元（2006）认为创新型人才具有不同的类型和层次结构，主要可以分为研究型、综合型和应用型。[⑨] 许为民（2007）根据创新的不同类型，把创新型人才分为原始创新型人才、集成创新型人才和引进消化吸收再创新型人才三大类。[⑩] 赵伟、包献华等（2013）根据科技人才在经济生活中所处的层次以及在科技活动分工中所处的环节将科技创新型人才划分为基础研究与应用基础类科技人才、技术研发与应用类科技人才，创新创业类科技人才三大类。[⑪]

[①] 王树国：《培养创新型人才的十要素》，《中国高等教育》2006 年第 23 期，第 23—25 页。

[②] 张辉、焦岚等：《创新型人才的剖析与塑造》，《黑龙江高教研究》2012 年第 6 期，第 133—137 页。

[③] 朱晓妹、林井萍等：《创新型人才内涵与界定》，《科技管理研究》2013 年第 1 期，第 153—157 页。

[④] 周林、查子秀等：《技术创造能力测验的结构分析——中德跨文化研究结果之一》，《心理科学》1993 年第 2 期，第 120—121 页。

[⑤] 魏登才：《试论创新型人才的特征》，《新疆社会科学》2005 年第 1 期，第 12—17 页。

[⑥] 丁辉：《浅析创新型人才的含义及特征》，《当代教育论坛》2010 年第 5 期，第 89—90 页。

[⑦] 李惠斌：《论创新人才北京市总工会职工大学学报》2000 年第 2 期，第 14—20 页。

[⑧] 刘泽双、薛惠锋：《创新型人才概念内涵述评》，《人才资源开发》2005 年第 4 期，第 8—9 页。

[⑨] 范伯元：《培养创新型人才建设创新型城市是地方高校的责任》，《中国高教研究》2006 年第 12 期，第 1—2 页。

[⑩] 许为民、张国昌：《应用型创新人才培养四题》，《中国高教研究》2007 年第 6 期，第 63—65 页。

[⑪] 赵伟、包献华等：《创新型科技人才分类评价指标体系构建》，《科技进步与对策》2013 年第 7 期，第 1—5 页。

三是创新型人才培养及培训研究。代表性的成果主要有：石金涛等人（2006）通过对中国创新型人才的现状进行分析，在借鉴发达国家人才管理策略经验的基础上，从宏观研究视角探讨了我国政府应该为企业创新型人才的培养提供有利的政策[①]；孙悦等人（2006）从创新型人才发展的视角，探讨了创新型人才的培训问题，提出了创新型人才培训模式和培训过程模型[②]；钟秉林等人（2009）结合北京师范大学的教学改革实践，构建出了一套科学的创新型人才培养体系[③]；李娅娜、王东升（2010）在全面论述影响创新型人才培养因素的基础上，探讨了创新型人才培养的教学模式和管理模式[④]；杨路（2013）通过研究任务，为了有效地提升创新型人才培养实效，提出了多元协同的基本构想，创建了"闭环式"协同运行机制架构，主要包括多元协同制定培养方案、实施团队指导、组织学生团队、师生协同研究、校企联合培养和跨校（跨系）培养等协同内容，进而提出了优化课程体系、改革教学方法、强化实践教学、建立导师制、搭建创新平台及改革评价方法等创新型人才培养实现路径。[⑤]

四是创新型人才流动性研究。代表性的成果主要有：王锐兰等人（2006）借助于进化博弈论理论，对一定区域内在不同外界干扰因素的作用下创新型人才的流动行为进行了深入研究[⑥]；李丽莉、张富国（2010）在实证调查的基础上，对我国当前创新型人才流动状况、特点、影响因素和政策制度等方面进行了全面的研究[⑦]；赵峰等人（2012）基于组织的视角，对国内外以创新型人才流动作为自变量的"后向"研究文献

[①] 石金涛、杨帆等：《自主创新人才培养的政府支持》，《中国人力资源开发》2006 年第10 期，第 23—28 页。

[②] 孙悦、石金涛：《知识环境下组织技术创新型人才培训机制探讨》，《科学学与科学技术管理》2006 年第 5 期，第 136—140 页。

[③] 钟秉林：《国际视野中的创新型人才培养》，《中国高等教育》2007 年第 3/4 期，第 37—40 页。

[④] 李娅娜、王东升：《创新型人才培养模式研究》，《山东社会科学》2010 年第 4 期，第 174—176 页。

[⑤] 杨路：《创新型人才培养的协同机制及其实现途径》，《现代教育管理》2013 年第 1 期，第 68—71 页。

[⑥] 王锐兰、顾建强等：《区域创新人才流动的进化博弈分析》，《科技进步与对策》2006 年第 5 期，第 156—158 页。

[⑦] 李丽莉、张富国：《当前我国创新型人才流动问题及对策研究》，《人才开发》2010 年第 12 期，第 18—22 页。

进行了细致的梳理,通过对研究概念、研究领域、研究范式和影响关系等方面进行综述,在归纳和总结该项研究领域进展的基础上,提出了今后研究的方向和重点。[①]

五是创新型人才评价与激励机制研究。代表性的成果主要有:崔杰(2007)在广泛收集衡量创新型人才绩效数据指标的基础上,采用灰色关联聚类分析方法,提炼出了一套符合实际的适用于对创新型人才绩效评价的指标体系[②];黄梅、吴国蔚(2008)借用生态学模型探讨了创新型人才开发的途径,并对影响创新型人才开发的内部、外部和边界环境因素进行了深入分析[③];樊泽恒、陈明(2010)分别从内激励、外激励和环境激励三个层面探讨了构建科学、公平的创新型人才激励制度[④];卓玲等人(2011)通过对现有企业创新型人才激励模式的研究,分析了目前创新型科技人才激励存在的问题,提出了构建创新型人才激励的建议[⑤];叶继元(2013)针对目前高层次创新型人才评价中存在的问题,根据其构建的以质量和创新为主导的"全评价"体系,从评价主体、评价目的等方面,对于如何确定评价专家,优中选优,确定"重要创新、重大贡献和重大影响",怎样理解"简明高效",根据哲学社会科学特点遴选人才,进行"元评价",如何"申诉"和"复议"等问题进行了分析,并提出了有针对性的对策。[⑥]

3. 研究现状述评

基于创新型人才在经济社会发展中的重要作用,目前有关创新型人才管理问题已经得到了国内外学者的关注和重视,在该领域形成了大批文献资料,这些国内外有关创新型人才管理研究的成果为我国创新型人才管理体制改革提供了许多宝贵的经验和借鉴,有效地推动了我国创新型人才队

---

① 赵峰、陆九愚等:《创新型人才流动研究综述:基于组织层面的新视角》,《科学管理研究》2012年第8期,第87—91页。

② 崔杰:《创新人才绩效的评价体系》,《企业天地》2007年第8期,第153—154页。

③ 黄梅、吴国蔚:《生态学视角下的创新型人才开发路径研究》,《科技进步与对策》2008年第12期,第222—226页。

④ 樊泽恒、陈明:《高校创新型人才培养的激励缺失与对策》,《江苏高教》2010年第1期,第79—81页。

⑤ 卓玲、陈晶瑛:《创新型人才激励研究》,《中国人力资源开发》2011年第5期,第99—102页。

⑥ 叶继元:《建立和完善注重实绩的高层次创新人才评价机制》,《甘肃社会科学》2013年第2期,第60—63页。

伍建设和管理工作的顺利开展。但是现有研究尚存在以下方面的不足。

一是目前对于创新型人才的涵义和特征，学术界并没有一个公认的科学定义。各个研究者主要是根据自己的理解对创新型人才的涵义和特征进行解释和界定，由于知识结构以及认识上的差异，难免带有一定的主观性。

二是现阶段的研究偏重于创新型人才的培养，创新型人才管理方面的研究较少，且主要停留在介绍国外先进的创新型人才管理经验或是借助于其他学科的研究方法对某一区域、行业或是学科领域的创新型人才进行绩效评价。但是，所选择用于评价的各项指标涉及不同权重的设置，不可避免地会带有主观性。

三是创新型人才管理是涉及吸引与招聘、测评与评估、培养与开发、继任与保留等活动的完整循环，现有研究大多仅仅局限于某一具体管理环节的研究，割裂了创新型人才管理工作的完整性。

四是现有研究主要是侧重于对创新型人才的整体性特征或是对其中的某种特殊类型的创新型人才进行特征揭示和评价，所得出的研究结论要么太过于宽泛，缺少现实针对性；要么又太过于具体，对其他类型的创新型人才不具有借鉴意义，研究缺乏普适性的价值。目前学界缺少根据科学的人才分类标准，对不同类型不同层级上的创新人才分别进行特征揭示和评价管理方面的系统性研究。

五是现阶段的研究主体主要是以高校教师和在学阶段的研究生，研究的视角比较单一，而政府管理部门的研究成果大多属于工作总结性的管理经验，研究深度较浅，没能上升到理论的高度。现阶段缺少产业界或是政府管理部门具有实际管理经验的研究者与学术界的学者，紧密结合我国创新型人才管理的实践开展富有深度的理论与实践相结合的研究。

六是目前尚缺少针对创新型人才服务方面的系统性研究，这也正体现出了本研究的价值所在。

二 创新型人才管理与服务的实践

（一）广东省和其他地区创新型人才的认定情况

目前国内外关于创新型人才的认定并没有统一的标准，在我国的人才管理实践中,基本上是以各级政府出台的有关创新型人才的认定标准或是暂行办法的形式进行认定和评定。其认定程序一般采取由各级政府下设的人才办公室、人力资源和社会保障局、科技和信息化局经过调查研究,广泛征集社会各界意见,会同政府行业主管部门和行业协会研究编制人才认定、评定的标准,并经过各相关部门专家的评审和论证,经同级人才领导协调小组通过后报政府审定发布。具体的认定和评定程序是由相关方面进行发动推荐、个人申报、单位及主管部门审核、核准和评审、公示及发证予以最后确认。由于各个地方关于创新型人才认定的程序方面基本上大同小异,因此下面考察各个地区关于创新型人才认定的情况,主要是关注其对创新型人才认定标准方面的情况。

1. 以"奖励和表彰"形式对创新型人才的认定情况

(1) 广东省南粤创新奖评选表彰办法中对创新型人才的认定

根据《广东省南粤功勋奖和南粤创新奖评选表彰办法(试行)》的相关规定,广东省南粤创新奖(授予在科技创新、理论创新、文化创新、制度创新、管理创新以及其他领域创新取得重大突破,为广东省经济社会发展和建设创新型广东作出突出贡献的创新型人才或团队)的候选者。

①在自然科学、农业科学、医药科学、工程与技术科学、人文与社会科学领域取得重大发现或重大理论突破,推动了本学科或者相关学科的发展,为国内外同行所公认,对经济社会发展或科学事业进步具有重要促进作用。

②在科学技术创新、科学技术成果转化和高新技术产业化中取得重要成果,获得国家科学技术二等奖以上奖励(含二等奖),或相当等级奖项。

③在新产品、新技术、新工艺、新装备、新材料、新能源开发利用方面进行自主创新,开发出具有自主知识产权的核心技术,并形成市场竞争力强、主导产业发展的名牌产品,取得显著经济效益或社会效益。

④在重点产业、重大工程、重要科技攻关和重要生产技术工艺改造,以及引进国内外先进技术或重大生产设备、成套技术装置过程中,创造性地解决了关键性技术难题,取得显著经济效益或社会效益。

⑤在教育、文化、医疗卫生、计划生育、环境保护、资源利用、自然灾害监测预报和防治等社会事业中,取得重大创新成果和显著社会

效益。

⑥在现代管理和体制改革中开拓创新，实现新的突破和发展，显著提高管理水平和工作效率，具有较大的示范带动效应，产生显著的经济效益和社会影响力。

⑦在其他领域取得重大创新成果，创造显著经济效益或社会效益。

科技创新、理论创新、文化创新、制度创新、管理创新以及其他领域创新取得重大突破，为广东省经济社会发展和建设创新型广东作出突出贡献的创新型人才。

（2）深圳市产业发展与创新人才奖暂行办法中对创新型人才的认定情况

根据2007年深圳市人民政府办公厅印发的《深圳市产业发展与创新人才奖暂行办法实施细则》，对可以申报深圳市产业发展与创新人才奖的资格条件的分析，可以推断出其对创新型人才的认定范围为：在深圳市登记注册的企业或相关机构连续工作1年以上，个人上年度计税工资薪金收入30万元以上且依法缴纳个人所得税，并具备下列情形之一：

（a）在深圳市各类传统产业企业、科技企业、金融企业、物流企业、文化企业中担任副总经理以上或相当职务的高级管理人员和高级专业技术人员。

（b）在深圳市各类高等院校，科研机构中担任学科带头人或市级以上重大课题负责人的人员。

主要是指在科技、金融、文化、物流、管理创新等方面，对深圳市产业发展与自主创新作出突出贡献的创新型人才。

2. 以"专业技术职称评定"形式对创新型人才的认定情况

根据深圳人事局2007年印发的《深圳市创新型人才专业技术资格评定试行办法》与深圳市人力资源和社会保障局2011年《关于做好我市2011年度专业资格评审工作的通知》两个文件中的相关规定，在专业技术职称评定上以创新型人才申报的人员主要指具备以下条件之一者：

（a）享受深圳市人民政府特殊津贴人员。

（b）近三年内获得省（含副省级）以上自然科学奖、技术发明奖、科技进步奖等奖项之一的主要完成人。

（c）近三年内获得一项以上国家发明专利（不含实用新型、外观设计）的主要发明人。

（d）深圳市科技创新奖中市长奖获得者、创新奖项目的主要完成人（前三名）或发明专利奖的主要获奖者。

（e）获省级（含副省级）以上优秀企业家称号或广东省企业管理现代化创新成果一等奖主要参与人（前3名）。

3. 以"引进人才"形式对创新型人才的认定情况

根据浙江省《关于大力实施海外优秀创业创新人才引进计划的意见》《浙江省"海外高层次人才引进计划"暂行办法》以及2013年浙江省引进海外高层次人才"千人计划"有关事项公告，其对创新型人才的认定为：创新人才是指在浙江省高校、科研机构和企事业单位从事科学研究和技术创新的海外高层次人才，按每年回国服务时间分为创新人才长期项目和创新人才短期项目（又称"海鸥计划"）。人文社科文化艺术和经济金融管理领域人才纳入创新人才长期项目。

①自然科学和工程技术领域创新人才

（a）一般应在海外取得博士学位。

（b）在海外知名高校、科研院所一般担任副教授及以上或相当职务的专家学者，或在国际知名企业、机构担任中高级领导职务的专业技术人才和经营管理人才。

（c）具备较高创新能力，研发水平、成果为同行公认，达到国际国内领先的水平。

②人文社科文化艺术领域创新人才

（a）熟悉并执行中国文化政策及法律法规。具有较高文化艺术创新能力或研究水平，在人文社科、文化艺术领域取得突出的创新成果，得到业内公认。其中，国际知名奖项获得者或国际知名赛事优胜者优先。

（b）在文化经营管理、国际文化交流等领域能力突出，成果丰富。一般应在国际知名文化企业担任中高级领导职务、参与过重大经营管理或对外文化交流活动。

（c）人文社科类研究型人才一般应在海外取得博士学位，担任副教授及以上或相当职务。

③经济金融管理领域创新人才

（a）一般应在海外取得相应专业硕士以上学位，并有5年及以上海外相关工作经历。

(b) 在国际经济组织、专业机构或知名金融机构中担任过中高级职务，或在国际知名企业担任过中高级管理职务。

　　(c) 熟悉国际经济运行规则，了解国际知识产权保护法律法规，具有丰富的实际经济管理经验。

　　(d) 在金融研究分析、产品开发、风险控制、信息技术、国际业务、投资银行、资产管理、金融衍生产品投资等方面具有较高专业素质，业绩优良，在业界有较大影响。

　　④"海鸥计划"条件

　　除了工作或服务年限要求外，必须满足以下条件：

　　(a) 须满足上述自然科学和工程技术领域创新人才长期项目(a) —(c) 项条件。

　　(b) 系省高校、科研机构和企业引进的海外高层次创新人才或省科技、产业发展和学科建设紧缺急需领军人才或学术技术带头人。

　　(2) 宁波市有关创新型人才的认定情况

　　根据2011年宁波市海外高层次人才引进"3315计划"有关事项公告中的相关材料，可以分析出宁波市对创新型人才的认定标准：创新人才是指在宁波市高校、科研机构和企业从事科学研究、技术创新的海外高层次专业技术人才和经营管理人才。

　　①一般应在海外取得博士学位。

　　②在境外著名高校、科研院所担任中、高级专业技术职务，从事重大项目、关键技术或新兴学科的研究工作，或在国际知名企业、高端服务业、金融业等机构中担任中、高级管理或技术职务2年以上，精通相关领域业务和国际规则的专业技术人才或经营管理人才。

　　③具备较高的科技创新能力，其研究专业符合我市新材料、新能源、新装备、新一代信息技术、海洋高技术等重点产业发展方向，学术技术成果处于该领域前沿，达到国内领先水平。

　　(3) 慈溪市关于高层次创新型人才的认定情况

　　慈溪市于2008年出台了《关于加快高层次创新型人才引进培养的若干意见》，其中对高层次创新型人才进行了界定：具有较强创新创业能力，具有副高以上职称或硕士研究生以上学历的各类高层次管理人才、专业技术人才和高级技师；具有自主知识产权来慈进行合作研究或实施成果转化的科技研发人才及团队。

(4) 台州市关于高层次创新型人才的认定情况

浙江省台州市 2009 年在《关于加快培养引进高层次创新型人才的若干意见》中对创新型人才进行了界定：创造科技成果的专家、学者；高水平科技创新团队的领军人才和核心骨干；利用科技创新催生具有竞争力产业的创业者；具有创新能力、取得创新成果且有创新潜能的专业人士。主要是指以下几类人才：

(a) 中国科学院院士、中国工程院院士。

(b) 国内有知名度的高级专家（国家杰出专业技术人员，国家级重点学科、重点实验室、工程技术研究中心学术技术带头人，国家"百千万人才工程"一、二层次人员，国家科学技术奖前两位完成人等）。

(c) 有重要影响力的高级专家（省级特级专家，省级有突出贡献中青年专家，省级某一学科、技术领域带头人，省"151"第一层次人才，长江学者或钱江学者特聘教授等）。

(d) 国外具有以上 (a) - (c) 项相当资历和知名度的人员。

(e) 在台州经济社会发展中发挥重要作用的各类人才（在职的享受国务院特殊津贴专家，届内市拔尖人才，培养期内省"151"第二层次和市"211"第一层次人才，获得市级以上创新团队称号的团队领军人才等）。

(f) 在县、市、区级以上事业单位、"513"预选企业和新办法认定的国家级高新技术企业担任研发机构主要负责人或在研发机构从事项目研究、技术开发且业绩突出的核心骨干人才，或有自主知识产权来台进行合作研究或实施成果转化的创新型科技研发人才，或在国内外具有一定影响力受聘来台担任市重点骨干企业主要负责人的高级职业经理人，或从事本专业技术岗位工作且有创新成果的高级技师。

(g) 未落户台州市，具有以上 (a) - (f) 款条件之一，在台州市工作时间满 3 年的柔性引进人才。

(5) 奉化市关于高层次创新型人才的认定情况

浙江省奉化市于 2009 年在《奉化市人民政府关于加快引进培养创新型紧缺型人才的若干意见》文件中对引进培养创新型紧缺型人才进行的认定范围，主要是指符合奉化市经济社会发展需要并具有创新能力、创新业绩的下列 10 类人员：

(a) 国家、宁波引进海外高层次人才"千人计划""百人计划"

人选。

（b）国家级重点学科、重点实验室、工程技术研究中心的学科、学术技术带头人。

（c）近5年获国家科学技术奖（包括国家最高科学技术奖、国家自然科学奖、国家技术发明奖、国家科学技术进步奖、国家国际科学技术合作奖）前3位完成人。

（d）国家级有突出贡献中青年专家和国家"百千万"人才工程第一、二层次入选专家，长江学者特聘教授。

（e）浙江省特级专家或条件相当的高级专家，省"151"人才工程第一、二层次人选，钱江学者、甬江学者特聘教授，具有博士生导师资格并被聘任人员，获得中华技能大奖的高技能创新人才，上述人员年龄要求一般在50周岁以下。

（f）具有研究生学历、学位或副高级以上职称人员，引进后担任奉化市级以上重点科技项目、重点建设学科、重点实验室、工程技术中心的主要负责人，带科技成果来奉化实施转化、孵化的国内外创新型人才，上述人员年龄要求一般在45周岁以下。

（g）国务院特殊津贴获得者，宁波市"4321"人才工程第一层次人选或地市级以上有突出贡献获得者，宁波市名医（中医）、名师、名校长，其他各行业国内外知名拔尖专家，上述人员年龄要求一般在45周岁以下。

（h）获得国家承认的国外硕士以上学位或中级以上专业技术资格，并具有国内外知名企业或科研单位3年以上工作经历的优秀留学回国人员，上述人员年龄要求一般在45周岁以下。

（i）聘请参与我市经济社会发展重大项目建设或聘请参与我市企业重要科技项目攻关的国内外高级专家学者，引进后每年在奉化实际工作时间一般不少于6个月。

（j）机械、电子、汽车、（修）造船、旅游、服装、会展、物流、医药、化工等符合奉化市产业发展要求专业，且具有全日制普通高校本科及以上学历的各类创新型紧缺型人才。

（6）嘉兴市海盐县关于创新型人才的认定情况

嘉兴市海盐县2010年在《关于高层次创新型人才引进和创新团队建设的若干意见》中对高层次创新型人才的认定范围为：

(a) 中国科学院和中国工程院院士，国家重点学科、重点实验室学术技术带头人和国家有突出贡献的中青年科学、技术、管理专家以及国家"百千万工程"培养人员。

(b) 国务院批准的享受政府特殊津贴专家和省级有突出贡献的中青年科技人员和省部级"人才工程"重点资助的培养人员。

(c) 博士后研究人员或博士毕业研究生、具有正高级专业技术资格的人员。

(d) 具有硕士学位或副高级专业技术资格的人员。

(e) 海盐县企业急需引进的高级经营管理人才及其他海盐县经济社会发展所急需的紧缺人才（实行年度目录管理）。

4. 以"人才培养计划"形式对创新型人才的认定情况

2013年，贵阳市出台了《创新型青年人才培养计划》，计划用5年时间，遴选支持、重点培养一批年龄在35岁左右的青年人才。根据不同层次、不同类别人才特点，具体分为四个子计划，分别为高层次创新型青年卫生人才培养计划（每年遴选40人左右，5年共培养200名）、高层次创新型青年教师培养计划（每年遴选40人左右，5年计划培养200名）、高层次创新型青年社科文艺人才培养计划（每年选拔培养20名，5年内培养100名），以及高层次创新型青年科技人才培养计划（每年遴选50人，共培养250名）。

①高层次创新型青年教师

遴选对象需要具备教学功底扎实、专业水平较高、创新能力较强、发展潜力较大。年龄在35岁左右，身体健康，并且近5年内业绩达到下列条件之一：

(a) 在教育教学一线工作，具有系统扎实的学科专业知识，教育教学思想先进，能够对所任教学科的教学、科研提出一些建设性意见，具有改革创新意识和团结协作精神。在青年教师中起示范带头作用。

(b) 积极实施素质教育，在教学设计和教学方法上下功夫，有处理教育教学中疑难问题的能力，教育教学成绩优异。在市级教育部门组织的公开课、示范课、优质课等教育教学评比活动中获奖。

(c) 教育教学科研能力强，在新课程改革中积极探索教育教学、课程改革中的问题，主持市级以上教学研究课题或承担学科教改实验任务取得一定成效，获市级以上表彰。

（d）具备以下条件之一可优先考虑：在市级及以上公开刊物上独立发表本学科的教育教学研究论文2篇以上，其中至少有1篇在省级及以上公开刊物上独立发表，论文学术水平较高，有一定的指导性；或独立出版水平较高的学术专著；或参与专著或教材编写；具有国家认可的硕士研究生及以上学历学位，并取得副高级（相当于副高级）以上职称；作为主要成员参与国家级重要教学研究课题；被纳入国家、省、市教育重点学科的学科带头人；个人获市级及以上教育、科技、创新、人才类表彰奖励。

（e）对创新能力强、团结协作好、教学业绩突出、社会公认且有较大培养潜力的创新型青年教师，可不受资历资质限制，破格参加遴选。

②高层次创新型青年社科文艺人才

遴选对象所从事工作符合社会主流意识，年龄在35周岁左右，学风严谨、学识渊博、技艺精湛，具有较高的学术造诣、专业技术水平或创作表演水平，并符合以下条件：

（a）理论人才

具有较扎实的马克思主义理论功底，近五年来在理论研究和理论宣传方面取得显著成绩，并具备下列条件之一：获贵阳市哲学社会科学优秀成果奖一等奖的主要完成人员（前2位作者）；作为课题组负责人完成经验收合格的一项以上省社科规划课题或两项以上市社科规划课题；研究成果对市级以上党政部门的决策发挥重要参考作用；研究成果（含理论宣传和社科普及作品）在实践中产生重大影响。

（b）新闻人才

具有较高的新闻理论素养和专业知识，近五年来在新闻采访、编辑、评论、播音、主持等方面，取得显著成绩，并具备下列条件之一：贵州新闻奖二等奖及以上的主要完成人员（前2位作者）；胜任本单位重要稿件采写，并发表过有较大社会影响的重要作品；有较强的新闻敏感性和判断力，在新闻界有较高知名度；负责编辑重大社会影响的版面、栏目、节目，有较高的选题策划和编辑业务水平。编辑的文章、编导的节目，负责制作的栏目，导向正确，思想性、权威性与可读性结合较好，为群众喜闻乐见；胜任重要社论、评论文章和名牌评论、栏目、节目的撰稿工作，有较高的政策理论水平和思想水平，有业界公认的代表性作品，文风严谨，在社会上和受众中有较高知名度；主持或主播重要栏目和节目，专业基础扎实，具有一定的业务理论研究水平，形成个人成熟的播音、主持风格，栏目、节目收听、收视率较高，在观众听众读者中有较高知名度。

（c）文艺人才

具有较高的文学艺术修养，近五年来在表演艺术、美术、文学创作、文艺评论等方面取得显著成就，并具备下列条件之一：贵州省文艺奖二等奖及以上的主要完成人员（前2位创作者或表演者）；有作品参加过国家文化部、中国文联主办或中宣部批准的全国性演出、播映、展览等活动并获三等奖以上；作品在全国高端平台展示，有较好社会影响力；承担过省委宣传部重大创作生产任务的艺术院团拔尖人才，特色文艺种类骨干人才，或有较大社会影响的民间艺术拔尖人才；在有较大影响的作品中从事创作、导演、表演的主要工作；举办过在全国产生较大影响的个人作品展览、演出；创作发表过有影响的长篇小说、纪实报告文学、多部剧本（集）、中短篇小说和诗集等文学作品；发表过有影响的学术专著或多篇有影响的学术论文，对文艺创作和文艺理论研究产生重要影响。

（d）经营管理人才

需具备下列条件：有较好的经营管理理论素养和专业知识，了解国内外文化市场，有丰富的实践经验和较强的经营管理、市场营销策划能力，近五年来在新闻出版、广播影视、文化艺术等领域工作中经营管理有方，市场开拓能力较强，经营管理业绩比较显著，取得较好的社会效益和经济效益，获得出资人和市场认可，有一定的社会知名度和社会影响力。

（e）文化专门技术人才

需具备下列条件：熟悉宣传文化工作，熟练掌握现代科学技术特别是信息技术，在新闻出版、广播影视、文化艺术等领域从事核心技术研发、新技术推广应用和技术管理等工作，具有较强的技术研发能力、应用能力或管理能力，近五年来主持或参与推出的文化产品、文化项目取得较好的社会效益和经济效益，有一定的社会知名度和社会影响力。

此外，具备下列条件的可优先推荐：获中宣部"五个一工程"奖、国家18项常设文艺奖、2项新闻奖或省"五个一工程"奖成果的主要完成人员（其中，获省"五个一工程"奖的为前2名主创人员）。对德才素质好、发展潜力大、工作业绩比较突出，并在全市相关领域被公认的优秀人才，可以破格入选。

③高层次创新型青年卫生人才

遴选对象需具有强烈的责任感、良好的职业操守、高尚的医德医风、严谨的科研态度、勇于探索的科学精神、较强的竞争意识、团队意识和大局意识、遵循伦理道德规范，年龄在35岁左右，身体健康，并且近5年内业绩达到下列条件之一：

（a）在医疗卫生领域及相关学科领域有一定的研究方向，具有扎实的专业知识并取得一定技术突破，自主创新科研成果达到国内先进水平或省内领先水平，技术成果转化后有显著的社会效益及经济效益，并在同行中享有较高声誉者。

（b）掌握医疗卫生领域及相关学科在国内外的发展动态，能够对本学科研究方向的发展和研究成果的调整改造提出建设性意见，技术成果推广成绩明显。

（c）有较强领军才能和团队组织能力，作为领衔人主持市级以上科研项目，或作为主要人员（排名前三）主持省级以上科研项目研究。

（d）长期在医疗卫生第一线，积极组织和参与预防与临床新技术研发，投身重大疾病救治和预防工作，医疗技术精湛，能成功诊治疑难、危重病症，或在疑难杂症的诊断治疗、常见多发疾病的预防控制、重大公共卫生突发事件的处置中作出突出贡献、得到社会和同行公认者。

（e）有显著的医疗技术特色和技术创新能力，在医疗卫生工作中成功开展医疗卫生技术创新项目，对本专业技术水平提高有促进作用；积极开展特色诊疗技术研究，能及时解决或引进本市急需或紧缺的医疗新技术。

（f）具备以下条件之一可优先考虑：在中文核心期刊上公开发表学术论文2篇以上，或SCI、EI、ISTP等收录论文2篇以上；具有国家认可的硕士研究生及以上学历学位或具有海外留学经历，并取得副高级（相当于副高级）以上职称；作为主要成员参与国家级重要科研项目（排名前五）；被纳入国家、省、市医疗卫生重点学科的学术、学科带头人；个人获市级及以上科技、创新、人才类表彰奖励；担任国家、省、市医学会等临床、预防、中医、中西医结合相关一级学会各专业学术机构下属相关专业委员会副主任委员以上学术职务者。

此外，对创新能力强、业绩突出、社会公认且有较大培养潜力的创新型青年技术人才，可不受资历资质限制，破格参加遴选。

④高层次创新型青年科技人才

遴选对象需在贵阳市注册的企业及市属事业单位中全职工作的青年科技人才。年龄在35岁左右，身体健康，并且近五年内业绩达到下列条件之一：

（a）在所从事领域具有扎实的专业知识并取得一定技术突破，自主创新科研成果达到国内先进水平或省内领先水平。

（b）掌握本研究方向在国内外的发展动态，能够对研究方向的发展和研究成果的调整改造提出建设性意见，技术成果推广成绩明显。

（c）在所在单位主持主要科研项目，技术成果转化对单位经济效益增长和全市财政税收贡献明显。

（d）有较强领军才能和团队组织能力，作为领衔人主持市级以上科研项目，或作为主要人员（排名前三）主持省级以上科研项目研究。

（e）具备以下条件之一可优先考虑：在中文核心期刊上公开发表学术论文2篇以上，或SCI、EI、ISTP等收录论文2篇以上；具有国家认可的硕士研究生及以上学历学位或具有海外留学经历，并取得副高级（相当于副高级）以上职称；作为主要成员参与国家级重要科研项目（排名前五）；个人获市级及以上科技、创新、人才类表彰奖励。

此外，对创新能力强、业绩突出、社会公认且有较大培养潜力的创新型青年科技人才，可不受资历资质限制，破格参加遴选。

5. 以发布"人才认定标准"形式对创新型人才的认定情况

（1）深圳市对创新型人才的认定情况

深圳市于2008年首次在全国发布人才认定标准，并在2010年4月和10月两次修改人才认定标准，2013年8月15日，经第三次修订后，深圳市正式实施《人才认定标准2013年》。该人才认定标准共划分为：杰出人才、国家级领军型人才、地方级领军型人才、后备级人才四个层级，分别提出了64条93个项目的具体认定标准，具有很强的现实可操作性。

根据深圳市2012年发布的《深圳市海外高层次人才确认办法（试行）》的相关规定，海外高层次人才是指企业技术与创新创业、科研学术与教育卫生、文化艺术与体育三个领域的国（境）外高级专家和留学回国人员,其中国(境)外高级专家分为 A、B 两类,留学回国人员分为 A、B、C 三类。A 类人才对应《深圳市高层次专业人才认定办法(试行)》中的国家级领军人才、B 类人才对应地方级领军人才、C 类人才对应后备级人才。获选中央"千人计划"和广东省"领军人才",仍在深圳工作的海外高层次人才可分别认定为 A 类、B 类人才。

(2) 广州市对创新型人才的认定情况

广州市也先后出台了《广州市高层次人才认定评定办法》和《广州市海外高层次人才认定办法》,其中按照"直接认定为主,选拔评定为辅"的原则,《广州市高层次人才认定和评定标准(2010 年)》具体提出了当前广州市需要大力引进集聚的高层次人才的范围和标准。对应杰出专家、优秀专家和青年后备人才三个层级,该《标准》分别提出了 23 条 79 个项目的直接认定标准,以及 15 条 32 个项目的选拔评定标准,基本涵盖了自然科学、工程技术、哲学、人文社会科学和文化艺术等各个专业领域,并强调以现代服务业、先进制造业和高新技术产业相关领域为重点选拔领域。

此外,广东省的珠海、东莞和佛山等地区也都根据各地的实际情况先后出台了类似的人才认定办法。只是强调了人才的高层次特征,但是没有单独区分出创新型人才的认定标准或范围。

(3) 贵州省对创新型人才的认定情况

贵阳市 2013 年在《高层次人才认定办法》中把高层次人才划分为:高层次创业人才、高层次创新人才、高层次经营管理人才、高层次实用人才、高层次紧缺人才五个类型。其中对于高层次创新人才的认定范围为:在经济社会发展重点领域、重大项目建设、重大科技攻关等方面具有国内外领先水平,从事技术创新、项目研发、成果转化,能够突破关键性技术的高层次人才。其认定的基本条件是:

(a) 中国科学院院士、中国工程院院士、"长江计划"学者、国家"千人计划"入选者、国家"新世纪百千万人才工程"入选者、国家有突出贡献的中青年专家、国家杰出专业技术人才、省核心专家。

(b) 国家杰出青年科学基金获得者,国家级重点学科、重点实验室、工程技术中心等负责人,省部级选拔管理专家,享受国务院特殊津贴的专家,博士生导师。

(c) 全日制博士研究生、具有正高级专业技术职称的人员。

（d）具有副高级专业技术职称的人员、"中华技能大赛"及"全国技术能手"获得者以及贵阳市急需的具有特殊技能的人员。

（二）广东省和其他地区对创新型人才的管理情况

所谓创新型人才管理主要是指对通过法定程序被认定为各级各类创新型人才对象之后，在确保其能享受到相关优惠政策的同时，在规定的有效期限内对其各项工作的开展以及个人发展方面的组织领导和管理。

目前国内各个地方对创新型人才的管理主要是在各级相关政府部门的领导下，会同来自各相关专业协会或是企事业单位的专家代表共同制定具体的实施办法，最后通过政府以发布人才认定及评定、引进、培育办法等政策文件作为管理的指导方针，由相关职能部门以及企事业单位来具体负责落实执行。目前我国各地区的人才管理实践中对创新型人才的管理主要表现在聘任期规定、工作业绩的考核及奖惩等方面。

1. 广东省对创新型人才管理方面的情况

（1）根据2011年实施的《广东省百名南粤杰出人才培养工程实施办法》中的相关规定：

被确定为培养对象后，培养对象必须与省人力资源和社会保障厅签订培养协议，并保证在广东省工作5年以上。培养对象由所在工作单位每年进行一次考核，考核情况报省人力资源和社会保障厅。

培养对象在培养期间省内调动单位的，经本人申请、省人才办审核同意，培养资金可转到新工作单位，由培养对象继续使用；调出我省的，所在单位要及时提交报告，终止培养，剩余的培养资金由所在单位退回省财政；因患病、灾祸等不可抗力原因，无法继续进行研究工作时，终止培养，剩余的培养资金由所在单位退回省财政。

培养对象及其所在单位存在弄虚作假行为，或以其他不正当手段通过评选的，终止培养，情节严重的按有关规定给予严肃处理。省人才办和财政部门对培养资金使用情况进行监督和跟踪，对相关资金使用不当，或未按约履行义务的，可收回已拨付的款项，情节严重的按有关规定给予严肃处理。

（2）深圳市对创新型人才的管理情况

根据深圳市2011年《深圳市引进海外高层次人才团队评审办法》

中的相关内容，可以了解到该项政策中对引进海外高层次人才团队和引进创新型人才的管理主要体现在以下方面：

①签订合同与责任义务

（a）引进的海外高层次人才团队和引进人才与用人单位签订工作期限 5 年以上的工作合同。合作协议必须就合作项目、资金使用、工作待遇、知识产权归属等问题进行明确规定。引进的海外高层次人才团队，团队成员应保证每年至少累计有 6 个月时间在用人单位工作。引进的海外高层次人才团队完成约定的项目和任务后，可由原单位续聘，也可重新选择单位。

（b）用人单位与市科技行政主管部门签订项目合同。用人单位要严格执行相关资金管理规定，对市财政资助经费要单独建账，专款专用。用人单位不准在资助经费中提取管理费，用人单位和个人不得以各种理由克扣和挪用资助经费。

（c）引进海外高层次人才团队发表、出版与本资助有关的论文、著作、学术报告，以及申报成果奖励、专利等，均应标注"深圳市引进海外高层次人才'孔雀计划'资助"字样。

②专项经费拨付管理

用人单位凭项目合同及相关拨款凭证到市财政主管部门申请拨付资金。市财政主管部门按规定将资助款拨入用人单位的监管账户。

专项经费管理使用用人单位应严格按照《深圳市科技研发资金管理暂行办法》有关规定，加强对专项经费的管理。专项经费主要用于项目研究、与项目相关的仪器设备购置、改善科研条件等，不得用于其他与海外高层次人才团队无关的开支，确保经费使用效益。

③年度考核管理

海外高层次人才团队工作 1 年后，从第 2 年开始，每年要对全年工作进行总结，撰写《年度工作进展报告》。由市科技行政主管部门和用人单位对引进海外高层次人才团队的职责履行情况、项目情况进行年度检查。对年度检查不合格者，提出警告和整改措施，整改不合格者，终止使用专项经费，专项经费所形成的固定资产按照《深圳市科技研发资金管理暂行办法》进行处理。团队带头人和核心人员（项目组成员）不再享受《深圳市海外高层次人才享受特定待遇的若干规定（试行）》的各项政策规定。

④期满评估验收

项目期满后,由市科技行政主管部门组织专家对项目完成情况、经费使用管理等进行期满评估验收。验收合格,市科技行政主管部门将正式予以授牌。验收不合格的,应当延期一年再次进行验收评估。延期后仍然验收不合格的,取消海外高层次人才团队资格,团队带头人和核心人员(项目组成员)不再享受《深圳市海外高层次人才享受特定待遇的若干规定(试行)》的各项政策规定。专项经费所形成的固定资产按照《深圳市科技研发资金管理暂行办法》进行处理。

⑤高层次创新型人才的任期评估

根据2008年《深圳市高层次专业人才认定办法》中对高层次专业人才的任期评估规定:

高层次专业人才在5年任期内,须参加期中评估和期末评估。期中评估安排在任期满2年时进行,期末评估安排在任期结束后1个月内进行。

高层次专业人才评估内容主要包括道德品质和业绩贡献两方面。高层次专业人才的道德品质评估主要包括:遵纪守法;乐于奉献、团结协作的科研精神;科学严谨、求真务实的科研作风。高层次专业人才业绩贡献评估的具体内容由高层次专业人才所在单位根据行业特点和业绩评价标准确定,重点评估创新能力、团队建设、人才培养等方面的情况,同时应根据人才层级的不同,有不同的评估侧重点。

高层次专业人才的评估方式由所在单位根据人才层级和工作性质予以确定。高层次专业人才所在单位将评估结果加具主管部门意见后报市人力资源和社会保障部门审查。无主管部门的单位直接报市人力资源和社会保障部门;市人力资源和社会保障部门审查后,将评估结果在部门网站上进行公示;市人力资源和社会保障部门对经公示无异议的评估结果进行确认并备案;对公示有异议的评估结果进行调查,并可要求其所在单位重新评估。

(3)广州市对创新型人才的管理情况

根据广州市2010年实施的《广州市高层次人才认定评定办法》中的相关规定,对于被认定为高层次创新型人才可以列入广州市管专家管理(纳入市委联系专家的范围),管理期为5年(持B证人员按其证书所载服务年限为管理期,最长不超过5年),管理期内享受《关于加快吸引培养高层次人才的意见》（穗字〔2010〕11号）及其配套政策文件所规定的相关待遇。管理期内，高层次人才达到更高级别认定或评定条件的，可按规定申报相应级别人才认定或评定；经认定或评定通过者，其管理期重新计算。

高层次人才管理期满后，不再享受相关待遇，符合条件的可再次申报高层次人才认定或评定。再次申报时，以最近一个管理期内及期满之后担任的职务、取得的业绩成果和荣誉称号等为申报依据。

高层次人才所在单位及主管部门要根据其专长妥善安排工作，保证其业务工作时间，从经费、资料、设备、人员等方面提供支持和保障，并视工作需要酌情配备助手。高层次人才的工作岗位、专业技术职务聘任和奖惩、健康状况等情况发生变化，或办理了退休手续，所在单位及主管部门要及时向市人才办报告。

高层次人才实行年度、期中、期末考核制度。高层次人才所在单位负责年度考核，考核重点是工作业绩和业务能力，并向主管部门书面报告考核总体情况。主管部门负责期中考核和期末考核，考核重点是团队建设、人才培养和创新能力，并向市人才办书面报告考核总体情况。

根据考核情况对高层次人才实行动态管理。对考核情况较差者，所在单位要督促其查找原因，及时整改；对确实不适合继续列入管理的，要及时提出调整意见，并报市人才办核准，终止资格，收回证书。

有下列情形之一者，应调整出管理名单，转列入联系名单，其荣誉称号可予保留，但不再享受相关物质待遇（年满56周岁者可保留医疗保障待遇）。重新符合相关认定、评定条件后，在其重新申报时可予优先安排：因工作调整、变动、调离我市等原因，不再符合高层次人才认定、评定范围的相关条件；管理期满，经考核在管理期内没有取得新的业绩成果；办理了退休手续。

有下列情形之一者，应当撤销资格和荣誉称号，收回证书，并按有关规定取消或追回其所享受的物质待遇：学术、业绩上弄虚作假被有关部门查处；提供虚假材料骗取高层次人才资格；管理期内因违法乱纪被开除党籍、开除公职或受到刑事处罚；管理期内违反相关规定出国或出境逾期不归。

因弄虚作假被撤销资格的，不再受理其高层次人才认定、评定申请。

2. 浙江省对创新型人才的管理情况

根据2006年浙江省《浙江省卫生高层次创新人才培养工程实施办法》，省卫生厅对高层次创新人才培养对象采用"3+2"培养模式，培养对象每年向厅领导小组办公室提交年度工作报告。3年后经厅领导小组办公室期中考核，绩效突出者，可转入后2年的培养资助；绩效不显著者则取消下一阶段的资助。

高层次创新人才培养对象在期中考核时须提交包括以第一作者或通讯作者发表在SCI杂志的专业论文1篇、作为第一负责人承担的省部级课题1项及以主编或副主编正式出版的专业论著1部等的业绩材料及证明。

高层次创新人才培养对象在培养期满时须提交包括以第一作者或通讯作者发表在SCI杂志的专业论文2篇、作为第一负责人承担的省部级课题2项、以主编或副主编正式出版的专业论著2部、作为第一负责人获省部级科技进步二等奖及以上奖项或国家发明专利等1项，以及担任省级学会及以上专业学术机构下属相关专业委员会委员以上学术职务等的业绩材料及证明。

高层次创新人才培养对象所在单位和上级主管部门要关心、爱护、支持高层次创新人才培养对象，要积极为他们在科研工作、深造学习、生活等方面创造有利条件和机会，为他们更好地发挥作用营造良好的外部环境。

省卫生厅与有关部门积极沟通协调，在教学、科研、医疗等方面为高层次创新人才培养对象在科研立项、学术研究、学科建设、成果奖励等方面优先予以支持。

对符合有关条件的，在选拔省特级专家、卫生部有突出贡献的中青年专家、教育部长江学者、人事部百千万人才工程等方面优先予以推荐。

省卫生厅对高层次创新人才培养对象实行动态管理，对经考核没有突出业绩和成果者，及时予以调整，建立优胜劣汰机制；对弄虚作假、丧失或违背学术研究所必备的政治条件和道德标准的，随时给以淘汰，并由所在单位负责退还省卫生厅已拨款项。

高层次创新人才培养对象提交的在培养期内发表的相关论文、论著及取得的成果等，须注明培养对象的申报单位及受"浙江省卫生高层次创新人才培养工程项目"资助字样。

培养期满，厅领导小组办公室组织专家对高层次创新人才培养对象进行综合考核评估，对达到培养目标的颁发《浙江省卫生高层次创新人才证书》，对成绩显著的给予表彰和奖励。

3. 贵州省对创新型人才的管理情况

根据贵阳市高层次创新型青年人才培养计划的相关规定，贵阳市高层次创新型青年计划项目的主管部门分别是贵阳市教育局、市委组织部、市卫生局、市科技局。将由各主管部门牵头分别建立"高层次创新型青年教师、高层次创新型青年文艺社科工作者、高层次创新型青年卫生人才、高层次创新型青年科技人才"数据库，构建互动式的管理和服务平台，进行动态跟踪管理。

分别由贵阳市教育局、市委组织部、市卫生局、市科技局与各培养对象签订相关合同，明确权利、义务、工作内容和目标等，并对培养对象实行目标管理，达成合同中规定的目标任务视为考核合格。

培养对象未能及时开展工作、擅自中止合同、谎报项目开展情况等行为或专项资金使用违反合同规定的，将解除合同，追回全部资助款项并追究有关人员的责任，已支出部分由受资助单位偿还。对违规严重和考核不合格的，该对象及所在单位3—5年内不得申报贵阳市相关部门的科研计划项目，不得参与相关人才工作评选表彰。

调离工作岗位或因为出国不在岗时间一年以上，无法继续进行教育教学及项目科研工作时，培养对象及其所在单位应及时向市教育局、组织部、卫生局、科技局等提出中止资助报告。

（三）广东省和其他地区关于创新型人才的服务

创新型人才的服务主要是指对于通过法定程序被认定或是评定为各级各类创新型人才对象，为确保其能在规定的有效期间内最大限度地发挥其创新能力，而对其在生活、工作以及发展等方面提供的优惠政策和便利条件。

1. 广东省和其他地区有关创新型人才服务的具体内容和政策情况

（1）深圳市对创新型人才的服务情况及政策

2008年9月，深圳市出台《关于加强高层次专业人才队伍建设的意见》（深发〔2008〕10 号）及 6 个配套政策，形成了全面加强高层次专业人才队伍建设的主要针对国内高层次专业人才的政策体系。该政策体系为全国首创，是首个综合配套的人才政策体系，从创新引进使用政策、加大培养力度、加强载体建设、健全激励和保障机制等四个方面提出多项措施，协助解决高层次专业人才在深工作中所遇到的主要问题，尤其是住房、子女入学、配偶就业、学术研修等难点热点问题，为高层次专业人才营造良好的工作和生活环境。相关办理程序详见深圳市人力资源保障局网站《深圳市高层次专业人才办事指南》。

高层次专业人才"1+6"政策经过几年的修订和完善，目前已出台的配套政策有：《深圳市人才认定办法》《深圳市人才认定标准（2011）》《深圳市高层次专业人才配偶就业促进办法（试行）》《深圳市高层次专业人才子女入学解决办法（试行）》《深圳市高层次专业人才学术研修津贴制度实施办法（试行）》《深圳市国（境）外高级专家特聘岗位管理办法（试行）》《鹏城杰出人才奖评选办法（试行）》《深圳市高层次专业人才任期评估办法（试行）》《深圳市设立海外创新创业人才引进中心管理办法（试行）》《深圳市人力资源和社会保障局关于为深圳市高层次专业人才提供文献信息服务的通知》《关于开展深圳市高层次专业人才任期评估工作的通知》《深圳市人才安居暂行办法》。

（2）广州市对创新型人才的服务情况及政策

为了更好地服务好高层次创新型人才，广州市委组织部、广州市发展和改革委员会、广州市经济贸易委员会、广州市教育局、广州市科技和信息化局、广州市财政局、广州市人力资源和社会保障局、广州市国土资源和房屋管理局、广州市卫生局、广州市人民政府国有资产监督管理委员会、广州市住房保障办公室共同联合发布的关于印发《中共广州市委、广州市人民政府关于加快吸引培养高层次人才的意见》10 个配套实施办法的通知《中共广州市委、广州市人民政府关于加快吸引培养高层次人才的意见》（穗字〔2010〕11 号）的配套实施办法《广州市高层次人才认定评定办法》《广州市高层次人才培养资助实施办法》《广州市创业领军人才创业发展扶持办法》《广州市羊城学者特聘岗位计划实施办法》《广州市高层次人才住房解决办法》《广州市高层次人才医疗保障实施办法》《广州市高层次人才子女入学解决办法》《广州市高层次人才配偶就业促进办法》《广州市羊城功勋奖评选表彰办法》

《广州市高层次人才专项扶持资金管理办法》等。

（3）浙江省对创新型人才服务的情况及政策

根据浙江省政府 2010 年《关于大力实施海外优秀创业创新人才引进计划的意见》和《浙江省"海外高层次人才引进计划"暂行办法》对"浙江省海外高层次人才引进计划"入选者，以及对于 2011 年省"千人计划"创新人才长期项目和创业人才项目入选者，授予"浙江省特聘专家"称号，享受相应的工作条件和特定的生活待遇，主要有：一次性 100 万元的省政府科学技术人才奖励；优先推荐国家"千人计划"；可直接认定高级专业技术资格；优先推荐参评有关荣誉称号和各类奖励；可根据需要聘请担任有关平台和载体的重要职务；根据有关规定享受永久居留或是多次往返签证、落户、住房、医疗待遇、社会保险、配偶安置、子女就学等优惠待遇。

对"海鸥计划"入选者给予一次性 50 万元的省政府科学技术人才奖励，根据引进人才实际需要，可为其提供出入境、医疗、保险等方面的优惠便利。已入选国家"千人计划"长期项目、创业人才项目的引进人才作为"省特聘专家"的当然人选。已入选国家"千人计划"创新人才短期项目的引进人才作为"海鸥计划"的当然人选。

根据 2006 年浙江省《浙江省卫生高层次创新人才培养工程》实施办法，浙江省卫生厅设立"浙江省卫生高层次创新人才培养工程"专项经费，对入选的高层次创新人才培养对象每年资助 8 万元（5 年为 40 万元），所在单位按 1∶1 比例经费配套。资助经费主要用于高层次创新人才培养对象的科研活动、学科建设、各种业务培训、学术交流与研修、出国深造、国际科技合作等方面，但不包括科研仪器等设备的购置。专项经费应纳入单位预算管理，单独设账、专项核算、专款专用、严禁挪用（具体管理办法另发）。因培养对象或所在单位的原因中断培养的，由培养对象所在单位负责退还省卫生厅已拨款项。

（4）贵州省对创新型人才服务的情况及政策

①对创新型青年教师服务的情况及政策

"贵阳市高层次创新型青年教师培养计划"主要采取项目资助方式，资助培养对象开展教育教学及科研工作。项目资助资金每年从市人才资源开发资金中安排 100 万元，由市教育局负责实施与管理，专款专用，并实行总量控制。项目 5 年为一个周期，每年审报评选一次，对纳入培养计划的培养对象,给予其主持开展的项目 1 万—5 万元资金扶持。

学校要注重对培养对象的业务能力、政治素质和组织能力进行全面培养。优先遴选、推荐培养对象参加国家、省、市负责组织实施的骨干教师培训项目。在提高教师队伍政治素质和业务素质的基础上,制订青年骨干教师专门培养计划,鼓励和支持青年骨干教师在职提升学历层次、及早参与教科研工作、开展经常性教学交流活动,不断提高教学水平、创新能力和组织协调能力。将其培养成教坛新秀,乃至教育名师。

充分发挥"名教师、名校长、名班主任"工作的示范辐射作用,优先指导、帮带培养对象,培养和造就一批优秀青年学术学科带头人。

实施优秀青年教师跟岗培训计划,采取集中培训、到校跟岗学习培训方式,提高培养对象的教育教学管理能力。

组织培养对象到先进发达地区考察学习,定期举办培养对象教学研讨会,组织和鼓励培养对象开展对外交流与合作。市干部教育经费按每人 1 万元列支。

对培养对象所在学校,以培养对象作为项目领衔人,优先推荐申报市教育系统项目及上级科研项目。

优先推荐培养对象申报市管专家、省管专家和国家、省、市相关优秀人才评选表彰。

②对创新型青年社科文艺人才的服务情况及政策

将培养对象纳入全市宣传文化系统人才培训规划。围绕培养创新型青年社科文艺人才的学习能力和创新能力,适时组织开展专题研修、推荐到中央宣传文化单位或高校参加学习培训,根据工作需要组织赴国外开展业务考察和学术交流活动。适时组织创新型社科文艺人才参加国情体察活动和调研、采访、采风活动,激发思想灵感,积累创作素材,创作反映时代精神、深受人民群众欢迎的精品力作。鼓励创新型社科文艺人才开展更高层次学历(学位)教育。市干部教育经费按每人 1 万元列支。市委宣传部每年从市级宣传文化事业建设费和市级宣传文化事业发展费中列支 20 万元专项经费,设立市创新型青年社科文艺人才培养专项资金。

对培养对象主要采取项目资助方式,支持培养对象开展创作和创新工作。项目将从市人才资源开发经费中每年列支 50 万元,对培养对象给予其正在主持开展的项目1万—5万元的资金扶持。市委宣传部从相关经费中给予一定匹配，实行专款专用。

培养对象承担省级课题、国家级课题，成果验收合格并获得优秀等级后，从创新型社科文艺人才培养专项资金中给予适当奖励。培养对象申请出版专著、开展重大专题报道、深度报道、创作演出、举办展览时，在经费不足的情况下，从文艺创作专项资金中给予适当资助。培养对象申报市文化产业发展专项资金，开展技术创新时，在同等条件下，优先提供项目帮助和资金支持。

在同等条件下，优先推荐培养对象参加市管专家、省宣传文化系统"四个一批"人才、省管专家等国家、省、市相关人才工作评选表彰；优先推荐晋升专业技术职务。

③对创新型青年卫生人才服务的情况及政策

"贵阳市高层次创新型青年卫生人才培养计划"主要采取项目资助方式，资助培养对象开展科研工作。项目资助资金从贵阳市"人才资源开发资金"中安排，由市卫生局负责实施与管理，该经费专款专用，并实行总量控制。项目5年为一个周期。对纳入培养计划的培养对象，给予其主持开展的项目1万—5万元资金扶持。

市卫生局及用人单位要充分发挥人才培养的主体作用，为高端人才提供干事创业的平台，有计划地组织培养对象到国内学术顶尖的医疗卫生机构进行深造和培训，或联系相关部门，让培养对象到上级医疗卫生机构或基层医疗卫生机构进行挂职锻炼，赴国外进行技术引进和培训，为多出人才、快出人才、出好人才创造良好的环境和条件。

市卫生局优先推荐培养对象担任相关专业学会职务，并为培养对象参加国内外业务交流与合作提供必要支撑。定期举办培养对象学术研讨会，组织和鼓励培养对象开展交流与合作，促进多学科、多中心、多层面学术交流与科技合作。

在同等条件下，优先推荐培养对象以项目领衔人身份承担上级科研项目；申报市管专家、省管专家和国家、省、市相关人才工作评选表彰。

④对创新型青年科技人才服务情况及政策

市科技局在科技计划项目类别之"创新人才计划"中新增"高层次创新型青年科技人才培养计划"，相关扶持经费从市技术研究与开发资金及其他市人才资源开发专项经费中安排，专款专用，并实行总量控制。开支范围按国家相关规定执行。对纳入培养计划的培养对象,给予其主持开展的项目5万—50万元资金扶持。

每年组织培养对象赴国内外科研院所、著名高校和知名企业进行参观考察和进修深造,并定期举办论坛、沙龙等活动,组织和鼓励培养对象开展交流与合作。

对培养对象所在单位,以培养对象作为项目领衔人,申报市委组织部创新创业人才项目及市科技局科技计划项目等,可给予适当倾斜。

优先推荐培养对象申报市管专家、省管专家和国家、省、市相关人才工作评选表彰。

2. 广东省与其他地区对创新型人才的服务形式情况

(1) 广东省对创新型人才的服务形式

在广东省人才服务局网站上开辟出的广东省引进高层次人才"一站式"服务大厅,可以同时解决:外国专家认证、学历认证、人事关系调动、博士后进出站、落户、广东省居住证、技术资格确认、子女入学、配偶就业、申办营业执照、税收业务、特殊医疗、办理社保、人事代理、加入侨联、归侨侨眷证明、开办企业审批、赴港澳台通行证、进出境物品、企业认证、科技项目资助、办理因公(私)护照等23项事务的办理。自广东省人力资源和社会保障厅2010年7月开辟省高层次人才服务专区以来,至今已为全省99名院士、49名领军人才、57个创新科研团队、179名中央"千人计划"专家、82名国家百千万人才等高层次人才办理相关需求2019项,落实待遇1725项,走访、上门服务286次。省高层次人才服务专区牢固树立服务意识,创新服务方式,积极运用电话服务、上门服务、网络服务等多种服务手段,优化窗口办事流程,缩短办事时间,切实转变工作作风。在窗口开展的高层次人才需求调查中,95%以上的服务对象感到"非常满意",称专区切实解决了他们的工作和生活难题,让他们感受到"回家的温暖"。

截至2013年,深圳市已经举办了三届高层次人才服务专员培训班,并且制定了《深圳市高层次人才"一站式"服务暂行办法》,拟在深圳市人事人才服务公共中心建立"一站式"服务专窗,为高层次人才提供人才认定、永久居留、落户、子女入学等"一站式"服务,实现"一站受理、一站办结"。

（2）浙江省对创新型人才的服务形式

为了更好地提高对海外高层次创新型人才服务的质量水平，2010年浙江省通过出台相关文件，在省、市有关职能部门设立了为海外高层次人才提供服务的专门窗口，主要为海外高层次人才提供有关引进工作的政策咨询，并为在浙江省工作（服务）的国家"千人计划"和省"海外高层次人才引进计划"人选落实居留和出入境、落户、医疗、保险、住房、税收、子女就学、配偶安置等特殊政策提供高效便捷的服务。

（四）广东省和其他地区创新型人才管理与服务实践中的经验及局限性

1. 广东省和其他地区创新型人才管理与服务实践中取得的有益经验

（1）创新型人才的认定受到了各级政府部门的重视，认定形式多样

目前广东省和其他地区创新型人才的认定主要有以下形式：通过激励和奖励的形式、通过技术职称评定的形式、人才引进的形式、人才培养工程、发布人才认定标准等多种认定形式。比如广东省南粤创新奖的评选，就是通过激励和奖励的形式，对在科技创新、理论创新、文化创新、制度创新、管理创新以及其他领域创新取得重大突破，为广东省经济社会发展和建设创新型广东作出突出贡献的创新型人才进行认定。深圳市产业发展与创新人才奖是对科技、金融、文化、物流、管理创新等方面，对深圳市产业发展与自主创新作出突出贡献的创新型人才进行的认定，此外，深圳市还在技术职称评定过程中对创新型人才进行认定。浙江省在人才引进过程对工作在高等院校、科研机构、企事业单位中从事科学研究和技术开发的海内外高层次人才进行了创新型人才的认定；浙江省和贵州省通过人才培养工程的形式，分别对创新型医疗工作者、青年教师、青年科技工作者、青年社科文艺工作者进行了创新型人才的认定；广东省的深圳市、珠海市、东莞市、佛山市以及浙江省和贵州省等地区曾先后通过发布人才认定标准的形式对创新型人才进行了认定。这些多种形式的有关创新型人才认定实践的成功探索和尝试，可以为全国其他地区的创新型人才管理和服务工作提供多方面的思考和经验借鉴。

（2）创新型人才认定关注区域产业发展重点领域，认定类型多样

各地区的创新型人才认定过程中，能够紧密结合当地经济社会发展的区域性特征，向该地区的重点行业和产业集中，从总体上讲目前广东省以及其他地区的创新型人才的认定基本上囊括了科技创新、理论创新、文化创新、制度创新、管理创新以及其他领域创新等多种类型，同时也包括自然科学、人文社会科学和经济金融管理等多个领域。表现出认定领域分布广泛、类型多样的特点。

（3）创新型人才的管理与服务中探索引入多元评价主体，

部分地区的创新型人才的管理和服务中注重发挥企业主体性作用，适当引入单位和行业协会的评价。比如，深圳市 2013 年发布的人才标准，就引入了企业、行业协会、中介组织等多元评价主体，赋予企业"人才认定的自主权"，如对高科技企业研发机构、国家规划布局内重点软件企业研发机构、在深圳落户的创业团队项目研发机构等，赋予其对机构第一负责人"人才认定"的"决定权"；吸纳中介组织、行业协会、基金会等行业人才标准，如地方级人才中神农中华农业科技奖、王选新闻科技奖等的认定标准，后备级人才中的深圳工艺美术大师等的认定标准，均是吸纳了中介组织、行业协会的行业公认标准。

（4）注重对创新型人才提供全套的物质和生活配套服务

目前广东省和其他地区的创新型人才管理与服务过程中重视对各种类型的高层次创新型人才提供包括多次往返签证、落户、住房、医疗待遇、社会保险、配偶安置、子女就学等多方面的生活优惠待遇，为创新型人才营造良好的工作和生活环境。此外，部分省份或地区还注重对高层次创新型人才提供学术研修计划、继续教育培训、参加国际学术交流等方面的便利条件和保障，以及通过在资金、税收等方面提供优惠的政策措施来鼓励高层次创新型人才结合区域内的产业发展重点进行创新创业。

2. 广东省和其他地区创新型人才管理与服务实践中存在的局限性

（1）对创新型人才的科学内涵存在认识上的偏差

在调查过程中，给我们感受最深的一点是，目前广东省和其他地区在创新型人才的管理和服务实践中由于对创新型人才科学内含的认识上存在偏差，仅仅把创新型人才狭隘地理解为分布在少部分高精尖领域的高层次科技人才。虽然在具体的认定实践中大部分地区也注意到了适当

扩大创新型人才涵盖的学科范围和职业领域，但是由于目前我国普遍按照不同学科和职业领域作为对人才进行划分的依据，主要是出于统计上的便利，这种划分方法不能真实有效地反映不同类型和层次的创新人才在能力素质上独特特征，因此在具体的认定实践中一方面会不可避免地造成不同类型创新人才相互之间出现交叉和重叠以及边界不清等失范现象，另一方面也容易造成不同学科和职业领域之间在创新型人才评价标准上的不公平，比如评价标准中过分注重对可以量化的科技论文数量，造成我国科技论文在数量上的"虚高"，但是真正能够向现实生产能力转化的成果却不多；如果使用这种适用于对研究型创新型人才进行评价的标准来作为对工程型创新人才、技术型创新人才、技能型创新人才进行评价的标准，就很不合适。这些情况的普遍存在不利于对创新型人才进行分级分类管理和服务工作的有效开展。

（2）管理和服务形式单一，政策相互之间不配套，受惠面小

在调查中我们发现，目前广东省和其他地区在创新型人才管理和服务实践中，对于创新型人才提供的服务形式单一，政策不配套，受惠面较小。目前实践中针对创新型人才管理与服务的政策措施主要集中在对高层次人才实施，集中在为高层次创新型人才解决子女就学、配偶安置、住房、医疗保险、落户等常规性的管理与服务，缺少对不同层次和类型创新型人才的特定需求进行有针对性的分别提供更具人性化的管理和服务，同时这些管理和服务属于"锦上添花"性质的多，"雪中送炭"性质的少。在执行的过程中，这些管理和服务分别归不同的政府职能部门，分别提供，很多针对创新型人才的优惠政策在具体落实过程中存在与现实情况脱节的现象，比如，对于由政府部门向部分高层次创新型人才提供的住房补贴，其标准与现实中市场上的具体房价或是房租标准相距甚远，政府的补助标准缺乏弹性，不能实现"随行就市"。因此，创新型人才管理与服务实践中的很多激励措施对创新型人才的吸引和激励作用非常有限。

（3）创新型人才管理与服务中具有片面地重引进轻培养的短视行为

在调查中我们发现，目前广东省和其他地区有关创新型人才的管理与服务实践中各种工程名目繁多，但都侧重于科技领域的高层次人才，而且在具体的管理和服务实践中存在"重引进，轻培育"的短视性行为，具体表现在，各种人才工程中都对高层次创新人才以往成果以及能

够量化的其他工作奖励作为人才评定的重要依据。在具体的管理过程中，虽然也在政策文件中涉及了项目任期责任制、年度检查、期末评估、期满续期，延期以及违约责任、科研成果的署名责任等方面的原则性规定，但是这些规定大多属于程式化和松散性的约束条件，在政策的具体执行过程中具有很大的灵活性，不利于对创新型人才的投入产出效益进行科学的评价。对于一些具有根本性的问题，比如创新型人才管理责任期内科研成果的知识产权归属问题、科技成果转化中的利益分配问题等都未能进行富有远见的制度性安排，这些问题的存在，严重地制约着创新型人才管理与水平的提升，也不利于提高创新型人才创新的积极性。

（4）创新型人才管理与服务处于政府垄断之下，社会化程度不高

通过调研，我们发现，虽然目前广东省和其他地区创新型人才的管理与服务过程中已经开始着手探索注重发挥企事业单位的主体性作用和行业协会等社会性中介组织的桥梁纽带作用，但是从整体上看，目前广东省和其他地区有关创新型人才的管理与服务的社会化水平还比较低。对创新型人才的认定、管理与服务主要是通过各级政府所属的人才办公室负责，基本上处于政府部门自上而下垄断的局面，作为创新型人才主要承载平台的各种企事业单位在创新型人才的管理与服务中的主体性作用未能得到有效的发挥，各种社会性中介组织的桥梁纽带作用发挥得还不够充分。这种现象的存在，使得创新型人才的管理与服务政策缺乏现实针对性，缺少企业和行业之间的普遍性认同，在执行的过程中不可避免地会诱使企事业单位以及各种创新型人才为了一些短期功利性目的采取投机性行为，难以实现科技创新的可持续性发展。

三 创新型人才的理性认知

通过对广东省和其他地区创新型人才管理和服务实践的考察，从中不难看出，目前在我国创新型人才的管理与服务实践中对于创新型人才的概念和内涵的认识上尚存在不少偏差和误区，主要表现在对创新型人才的认定过分强调了纵向层级上的等级性特征，也即强调创新型人才的高层次性特征；注重对创新型人才以往取得成果的强调和重视；注重理

论性创新型人才的引进和培育,而对科学研究成果向现实应用及转化的工程型创新人才、技术型创新人才、技能型创新人才的关注不够;片面注重对自然科学和工程技术领域创新人才的认定,而对哲学、人文社会科学和文化艺术领域的创新人才的关注不够。

从理论上讲,创新型人才应该是分级分类的,不仅有高层次的,也应该有普通层面上的;不仅包含高科技领域,也可以向其他领域普及和延伸。因为,从本质上讲,创新具有两个根本的属性:一方面,创新具有多元性和动态性,其内涵和性质一直处于不断的演变之中,我们当前的创新概念就具有多元化的时代特点,其内涵也越来越丰富,它不仅包括科学研究和技术创新,也包括体制与机制、经营管理和文化的创新,同时覆盖自然科学、工程技术、人文艺术、哲学、社会科学以及经济和社会活动中的所有实践活动;另一方面,创新具有普遍性,创新并非是少数精英的特权,而是每一个人都具有的潜能,是人类最普遍的行为,具有普遍存在性。但是,创新具有不同的层次,前所未有的创造发明是创新,一些旧思想、物质,融入一些新的元素,进行创新组合或再次发现,也可以叫做创新,只要它满足了人类进步的某些要求。[①] 因此,从某种意义上说,"创新无处不在,无人不能"。尽管如此,创新型人才与普通人才相比还是具有一定的独特性,其独特的素质结构能够为我们识别、培养和使用创新型人才提供可能。

经济社会发展所处的不同阶段和发展水平对创新型人才的类型和层级会有不同的要求,对于某一个具体的区域来讲,在创新型人力资源开发过程中,创新型人才的层级并非越高越好,因为根据人才的流动属性来看,层级越高的人才,对于各个区域来讲具有普适性的价值,是各个区域竞争的焦点,其流动性也越大;而越是处于优秀级和后备级的基础性创新型人才,与区域经济社会发展之间的联系越紧密,对区域经济社会发展来讲具有不可取代的作用,与区域内其他更高层次上的创新型人才相比,他们具有不可替代的属性,对区域经济社会发展的作用往往比较大,但是我们在具体的人才开发实践中却往往对这部分人才的重视程度不够,对他们提供的管理和服务不到位,严重地制约着区域整体的创新水平和效益的再提升。

---

① 吴江:《创业型经济呼唤创新型人才》,http://business.sohu.com,2008-12-01。

目前，我国创新型人才认定处于各级政府的垄断之下，市场的基础性地位和各种社会中介性组织的作用尚未得到有效的发挥，企事业单位作为创新型人才有效载体的主体性地位尚未得到有效体现。这些问题的解决，有赖于建立在根据科学的人才和人才分类理论对创新型人才进行清晰的界定和对不同类型创新型人才特征全面科学揭示的基础上，进而对创新型人才进行科学的分类；在政府的主导下，发挥市场在人才资源的优化配置过程中的基础性作用，调动各种社会中介性组织和企业事业单位的参与积极性，在对各种创新型人才进行科学的分级分类的基础上，对其进行科学的管理和为其提供全面的服务，最大限度地发挥他们在经济社会发展中的创新作用和价值。

（一）人才的概念及其分类

1. 人才的概念

国外的研究文献中一般并没有"人才"的概念，与此相对应的是人力资源的概念。由于人才是一个历史性的概念，目前国内对于什么是人才，也并没有一个公认的权威性概念。我国著名的人才学家王通讯（1986）给人才的定义为："人才就是为社会发展和人类进步进行了创造性的劳动，在某一领域、某一行业或某一工作领域上做出较大贡献的人。"[1] 随着人才学相关研究的深入推进，以及我国经济社会发展的现实需要，王通讯（2011）进一步对人才进行了界定："人才，是指在一定的社会条件下，能以其创造性的劳动，对社会或是社会某方面的发展，做出某种较大贡献的人。"[2] 进一步体现出了人才概念的历史性和社会性。罗洪铁在借鉴王通讯对人才界定的基础上，进一步把人才界定为："人才，是指那些具有良好内在素质，能够在一定的条件下通过不断地获取创造性劳动成果，对社会进步和发展产生了较大影响的人。"[3] 这一定义在强调了人才的社会性和历史性的同时，进一步地强调了人才所要具备的内在素质和创造性劳动成果，而不仅仅是创造性劳动本身，具有很强的现实意义。《国家中长期人才发展规

---

[1] 王通讯：《宏观人才学》，中国社会科学出版社 1986 年版，第 11—17 页。
[2] 王通讯：《人才学通论》，中国社会科学出版社 2011 年版。
[3] 罗洪铁：《再论人才的实质问题》，《中国人才》2002 年第 3 期，第 23—24 页。

划纲要（2010—2020年）》对人才也进行了界定，认为"人才是指具有一定的专业知识或专门技能，进行创造性劳动并对社会作出贡献的人，是人力资源中能力和素质较高的劳动者。"本研究比较认同罗洪铁对"人才"的界定。

2. 人才的分类

人才分类主要是指按照不同的标准，将人才划分为不同的类型。人才类型的区分：一方面是一种客观存在，是对一定社会存在的现实反映，必须遵循一定的科学依据；另一方面，它也是一个由简单向复杂不断演化的历史过程，需要受到社会生产力水平、科技发展水平以及人才理论研究水平的制约。目前学界关于人才分类方面有多种视角及方法：如根据人才所从事的工作性质，可以将人才划分为：党政、科技、教育、法律、艺术、军事、外交、金融等类型；根据人才成长和发展过程把人才划分为：准人才、潜人才、显人才三种类型；根据人才的思维类型把人才划分为：线型、平面型、立体型或是艺术型（善于通过形象思维进行创造的人才）与逻辑型（善于通过逻辑思维进行创造的人）等类型；根据人才的才能特点划分为：发现型人才、再现型人才、创造型人才等类型；根据人才的才能高低和贡献大小划分为：一般人才、杰出人才、伟大人才等类型；根据人才的知识面大小划分为：通才与专才两种类型；根据双轨制运行的状况划分为：体制内和体制外两种类型。此外，还有根据科学研究体系结构、专业性质、人才评价工作的功能与作用以及社会生产的目的和过程等多种划分方法，不一而足。

目前我国学术界对于人才分类方面已经取得了不少值得称道的研究成果，其中比较有代表性的分类方法是根据人才的社会功能，也即从社会生产或工作活动中的过程与目的上分析，总体上可以把人才划分为两大类，一类是发现客观规律的人才，另一类是应用客观规律为社会谋取直接利益的人才。此为社会人才的"二分法"，即研究型人才和应用型人才。其中，把从事揭示事物发展客观规律的科学研究人员称为研究型（或学术型）人才，而把科学原理应用到社会实践直接为社会谋取利益的人才称为应用型人才。与此相类似，社会人才的"四分法"认为人才在研究型和应用型划分的基础上，其中应用型人才又可进一步细分为工程型（设计型、规划型、决策型）、技术型（工艺型、执行型、中间型）与技能型人才（技艺型、操作型）三种，他们在职务的内涵和承担的工作任务上各不相同,工程型人才主要搞设计、规划、决策以及新技术的研究与开发工作,包括在第一、二产业领域中,主要是设计开发人员,完成理论研究成果向设计图纸的转化工作,在第三产业领域中主要是管理层、决策层中进行全面决策、规划和整体管理的工作人员;技术人才主要是负责技术应用和现场管理,在第一、二产业领域中主要是从事生产、建造、安装、设备和维修的技术人员,他们在生产第一线完成有设计图纸转化为物质形态产品和装备过程中的技术管理和指导工作,在第三产业中,他们是管理层中的高层次实务性人才。技能型人才则主要是在生产和服务工作实践的一线岗位上直接从事操作的人员,在第一、二、三产业领域中主要是具体设备和流水线上的操作员以及服务人员。加上研究型人才,这样便有四种人才类型,称为人才的"四分法"。

(二) 创新型人才的概念及其分类

1. 创新型人才的概念

与"人才"的概念相类似,国外的论著中也并没有"创新型人才"的概念,"创新型人才"也完全是一个有中国特色的学术概念。我国从20世纪80年代开始倡导创新型人才的培养。目前,国内学界在创新型人才的概念界定上尚未达成共识,大部分学者都是通过从不同的视角用描述性的语言对创新型人才进行定义。比如,有的学者从创新型人才的内在价值进行界定:"所谓创新型人才是指具有独创能力,能提出问题、解决问题、开创事业新局面的人。"[1] 有的学者则从创新型人才的外在价值进行描述:凡是能够对一个社会或是一个自然现象给予重视并且首先认识到这个现象的人就是创新型人才;有的学者则把创新型人才的内在价值和外在价值结合在一起进行描述:创新型人才是具有全面的创造性的人,是内在创造性得到充分揭示和开发,形成创新素质,并能产生外在创造性成果的人[2]。有的学者则从创新型人才所具有的素质和特性来进行概念的界定:"创新型人才就是在全面发展和个性得到充分发挥

---

[1] 阳浙江:《创新型人才激励初探》,《人才资源开发》2008年第3期,第6—8页。
[2] 林瑞:《论创新型人才之素质特征》,《中国人才》2008年第10期,第28—29页。

的基础上具有创新精神（意识）、创新能力的人"[①]；"所谓创新型人才就是具有创新意识、创新思维、创新能力、创新人格的人"；"所谓创新型人才，是指在心理素质、思维方式和实践能力上具有独创性、新颖性、开拓性，并能适应时代要求的高素质人才。"[②]宋彩凤（2010）结合创新活动的三要素：创新主体、创新客体、创新成果，认为创新型人才必须与创新性活动相联系，成为创新型人才必须具备创新素质、作用于创新对象、形成创新性成果。创新型人才就是综合运用自身的创新素质不断地为社会进步或科技发展作出突破性贡献的人[③]。梁拴荣，贾宏燕（2011）针对创新型人才研究的繁荣与其不甚明确的概念，在梳理了现有几十种创新型人才概念的基础上，按照逻辑学中"种差＋临近的属概念＝被定义的概念"的下定义的方法，获取了创新型人才的六个本质属性，并由此得出创新型人才概念的内涵："极少数能以其专博兼具的知识和经验、超强的创新能力、创造性思维和自由发展的个性为社会和人类作出持续而巨大贡献的人才。"[④]

综上所述，本研究认为，创新型人才是指具有创新素质和创造性思维，并能够通过创造性活动的开展对经济社会发展作出突出贡献的人才。创新素质和创造性思维是确保创新活动有效进行的前提和基础，是创新型人才创新潜力的内在标示；创新性活动是承载创新型人才创造性思维和能力的有效载体；对经济社会发展所作出的突出贡献是创新性活动的结果，同时也是识别创新型人才特质的外在标示。

2. 创新型人才的分类

从理论上讲，根据创新型人才存在的普遍性原则，有多少种人才的分类方法，相应地就能有多少种创新型人才的分类方法。但是，我们在这里探讨创新型人才分类的主要目的是服务于创新型人才分类管理与服务这个最终目的。因此，为了有效地纠正目前在我国创新型人才管理与服务实践中存在的对创新型人才理解过于狭窄和不同人才分类方法之间出现的相互交叉、重叠以及边界不清晰等失范现象，这在客观上需要从

[①] 刘霖：《简论创新型人才的培养》，《中国成人教育》2008 年第 7 期，第 20—21 页。
[②] 徐辉：《浅谈创新型人才培养模式的构建》，《中国人才》2008 年第 12 期，第 21 页。
[③] 宋彩凤：《创新型人才培养体系研究》，中国石油大学，硕士学位论文，2010 年。
[④] 梁拴荣、贾宏燕：《创新型人才概念内涵新探》，《生产力研究》2011 年第 10 期，第 23—26 页。

根本上对我国现有的人才分类方法进行改进和完善。在这里根据我们对创新型人才的界定，结合已有的人才分类方法以及广东省和其他地区创新型人才管理与服务实践中的有益做法，从以下两个方面对创新型人才进行划分：

（1）根据创新型人才在人类创新活动的目的及其实现过程来划分

首先根据学界公认的社会人才的"二分法"，社会人才从宏观上可以划分为两大类，一类是发现和研究客观规律的人才，称为研究型人才（或学术型人才）；一类是应用客观规律为人类社会谋取直接利益（社会效益）的人才，称为应用型人才。人类创新性活动的目的不外乎认识自然世界和人类社会运行的客观规律并利用其为人类自身发展谋取利益。相应地可以把创新人才划分为研究型创新人才和应用型创新人才。其中研究型创新人才的主要任务是运用自身的创造性思维，通过创造性的研究活动发现和揭示自然界和人类社会中事物的本质属性及其相互之间关系的客观规律，从知识的构成上看，研究型创新人才的知识结构主要是系统性的理论知识；从工作目的上看，研究型创新人才所研究出的科学成果可以为人类知识宝库增添新的知识。应用型创新人才的主要任务是运用研究型人才所提供的科学原理或是新发现的科学知识直接应用于与人类社会生产、生活密切相关的社会实践领域。从知识的构成上看，应用型创新人才的知识结构主要由应用科学的体系构成；从工作的目的上看，应用型创新人才工作的目的不在于揭示事物的本质属性和规律，而是利用研究型创新人才发现的科学原理服务于社会实践。

在应用型创新人才运用研究型创新人才所提供的科学研究成果作用于社会实践的过程中，存在着两个主要的转化阶段：第一个阶段是通过创造性的活动将科学研究成果转化为工程原理或是工作原理；第二个阶段是通过创造性的活动将工程原理或是工作原理应用于社会实践并将它们进一步转化为符合人类社会生产和生活需要的有形的物质产品或是无形的社会服务。从事第一阶段的人才通常被称为工程型创新人才；第二阶段通常包括两种人才：一类主要是从事创造性的组织管理活动并处理操作过程中的技术问题；另一类主要从事创造性的实际操作或具体的运作，其中前者被称为技术型创新人才，后者被称为技能型创新人才。据此，添加上研究型创新人才我们把创新型人才划分为研究型创新人才、工程型创新人才、技术型创新人才、技能型创新人才四种类型①。

①研究型创新人才

研究型创新人才的主要任务是在前人研究的基础上，通过创造性思维和活动的展开来揭示自然界和人类社会运行中事物的本质属性及其运动的客观规律，并把它们转化为科学原理，为人类知识宝库增添新的知识内容。现实中，在各高等院校、科研院所中独立从事不以直接应用为目的的各种基础性研究并取得具有较大价值的科研成果活动的人员就是研究型创新人才，在人类认识和改造世界的过程中他们起到知识创新和创造的作用。这里的研究型创新人才不局限自然科学领域，同样适用于人文社会科学等其他所有领域。

②工程型创新人才

工程型创新人才的主要任务是把研究型创新人才所发现的科学原理转化为可以直接运用于社会实践的工程设计、工作规划、运行决策等，如根据热力学原理研究并设计出蒸汽机的工作原理。这里的"工程"不能仅仅狭隘地理解为自然科学领域中的工程，同样适用于人文社会科学等其他所有领域。在现实中，比如一些优秀的建筑师、软件设计师、统计师、经济师、会计师等就属于工程型创新人才，他们处于研发、规划、设计、决策等环节。

③技术型创新人才

技术型创新人才是介于工程型创新人才和技能型创新人才之间的一种人才。与技能型创新人才一样，技术型创新人才也处于生产第一线或工作现场，但他们不是具体的操作者，而是从事组织管理生产、建设、服务等实践活动以及技术工作的人才，诸如工艺水平的设计、工艺流程的监控、生产工具、机器、设备的运行与维护以及产品、服务的改进和更新等。在现实中，那些在生产和工作现场从事技术工作和管理工作的优秀人才就属于技术型创新人才，他们处于操作一线环节中的技术岗位和管理岗位。

④技能型创新人才

技能型创新人才是在生产第一线或工作现场通过实际操作将工程型

---

① 说明：这里的研究型创新人才、工程型创新人才、技术型创新人才、技能型创新人才均作广义的理解，既适用于自然科学领域，同样适用于人文社会科学领域及其他学科领域。

创新人才设计出来的图纸、计划、方案等转变成具体产品或服务的人才，他们主要从事具体的社会生产和提供具体的社会服务等实践活动，例如工程建设、加工制造、提供服务等具体的操作工作。在现实中，优秀的技工、商贸服务人员等就属于技能型创新人才，他们处于生产、建设、服务等实际操作的一线环节。

以上四类创新型人才都是人类创新实践活动中以及社会生产链条上不可或缺的一环，对于经济社会发展具有独特的、不可替代的作用，他们各自所需要具备的知识和能力是不同的。从知识层面上看，研究型创新人才强调学科知识的深度和广度及其系统性，工程型创新人才强调学科知识的深度和系统性，技术型创新人才突出学科知识的广度和实用性，其深度相对较浅，但技术型创新人才又需要比技能型创新人才较复杂的专业理论知识与技术，技能型创新人才强调学科知识的专业性和实用性，一般在知识的深度和广度上均要求不高。从能力要求上看，研究型创新人才侧重于理论性的研究，强调研究的原创性；工程型创新人才侧重于工程科学的研究和工程设计，强调应用科学研究能力；技术型创新人才侧重于生产、建设、管理和服务等方面的技术应用与开发，强调综合应用能力和解决实际问题的能力；技能型创新人才则侧重于职业岗位的具体操作，强调动作技能和经验技能。

(2) 根据创新型人才的创新能力及创新业绩进行划分

2013年8月15日，人才标准经第三次修订后，深圳市正式实施《人才认定标准2013年》。该人才认定标准共划分为：杰出人才、国家级领军型人才、地方级领军型人才、后备级人才四个层级，分别提出了64条93个项目的具体认定标准，具有很强的现实可操作性。根据国际范围内世界各国经济发展的成功经验，对于一国经济持续快速发展来讲，需要良好的人才结构作支撑，主要包括人才的类型结构和层次结构两个方面。从人才类型结构上看，研究型创新人才与应用型创新人才同样重要；从人才的层级结构上，高层次人才、中端配套型人才和基础性人才等不同层级上的比例关系同样需要给予足够的关注。我们借鉴深圳人才认定标准中的层级划分思想，根据创新型人才的创新能力及创新业绩作为划分创新型人才层级类型的标准，把创新型人才划分为以下四个类型：

①卓越创新人才

卓越创新人才是指具有卓越的创新能力素质和创新思维能力，开拓进取，富有创新精神，通过创造性活动和工作获得的创新成果卓著，受到世界范围内同行的广泛认可，在增进人类对世界的认识和改造世界的能力方面为人类作出了卓越的贡献，在国际范围内产生了广泛的社会影响。

②杰出创新人才

杰出创新型人才是指具有杰出的创新能力和思维品质，能够独立从不同寻常的视角进行创造性的思考和工作，在创新性活动中获得了杰出的阶段性创新成果，获得国内同行的普遍认可，具有极大的科学价值和社会价值，对国家的经济社会发展具有较大的促进作用，在国内产生了较大的社会影响。

③优秀创新人才

优秀创新人才是指具有优秀的创新能力和思维品质，能够独立开展创新性活动和工作，在创新性活动和实践中获取的阶段性创新成果，能够在区域性（省级区域）范围内获得同行的赞同和认可，具有较大的科学和社会价值，能为区域经济社会发展提供较大的促进作用，在区域范围内产生了较大社会影响。

④后备创新人才

后备创新人才是指具有基本的创新能力和创造性思维，知识结构合理，接受过系统的科学知识的学习和实践技能的培养，具有创新精神和较大的创新潜力，但是目前由于各种环境和条件的限制，尚未能够创造出成型的创新性成果和业绩，其社会影响力尚不为行业或是社会所认知。

以上是分别从横、纵两种不同的视角对创新型人才作出的分类，其中第一种分类方法采用学界普遍认可的社会人才"二分法"和"四分法"相结合的方法，首先按工作职能的属性将创新型人才分为应用型、研究型两大类，它没有绝对强调研究型创新人才与应用型创新人才孰优孰劣，相反赋予这两个领域的创新型人才同等的重要性。这就避免了对人才属性的人为分割，片面强调一方面而忽视另一方面。同时为了适应社会分工越来越细以及科技发展进程的加快的现实，为更全面地揭示应用型创新人才的全部特征，进一步根据应用型创新人才的社会功能、智能结构，将应用型创新人才划分为工程型创新人才、技术型创新人才、技能型创新人才三个类型。这种人才分类方法对我国现有社会人才的涵盖面来说是全面的、清晰的、简捷的。它不仅能给我国有关人才政策制定部门提供有效的制定人才政策的科学依据，更为重要的是，它为突破我国人才政策体系制度性障碍，推进应用型人才和研究型人才并行发展提供了理论基础。与此同时，要做到对创新型人才进行分级分类的科学管理和服务，首先就必须根据创新型人才在认识世界和改造世界的创新活动过程中所从事工作的目的及过程环节将其分为不同的类型，然后按照不同创新型人才的知识结构、创新能力和创新业绩所对应特定类型的创新型人才划分为卓越、杰出、优秀、后备四个层级；最后对不同类型和不同层次的创新型人才各方面的创新能力及业绩进行综合评价，这样才能做到有的放矢，科学合理，提高创新型人才管理和服务的现实针对性。因此，我们结合上述两种分类方法，对创新型人才进行二维矩阵式分类，最终的分类结果如表 5-1 所示。

表 5-1　　　　　　　　创新型人才的矩阵式分类表

类型 层级	研究型创新人才	工程型创新人才	技术型创新人才	技能型创新人才
卓越	卓越研究型创新人才	卓越工程型创新人才	卓越技术型创新人才	卓越技能型创新人才
杰出	杰出研究型创新人才	杰出工程型创新人才	杰出技术型创新人才	杰出技能型创新人才
优秀	优秀研究型创新人才	优秀工程型创新人才	优秀技术型创新人才	优秀技能型创新人才
后备	后备研究型创新人才	后备工程型创新人才	后备技术型创新人才	后备技能型创新人才

（三）不同类型创新型人才所应具备的能力及其特征揭示

只有在正确地了解创新型人才所应具备的能力特征的基础上，然后以此为标准来考核创新型人才的实际创新能力情况，才能对其作出科学的评价，为创新型人才的分类管理和服务提供依据。现有的研究已经对创新型人才的能力做了许多探讨，但是普遍只是笼统地对所有创新型人才应具备的能力特征提出要求，而未能按照创新型人才所属的不同类型分开讨论，然后对各个类型不同层次创新型人才应具备的能力进行重点讨论，从而实现对不同类型不同层次创新型人才按照不同的标准进行评价。本研究将首先对已有研究进行述评，然后对创新型人才能力体系的分类界定进行重点讨论。

1. 创新型人才的能力体系研究评述

廖碧波（2008）认为创新型人才的素质结构包括：身体素质，是个人最基本的素质，包括体质、体力、体能、体型和精力；思想政治素质，一般包括政治方向、立场、观点、纪律、辨别力、敏锐性和技能；知识素质是个人做好本职工作所必须具备的基础知识和专业知识；能力素质，是改造客观世界和主观世界的本领，是胜任某种工作的主观条件，主要表现为顺利完成某项活动且直接影响互动效率所必需的心理特征，包括决策、组织、识人用人、技术、交往协调等各种能力的有机结合；心理素质，是指人在感知、想象、思维、观念、情感、意志、兴趣等多方面心理品质上的修养，涉及人的个性、兴趣、情感、动机等多方面的内容[①]。

魏发辰和颜吾佴（2008）通过对创新型人才能力构成的分析，提出评价创新型人才不仅要看其知识结构的合理性，还应该从创新绩效、价值追求、观察事物和发现问题的能力、创新思维、创新技能以及创新意志等参量来考量[②]。

吕钦和焉平（2009）将创新与异质型人力资本集合起来对创新型人才进行界定，从比较人才创新性角度，构建了包括基本素质（情商、智商）、知识技能（科学知识、人文知识、专业知识、工作经验）和创新表现（技术创新、管理创新、思想创新、行为创新）的创新型人才评价体系[③]。

王亚斌、罗谨琏和李香梅（2009）通过对创新型人才的评价维度的研究，认为创新型人才评价维度主要集中在创新型人才特质和业绩成

---

① 魏发辰、颜吾佴：《创新型人才的能力构成及其修炼》，《北京交通大学学报》（社会科学版）2008年第1期，第79—81页。
② 廖碧波：《创新型人才评价体系的设计》，《当代教育论坛》2006年第5期，第55—57页。
③ 吕钦、焉平：《创新型人才评价指标体系研究》，《消费导刊》2009年第3期，第23—24页。

果两个方面,虽然目前还缺少针对创新型人才整体的理论研究和实证研究,但是至少可以体现以下特点:已经由单一考量创新型人才特质(如思想素质、创新智力、创新意识等)或者创新业绩成果(如数据库论文数、被索引、被转载、被资助经费数等)的评价向多维度、多层次评价指标体系转变;由定性的评价向对品德、知识、业绩、能力和绩效维度等的量化研究转变;由单纯考量创新型人才的表面特征(如学历、职称等)向全面考量创新型人才的表面与潜力、内在与外在的综合评价维度转变[①]。

赵祖地和左玥(2010)认为,创新型人才是以创新为主要特征的人才,其创新能力体系包括:基本素质、知识技能和创新业绩三部分。其中对基本素质的评价是对创造潜力的评价,主要包括思想品德、认知能力、思维结构、科学精神、人文精神等内容。对知识技能的评价是对进入创新领域群体的一种评价,主要有对评估客体的知识结构、知识储存与积累,包括解决实际问题的能力、组织协调能力,科学技术研究能力,人与人之间信息交流的能力等进行评价。对评估客体的知识技能的评价,首先是对创新状态的评价,是对既定的事实作出价值的评判,而且这种评价的价值要明显优于对"创新潜力"的评价,其次是创新实力的评价,要考虑到创新领域的适用性问题。对创新绩效的评价,是一种对于"果实"的评价,首先是坚持分类的原则,要区分各自的创新领域,科学技术研究、行政管理、各行各业都具有各自的特点,既不能以科学研究的标准来对待行政管理,也不能以行政管理的标准对待科学研究及其他行业;即便是在科学研究领域,自然科学、工程科学、人文社会科学都有各自的特点,不能以一个统一的标准来作为评价所有学科领域的评价标准。对创新绩效的评价,还要考虑到创新绩效的投入产出比[②]。

2. 对创新型人才能力体系的分类界定

针对现有学者未按不同类型来分开讨论创新型人才应具备的能力这一不足,结合我们对创新型人才的矩阵式分类,本研究将首先按照创新

---

① 王亚斌、罗谨琏等:《创新型人才的特质与评价维度研究》,《科技进步与管理》2009年第11期,第318—320页。

② 赵祖地、左玥:《创新型人才评价研究》,《杭州电子科技大学学报》(社会科学版)2010年第9期,第62—65页。

型人才所属的不同类型来确定其应具备的能力要素，然后根据这些能力要素可以确定适用评价各类创新型人才的指标，在此基础上对同一类型内部不同层次的创新型人才设置不同的评价标准对其进行科学的评价。本部分主要是界定各类创新型人才应具备的能力要素，具体的评价指标选择标准的确定将会在随后部分做进一步的讨论。

各类创新型人才所应该具备的能力素质①如表 5-2 所示。

（1）研究型创新人才应具备的能力

研究型创新人才的主要职能是揭示客观事物的属性及其规律并把它们转化为科学原理，解决的是知识创新问题，主要解决科学技术和社会发展中具有基础性和前瞻性的问题。因此，需要具有非常强的理论水平，应该掌握的知识包括坚实的科学基础理论知识、科学精神和科学研究方法、精通一门以上的外语以及丰富的人文知识素养，同时研究型创新人才还应该具有敏锐的观察能力和丰富的想象能力、严谨的思维能力、专业技术能力、理论创新能力等。

①敏锐的观察能力和丰富的想象能力

研究型创新人才的主要任务就是要探寻自然界和人类社会中客观存在的物质的属性及其相互关系的规律，并把它们转化为科学原理。无论是在自然科学领域还是在人文社会科学领域的理论性研究过程中，很多科学发现或是原始性创新都往往是从常人看似寻常的事物中探寻出的。因此，是否具有敏锐的观察能力和丰富的联想能力是考量一个研究型人才是否具有创新能力的评判指标。

②严谨的逻辑思考能力

研究型创新人才属于基础性的理论研究人才，所从事的主要是基础性的理论研究，理论创新是问题发现和问题解决的过程，需要具有非常严谨的科学思辨能力，科学思辨能力是辩证逻辑思维能力在科技领域的一种具体形态体现，严谨的逻辑思考能力可以有效地把握问题解决的方向，使问题的解决不至于简单地停留在"肤浅和机械重复的循环"之中，有助于实现更具原创性的理论突破。

---

① 说明：各类创新型人才的能力素质部分地借鉴了周宏等对应用型人才能力的界定标准和方法。（周宏、邓日成：中国应用型人才评价研究 [EB/OL]. http://china.com.cn, 2009-09-21。）

③专业技术能力

研究型创新人才属于基础性的科学研究人才,随着科技日新月异地发展,科学技术发展中出现了学科分化与学科交叉融合同时并存的趋势,但是任何一个人的精力和时间都是非常有限的,不可能穷尽所有领域的科学理论知识。因此,在科学研究过程中需要进行合理的分工,每一个研究者需要根据个人的特长把自己的精力和研究兴趣限定在某些专门性的研究领域,具备某些领域的专业技术能力是研究型创新人才开展工作的前提和基础。

表5-2 各类创新型人才所应具有的创新能力及技能表

类型	职能	能力要素	
		知识结构	职业素质或技能
研究型创新人才	将自然科学领域和社会科学领域中客观规律转化为科学原理	坚实的科学基础知识	良好的观察和想象能力
		至少精通一门外语	严谨的逻辑思考能力
		系统的研究方法	专业技术能力
		人文知识素养	理论创新能力
工程型创新人才	将科学理论成果转化为可实现的工程原理或工作原理	工程学知识	专业技术能力
		系统学知识	系统分析能力
		至少精通一门外语	科学研究能力
		多个领域的专业知识	应用创新能力
技术型创新人才	在生产一线从事管理监控以及技术设计与改进工作	管理学知识	管理能力
		计算机基础知识	分析与解决问题的能力
		特定领域的专业知识	专业技术能力
		与本专业相关领域的基础知识	创业能力
技能型创新人才	在生产或工作现场从事具体操作	基本的思想政治文化知识	观察分析能力
		计算机基础知识	学习能力
		基本的机器设备工作原理	团队合作能力
		特定领域的专业知识	专业技术能力

④理论创新能力

研究型创新型人才的主要任务是揭示事物的本质属性及相互之间的关系规律，并把它们转化为科学理论。在研究创新活动过程中他们不太关注科研成果所具有的直接价值问题，而是立足于客观事物本身的属性和特征，解决的是什么和为什么的问题。因此，是否能获取具有突破性的原始创新或是科学发现是衡量研究型创新型人才的一个重要指标。

（2）工程型创新人才应该具备的能力

工程型创新人才的主要任务是把研究型创新型人才发明和发现的科学原理，转化为可以为社会带来直接利益的工程原理或工作原理。因此，工程型创新人才应该掌握的知识结构主要包括：工程学知识、系统学知识、精通一门外语知识以及多个领域的专门知识等，相应的工程型创新人才需要具备专业技术能力、系统分析能力、科学研究能力和应用创新能力等职业技能。

①专业技术能力

工程型创新人才作为应用型创新人才中的一种重要的人才类型，随着社会工作和科研领域分工的精细化发展，他们需要具备某一领域良好的专业技术能力，才能顺利地将科学原理转化为可实现的工程原理或是工作原理。专业技术能力是工程型创新人才应具备的最基本的素质和技能。

②系统分析能力

工程型创新人才要将科学原理转化为可实现的工程原理或是工作原理，必须掌握系统论、协同学等多学科的分析方法，分析科学原理向现实工程原理或工作原理转化过程中可能遇到的各种问题、所采取的方法的可行性及具体落实的步骤等问题。

③科学研究能力

科学研究能力是指工程型创新人才将科学原理向现实工程原理或工作原理转化的能力，这是工程型创新人才各项素质能力中最为核心性的一项职业技能。只有具备了科学研究能力，才能实现由学术科研成果向现实生产力的真正转化，实现科技造福人类的创举。

④应用创新能力

工程型创新型人才不能只是简单地实现由学术成果向现实生产力的

转化,他们还需要结合自己多个领域的专业知识,采用发明创造的思想来实现这种转化。因而创新能力是工程型人才评价的一个重要的指标。

(3)技术型创新人才应具备的能力

技术型创新人才的主要职能是在生产一线从事管理、监控以及技术设计与改进工作,以提高生产和服务的效率。他们需要理解并灵活运用各种实践技能所需要的知识,包括管理学知识、计算机基础知识、特定领域的专业知识以及与本专业相关领域的基础知识等。在职业技能方面,技术型人才应具备管理能力、问题分析与解决能力、专业技术能力以及创业能力等。

①管理能力

技术型创新人才处于操作一线环节中的技术岗位和管理岗位,直接领导技能型人才的工作并管理着整个团队。技术型创新人才的绩效并不是由其本身的专业技能直接决定的,计划、组织、协调、领导、控制等管理技能的掌握和运用是决定技术型创新人才工作绩效的主要方面。

②问题分析与解决能力

在技术创新实践的过程中,不可避免地会出现各种突发性问题,并且很多都是技能型人才所无法解决的问题,这时作为工作团队管理者的技术型创新型人才,必须根据自身对于问题的理解和认识,因地因时制宜地采取相应的解决办法。

③专业技术能力

技术型创新人才是处于生产一线中的技术岗位,要处理诸如工艺的设计、工艺流程的监控、生产工具、机器、设备的运行与维护以及产品、服务的改进和更新等工作,因而其本身也需要具备相当的专业技术能力,理解各种科学原理并根据实际情况的变化实施相应对策的专业技能。

④创业能力

技术型创新人才不仅具备本专业所需的专业技术能力,还掌握着组织协调工作团队的管理能力,两者的结合使技术型创新人才很容易走向自主创业的道路。因此,是否具备较强的创业能力是衡量技术型创新人才工作业绩的一项核心性指标。

(4)技能型创新人才应具备的能力

技能型创新人才主要在生产一线进行实际操作活动,他们是社会物质财富最直接的创造者。在职业知识方面，技能型人才需要了解基本思想政治文化知识、机器设备工作原理、计算机基本知识以及特定领域的专业知识。相应地，在职业技能上，应具有观察分析能力、学习能力、团队合作能力和专业技术能力。

①观察分析能力

技能型创新人才工作在生产与服务等工作的第一线，能最直接地观察到社会实践活动中事物发展的一般过程，如何从事物的表象中总结规律，发现真理，并利用真理指导实践是他们成为应用型创新人才应该具备的最基本能力。

②学习能力

学习能力主要是指获取知识和技能的能力。由于社会分工越来越细，专业技能随着科技进步而不断发展和深化，呈现出多样化和复杂化发展的趋势，这就要求直接从事社会生产的应用型创新人才要随着时间的推移不断学习和更新自己的专业技能，成为终身学习理念的实践者。学习能力是技能型人才必须具备的职业技能。

③团队合作能力

技能型创新人才处于社会生产和服务实践工作的第一线，时时面对工作中的设计、规划、决策及应用和运作，其中的任何一项工作，单靠个人的能力是无法完成的，都需要团队的合作，因而团队合作以及默契等协作精神应是应用型人才的必备品质。

④专业技术能力

随着社会专业化分工的深入，作为生产一线的直接操作者，技能型创新人才所需具备的最重要的一个职业技能就是其专业技术能力。该项技术能力能够直接通过个体的行为被观察到，并表现为人才的工作绩效。因此，专业技术能力水平的高低很大程度上决定了此类应用型创新人才所属的层次。

这里需要说明的是，以上对创新型人才能力体系的分类界定中只列出了各类型创新人才所需具备的相对比较重要的能力要素，对于各类型创新人才都需具备的基础性能力要素或者某类创新型人才中不是很重要的能力要素则没有列出。

3. 创新型人才分级分类评价指标体系的科学构建

根据不同类型创新型人才的能力特征对其进行全面科学的评价是实

现对创新型人才进行分级分类管理与服务的前提和基础，结合我们对创新型人才在横、纵两个视角进行的矩阵式分类体系，首先将创新人才划分为研究型、工程型、技术型和技能型四种类型，然后根据每类创新人才的创新能力和业绩贡献划分为卓越型、杰出型、优秀型和后备型四种层次类型，这样就把创新型人才划分为十六种不同的类型，不同的评价对象对应着不同的评价内容、指标和评价标准。

在创新人才评价指标体系的构建过程中，需要对不同类型和层次的创新人才进行区别对待，比如对研究型创新人才评价的内容主要包括：系统的科学理论知识、科学研究方法、深厚的人文素养以及观察能力、联想能力、逻辑思维能力、专业技术能力、理论研究能力在内职业技能；对工程型创新人才评价的主要内容主要包括：工程学知识、系统学知识、多个领域的专业知识以及专业技术能力、系统分析能力、科学研究能力和创新能力；对技术型创新人才评价的内容主要包括：管理学知识、计算机基础知识、特定领域的基础知识以及管理能力、分析问题和解决问题的能力、专业技术能力和创新创业能力等技能；对技能型创新人才评价的内容主要包括：思想政治文化素质知识、机械学原理基础知识、计算机基础知识以及包括观察能力、学习能力、团队合作能力、专业技术能力在内的技能。简言之，对四种不同类型创新人才评价的主要标准不同，对研究型创新人才侧重于对其原始理论创新能力的评价，对工程型创新人才主要侧重于对其应用研究开发能力的评价；对技术型创新人才则主要侧重于对其创新创业能力以及技术开发能力的评价；对技能型创新人才则主要侧重于对其技术实践创新能力的评价。这里的基础性指标一方面是适用于对所有类型的创新人才进行评价的项目，另一方面该项指标主要是对各种类型创新人才创新"潜力"进行的评价，特性指标则是对不同类型创新人才的创新状态和创新业绩进行的评价，其中对于创新"潜力"和创新状态的评价适合用定性与定量相结合的方法进行评价；对创新业绩的评价则适合用定量评价的方法，比如对于研究型创新人才可以选择用发表的高水平科研论文数以及被引次数等作为衡量的标准；对于工程型创新人才可以选择用工程设计或工作设计所能带来的直接或间接的社会效益作为衡量的标准；对于技术型创新人才可以选择用技术发明的专利数和技术推广所创造的直接或间接的经济社会效益作为衡量的标准；对于技能型创新人才则可以考虑选择用技能实践所创造的直接或间接的经济社会效益作为衡量的标准。至于同一类型创新人才在四个层级上的评价标准的选择上则只是相应地根据其在创新能力、创新业绩和社会影响程度上有所不同而已。具体的评价指标体系的选择如表5-3所示。

表5-3　　　　不同类型创新人才评价指标体系的构成表

人才类型	能力要素	
	基础性指标	特性指标
研究型创新人才	思想品德、职业道德、个性品质、健康状况、学历层次、知识结构、任职资历、专业水平、学习能力、团队合作精神等	研究创新能力、工作业绩、社会影响
工程型创新人才		工程创新能力、工作业绩、社会影响等
技术型创新人才		表达能力、组织能力、协调能力、沟通技巧、决策能力、开发推广能力、创新创业能力、工作业绩、社会影响等
技能型创新人才		技能实践创新能力、工作绩效、社会影响等

说明：表中各类创新型人才的评价指标选择上部分地借鉴了周宏等对应用型人才评价研究中的指标选择方法。（周宏、邓日成：中国应用型人才评价研究［EB/OL］. http：//china. com. cn，2009-09-21）

根据评价主体的不同，本研究所构建出的对不同类型创新人才评价指标体系根据不同的目的可以同时适用于各级政府部门（统计区域内各级各类创新人才数量和质量以及其分布结构，为制定科学的区域经济社会发展规划提供科学理论依据）、社会中介性组织（应用该评价体系，给创新人才和用人单位提供咨询服务，帮助创新人才实现更好的职业发展和为用人单位选拔合适的人才提供科学的决策依据）和企事业单位（根据需要实施招聘选拔性评价、考核鉴定评价、培训开发性评价等功能）。在这里需要说明的是，该项指标体系仅仅是提供了一个有关创新人才分类分级评价的基础性分析框架，在对创新型人才进行具体评价时还应该坚持精确性与模糊性、静态评价与动态评价、定性与定量相结合等评价原则，有些指标比如学历层次、专业技术水平等必须坚持精确性，而对于语言水平、团队协作能力等就应该使用模糊性评价。

四　广东省创新型人才管理与服务政策建议

世界经济与科技发展的动态越来越清晰地告诉我们，自主创新能力已经成为一个国家或地区实现崛起的核心竞争力，是第一竞争力，而自主创新能力的提升离不开大批数量充足结构合理的创新型人才。目前，广东省处于深化改革开放、加快转变经济发展方式的攻坚时期，也是提高创新能力、建设创新型省份的冲刺阶段。与此同时，广东省的人才管理工作也面临着来自广东省要建成全国创新区域、国家战略性新兴产业基地、亚太地区重要的创新中心和科技成果转化基地等方面的新形势、新要求、新机遇和新挑战，挑战与机遇并存，机遇大于挑战的关键历史时期。如何通过科学的人才管理和服务政策、制度和机制的改革，激发各级各类创新型人才的创新热情，投身于广东省经济社会发展建设实践，提升全省创新型人才的开发质量和效益，是一项十分迫切的任务。

在调研过程中，我们发现目前广东省创新型人才管理与服务工作实践中由于对创新型人才内涵认识上存在一定的偏差，仅仅把创新型人才狭隘地理解为高科技领域的高层次人才，对创新型人才的管理与服务政策不配套，偏重于对创新型人才以往所取得成果、工作业绩、资历等静态指标的重视，对各类创新型人才提供的服务也大多偏重于对创新型人才的物质和生活条件方面的激励或是保障，对各级各类创新型人才如何保持持续的创新能力和创造出高水平的创新成果以及如何来评价等方面只是提供了原则性的规定，在具体的操作过程中缺乏可操作性；此外对创新型人才的认定也基本上处于政府的垄断之下，未能充分调动各企事业单位在创新型人才管理与服务中的主体地位，社会中介性组织在创新型人才的管理与服务过程中的参与不够充分，市场在创新型人才资源配置中的基础性作用尚未有效地得到发挥，所有这些问题的存在严重地制约着广东省创新型人才开发的能力和水平。

有鉴于此，我们在前期进行广泛调研的基础上，通过对创新型人才进行科学的界定，同时根据人才分类学的科学理论，把创新型人才在横向类型上根据创新型人才在人类创新活动的过程和目的中的不同功能属性划分为创新型研究人才、创新型工程人才、创新型技术人才、创新型技能人才四个类型；在纵向等级上根据各类创新型人才的创新能力以及创新业绩划分为卓越型创新人才、杰出创新人才、优秀创新人才、后备创新人才四个层级。并进一步地界定了各种创新型人才所应该具备的能力素质，并构建了对其进行科学评价的指标体系，为对创新型人才实施分级分类管理与服务提供了科学的理论依据和现实参考。

如何把科学的创新型人才分类标准以及评价体系落到实处，切实提高广东省创新型人才管理与服务的水平，为创新型省份建设和加快实现经济发展方式的转型升级提供强大的智力支撑和人才保障。这需要在创新型人才管理的机制和体制方面进行深入的改革，有效地协调政府、各企事业单位、社会中介性组织和市场在创新型人才管理与服务中的不同职能分工和定位，发挥政府在创新型人才管理与服务过程中的宏观调控作用，各企事业单位在创新型人才管理与服务过程中的主体性作用、市场在创新型人才管理与服务中的基础性作用、社会中介性组织在创新型人才管理与服务中的链接作用。

（一）发挥政府在创新型人才管理与服务中的宏观调控作用

1. 进行系统性的政策改革，建立和完善创新型人才管理与服务机制

（1）围绕产业发展重点，科学谋划创新型人才的产业和区域布局

各级政府应该转变执政理念，树立起"大社会，小政府"的服务型政府的科学理念，在对创新型人才管理与服务中要发挥好宏观调控作用，切实做到既不"缺位"，也不"越位"。紧密联系事关区域经济社会发展大局的重点行业和领域对各级各类创新型人才的现实需要，科学地制定创新型人才发展的合理规划，实现创新型人才的类型和层次结构与区域内的产业结构实现有效地对接。其中尤其需要重点纠正的一个认识上的误区是，对于区域经济社会发展来讲，创新型人才的层次并非越高越好，因为根据人才的流动性规律，人才层次越高流动性越大；高层次创新人才对于各个地区具有普适性的价值，同时他们在不同区域之间的可替代性比较强，是各个区域重点追求的对象；而中端配套级和基础性的优秀型创新人才和后备型创新人才与区域经济社会发展之间的联系更为紧密，关系也更为稳固，该类人才在不同区域之间的可替代性比较低，是决定区域经济社会发展水平最为核心性的力量。因此在创新型人才管理与服务过程中，各级政府应该在注重对高层次创新型人才进行科学管理与服务

的同时，统筹兼顾，着手制定更为系统的政策措施对优秀型创新人才和后备型创新人才进行更为科学的管理和服务，激发他们在服务区域经济社会发展中进行创新，进而实现个人的更好更快的发展。

（2）简政放权，扩大用人单位在创新型人才管理与服务中的自主权

企事业单位作为用人的主体，是承载各种创新型人才进行创造性活动的物质载体和发展平台。他们在具体的工作实践中对创新型人才的接触机会更为频繁，能够从各个方面对创新型人才的能力及工作业绩进行全面科学的评价，同时他们也最能了解到创新型人才多方面的不同需求，在客观上具有对不同类型创新人才进行管理和服务的便利条件和能力。因此，政府应该通过简政放权，简化办事程序，放宽各种职称评定政策和各种专业能力认定办法，把本应该归属于企事业单位自主行使的权力归还给他们。具体来讲，比如说在与有关创新型人才管理与服务密切相关的企事业单位的人事权以及各种专业技术职称评定权等，政府应该通过制定科学的政策措施引导企事业单位在政府的指导下独立自主地行使这些方面的权力，政府应该尊重企事业单位根据公认的行业标准、学术标准以及企业内部的业绩标准对不同类型的创新型人才进行管理和服务，进而最大限度地激发各级各类创新型人才在实践中的创造热情，带来区域范围内创新型人才效益的整体提升。

（3）改革创新型人才评价机制和办法，探索实施分级分类评价机制

各级政府及其所属的人才工作领导办公室，应该通过系统而广泛的调查研究，进行创新型人才分类评价机制方面的改革，主要是应该改变由目前人才管理和服务实践中存在的重视对人才评价中根据人才的学历、职称、以往所取得的工作业绩等静态指标进行按统一性标准论资排辈式考核的体制转变为建立根据人才的创新能力和创新业绩等能够充分激发各类创新型人才创造力的分级分类评价制度。在发挥市场在创新型人才资源配置中的基础作用和遵循创新型人才成长规律的基础上促进各级各类创新型人才之间的竞争。比如在对创新型人才分类标准的选择上，可以初步考虑首先根据各类人才在人类创新活动中所承担的职能属性及其目的在横向上把创新型人才划分为不同的类型；在此基础上，再进一步根据创新人才在创新能力、创新业绩及其社会影响等方面的不同在纵向上把同类型创新人才划分为不同的层级，这样就可以根据各级各类创新型人才的不同创造性特点及其创新能力、创新业绩和贡献的不同分别选择合理的

评价标准对他们实现相对公平的科学评价，进而根据科学的评价结果以及他们各自在物质和精神等方面的不同需求，有针对性地为各级各类创新型人才提供更具个性化的管理和服务，最大限度地发挥他们的创新潜力，为实现区域经济社会发展提供全面的智力支持和人才保障。

2. 完善法律法规建设，为创新型人才的发展提供全面的制度保障

（1）健全知识产权保护制度，保障创新型人才的合法权益

针对我国当前科技创新领域知识产权法律体系不健全，侵犯知识产权的事件时有发生，保护知识产权的意识不强，创新型人才的合法权益得不到有效保障的现状。各级政府部门应该高瞻远瞩，从战略发展的高度出发，加强知识产权保护方面的法律法规建设，大力提高知识产权的创造、管理、保护和运用的能力，尤其是要在法律法规中明确对创新型人才通过创造性劳动合法拥有的创新成果予以全面的法律保障。同时要把知识产权的管理落实到技术、经济、贸易管理等各有关职能部门的工作中，建立知识产权制度、知识产权文化和商业信用制度，引导企事业单位提高运用、管理和保护知识产权的能力；加大对已有知识产权制度的宣传力度，对各种高技术企业的管理人员以及各种创新型人才进行全面系统的培训和指导工作，帮助其更快地适应新科技时代的基本竞争规则，同时也可以最大限度地维护自身的合法权益。

（2）通过税收减免与优惠政策的制定，为创新型人才创新创业提供支持

为了吸引和汇聚各级各类创新型人才投身于区域经济社会发展实践，抢占人才制高点，激发各级各类创新型人才的创新热情。各级政府部门应该通过联合工商、税务、财政等多部门进行协商，协同制定有关扶植创新型人才进行创新创业方面的税收减免与优惠政策。比如对于携带拥有自主知识产权的科研成果落户到区域内政府规定的科技产业园区进行孵化的创新型人才，并且该项科技成果符合区域内产业发展需要，在其获得盈利能力前五年内可以免交营业税，同时可以在正常范围的用水、用电、建设用地、获取银行贷款等方面获得一定的政策优惠；同时为他们开辟特殊的服务通道，简化办理各种事务的业务流程，为各种创新型人才的创新创业提供全面的配套服务。

（3）探索收入分配制度改革，建立和完善股权激励制度

为了激发各类创新型人才进行创新的积极性，保证各级各类创新型

人才的合法权益，在坚持按劳分配的原则下，各政府有关职能部门应该探索制定收入分配制度方面的配套改革措施。探索各种生产要素参与收入分配的人才激励机制，激发创新型人才的创新动力，完善技术作价入股、科技成果参与分配等产权激励制度；逐步建立以技术入股制度、创新型人才持股经营制度，建立和完善以创新型人才拥有的专利、专有技术等知识产权作价入股参与经营和分配的制度，探索实行期权、期股激励政策，鼓励有条件的单位对单位内的各种创新型人才根据贡献给予一定数量的期权激励；探索对于高层次创新型人才的个人所得税，增加应纳税所得抵扣政策，对于作出了较大贡献的创新型人才可以考虑给予其个人所得税一定比例的财政补贴。最大限度地确保创新型人才在个人收入分配上的合法权益得到有效的保障。

（4）完善人事制度改革，破除限制人员柔性流动的制度性障碍

人才只有在使用过程中才能发挥其效能，因此各类创新型人才只有在合适的工作岗位上才能发挥其应有的创造性潜能。为了有效地实现各级各类创新型人才更好更快地发挥出自身的创造性潜能，为区域经济社会发展贡献力量，各级政府部门应该通过系统的人事制度改革，打破现存的制约人才实现跨行业、所有制、企业流动的人为性的体制障碍。在这方面表现得尤为迫切的是，由于我国受儒家"学而优则仕"传统文化的影响，加上我国人事制度改革的滞后性，各种事业性单位具有企业单位所不具备的各种社会福利保障，工作轻松稳定又有保障，吸引了大批高素质的创新型人才，但是由于体制内缺乏有效的激励措施，致使大批高素质的人才缺乏竞争和创新的激情和动力，不利于他们创造性潜力的发展。因此，为了盘活我国事业单位现有的这批宝贵的创新型人力资本存量的创新潜力，我们应该通过制度性的安排，允许他们在把编制保留在稳定的事业性单位内的前提下到竞争性比较强的企业性单位开展创造性的工作；另外，企业单位尤其是一些地处小城镇的科技型企业，即便提供非常高的薪水，也难以吸引到足够多的高层次创新型人才，因为他们无法提供对高层次创新型人才具有吸引力的稳定的事业性编制。在创新型人才的管理和服务实践中，我们不妨采取更为灵活的人事制度安排，可以探索由急需用人的小城镇的科技企业出面牵头，在大城市为他们需要的高层次创新型人才通过人事挂靠的形式获取事业性的编制，维持该项编制所需要的经费，可以由处于小城镇的企业单位负责进行筹

集,这样在不增加政府财政负担的情况下,既可以满足企业对创新型人才的现实需求,又可以在某种程度上满足高层次创新型人才获得社会认可自我实现的需要,实现高层次创新人才与科技产业之间的良性匹配。

3. 加大投入力度培育创新载体,为创新型人才提供广阔的发展平台

各级各类创新型人才的培育和开发必须依靠一定的创新载体和发展平台。一定区域内集聚的高科技产业、高等院校以及科研院所为各级各类创新人才的发展提供了汇聚的载体,各级各类创新型人才的聚集也为区域内高科技产业发展提供了强大的智力支撑,从而为形成产业集聚和人才汇聚之间的良性循环提供了可能。因此,各级政府应该重视通过各种途径和渠道加大资金投入,依托区域内的重点产业、重点项目、重点学科为各级各类创新型人才的创新活动打造坚实的创新平台,提高留学归国人员创业园、大学科技园、高新技术孵化基地、博士后科研工作站的利用效率。与此同时,还应该充分发挥科技风险投资中心、科技评估机构、专利代理机构、科技招投标机构等中介组织在促进创新成果转化、创新型人才培养、加快科技产业化过程中的作用,为各级各类创新型人才营造出良好的创新创业的外部发展环境。

4. 培育社会中介性服务体系,提升人才管理与服务的社会化水平

政府应充分发挥市场在创新型人才资源配置中的基础作用,通过采取配套性的政策措施,有效地调动各种社会中介性组织参与创新型人才管理与服务的积极性。加大各种创新型人才服务的基础性平台建设,加快创新型人才评价、培训、交流和信息、服务手段的产业化进程,不断丰富创新型人才服务的内容、品种、领域和功能,动态提升服务系统的容量和能级水平,为各级各类创新型人才提供多样化、个性化、高品质化的社会化服务。同时需要进一步大力整合现有的创新型人才服务资源,建立区域间创新型人才服务网络,推进区域创新型人才公共服务合作,增强服务系统的协同性、专业性,形成统一开放的创新型人才服务联网体系;加强对创新型人才中介机构的法规配套和市场监管,建立健全人才市场准入制度,鼓励民间资金、外资进入创新型人才市场,平等参与竞争,提高创新型人才市场的市场化、国际化水平。创新型人才市场体系健全后,政府应逐步减少行政干预,将主要精力集中在有关政策制定和宏观调控上,推动创新型人才市场的独立运营。

（二）发挥企事业单位在创新型人才管理与服务过程中的主体性地位

1. 树立以用为本的创新型人才开发理念，完善现代人才管理体系

各企事业单位应该在政府的宏观调控下，发挥在创新型人才管理与服务过程中的主体性作用。首先，在创新型人才的选用机制上，应该积极探索符合各类创新型人才特点的公开选聘、竞争上岗和择优录用的选用方法，促进各级各类创新型人才脱颖而出，人尽其才、才尽其用、用尽其时的人才局面。其次，在政府的指导下，逐步建立以品德、创新能力、创新贡献和业绩为导向的创新型人才评价机制，从规范职位分类与职业标准入手，探索一系列主体明确、各具特色的评价方式，力争形成对创新型人才分级分类分岗进行科学评价的机制，进而根据评价的结果对不同类型的创新型人才有针对性地加强管理和提供个性化的服务。比如，尤为迫切的一项改革就是应该在单位内部实行创新型人才在管理和技术两条途径上平行发展的"双轨道"运营体制，改革不同类型创新人才的评价机制和标准，适当提高工程型创新人才和技术型创新人才的待遇水平，使他们不必仅仅为了待遇的提高放弃自己擅长的技术性领域而去盲目地追求社会认可度较高但不是自己擅长的管理性岗位。

2. 完善创新型人才的培训及教育政策，确保创新人才的创新活力

用人单位应该注重完善对各级各类创新型人才进行培训的政策，有条件的企事业单位应该建立培训学校，有针对性地根据各级各类创新人才所从事的职业特点对其进行持续性的培训，为创新人才实现更好更快地发展提供全面的支持和保障。在具体的做法上，可以积极利用科研院所、高等院校的师资力量和研发力量，以委托培养、联合办班、课题开发、项目合作的形式为创新人才提供进修和参与科研项目的机会。比如可以考虑分别与各种类型的高等院校联合进行研究型创新人才、工程型创新人才、技术型创新人才、技能型创新人才的联合培养，一方面，可以实现与高校之间进行人力和物质资源的共享；另一方面，可以为本单位的各种创新型人才提供发挥特长的机会，多方面满足他们自我实现的需要，还可以为本单位的创新型人才队伍建设提供强大的人才储备。此外，用人单位还应该加强和专门性的培训机构的联系，实施"走出去"和"请进来"的策略，一方面，可以邀请有关专家教授前来有针对性

地为各级各类创新人才作报告或是进行业务指导；另一方面，可以选送优秀的创新型人才去接受学术深造和学术技术交流等。

3. 完善对创新型人才的激励保障政策，为他们创造舒适的生活条件

用人单位应该强化对各级各类创新人才的关爱激励力度。首先，要强化对创新型人才的薪酬激励机制，建立健全以绩效考核为主、与人才智力贡献密切挂钩的多元分配机制，将创新型人才的收入与岗位职责、工作绩效、实际贡献及成果转化的效益直接挂钩，将知识、技术、管理、技能等生产要素按贡献参与分配；其次，要切实强化对创新型人才的福利保障政策，落实各级各类创新人才的养老、失业、医疗、工伤、生育保险等政策，对一些特别优秀的创新型人才可以采取购买商业保险、缴纳补充养老保险的方式，以提高其整体福利待遇；再次，用人单位应该强化对各级各类创新型人才的住房保障政策，有条件的单位可以考虑利用自有土地或是政府提供的土地，自筹资金建设一批人才公寓，根据各级各类创新人才的实际情况，采取有针对性的对策，或是提供临时过渡住房、住房补贴、帮助申请政府提供的限价房等多种形式帮助他们解决住房问题。

4. 塑造宽容失败的创新文化，为创新型人才提供良好的创新环境

用人单位应该在单位内部塑造宽容失败的创新文化，为创新型人才提供良好的创新环境。宽松自由的创新文化会通过"辐射作用"影响到创新型人才的价值观和行为取向，使创新型人才普遍地认同和崇尚创新，并将创新成功作为自我价值实现的重要标志，从而积极主动地进行创新活动。在单位内部培养宽松自由、容忍失败、鼓励探索、激励成功的创新文化。首先，需要单位内全体成员达成尊重知识、尊重人才、尊重创造劳动的共识。其次，要加大对创新型人力资本的投入，根据不同类型创新人才的发展阶段和特点，制订长期和短期相结合的创新型人才培养激励计划，一方面可以有效地满足各类创新型人才自我发展、实现自我价值的需要；另一方面可以为单位的长远发展提供持续性的发展动力。最后，用人单位要营造有归属感的文化环境，表达对各类创新人才的人文关怀，增强企事业单位对优秀创新型人才的凝聚力，加强员工对所在单位的认同感和归属感，最大限度地发挥创新人才的潜力。

(三) 发挥社会中介性组织在创新型人才管理与服务中的桥梁和纽带作用

1. 加大对物质服务平台体系建设投入,提高创新型人才管理与服务的能力

依法独立设立的各种社会中介性组织在创新型人才供求信息的收集、整理、储存、发布和咨询,创新型人才信息服务网络服务、创新型人才推荐、创新型人才招聘、创新型人才培训、创新型人才测评等各项管理与服务领域扮演着重要的角色。但是由于在我国目前的制度性安排下,我国公共事业发展领域的改革相对滞后,各级政府职能部门在创新型人才管理与服务实践中处于强势的垄断性地位,可以利用自身拥有的各种便利条件,通过借助于各级政府管理机构的物质设施及其附属的基础性设施对创新型人才开展管理与服务。相较而言,社会上各种非附属于政府独立设置的中介性人才管理与服务机构以及各种行业性的专业协会,由于面临着公信力不足的限制,不能方便地获取财政性经费的支持,只能依靠自身通过社会其他渠道筹集发展的资源,实现滚动式的发展。在物质服务平台体系建设投入上显得相对不足,这严重地制约着社会中介性人才管理与服务组织在创新型人才管理与服务领域开展业务的范围和能力。因此,应该在政府宏观调控下,利用自身的行业属性和在某些专业领域的独特优势,发挥后发优势,科学谋划,通过多元化的筹资渠道筹集发展资金,加大对创新型人才管理与服务方面的物质服务平台体系建设的投入力度,比如可以联合多个区域的中介性人才管理与服务机构进行协同投资和建设,进而实现提高对创新型人才管理与服务的能力水平。

2. 加强制度体系及团队建设,提升对创新型人才管理与服务的水平

在我国目前的各种社会性人才管理与服务中介组织基本上是处在政府和市场的夹缝中获得生存的机会,它们所提供的管理与服务的业务范围非常狭窄。这些组织内部缺乏规范的工作业务规范和管理方面的科学运作机制,从业人员层次低而且来源复杂,对创新型人才所提供的管理和服务与政府部门提供的类似服务差异性不大,这些因素的存在不利于各种社会中介性人才管理与服务组织对创新型人才管理与服务能力和水平的提高。因此,各种社会中介性的人才管理与服务组织,应该加强内

部工作和管理制度规范化和科学化建设，细化业务领域，针对各级各类创新型人才的不同特征及不同成长发展阶段上需求的差异，有针对性地为他们在职业生涯规划、素质测评、业务培训等方面提供更具个性化的高附加值的管理与服务。同时各种社会中介性人才管理与服务组织，还应该注重引进各种高层次的专业性管理与服务人才，加强人才管理与服务团队建设，简化业务流程、提高业务水平，塑造良好的社会形象，提高对各级各类创新型人才的管理与服务水平。

3. 加强与政府、高校、企业之间的协作，拓展管理与服务的范围

各种社会性的人才管理与服务组织在参与创新型人才管理与服务的过程中，应该注重加强与政府各职能部门、高等院校、企事业单位之间的联系与合作，有效发挥连接政府、高校、企业之间的桥梁和纽带作用。及时掌握政府在科技产业、人才发展等方面的长期发展规划及相关政策、高等院校和科研机构目前学科发展动态及存在的问题、企事业单位对科技创新以及人才方面的需求等方面的信息。利用自身所具有的行业或某些专业领域的优势，通过广泛的社会调查并进行科学的论证，有针对性地分别为政府、高校和企事业单位提供富有建设性的高水平咨询报告。顺便可以从政府、高校、企事业单位等方面承接对创新型人才管理与服务方面的新业务，进一步拓展对创新型人才管理与服务的业务范围。比如，可以利用参与政府、高校、企业之间的产学研合作项目的机会，在创新型人才的科技成果向现实转化、技术开发推广、知识产权法律保护等方面为各级各类创新型人才提供高水平的专业性服务。同时还可以发挥自身广泛的社会联系，牵头为创新型人才从社会渠道获取创新创业资金提供帮助等。

4. 加强与国内、外同行的交流与联系，引领管理与服务的潮流

随着科学技术的发展进步，科技创新已经突破了有形的国家边界限制，各种科技创新资源和要素在全球范围内的整合和配置，使得传统的科研组织结构和创新方式发生了根本性的变化，技术全球化是经济全球化的重要表现形式。因此，各国在创新型人才资源开发过程中无不重视有效地利用国内和国外两种资源。各种社会中介性人才管理与服务组织，应该加强与国内外同行间的交流与联系，随时掌握经济和科技发展领域的前沿动态，并在创新型人才管理与服务过程中采取相应的对策，提升对创新型人才管理与服务的国际化水平。比如各种社会中介性的人

才管理与服务机构，可以在国家政策允许的情况下，通过多种不同的形式探索与国际知名的国际猎头公司和人才中介服务机构在中国境内设立中外合资或合作性质的人才中介服务机构，并结合中国各级各类创新型人才的特征及现实需求，有针对性地为他们提供能够有效地与科技全球化发展潮流接轨的管理与服务，主要包括帮助各级各类创新型人才实现知识结构的更新和技能的提升以及为他们实现出国进修、培训、参加国际学术交流等方面提供便利条件等。

综上所述，创新型人才管理与服务工作是一项复杂的系统性工程，需要在政府、企事业单位、社会中介组织和市场之间进行合理的分工与协作。具体来讲，应该在政府的宏观调控下，充分发挥市场在创新型人才配置中的基础作用、用人单位在创新型人才管理与服务中的主体性作用、社会中介组织在创新型人才管理与服务中的桥梁纽带作用。唯有如此，才能真正把创新型人才管理与服务工作落到实处，调动起各级各类创新型人才的创新热情，切实提高创新型人才开发的质量和效益，为区域经济社会实现又好又快发展提供强有力的智力支撑和人才保障。

第六篇　广东高校分类体系建立及分类管理研究*

一　研究背景

定位是高等学校发展战略的一个重要组成部分，是高等学校顶层设计的重要内容。我国高校广泛开展定位工作始于第一轮本科教学工作水平评估期间，目前，就我国普通高校定位情况来看，存在许多问题，已经影响到国家完善的高等教育体系的构建，尤其是高校类型定位存在的问题尤为突出。因此，《国家中长期教育改革和发展规划纲要（2010—2020年）》中提出："建立高校分类体系，实行分类管理。发挥政策指导和资源配置的作用，引导高校合理定位，克服同质化倾向，形成各自的办学理念和风格，在不同层次、不同领域办出特色，争创一流。"就高校类型定位而言，问题首先是源于错误的学校类型分类标准。分类是定位的前提，定位是分类的目的。为此，在我们国家高等教育发展进入大众化之际，对高校类型进行重新分类并进行定位显得十分紧迫。

首先，国内外高校类型分类及其局限是本研究的背景之一。

国外关于高校类型的权威划分莫过于美国卡内基的《高等院校分类》标准，在其2000年版的标准中，就将高等院校划分为8类，即：博士/研究型大学－E类；博士/研究型大学－I类；硕士学位授予院校I类；硕士学位授予院校II类；学士学位授予学校－普通学科类；学士/副学士学位授予院校；副学士学位授予院校。我们国家关于高校类型的划分，目前得到广泛认可的是广东管理科学研究院课题组所作的教学

---

* 本篇的部分内容刊发在《教育研究》2013年第8期上。

型、教学研究型、研究教学型、研究型的学校类型划分。

我们国家近年来又出现了一种新的学校类型划分方法,即研究生院大学、普通本科院校和高等职业院校。浙江大学课题组在将具有研究生院的大学视为一种类型时强调了四点理由:一是由于我们国家的研究生规模已经很大,传统的将普通高校分为本科、高职院校已经不合适;二是可以较好地解决国家教育统计中将高校分为研究生培养机构(普通高校、科研机构)和普通高校(本科院校、高职院校),进而造成子项相容、交叉重复的问题;三是大学的研究生院依据相关规定严格设立;四是我国《行业分类标准》(GB/T4754—2002)中,在"8441普通高等教育"条目下,研究生院与本科院校、专科院校是并列的。事实上,若从研究生培养的角度来划分学校类型,倒可以依据有无研究生来划分为有研究生院校和无研究生院校,因为研究生教育与普通本专科教育确实有实质性差别,不仅带来教育思想与理念的变化,更重要的是带来人才培养模式的变革,以及资源配置方式等内部管理制度的改变,这些无疑引起学校质的变化。由于研究生院目前是高校内部管理的一个普通机构,还没有因研究生院的设置而引起学校内部管理体制尤其是人才培养机制的革命性变化。因此,有无研究生具有实质性意义,而有无研究生院并不具有实质性意义。因而我们国家的研究生院目前还不能成为划分学校类型的依据。

对高校进行类型划分与定位的目的应从两个方面来考虑,一个方面是教育的内部,即为了便于高等学校处理学校之间的联系问题,如分工与合作的问题、错位发展的问题、互相学习借鉴问题等,进而高校之间能够和谐发展,实现建立完善高效的高等教育系统的目标。高等学校内部的核心职能是人才培养,只有人才培养才能成为学校的合法"身份",学校类型分类的主要依据也只能是人才培养;另一个方面是教育的外部,这一点同样十分重要,因为高等教育系统作为社会系统的一个重要组成部分,与各个部门的联系只能加强而不能削弱,"象牙塔"已经不复存在。因此,对高校进行类型划分与定位必须要考虑到社会的需求。社会对高等教育的最大需求莫过于人才,社会需要从学校类型中了解到他所关心的最多的信息莫过于关于人才的信息,如学校培养的是研究型人才,还是应用型人才,是高级研究型人才还是一般研究型人才,是高级应用型人才还是一般应用型人才等等。这样的信息无论对于政府的规划和宏观调控以及公众都是至关重要的,而这一点目前显然无法从现有的学校类型分类中得到答案,但其恰恰是高校与社会相衔接的一个重要信息渠道,学校为社会输送的主要是人才,社会需要高校的也主要是人才。

另外,我国高校定位状况及问题是本研究的背景之二。

目前我国普通高等学校的类型定位均是按照教学型、教学研究型、研究教学型、研究型进行定位的。前面我们已经讨论了这种类型划分的不科学性,现在我们要揭示的是,即便这种类型划分是科学的,在目前的高校类型定位中仍然还有一些令人匪夷所思的问题,这种普遍存在的问题背后所反映出的深层次问题会对我们国家高等教育的发展产生至关重要的影响。因此,我们必须予以彻底地揭露出来,以避免在新的类型定位与其他定位中重蹈覆辙。

在本研究的预研中,从教育部教育评估中心网站上共收集了 350 所普通本科高校第一轮教学工作水平评估自评报告,其中"学院"数为 181 所,"大学"数为 169 所。通过考察发现,350 所高校全部按照教学型、教学研究型、研究教学型、研究型"四分法"对学校的类型进行了定位,其中有 197 所占总数 56.3% 的高校定位为教学型,有 96 所占总数 27.4% 的高校定位为教学研究型,有 6 所占总数 1.7% 的高校定位为研究教学型,有 51 所占总数 14.6% 的高校定位为研究型。另外,通过对"985 工程"和"211 工程"高校的考察,发现 92.3% 的"985 工程"大学明确定位为研究型大学,另有 3 所大学关于类型的定位不详(中山大学、中南大学和国防科技大学);56.8% 的"211 工程"大学明确定位为研究型,另有 12.7% 的"211 工程"大学定位为研究教学型或教学研究型。

从"学院"与"大学"定位情况来看,定位为教学型的"学院"157 所,占总数的 44.9%,占教学型学校的 79.7%;定位为教学型的"大学"40 所,占总数的 11.4%,占教学型学校的 20.3%;定位为教学研究型的"学院"22 所,占总数的 6.3%,占教学研究型学校的 22.9%;定位为教学研究型的"大学"74 所,占总数的 21.1%,占教学研究型学校的 77.1%;定位为研究教学型的"学院"0 所;定位为研究教学型的"大学"6 所,占总数的 1.7%,占研究教学型学校的 100%;定位为研究型的"学院"2 所,占总数的 0.6%,占研究型学校的 3.9%;定位为研究型的"大学"49 所,占总数的 14%,占研究型学校的 96.1%。

具体定位情况如表 6-1 所示。

表6-1　　　　　　　　各类型高校定位情况

类别 类型	"学院"校数	"学院"比率1	"学院"比率2	"大学"校数	"大学"比率1	"大学"比率2	合计校数	合计比率1	合计比率2
教学型	157	44.9%	79.7%	40	11.4%	20.3%	197	56.3%	100.0%
教学研究型	22	6.3%	22.9%	74	21.1%	77.1%	96	27.4%	100.0%
研究教学型	0	0.0%	0.0%	6	1.7%	100.0%	6	1.7%	100.0%
研究型	2	0.6%	3.9%	49	14.0%	96.1%	51	14.6%	100.0%
合计	181	51.8%		169	48.2%		350	100.0%	

说明：比率1表示占总体被调查高校总数中的比例；比率2表示占同类型高校中的比例。

以上数据说明，"学院"和"大学"与教学型和研究型有着密切的相关性，"学院"是教学型高校的主体，"大学"是与研究型有关的高校主体。这一点也证明了"学院"之所以要升格为"大学"的目的，因为只有先升格为"大学"才有可能实现进一步转型的目的，升格只是阶段性目标，实现研究型才是最终目标。就目前我们国家关于"学院"与"大学"设置的有关要求而言，"大学"的办学实力确实要强于"学院"，包括学科门类的多少、研究生的招生规模等，但以此来界定或作为学校类型定位的依据是错误的。

定位中的问题不止以下三点，以下三点只是其中的主要方面。

第一，不断变化的学校类型定位不符合教育发展规律。目前定位为教学型，今后发展目标是教学研究型的39所，占11.1%；目前定位为教学研究型，今后发展目标是研究教学型的4所，占1.1%；今后发展目标是研究型的11所，占3.1%；目前定位为研究教学型，目标是研究型的5所，占1.4%；以上动态定位的共计58所，占16.6%。由于这一定位恰逢本科教学工作水平评估，为了充分体现学校端正的办学思想与理念，一些学校对待定位是比较理性的，也就是说这一数字是比较保守的，事实上，评估之后可能会明显地高于这一数字。

高校类型定位是学校的顶层设计，是牵一发而动全身的事情，因此是一件非常严肃的事情，一旦确定，随之要对人才培养模式以及资源配置方式进行相应设计，整个过程需要一定的时间。可见，学校类型的定位及其人才培养目标的实现不是一朝一夕的事情，由此也决定了学校类型的转型不是一件容易的事情，不可能也不应该在几年或十几年内就作出调整。因此，学校类型的定位要保持足够长时间的不变，甚至是永远不变。只有这样才能够真正实现定位的目的，那种几年由一种类型转向另一种类型的企图不仅是不可能的，也是对高等教育思想的亵渎。

第二，将研究型大学作为学校类型定位终极目标的倾向有违事物发展的客观规律。上面的一系列数字表明，"由教学型发展为教学研究型，进而建成研究教学型，直至成为研究型"已经成为我国高校发展的一条常规技术路线。这不仅是不可能的，也是不应该的。之所以说是不可能的，原因就在于任何事物的发展都需要多样化，只有多样化才能实现生态的平衡，否则就是灭亡；之所以说是不应该的，原因就在于，经济社会的发展需要各种类型的人才和功能各异的高校，只有学校的多元才能满足经济社会发展多样化的要求。其实这点道理任何一位大学校长都是明白的，只不过是每一位校长都想把自己的学校建成研究型，而不想别人的学校如此，正是都出于这种个人主义的竞争才有了今天的结局。尽管个人主义的竞争符合各自的学术发展志向，但这不符合整个高等教育学术发展的抱负。这种现象不足为怪，在20世纪50年代的美国，"当时全国的州立学院都想成为羽毛丰满的研究型大学"，"有些社区学院喜欢成为四年制学院，他们也想扩大到包括全州"。现在的关键是要尽快有效地采取措施以遏制这一现象的蔓延，否则将严重影响到我国完善高效的高等教育体系的建立。

第三，将学校类型作为学校发展目标与学校类型定位的本质相悖，因为各种类型学校是"定"出来的，而不是建出来的。之所以这样讲，原因就在于三种类型的学校其根本区别在于人才培养目标的不同，其外在的表现在于人才培养模式的不同以及资源配置方式的不同，不同的人才培养目标决定了不同的人才培养模式以及资源配置的方式。而人才培养目标不是通过建设才明确的，是通过定位明确的，是因为有了明确的人才培养目标，才有了与之相适应的人才培养模式和资源配置方式。人才培养目标是顶层设计，培养模式和资源配置方式则是建设过程。在人才培养目标确定之后，虽然选择了与之相适应的人才培养模式和资源配置方式，此时可能还会出现一种情况，即不同高校其人才培养质量差异较大，这应属于人才培养质量问题，是一种正常情况，是一种质量规格多样化的表现，因为各个学校的生源不同、校园文化环境不同、资源配置的效率不同等诸多因素都会导致人才培养质量的差异；在人才培养目标确定之后，由于无法选择与之相适应的人才培养模式和资源配置方式，导致人才培养目标无法实现，这不应简单归结为人才培养质量问题，而是学校类型定位即学校人才培养目标选择问题，这一问题无法在建设过程中去解决，只能通过重新定位来解决。因此不应将某种类型作为建设目标，学校类型只是学校发展的一种路径选择。

我国高校类型定位过程中存在的高校不断变换类型定位、把研究型大学作为终极目标来追求的趋势以及把学校类型作为学校发展目标等问题。其背后蕴含着深层次的原因。

一是高校定位的理论对高校定位实践的指导力十分有限。高校分类与定位的理论研究刚刚起步，目前我国学者的专著只有陈厚丰的《中国高等学校分类与定位问题研究》、浙江大学课题组编著的《中国高等学校的分类问题》和邱德雄的《我国普通高校定位的理性选择》三本，前两本主要研究的是分类问题。另外利用"高校定位"关键词在CNKI中搜索到有关论文109篇，其中博士论文1篇，硕士论文9篇。国内学者对高校定位的研究主要集中在三个方面：一是高校定位内涵分析，二是高校定位意义探索，三是高校定位原则与方法探讨。虽已取得一些成果，但不足仍比较突出：一是高校定位研究的内容窄且浅，对于一些基本理论问题揭示得不够，尚未形成高校定位理论；二是研究方法单一，基本限于思辨性研究，对目前高校定位问题的揭示只是凭借个人的直觉或单一现象的考察，没有大范围的实证研究，没有揭示清楚高校定位问题的程度及其对高等教育系统的深远影响；三是研究内容过于宏观，对具体高校定位缺乏指导；四是存在将分类与定位视为一体、重视分类而忽视定位，甚至以分类代定位的现象。由于人们认识上的局限，在高校分类与定位的理论研究中，甚至还出现了错误的地方，如将科研职能作为类型划分的依据，进而导致高校定位的混乱。

二是源于学校和社会对待学校类型分类与定位认识的偏差。我国实行的是中央和省（自治区、直辖市）两级管理高等教育的体制，相应地将高等学校分为教育部（或其他部委属）和省属高校，这种划分的初衷本来是为了明确管理权限和责任，提高高等教育的管理效率和办学效益。但是在具体的执行过程中，却被扭曲为国家级和省级之间的层级属性之分，实为等级高低贵贱之分。在人们传统的观念中，研究型大学水平就比应用型高。这样的认识也给部委属、研究型高校带来更多好处，包括社会地位的提升、社会资源的获得、学生就业的优势等。事实上，国家在重点建设一部分高校的政策下，也着实造成不同类型高校之间以及同一类型不同级别的高校之间"贫富差距"越来越大，造成贫者越贫，富者越富的"马太效应"。教育资源充裕的高校其教育质量和学校发展相对就有保障，资源贫乏的高校教育质量和学校发展就得不到有效保障。在这样一种背景下，学校为了更好地生存和发展，向着有利于获得更多更好教育资源的方向努力，进而形成攀比之风便是一种自然现象。

三是与政府的宏观指导与调控力度不够有关。据初步考察，到目前为止，我们国家就没有相关的高校分类与定位的法律法规以及专门的文件，也没有从国家层面作出相关的工作部署，全国性的有关高校定位的要求只出现在本科教学工作水平评估指标体系中。尽管个别省的教育主管部门如黑龙江省教育厅，在进入21世纪之初曾经组织普通本科高校开展过这项工作，但定位并没有形成最终的具有法律效力的文件，包括校内和校外的文件。因此，可以讲目前的高校定位基本处于高校各自为战的状况，都是学校依据自己的传统、现实发展状况所作出的判断而进行的，这其中缺少各级政府对高校定位的基本要求，而这一点恰恰应是高校定位的一个重要遵循。正是由于缺少这样的遵循，才出现了随便或因学校主要领导更迭而变换定位类型以及盲目追求研究型的现象。

二 高校分类管理的内涵

高校分类与高校分类管理是两个基本概念，高校分类体系、高校分类管理方案则是两个派生概念。厘清基本概念的内涵及其某些关系是实施高校分类管理的重要前提。

（一）高等学校分类与分类体系之内涵

分类作为一种研究方法，最早起源于人们对生物的多样性及其相互关系和亲缘关系的研究，后来逐步发展到用于企业管理中，今天已经成为人类认识和观察世界的基本途径，也是人们从事自然科学、社会科学、人文科学研究较为常用的一种研究方法。这种分类称为"科学分类"，与"原始分类"相对应，现代人们所称"分类"在没有特指的情况下即为"科学分类"，本研究亦是如此。但关于何谓"分类"的解释，我们并未从《现代管理词典》[①] 和《社会科学新词典》[②] 中找到答案，法国学者涂尔干在其著作中写道："所谓分类，是指人们把事物、事件以及有关世界的事实划分成类和种，使之各有归属，并确定他们包含关系或排斥关系的过程。"[③] 尽管作者对这一概念的解释更多地源于"原始分类"现象，但对我们理解"科学分类"仍具有十分重要的价值，因为"科学分类"源于"原始分类"，二者没有本质区别，所不同的是"原始分类"是一种自然过程，而"科学分类"则是一种人类的积极主动行为。因此，笔者认为，分类是指分类主体依据事物某种可观察或可测量的特性而对事物进行的区分、归类现象，目的在于对同类事物之间或不同类事物之间关系进行深入揭示进而对事物发展采取某种行动。这里面有如下三点值得进一步阐述：第一，分类一定是分类主体基于某种"依据"进行的，这个"依据"既是事物的某种属性，也是人们的一种主观判断；第二，分类既可以是对两种或多种不同属性事物所进行的区分，即认定某事物"不是什么"，也可以是对两种或多种相同属性事物的归类，即认定某事物"是什么"；第三，分类的结果必然导致同一类事物之间建立起了某种特殊联系，而与另一类事物之间则形成了一种排斥关系，二者之间的界限是分类的结果。

研析高校分类管理这一概念，首先需要对其上位概念即高校分类进行解读，解析高校分类的内涵。目前国内有一些学者虽然进行了高校分类的研究，但大多是越过了对高校分类这个概念的解读而直接进入了高校分类实践研究，大家都不约而同地将目光集中在了高校分类体系的构建上而忽略了何谓高校分类，因此关于高校分类的内涵目前也缺少共识性的界定。陈厚丰教授认为，所谓高校分类是指"在国家教育行政部门主持下，组织高等教育研究机构或专家、学者根据一定的标准（如高校的社会职能和高校的特点）将高校划分为不同的类别或能级（包括类

---

① 《现代管理词典》编委会：《现代管理词典》，武汉大学出版社 2009 年版。
② 汝信：《社会科学新词典》，重庆出版社 1988 年版。
③ ［法］爱弥尔·涂尔干、马塞尔·莫斯：《原始分类》，上海人民出版社 2000 年版，第 4 页。

型和层次），它具有复杂性、多样性、相对稳定性等特点。"① 通过考察目前我国高校分类实践，以及笔者的思考，本研究认为，高校分类是指分类主体依据反映高校本质特征的某一个标准将高校进行类型或层次划分的现象，或者是按照某一标准将具有共同特征的高校进行归类的现象。这一概念包括两个方面的内涵，一个方面是预先设定标准，学校经过发展后具备了这样的特征即为这一类学校；另一个方面是基于现有高校的特征进行归纳，将不同特征的高校进行区分、同一特征的高校进行归类。

笔者对高校分类的解读虽然与陈厚丰教授有所不同，但有一点是一致的，即均强调分类标准，本人研究认为任何一种分类都是在特定的标准下对事物的某些特性所进行的观察。因此，分类标准就是分类的核心要素，不同的分类标准导致不同的类型，而分类标准取决于不同的分类目的，有什么样的分类目的就会有相应的分类标准。分类目的来自于分类主体，是分类主体价值选择的结果，不同的分类主体其目的往往是不同的。例如有学者认为，高校分类的目的在于，"通过合理分类，为高等教育和高校自觉、自主发展提供适切的视角、背景和基点，从而引导其合理分工、科学发展。"② 也有学者认为，高校分类与定位的基本目的在于"构建一个符合社会主义市场需要的、符合创新型国家建设需要的健康的高等教育体系"③。还有学者认为，"分类的最终目的是超越分类，实现高校的个性化发展以及整个高等教育系统的多样化发展。"④ 陈厚丰认为，高校分类的目的"是在相同类型和层次的高校之间引入竞争机制，通过发挥横向比较和办学资源配置政策的导向作用，使高校做到分工明确、定位准确，形成各自不同的办学特色，从客观上引导高校更好地分级分类办学，为国家经济建设、科技进步和社会发展服务，最

---

① 陈厚丰：《中国高等学校分类与定位问题研究》，华南大学出版社2004年版，第32页。
② 陆正林、顾永安：《高等教育分类的方法论思考》，《教育发展研究》2011年第11期，第55页。
③ 浙江大学课题组：《中国高等学校的分类问题》，高等教育出版社2009年版，第7页。
④ 赵婷婷、汪乐乐：《高等学校为什么要分类以及怎样分类？——加州高等教育规划分类体系与卡耐基高等教育机构分类的比较》，《北京大学教育评论》2008年第4期，第178页。

大限度地发挥高等教育资源的效益。"①

以上几种观点显然是出于不同的视角而得出的结论,它们之间并不一定矛盾。由此表明,高校分类的核心在于分类标准的选取,因为分类标准既是高等教育属性的体现,也是分类主体教育价值观的体现。因此,高校分类标准的选择是至关重要的,非本质属性的分类标准势必导致分类的混乱,误导高等教育实践。从笔者对高校分类的概念界定中可以看出,高校分类的主体是多元的,政府、社会和高校都可以是高校分类的主体,而且其目的各有侧重。政府作为分类主体的目的更多地在于关注管理的效能,提高政府管理高校的能力与水平,最终建立一个功能强大的高等教育系统。基于这样一种目的,政府的分类标准往往出于高等教育管理的需要,例如公立与私立、营利性与公益性、办学层次等就成为不可或缺的分类标准,因为公立与私立涉及投资问题,办学层次涉及结构与规划问题,而这些问题都是高等教育管理的重要内容;社会组织作为分类主体的目的更多地在于解读高校,便于公众了解高校的办学,进而更好地参与办学、监督办学,甚至是对高校作出选择。基于这样一种目的,社会组织在分类标准的选取上往往侧重于反映学科专业的设置、办学水平、办学实力、服务面向等一些指标;高校作为分类主体的目的则更多地在于明晰高校的特性与职能,科学定位,避免学校之间不合理的竞争、不必要的冲击和影响,最大限度地办出自己的特色,实现各自的良性发展。基于这样一种目的,高校在分类标准的选取上往往注重那些反映高等教育特性的指标,如学校的层次、学科的综合性、学校的职能、学校的特色等这些与办学、人才培养、科研等密切相关的指标;学术界作为分类主体的目的更多地在于揭示大学的本质、大学的属性、大学存在的价值与意义、大学的演变、大学的发展趋势等信息,基于这样一种目的,在高校分类标准的选取上往往看重办学的思想与理念、学校职能的发挥、教师与学生的权力作用、大学的传统等指标。例如英国将大学划分为古典红砖大学、早期的多科技术学院、早期的技术学院和20世纪60年代的绿地大学等不同类型,这种大学分类方法就是

---

① 陈厚丰:《中国高等学校分类与定位问题研究》,华南大学出版社2004年版,第32页。

基于"纯学界"的研究。① 美国卡内基高等教育机构分类就是应研究美国当时高等教育问题之需要而诞生的②，美国加州高等教育总体规划虽然不是专门的高等教育机构分类，但无形之中还是形成了初级学院、州立学院和加州大学这样的分类结果，这一结果是出于高等教育管理——主要是高等教育规划——的需要而产生的。③

由于高等教育系统的复杂性，决定了任何一种分类标准都不可能将高等教育的本质属性完全囊括其中，分类主体、分类标准、分类目的的多元是高校分类的特征。因此需要根据不同的目的采用不同的标准对高校进行分类。即使是同一个分类主体出于单一性目的的考虑，许多情况下也需要采用多种分类标准来进行分类，由此就会形成多种多样的分类结果。各种分类结果的集合就构成了高校分类体系。但是，这里需要强调的是，分类体系并非各种分类标准及其分类结果的一个简单汇总或拼凑，而是按照一定的逻辑关系建立起来的一个有机整体，正是分类标准之间这种必然的联系才形成了一个完整的分类体系。目前我国各种高校分类标准之所以无法形成一个完整的高校分类体系，原因恐怕就在于此。可是，在高等教育实践中，无论是出于什么目的，正如有的学者所言，"我们需要的不是一种好的高等教育分类标准，也不是由一些杂糅了许多分类标准的'四不像'，而是由一些相互联系又各自独立的高等教育分类标准构成的一套完整分类体系。"④

（二）高校分类管理与分类管理方案之内涵

高等教育管理理论认为，高等教育管理包括宏观高等教育管理即高等教育行政管理和微观高等教育管理即高等学校管理。"高等教育行政管理是国家教育行政部门依据高等教育发展的规律和国家高等教育的目的，有计划地协调整个高等教育系统的各种关系和资源，确保国家培养

---

① 雷家彬：《分类学与类型学：国外高校分类研究的两种范式》，《清华大学教育研究》2011年第2期，第116页。
② 赵婷婷、汪乐乐：《高等学校为什么要分类以及怎样分类？——加州高等教育规划分类体系与卡耐基高等教育机构分类的比较》，《北京大学教育评论》2008年第4期，第174页。
③ 王道俊译：《美国加利福尼亚州高等教育总体规划》，人民教育出版社2005年版，第V页。
④ 陆正林、顾永安：《高等教育分类的方法论思考》，《教育发展研究》2011年第11期，第55页。

高层次人才目标实现的过程。"高等学校管理"是指实施高等教育活动的高等学校依据高等教育目的和高等教育发展的一般规律,有意识地调节高等学校内外部的各种关系和资源,有效地达到既定的高等教育系统培养各级各类高层次专门人才的目的的过程"[1]。高校分类管理既不同于高等教育行政管理,更不同于高等学校管理。高校分类管理是指管理主体围绕着管理目标,遵循高等教育发展规律,对不同类型高校分别进行组织、协调、规划、引导、控制、服务等的一系列活动。从上面的讨论中可以看出,高校分类的目的是多样的、宽泛的,但高校分类管理的目的是单一的、具体的。有学者认为,"高校实施分类管理,出发点在于缓解高校办学模式趋同与社会对高等教育多样化需求之间的矛盾。"[2]本研究认为,高校的分类管理在于通过高校职能分工与办学定位,通过政府宏观引导、协调以及社会的广泛参与,实现政府制定科学的教育发展规划和实施分类指导与服务,推进高校现代大学制度建设,优化高等教育系统结构,建立多样化的,不同类型高校之间协调发展、同类型高校之间竞争发展的高等教育体系。高校分类管理不是一个简单的单项教育制度创新问题,而是一系列的高等教育制度变革,包括教育思想与理念的革新,其打破的是有关政府、社会、高校三者之间现有关系的不合理模式,建立的是高等教育的新秩序。

高校分类管理的本质是在高校多样化的前提下实现不同类型高校之间的分工与合作,高校分类管理的价值在于引导不同类型的高校在多样化的高等教育体系中,各安其位,办出特色,因为随着社会分工的日益精细化发展,以及高等教育大众化的推进,"精英"教育和"大众"教育同时并存,高等教育机构也相应地分化为不同的类型,不同类型的高等教育机构承担着不同的职能,整个高等教育系统功能的发挥需要通过不同类型的高等教育机构来实现,任何试图通过单一类型的高等教育机构来实现整个高等教育系统功能的尝试都是不现实的。作为具体的高校来讲,必须给自己准确定位,发挥自身的比较优势,扬长避短,坚持有所为,有所不为。

---

[1] 薛天祥:《高等教育管理学》,广西师范大学出版社2001年版,第107—109页。
[2] 习勇生:《我国高校分类管理研究十年(2000—2009)》,《评价与管理》2011年第2期,第17页。

高校分类管理更多的还是一种教育理念、一种教育思想，而高校分类管理方案则是这种教育思想、教育理念在教育管理实践中的具体体现，是高校分类管理实践的具体举措和运行模式，是实现高校分类管理目的的具体办法。高校分类管理方案是分类管理主体与分类管理对象协商的结果，一旦形成便具有较强的约束力。高校分类管理方案既可以是某一分类管理主体的独立行为，也可以是多个分类主体共同作用的结晶。单一主体的分类管理方案往往比较容易达成共识，但其影响力相对要小一些，实施效果也会大打折扣。多主体的分类管理方案则相反，虽然达成共识较难，需要反复地博弈，但影响力较大，实施效果更佳。美国加州高等教育总体规划方案就是高校、政府和社会三方博弈的结果，但从该规划方案中我们仍然可以看出，高校在三方分类管理主体中处于主导地位。这里需要指出的是，多方主体的分类管理不意味着处于主导地位的主体对其他主体利益诉求的漠视，这种主导地位体现在协调工作上，是协调工作的组织者，而不是利益的主导者。就目前我国和广东省的实际情况而言，没有哪一类高校能够承担起分类管理的主导作用，目前也没有能够有如此担当的社会中介性组织，分类管理的主导者只能是政府。因此，本研究主要是从政府的视角，兼顾高校和社会来探索我国尤其是广东省高校分类管理的理论与现实问题。

（三）高校分类管理与高等教育分类管理之区别

目前，从现有的研究文献可以看出，无论是政府管理部门的人员，还是高校的工作者，或者是教育理论研究者，多数人员都没有对高等教育分类管理与高校分类管理加以区别，而是将这两个概念混同使用，事实上二者是有严格区别的。有学者利用系统论分析了高等教育分类的内涵，认为"所谓高等教育分类，是指参与高等教育系统运行的多方利益主体，根据高等教育系统内外部环境的变化和高等教育系统自身发展的需要，将高等教育系统分化成性质不同且相互联系的类型和层次，从而实现高等教育系统整体优化和多样化发展的过程。"[1] 陈厚丰教授认为，高等教育分类"是指人们为了更好地认识、研究和引导高等教育发展而将高等教育系统划分为不同的类型和层次，从而确定高等教育系统中各

---

[1] 康宏：《我国高等教育分类的系统思考》，《江苏高教》2007年第3期，第19页。

个子系统及其要素之间的相互关系（种属关系、并列关系、层次关系）的过程。"① 从概念中，我们可以看出高等教育分类与高校分类是有明显区别的。

高等教育分类管理与高校分类管理二者之间的区别首先体现在高等教育与高校这两个概念的差异上：高等教育与高校分属两个不同的概念，二者既有区别又有联系，高等教育是一个抽象的形态概念，表现的是一种社会现象，高校是一个实体概念，表现的是一种社会组织机构，是实施高等教育的机构；高等教育分类管理和高校分类管理的区别还体现在二者在分类管理的具体内涵和外延上的差异：高等教育分类管理是针对不同形态的高等教育所进行的分类管理，高校分类管理是针对不同类型的高校所进行的分类管理。但二者之间同样具有一定的联系，高等教育分类管理具有宏观性和整体性，高校分类管理具有微观性和具体性，高校分类管理是高等教育分类管理的主要内容，高等教育分类管理更多地需要通过高校分类管理体现出来。本研究面对的是高等学校分类管理，而且主要是普通高等学校的分类管理。

（四）高校分类、高校定位与高校分类管理之关系

分类的目的是多种多样的，既可以出于高校定位和高校分类管理的目的进行高校分类，也可以出于他种目的进行高校分类；高校定位的目的也是多元的，既可以出于高校分类管理的目的进行高校定位，也可以出于高校自身对办学特色的追求等他种目的进行高校定位。当高校分类和定位均服务于高校分类管理的时候，三者就构成了一个完整的"链条"，形成了一个整体。分类管理的首要前提是高校分类及其分类体系的构建，其次是高校定位，没有分类，就无法定位，更无法实现分类管理；只有分类没有定位与分类管理，或只有分类与定位没有分类管理，显然缺少足够的驱动力，都无法实现出于分类管理的分类与定位的目的。分类的功能有两个，第一个功能是解释功能，即对高等学校的特性进行阐释，不同类型的高校具有不同的特性；第二个功能是导引功能，即对高校特性的形成予以预设和引导，使其发展并成为某一类型的高

---

① 陈厚丰：《高等教育分类的理论逻辑与制度框架研究》，广东高等教育出版社2011年版，第41页。

校。高校分类管理能够促使这一功能彻底地实现,因为分类不等于分类管理,分类亦不能代替分类管理,当分类是出于分类管理需要的时候,分类是分类管理的一个环节,是分类管理的一个组成部分,此时分类、定位与分类管理这三者的目的是共同的,三者是实现同一个目的的三个必要环节,缺一不可。美国加州高等教育规划正是因为其没有仅停留在将高校划分为加州大学、州立学院和初级学院这一分类上,而是在此基础上实施了对不同类型高校进行职责划分、采取不同的资源配置方式等分类管理的重要步骤,进而才取得了令全世界瞩目的高等教育发展成就。

三 高等学校分类管理的目的与意义

(一) 高等学校分类管理是高等教育规模发展的必然结果

高等学校分类是高等教育发展到一定阶段时的一种必然现象,之所以说是必然现象,这是由经济社会发展对高等教育多样化的需求、高等教育规模扩张之后高等学校职能的分化以及提高高等教育管理效益的需求所决定的。

首先,多样化的高等教育是高等教育适应经济社会发展的必然结果,而高等教育分类管理有利于高等教育的多样化,往往与高等教育多样性伴生伴随。从高等教育系统与社会系统之间的关系上来看,高等教育规模扩大之后,高等教育与经济社会之间的对应关系,已经由原来简单的一一对应形态,转变为一对多的对应形态。面对着已经发生深刻变化的经济结构和社会结构,高校的毕业生就业面向进一步拓宽,已经不再局限于传统的国有企事业单位,大部分高校的毕业生供职于现代服务性行业密集的所有制形态多样化的中小型企业,现实中还有部分高校毕业生需要通过自主创业和其他形式来实现灵活性就业;高校的科研服务和科研成果的转化,也不再仅仅局限于完成国家下达的科研计划,各高校可以根据自身的实际以及企事业单位的委托,开展新的科学研究。伴随着高等教育功能和形态的分化,在传统计划体制下发展起来崇尚"博雅教育"的精英教育模式已经与经济社会发展的现实需要之间出现了相当大的差距,因此部分大学需要从研究"窄而深"的所谓"高深学问"的"象牙塔"中走出来,回应社会的世俗需求,研究一些不太高深的学问，进行非学术性的职业化教育的办学定位。

高等教育多样化表现为一系列质的渐变过程，其标志可以是培养目标、办学模式、人才培养模式、管理模式、课程体系、教学内容和教学手段等方面的多样化。高等教育多样化的核心是高等教育结构的多样化，以及高等教育人才培养质量的多样化。高等教育结构的多样化包括层次、类型和区域布局结构的多样化。高等教育质量的多样化包括高等教育质量观、评价标准、评价主体、评价内容和评价方式等方面的多样化。高等教育的多样化既是高等教育适应经济社会发展需要的必然结果，也是高等教育自身规模发展的必然结果，高等教育规模的扩大必然带来高等教育层次、类型、人才培养规格等方面的多样化；高等教育的多样化不仅可以最大限度地满足具有各种不同个性与需求的学生的要求，也可以最大限度地满足多样性的经济社会发展对高等教育的需求。高等教育的多样化是满足经济社会发展以及受教育者个人需要的有效途径。

其次，高等教育自身规模的扩张必然导致高等教育系统内部功能的分化，而系统功能的分化不能是杂乱无章的，有序的高等教育功能分化需要外部的规范与引导，只有这样才能进一步强化高等教育系统的整体功能。克拉克·克尔指出，"现代高等教育系统的一个必不可少的原则是功能的分化，从功能的分化接着就是财政资助的分化和管理的分化。……一个有效的高等教育系统必须以一种方式或另一种方式分化它的构成院校。"[1] 从我国和广东省高等教育体系内部的关系来看，已经从传统精英教育形态中分化出了民办高校、独立学院、多种所有制成分共存的新建高职院、地方属新建本科院校以及非学历教育等新的高等教育形态。但这些教育机构在整个高等教育体系内较传统精英高等教育机构无论是在学校的招生、办学经费、师资力量的配置、学生就业、教师发展等方面仍处于从属地位。新的高等教育形态为了改变自身发展所面临的不利地位和环境，不可避免地在具体办学的过程中模仿传统的研究型大学追求学术化的办学模式和目标定位，以非学术化的办学实践追求学术化发展的办学目的，其结果是走向趋同。这就背离了其办学的初衷和这些新

---

[1] ［美］克拉克·克尔：《高等教育不能回避历史——21世纪的问题》，王承绪译，浙江教育出版社2001年版，第86页。

的高等教育形态在整个高等教育系统中功能的发挥。

即使是精英教育系统，整体上高等学校具有人才培养、科学研究和社会服务的职能，但具体到每一所高校，其职能并非完全一致，有的高校是三项职能兼备，有的可能只有人才培养职能。即使是三项职能兼备的高校，其各项职能也有所侧重，有的科研成分多一些，有的则少一些。同样是人才培养，有的以研究型人才培养为主，有的则以应用型人才培养为主。这也是高等教育职能分化的一项重要标志，但这种职能分化很难依靠高等学校自身顺其自然地形成。从整个社会发展的视角来讲，各种形态的高等教育机构办学定位的趋同化发展，也是对有限的高等教育资源的一种无效配置和浪费。

面对庞大而复杂的高等教育系统，不同类型高等教育子系统的分工与合作的发展趋势要求对高等教育进行分类与管理。功能和形态分化了的高等教育系统客观上需要科学的分类、定位以及分类管理体系与其相适应。对各种类型高校的职能与职责进行划分，在确保相对公平对待的基础上实施不同的资源配置策略，采用不同的管理制度进行管理。高校分类管理是高校管理和发展的必然趋势，是实现高校可持续发展的有效途径。分类管理的思想将成为高等教育管理体制改革，以及高校内部管理体制改革的一个基本指导思想。

第三，高等教育分类管理是理顺高等教育管理体制，转变政府管理职能，构建政府、市场、社会与高校之间和谐关系，降低政府和学校管理成本，提高政府和高校管理效益的需要。高等教育系统是一个结构松散的联结体系，高等教育系统内部各个层面（国家、区域、高校）以及各个子系统之间具有很大的自主性和独立性，教育事业是一项追求卓越的神圣而又崇高的事业，在教育管理实践中应该贯彻的是教育哲学的价值和理念；而我国现实中具体的高等教育管理实践贯彻的却是简单的管理哲学，是计划体制下的科层制管理体制的延伸，崇尚的是等级森严的层级关系。高等教育管理实践中往往实行的是许可制度，任何事情都需要得到主管当局的许可承认才行，但是许可制度只是一个确保最低标准实现的制度，无益于高等教育追求卓越——在各个层次和类型上培养出"全面发展的人"这一最高标准的实现。现实高等教育管理实践中由于管理理论的滞后和标准的整齐划一等不科学因素的存在，各高等院校为了追求表面形式上的达标，获得主管当局规定的最低许可标准，确保能够低标准地存活下去，严重地制约了高等教育系统各个层级和子系统自主性的发挥。改变目前这种高等教育管理的局面，需要我们对业已出现形态分化的高等教育机构进行科学的分类、定位和分类管理。通过制度性的构建，提倡和鼓励各级各类高等教育机构发挥积极性和自主性，在政府或是既定分类框架的指导下进行科学的定位，追求自身发展的卓越，然后通过科学的标准化的认证程序，给予科学的评价和认证，实现各级各类高等教育机构的高标准发展目标。

高校分类管理的目的在于通过高校职能分工与办学定位，通过政府政策宏观引导、协调以及社会的广泛参与，实现政府制定科学的教育发展规划和实施分类指导与服务，建立与各种类型学校发展相适应的现代大学制度，优化高等教育系统结构，建立多样化的，不同类型高校之间协调发展、同类型高校之间竞争发展的高等教育体系。高等教育分类管理不是一个简单的某项教育制度创新问题，而是一系列的高等教育制度变革，包括教育思想与理念的革新，其打破的是现有政府、社会、高校之间关系模式，建立的是高等教育新秩序。

（二）高等学校分类管理是我国高等教育发展的迫切需要

一是高等教育绝对规模已经十分巨大，原有计划体制下的管理思想与方式已经无法适应现阶段高等教育发展的需要，通过分类管理来提高高等教育管理效率迫在眉睫。从高等教育规模来看，截至2013年底，全国各类高等教育在校学生3460万人，我国高等教育绝对规模已经成为世界第一高等教育大国。截至2012年下半年，广东省拥有普通高等学校137所，在校生210.6万人，在全国31个省区市中绝对规模位居第一位。面对庞大的高等教育规模，政府对高等教育的管理不可能再像从前那样事无巨细，一方面管理不可能到位；另一方面管理成本也无法承受。庞大复杂的高等教育系统要求我们必须改革现有的管理体制，实施"国家宏观管理、社会广泛参与、高校自主发展"的管理模式。高校分类管理无疑是这一制度框架的主要内涵之一。

二是原有计划体制下的高等教育系统平衡已经打破，新的高等教育体系框架结构已经初步形成，但需要通过分类管理来实现科学规划，进而全面地优化和稳固高等教育系统结构。首先是层次类型，形成了从专科到本科再到研究生的层次结构，其中研究生形成了硕士和博士两个层次,且分化出了学术学位与专业学位两种类型。其次是教育类型,形成了普通高等教育体系,职业高等教育体系正在由专科层次向更高的本科层次乃至研究生教育层次拓展。最后是高等学校的类型不断发展,既有普通高等学校,也有大量的成人高等学校,也出现了社区学院、网络学院等新型办学机构;既有公立高等学校,也发展了相当数量的民办高等学校,而且公立高校是中央政府与各级地方政府多级举办,民办高等学校正在逐步地分化为公益性与营利性两种类型;既有为全国服务的高等学校,也有为地方、为行业乃至为社区服务的高校;既有以培养研究生为主的高校,也有以培养专科层次职业技术人才为主的高校。但是,纵观高等教育结构,目前存在许多不合理的地方。就全国而言,从层次结构来看,专科层次偏少;从学校类型来看,民办高校偏少,社区学院偏少;从教育体系来看,高等职业教育体系中的本科层次尚未形成规模,研究生层次尚未露端倪,等等。这些与我们国家目前的经济社会发展水平不相适应,急需优化,以全面提升高等教育系统的功能,全面提升高等教育促进经济社会发展的能力。

三是高等学校在发展进程中出现了盲目定位、雷同发展、不合理竞争的现象,亟须通过分类管理理顺不同类型高等学校的职能,实现各安其位,合作发展。十多年高等教育规模的扩张,在高等教育得到快速发展的同时,也让许多办学者头脑发热,事业心"膨胀"。目前多数高校在组织目标、组织结构和组织行为方面存在高度的趋同性。在组织目标上,多数大学都朝着综合性、研究型、大规模的方向发展。在组织结构上,多数大学的机构设置科层化现象严重,权力配置行政化主导明显。在组织行为上,多数大学的人才培养模式类似、专业设置内容雷同等,因此导致大学个体缺少办学特色与个性,无法满足经济社会发展对高等学校多样化的需求[①]。高校分类管理的目的之一就是促使高等学校多样化发展,提升高等教育促进经济社会发展的能力。由于定位混乱,高等教育系统内部各种类型高校之间职能边界不清,出现了不合理竞争,不仅办学特色丧失,更重要的是互相冲击、互相伤害,导致内耗。目前我国高等学校出现的这些现象,与20世纪五六十年代美国加州高等教育

---

① 陈文娇:《我国大学组织趋同现象研究——基于组织社会学的视角》,华中师范大学,博士学位论文,2009年。

出现的现象如出一辙。①

我国巨大的高等教育规模是实行高等学校分类管理的重要前提,正是高等教育规模的扩大,导致我国高等教育功能的分化,也同样是因为高等教育规模的扩大,才导致高等教育的功能分化处于无序状态。高等教育功能的分化是实行高等学校分类管理的强大动力,高等学校分类管理是实现高等教育功能分化的必要条件。值此我国高等教育功能分化的关键时期,实施高等学校分类管理不仅十分必要,而且十分紧迫。

四是政府、社会和高等学校三者之间出现了不和谐的现象,亟须通过分类管理促进现代大学管理制度的建立。政府将高等教育或高等学校等同于其他产业和部门,对高等学校不放心,进而对高等学校管得比较多,上至发展规划,下至课程教材,习惯于发号施令,行政化色彩比较浓厚;社会的民主意识在强化,想更多地了解和参与高等学校的办学,但苦于渠道不畅,出现了信息不对称现象。再加之高等学校受到社会大背景尤其是市场经济负面的影响,在办学过程中也确实存在一些"不检点"的事情,因而出现了"信任危机",导致社会对高等学校的诟病较多;高等学校抱怨缺少办学自主权,认为政府管得过多、过死,高等学校很难按照自己的思路办学,这样不利于高等学校办出特色。同时,高等学校也抱怨社会对办学支持不力,认为培养人才是全社会的责任,社会没有尽到培养人才的责任与义务,没有形成有利于人才培养的环境,包括不愿接纳学生实习、产学研合作难深入、对学校办学经费不支持或支持得少、社会不良风气影响了学生等。

高校分类管理不仅仅是一项管理制度或策略,更是一种教育思想和理念,这种教育思想和理念体现的是民主教育的思想,因为高校分类及其分类管理是在政府、社会、高校等多方主体的反复博弈中形成的,政府在高校分类管理中发挥立法保障、项目推动、政策导向的作用,社会发挥积极参与、监督指导的作用,高校发挥主动履职、交流合作、自主发展的作用。各方主体作用的发挥需要一个职责清晰、效力强大的制度做保障。通过分类管理,保障各方的利益诉求,进而建立结构性的政策制度体系,为各类学校创造有利的发展条件和公平的政策空间,促进相

---

① 王道余译:《美国加利福尼亚州高等教育总体规划》,人民教育出版社2005年版,第Ⅱ页。

同类型、相同层次间高校的公平有序竞争，鼓励和支持不同类型、不同层次高校间的交流与合作，最终形成"主体多元、政策导向、共同参与"的格局。只有这样，才能避免某一方主体对另一方主体利益的侵害。

总之，从教育管理部门的角度看，实行高校分类管理有利于有针对性地对不同类型的高校实施不同的管理与服务政策、措施，分类管理、分类指导、分类服务，避免整齐划一的管理所带来的越位、缺位现象，提高行政效率，以促进各类型高校健康发展；从社会的视角来看，高校分类管理有利于社会识别高校的类型特征，进而对高校作出评价、选择，以及进行办学监督或参与办学等；从高校自身来看，实施高校分类管理有利于高校准确定位，有利于高校选择适合自己的发展空间，更加明确自己的发展方向，强化类型特征，避免盲目定位、盲目攀比、盲目扩张，引导高校在同类型高校内进行竞争发展，办出自己的特色；从高等教育发展的整体来看，高校分类管理有利于实现高等教育社会价值取向以及功能的分化，进而促进高等教育的多样化，强化高等教育的系统功能，满足经济社会发展对高等教育多样化的需求；从学生的角度来讲，明确自己在哪一类学校读书，就等于明确了自己的发展目标，进而对自己的发展作出科学合理的规划，包括知识、能力、素质以及就业取向等方面。

四　高等学校分类管理的内容

（一）高校职能的分类管理

高校的主体职能是人才培养，辅助职能是科学研究和社会服务，尽管不同类型和层次的高校其主体职能都是人才培养，但其辅助职能各有侧重，进而形成了不同职能的学校类型。有的是单一的人才培养，即教学型高校；有的是以人才培养为主、以科学研究为辅，即教学科研型高校；有的是以教学为主、以社会服务为辅，即教学服务型高校；有的是以教学为主、以科研和社会服务为辅，即综合型高校。在科研职能发挥上，即使同样是科学研究，其目的也有所不同，有的目的是为了促进教学，有的目的是为了创造新知识。同样是知识创造，有的是基础研究，有的是应用研究。即使同样是人才培养，有的以研究生教育为主，有的以本科生教育为主,有的则以专科生教育为主。从教育的性质来看,有的以普通教育为主,有的则以职业教育为主。有的以学历教育为主,有的以继续教育为主。随着高等教育规模的不断扩大,高等教育机构职能的分工越来越细、越来越专业化,全能型的学校会逐步减少甚至消失,转而选择除了主体职能外的某一职能以及这一职能的某一方面。所谓高校职能的分类管理,即在教育管理部门的协调下,不同类型的高校选择不同的职能与职责,在分类的前提下进行科学定位,在定位的基础上实现职能的分工与合作,进而促进高校自我发展、自我管理和自我约束,最终实现高等教育系统功能的最大化。

目前,我国共有普通高等学校和成人高等学校2760余所,尽管政府没有对这些高校进行明确的分类,但在多年的实践中其实已经形成了各种类型。但这些不同类型的高校其职能边界不清,无论在人才培养的类型上还是人才培养的层次上,抑或是科研定位上,都存在严重的交叉与重叠,甚至产生冲击和影响。借鉴发达国家的经验,考虑到我国的实际情况,在职能划分上,一般本科院校科研的目的更多地应该注重为教学服务,研究型大学一部分科研的目的可以更多地考虑出成果。研究型大学的科研要以基础研究为主,要引领社会高科技产业的发展;一般本科院校的科研以应用研究为主,需要围绕社会产业的需要主动去适应;高职(专)院校以社会科技服务为主,与社会需求紧密结合,社会需要什么,学校就去做什么。在人才培养方面,目前存在一种研究生和专科教育向本科教育延伸、本科教育向研究生和专科教育拓展的趋势。从理论上讲,不同类型的高校在不同类型人才培养上应有所倚重,博士层次的人才主要应由重点大学来培养,学术型人才应由研究型大学来培养,应用型人才主要由应用型院校来培养。对人才培养的边界要有所界定,如本科院校不举办专科,研究型大学除依托学科专业所进行的继续教育外,不举办其他类型的成人高等教育。师范院校以培养面向基础教育所需要的教师为主,原则上不举办工学、经济学、管理学、医学、农学等非师范类学科专业,高等学校所需要的教师主要由教学科研型大学培养,包括基础和公共课的教师等。这一点我们可以向美国加州高等教育学习与借鉴。美国加州高等教育总体规划其核心就在于高等学校职能的分类管理,该总体规划明确规定:"公立初级学院应提供高至但不超过十三年级和十四年级的教学,包括以下一个或多个方面(但不限于此）：(1)可以转学分到高等院校的大学课程；(2)面向就业的职业技术教育；(3)通识或博雅课程。在以上各领域的学习可以获得文科或理科副学士学位。""州立学院的首要功能应为：为大学生和硕士学位研究生提供在文理学科、专业学科、应用学科等要求两年以上大学教育的教学及师范教育。""州立学院可与加州大学联合授予博士学位。允许教研人员使用为实现州立学院首要功能而提供的设施从事符合州立学院首要功能的研究活动。""加州大学应提供文理学科、专业学科（包括师范教育），并应专享牙医、法律、医学、兽医和研究生层次建筑学等学科的专业培训的管辖权。加州大学应是公立高等教育中唯一有权授予各学术领域博士学位的机构，唯一的例外是它可同意与州立学院在某些领域联合授予博士学位。加州大学将是以州政府财政支持从事科研的首要学术机构，董事会应适当允许其他公私立高等院校的相关教研人员使用其图书馆和科研设施。"[①] 加州高等教育总体规划有力地促进了加州高等教育系统的多样化发展，使加州高等教育系统整体服务地方的能力显著增强，也成为世界高等教育发展的典范。目前我国无论是国家层面还是地方层面均没有明确规范地实施高等学校职能的分类管理，但高校职能的分类管理是高校分类管理的基本内容。

（二）高校办学质量分类管理

高校人才培养质量问题是伴随着高等教育规模的扩大而出现的，规模越大质量问题往往越突出，尤其是在人才培养的类型与规格多样但内涵尚不明晰、质量标准缺乏或混乱之时，往往会将质量不高的问题以及标准与质量不对称等问题缠绕在一起，使问题更加复杂化。其结果是政府无法判断高校人才培养的类型与质量到底如何；社会也无法甄别来自各个渠道的大量信息；高校作为人才培养的主体，更是无法得到政府和社会对其人才培养评价的准确信息进而对人才培养作出必要的调整。解决这一问题的有效办法就是实施高校办学质量分类管理，高校办学质量分类管理主要指高校人才培养类型与质量的分类管理。

不同类型的高校具有不同的人才培养目标，亦即不同的质量要求。

[①] 王道余译：《美国加利福尼亚州高等教育总体规划》，人民教育出版社2005年版，第54—55页。

有的高校突出的是学术水平,其人才培养质量强调的是学术质量;有的高校则突出社会服务性,人才培养质量侧重于对职业素质的要求,进而形成不同的人才类型。即使是相同类型的人才,也存在不同的规格。为此,依据人才培养类型的不同,我们将高校划分为研究型、应用型和技能型三类。借此,高校人才培养类型与质量分类管理包括两个方面的内容,首先是高校对自己培养的人才进行定位,并依据相应人才质量标准进行教育教学组织和质量管理。其次是政府、社会以及学校自身,采取不同的质量评价标准和体系,对不同类型、不同层次、履行不同职能的高校实施不同的质量要求与评价标准,如实施研究型人才培养的高校执行研究型人才的质量标准与要求,实施应用型人才培养的高校执行应用型人才质量标准与要求。对高校人才培养类型与质量进行分类管理,在考察不同类型高校教育教学质量的时候,就会起到如我们不会拿草本类植物的特征去衡量木本类植物一样的效果,从而增强评价的针对性、可比性、公信力,让高校办学接受社会的监督,提高社会参与高校办学的积极性与广泛性,包括积极资助高校办学等。实施高校办学质量分类管理是高校分类管理的主要内容之一。山东省依据人才培养的类型将省属高等学校划分为应用基础型人才培养高校、应用型人才培养高校和技能型人才培养高校三类,并在每一类中选取部分高校进行名校建设。① 这一做法的实质就是高等学校办学质量的分类管理。日前教育部领导撰文指出,"要按照分类管理的要求,根据学校的不同类型,分别设计不同的评估指标体系,鼓励学校合理定位、特色发展,在不同层次、不同领域办出水平,争创一流。对 2000 年以来未参加过评估的新建本科高校实行合格评估。对参加过评估并获得通过的普通本科高校,从 2013 年开始实行审核评估,审核评估不分等级。"② 可以说,这是向高等学校办学质量分类管理迈出的重要一步。

(三) 高校办学资源分类管理

高校办学资源主要是指财力资源、人力资源、学科专业资源和学生

---

① 山东省教育厅、山东省财政厅:《关于山东省高等教育名校建设工程实施意见》,鲁教高字〔2011〕14 号,2011 年 12 月 7 日。
② 杜玉波:《关于创新人才培养的几个问题》,《光明日报》2012 年 8 月 29 日。

生源资源等部分。对于高校而言，办学资源的核心在于其获取资源的方式与途径，这种方式与途径决定着其获取资源的多寡与优劣。资源尤其是优质资源的一个显著特征是稀缺性和有限性，正是由于资源的稀缺性才导致人们在资源的获取与利用上不可避免地会出现排他性的竞争。尤其是在高等教育快速发展的过程中，往往是谁获得了更多更好的资源，谁就会得到更好的发展。因此，在我国现阶段高等教育规模扩张与资源短缺之间矛盾比较突出的背景下，一个公平高效的高等教育资源配置方式就显得格外重要。

高校办学资源的分类管理是指对不同类型高校的办学资源采取不同的配置方式，或者说，对不同类型的高校按照不同的政策与机制分别进行资源配置。

由于不同类型高校之间并没有优劣高低之别，都是经济社会发展所需要的完整高等教育体系的有机组成部分。因此，在不同类型高等学校之间应该坚持公平的原则进行教育资源的配置，不应该出现较大的差异，这也是高等教育公平的一种客观要求和具体体现。同时，也不能因学校办学层次上的差异而受到不同的投资对待。由于"现行的资源配置体制基本上是根据行政级别、办学规模和层次来安排的"①，在我国现阶段，受教育者的个人收益率从研究生到本科生、专科生之间是依次递减的，但是在教育成本的分担上，从研究生到本科生、专科生之间个人负担的教育成本却是依次递增的。这种不合理现象的存在，就是我国高等教育资源配置不合理问题的一个突出表现。应依据办学成本和个人收益率确定不同层次教育的收费标准，即使同是研究生教育，对于"那些层次较高、教学质量较好、科研力量强、办学条件较好、学科设置合理的高校能给研究生提供更好的教育，这类学校研究生毕业后的竞争力普遍较强。所以，根据'谁受益谁付费'的原则，学费可以高于其他普通学校。"② 当然，为了保证较高的投资效益，在同一类型高校之间，可以采取重点发展部分高校的优先发展策略。但重点的确定不应该通过行政权力，依据学校的隶属关系和办学层次来确定，应该通过市场原

---

① 赵宏强：《高等教育分类管理与多样化发展》，《江苏高教》2011年第4期，第41—42页。
② 孙燕：《完善我国研究生教育收费管理的几点思考》，《价格理论与实践》2009年第6期，第17页。

则、利用竞争机制，公平公正的选择。应建立"由市场竞争机制发挥基础性作用来引导高校面向社会需求办学的资源配置机制"①，做到为了办学而获得资源，而不是为了获得资源而办学，只有这样才能充分发挥教育资源的利用效率。上海市政府于2008年8月在启动新一轮高等教育内涵建设工程（"085"工程）时，即强调以"扶需、扶特、扶强"为原则，通过项目支持与引导对学校发展予以政策支持和资源配置。②

高校办学资源的分类管理首先是高校办学资源配置方式（主要是投资）的分类管理，对不同类型、不同层次、不同性质的高校实施不同的投资政策，不能一概而论。总的原则是，政府必须保证公益性高校办学的基本需求，而且必须是公平地予以分配，保证各种类型高校人才培养的基本质量要求。同时，不同类型的高校必须发挥自己的独特优势，通过市场和社会等途径获得相应的资源以使自身办得更好。例如，研究型大学重点以国家财政支持为主，以科研项目为辅，同时发挥地方政府的财政支持；一般本科院校主要以地方政府的财政支持为主，同时以行业性的专项经费支持为辅；高职（专）院校以地方政府财政支持为主，可以产业界的经费支持为辅；民办高校，不能因"私"而一概不予以财政投入，是否投入的依据要看学校的性质，即是公益性还是营利性，对于公益性的民办高校也应该予以财政资助。据报道，陕西省从2012年开始对民办高校实施分类管理，将民办高校、高等教育助学机构分为非营利性和营利性两类，其中非营利性包括捐资举办的学校、出资举办不要求取得合理回报的学校，以及出资举办要求取得合理回报的学校。非营利性学校经省教育厅审核后，由省民政厅依法登记。其中捐资举办、出资举办不要求取得合理回报的学校，登记为民办自收自支事业单位法人；出资举办要求取得合理回报的学校登记为民办非企业法人。营利性学校由省教育厅审核后，省工商行政管理局依法登记注册为企业法人。非营利性民办高校、高等教育助学机构依法享受与公办高校同等的税费优惠政策。非营利性民办高校在科研课题立项、课题申请、招标、评审、科研成果评审与转化、财政拨付科研经费等方面与公办高校享有

---

① 赵宏强：《高等教育分类管理与多样化发展》，《江苏高教》2011年第4期，第41页。
② 李宣海等：《上海高校分类绩效评估的思考与实践》，《教育发展研究》2011年第17期，第2页。

同等权利。非营利性学校出资人要求取得合理回报的，在扣除办学成本、计提发展基金和国家规定的有关费用后，允许从办学结余中按年度取得合理回报，作为对出资人的奖励。取得的合理回报继续用于学校发展的，计入新增出资额，并按有关规定享受税收优惠政策。营利性学校按企业机制获取回报。[①] 陕西省开创了我们民办高校分类管理的先河。

学科专业是高校的重要办学资源之一，因此高校学科专业资源的分类管理是高校分类管理题中应有之义。由于不同高校其学科专业实力与水平存在较大差异，因此各级政府以及高校本身在制定学科专业发展规划时就不能无视区别而采取相同的发展战略。可以依据专业性的学科专业排名，本着分类发展的原则，将学科专业划分为不同的类型，不同类型的学科点采取不同的发展策略，有的可以采取优先发展规模的策略，有的可以采取以质量提升为主的策略，有的可以采取规模与质量协调发展的策略。例如，我们可以依据武汉大学中国科学评价研究中心等单位编著的《中国研究生教育评价报告》对一级学科进行如下划分：学科排在全国5%以内的视为一类学科点，学科排在全国5%—20%的视为二类学科点，学科排在全国20%—50%的视为三类学科点，学科排在全国50%—80%的视为四类学科点，学科排在全国80%以外的视为五类学科点，不同类型的学科点依据各地的实际情况采取不同的发展战略，如四、五类学科点控制发展规模、以质量提升为主，一、二类学科点在保证质量的前提下以规模发展为主等。

高等学校人力资源的分类管理是高校办学资源分类管理的主要内容之一，其核心在于对不同类型的高校实施不同的管理策略。比如在对高校教师的管理上，应针对不同类型高校教师的职业特性采取不同的管理策略，以培养研究型人才为主的研究型大学其教师应突出学术性职业特性，以培养应用型人才为主的高校其教师应突出知识性职业特性，以培养技能型人才为主的高校其教师应突出实践性职业特性。为此，不同类型的高校应实施不同的教师准入标准，研究型大学的大部分教师必须具有较高的学术水平，其标志是较高的学历；而高职（专）院校的大部分教师必须具有较强的实践能力，其标志是在企业或政府管理部门以及社会中介性组织较丰富的工作经历，这意味着高职（专）院校不应该

---

① 柯昌万等：《陕西对民办高校实施分类管理》，《中国教育报》2012年2月18日。

直接从高校毕业生中选聘教师,只能是从企业、政府管理部门或社会中介性组织中聘任优秀人才任"双师型"教师。在入职后的教育培训中,二者也应有较大的区别,研究型大学的教师更多地需要到大学或科研院所里去继续深造,而高职(专)院校的教师更多地需要到企业或政府管理部门去接受培训;在岗位设置与职称聘任上也应实施分类管理,可以将教师划分为理论型教师和实践型教师,在此基础上进一步划分为教学型教师、科研型教师和服务型教师。目前来看我国研究型大学的教师多为理论教学型和理论科研型,高职高专教师多为实践教学型和实践服务型,一般本科高校则各种类型教师混合。不同类型的教师承担不同的工作任务、按照不同的标准进行考核和职称聘任,最大限度地发挥人力资源的绩效。西安交通大学从 2007 年开始将教师岗位分为教学科研型岗位(A 类岗位),即指同时承担教学、科研和服务任务的岗位;科研为主型岗位(B 类岗位),即指主要承担科研和服务任务的岗位;教学为主型岗位(C 类岗位),即指主要承担教学和服务任务的岗位三类。[①]清华大学根据科研、教学、行政等的不同定位和特点,对侧重教学与侧重科研或侧重行政的教职员工分别实施不同的要求和考评标准。[②] 北京大学从 2002 年开始,将人力资源划分为终身职位、人事代理、流动编制和务工人员四类进行分类管理。[③] 高校内部人力资源的分类管理无疑对于高校人力资源的分类管理具有较强的借鉴价值。

  高校的招生也是高校办学资源分类管理的主要内容之一,不同类型的高校实施不同的招生制度。研究型大学实施高度选择性招生政策,只招收学术潜质比较好的、成绩特别优异的少量学生。政府和学校商定招生指标,具体招生权归学校;一般本科院校实施一般选择性招生政策,依据经济社会发展对人才层次的需求设定招生指标,目前大致可以招收占招生计划总数 1/3—1/2 左右的部分学生。政府和学校商定招生指标,实行统一招生;高职(专)院校实施非选择性招生政策,只要具有高

---

  ① 翟娜等:《高校教师分类管理中相关问题与思考》,《中国高校师资研究》2012 年第 1 期,第 33 页。

  ② 孙应帅:《关于中国科研管理改革与创新的思考》,《创新》2012 年第 1 期,第 110 页。

  ③ 张祖钢、蒋宗凤:《建立人事分类管理制度 深化高校人事改革》,《北京教育·高教版》2003 年第 5 期,第 18—19 页。

中毕业证书或相当于完成了这一阶段教育的学生均可进入这类高校读书。对这类高校政府不设定具体招生指标，只进行备案管理。但政府对这类高校的办学条件进行严格监管，按招生规模定期核定办学条件、按办学条件核定招生规模。为此，要建立与高等学校分类管理相适应的"分层次、分类型"的高考制度，按照人才培养的不同类型和层次分别进行命题考试和录取。"天津市在分类考试上先行先试，实践探索了三种招生模式，初步实现了分类选拔、多元录取的目标。一是以南开大学、天津大学为代表的精英高等教育机构在自主选拔录取时，规定了高中学业水平考试相关科目获得一定等第的考生可自荐报名，参加高校组织的专业考试和选拔录取。二是所有坐落本市的高校，都在招生章程中规定了高中学业水平考试成绩和综合素质评价结果的使用办法。录取过程中，一些高校在安排考生录取专业时采用了高中学业水平考试成绩，效果较好。三是本市高职高专院校实施的自主招生，选拔适合高职培养需要、动手和操作能力潜质较高的优秀高中毕业生进入相应高职院校进行高职阶段学习，试点院校自主组织专业考试，并依据专业考试成绩和高中学业水平考试成绩自主实施录取。"[①] 天津市的这一高考制度改革在高等学校的分类管理、分类发展方面迈出了可喜一步。

（四）高校办学制度分类管理

随着高校类型的不断分化和增加，单一的高校办学制度已经无法满足高校发展的需要，必须建立适合各种学校办学需要的制度。高校办学制度的分类管理即指高校依据自己的类型构建适合自己的内部治理结构，形成不同类型的高校实行符合各自特点的学校办学制度。教育管理部门对不同类型的高校采取不同的管理模式和不同的管理制度，旨在在不同类型高校中推进现代大学制度建设，其根本目的在于促进高等教育功能的分化和高等教育的多样性，强化不同类型高校的分工与合作，融洽政府与高校之间的关系，建立有利于促进高等教育体系建设的制度保障体系。不同类型的高校实施不同的学校办学制度体现在诸多方面，除了人才培养目标和培养模式、学习年限等方面的不同之外，还包括内部管理体制与运行机制的不同，如研究型大学要充分发挥学术委员会等教

---

① 余永玲：《高校招生分类考试探析》，《中国高等教育》2012 年第 7 期，第 45 页。

授的治学作用，充分体现学者团体的学术权力的价值，政府和社会要尽最大可能避免对这类大学办学的干预。一般本科和高职（专）院校则要充分发挥职业校长及其团队的作用等，一般本科院校要尽可能在政府的指导、社会的需要和教育自身规律三者之间寻求平衡，高职（专）院校要紧紧围绕社会和学生个人的需要办学；不同类型的高校采取不同的人事制度、分配制度等，在内部管理指导思想的选择上，研究型大学应以效率为本位，以知识创新和引领社会为导向，促进教师研发更多高水平科研成果。应用型一般本科高校和高职（专）院校则应以公平为先，以知识的应用和服务社会为导向，确保教师对教学的投入；对不同类型的高校，在学校的设立与终止、绩效考核等方面实施分类管理等。例如上海市在2011年对全市高校绩效评估时就采用了分类评估的办法。首先是按照不同类型高等学校进行评估。该市将高等学校按照两个标准进行了类型划分，一是按照办学层次分为"985"高校、"211"高校、老本科高校、新建本科高校和高职高专院校；二是按照学科类型分为文科类高校和非文科类高校，按照学校的类型分别进行评估。其次是在指标体系构建上，充分考虑了不同层次学校采用不同的观测点，同一项指标在不同类型高校中的权重不同，同一项指标在学科性质不同的高校中采用不同的观测点，同一观测点在不同类型高校中的评估标准不同等体现不同类型高校特点的因素。[①] 分类绩效评估有力地促进了不同类型高校的健康发展。

五 高等学校分类体系构建

（一）国内外现有研究评述

国外关于高校分类的研究起源于20世纪60年代，是伴随着高等教育功能的多样化而产生的，主要以美国卡内基教育基金会、英国高等教育基金会和联合国教科文组织为代表。美国卡内基教育基金会依据美国不同的高等教育机构所应承担的不同任务，将美国大学和学院进行了分类，并随着美国高等教育发展的实际情况，于1976年、1987年、1994

[①] 李宣海等：《上海高校分类绩效评估的思考与实践》，《教育发展研究》2011年第17期，第4页。

年、2000年、2005年、2010年进行了较大修订。在卡内基2010年版的分类中，将高等院校划分为六大类，即：博士学位授予机构（研究型大学—非常高的研究水平Ⅰ；研究型大学—高研究水平Ⅱ；博士/研究型大学）、硕士学位授予机构（较大规模；中等规模；较小规模）、学士学位授予机构（文科和理科型；多样化领域型；学士/副学士学位授予机构）、副学士学位授予机构（按城市、郊区和农村、规模、校区数量、是否营利等分为14类）、专门学校（按学科分为9类）、印第安部落学院。卡内基大学分类迄今已走过40年的历程，从最初的美国国内大学分类标准之一演变为世界性的分类标准，对世界各国大学分类都产生了重要影响。[①] 英国高等教育基金会将高等教育机构划分为古老大学、城市大学、新大学、技术大学及多科技术学院、高等教育学院五种类型。[②] 德国将高等学校划分为四类：第一类是综合性大学及与其同等级的高校如科技高校/科技大学、高等师范学校和高等神学院；第二类是应用科技大学；第三类是高等艺术与音乐学院；第四类是职业学院。[③] 联合国教科文组织在基础教育的基础上将高等教育划分为两个阶段，第一阶段（即5级）和第二阶段（即6级），第一阶段又进一步分为两类（5A和5B）。[④] 对高等学校进行分类是世界各个国家的普遍做法。

国外高校的分类管理最典型的代表莫过于美国《加利福尼亚州高等教育总体规划》。20世纪五六十年代，加州高等教育系统的加州大学、加州州立大学和加州社区学院以及私立大学之间面临着职责不清、互相威胁的局面，严重影响着加州高等教育系统功能的发挥，包括加州高等教育所提供的高等教育机会以及满足平等与追求卓越关系的处理等。为此，1960年4月26日，《加利福尼亚州高等教育总体规划》由州议会通过并经州长签署正式成为法律。这一规划使加州高等教育成为世界最

---

① 都丽萍：《美国卡内基大学分类40年述评》，《大学》（学术版）2011年第6期，第81—82页。
② 陈厚丰：《中国高等学校分类与定位问题研究》，湖南大学出版社2004年版，第94页。
③ 孙进：《德国高等教育机构的分类与办学定位》，《中国高教研究》2013年第1期，第61—67页。
④ 陈厚丰：《中国高等学校分类与定位问题研究》，湖南大学出版社2004年版，第146—148页。

杰出的高等教育系统，受到包括 OECD 在内的世界各个方面的组织、团体、专家学者的广泛赞誉，也对全世界高等教育的分类研究与分类管理产生了重要影响。①

我国关于高等学校分类的研究起步于新千年，十多年来，一批学者对此进行了大量的研究，也取得了一些成果。这些研究主要体现在三个方面：一是关于高校分类与分类管理的理论基础的研究；二是关于高校分类方法的研究；三是关于高校分类、高校定位与特色发展的研究。代表性专著有陈厚丰的《中国高等学校分类与定位问题研究》（2004）和《高等教育分类的理论逻辑与制度框架研究》（2011）、马陆亭的《高等学校的分层与管理》（2004）、浙江大学课题组的《中国高等学校的分类问题》（2009）、严燕等《高校定位研究》（2009）、邱德雄的《我国普通高校定位的理性选择》（2009）等。利用"高校分类"关键词在 CNKI 数据库社会学科 II 辑和硕博士论文篇名中进行精确搜索，截至 2012 年 12 月 5 日，检索论文 55 篇，其中博硕士论文 5 篇。在三个方面研究成果中，尤以分类标准的研究最为突出，在众多研究成果中，其代表性的有广东管理科学研究院武书连研究员提出的"类"与"型"的划分方案，即首先按照学科性质将高校分为综合类、文理类、理科类、文科类、理学类、工学类、农学类、医学类、法学类、文学类、管理类、体育类、艺术类 13 个类别，然后依据科研的规模，将高等学校分为研究型、研究教学型、教学研究型、教学型 4 个型别，每所高校的类型就由上述类和型组成。

另一代表性成果是陈厚丰于 2004 年提出的分类方案，该方案对高等学校进行了 5 次划分，第一次是依据经费来源将高等学校分为公立高校与民办高校，并对民办高校依据是否营利进一步划分为营利性高校与非营利性高校；第二次是依据高校职能履行的情况将高校分为研究型、教学科研型、教学型、应用型；第三次划分依据学科的覆盖面将高校分为综合类、多科类和单科类，这三次划分属于高校类型划分；第四次是依据招生范围和服务面向进行的层次划分，即全国性高校、区域性高校和社区性高校。类型划分与层次划分组合到一起便构成高等学校的

---

① 王道余：《美国加利福尼亚州高等教育总体规划》，人民教育出版社 2005 年版，第 I—IX 页。

分类。

第三个代表性成果是浙江大学课题组于 2009 年提出的高校分类方案，该方案将高等学校首先划分为 3 个大类，即研究生院大学、普通本科院校、高等职业院校，在此基础上再划分出 11 个小类，在 11 个小类的基础上又细分出 20 个型，大类、小类与型之间是一一对应而非组合关系。

国内外关于高校类型的划分，较多的一类是基于高校的现状，包括学科的多少、研究生的培养情况，以及科研的情况等为依据而进行的划分，是用教育的语言、在教育的范围内、对高校的教育行为所作出的描述。尽管分类的主体可能是社会中介性组织，但这种对高校类型进行的划分，只对高等教育系统有一定意义，对高等教育内部管理、对学校之间的横向比较可以起到一定的积极作用，例如卡内基的高等教育分类目的就是"为更多的进行高等教育研究的个人和组织提供帮助"[①]。但这种划分由于没有与社会的需要紧密结合，在社会上很难体现出其价值，甚至在一定程度上还会误导社会。例如，按照授予学位的类别将高校划分为博士学位授予大学、硕士学位授予院校和学士学位授予高校，突出的是学位价值，其意想不到的结果是公众潜意识地将博士学位授予大学、硕士学位授予高校、学士学位授予高校等进行等级排序，由此就会严重误导人们到具有博士授予权的高校去读本科，而不仅仅是告诫人们不要到没有博士授予权的高校去读博士。事实上，具有博士授予权的高校其本科教学质量未必就高，没有博士授予权的高校其本科教学质量未必就低。这样的事例不仅在西方发达国家大量存在，在我们国家也是不胜枚举。

如果说美国卡内基的高校分类标准其危险在于校外的话，那么我们目前所流行的高校分类标准其危险就不只是校外，对教育自身的危险可能更为严重。与发达国家相比，我们的研究仍存明显的不足：

首先，表现在分类标准的混乱，具体体现在：一是将高等教育非本质特征的所谓标准作为高等教育分类标准，进而导致分类结果不科

[①] 转引自赵婷婷、汪乐乐《高等学校为什么要分类以及怎样分类？——加州高等教育规划分类体系与卡内基高等教育机构分类的比较》，《北京大学教育评论》2008 年第 10 期，第 173 页。

学、不规范，甚至误导高等教育实践。例如将教学占主导地位的学校视为教学型，将以教学为主、以科研为辅的高校视为教学研究型，将以科研为主、以教学为辅的高校视为研究教学型，将科研为主导的高校视为研究型。这一依据科研的多寡进行的划分，其结果无疑将学校的中心由教学引导到科研上去，使越来越多的高校脱离了人才培养这个核心职能，使更多的尤其是优良的教育资源转移到科研上去，严重地削弱了教学的中心地位，淡化了教学工作。这种颠倒教学与科研职能位次的理论，加剧了处于改革和大众化进程中的本已有些不知所措的办学者更加迷茫。再如，依据有无研究生院将大学分为研究生院大学和普通本科院校，同样是一个经不起推敲的划分办法。若从研究生培养的角度来划分学校类型，倒可以依据有无研究生来划分为有研究生高校和无研究生高校，因为研究生教育与普通本专科教育确实有实质性差别，不仅带来教育思想与理念的变化，更重要的是带来人才培养模式的变革，以及资源配置方式等内部管理制度的改变，这些无疑引起学校质的变化。

其次，完善科学的分类体系没有建立起来。目前的分类研究多集中在选取分类标准进行高校分类，学者们往往是依据自己对高等教育的理解、依据自己的价值判断选取不同的分类标准进行高校分类。因此，到目前为止虽然分类标准很多，分类结果丰富，但由于没有将分类体系构建、高校定位以及高校分类管理视为一个整体，单一地从分类视角研究分类问题，缺少从更高的层面上对各种分类标准进行逻辑贯穿，导致各种分类方案无法衔接、补充，进而导致一个逻辑缜密、能够有效指导中国高等教育分类管理实践的分类体系尚未建立起来。不科学的高校分类也是导致目前高校定位问题的主要原因之一。

最后，重视分类研究，缺少分类管理研究，分类管理尚未走向实践。十多年来，学者们普遍开展的是高校分类研究，所取得的成果也集中在分类上，而对分类管理的研究则少之又少，包括分类管理的内涵、分类管理的体制与机制等。分类研究的目的在于分类管理，不在分类的基础上走向分类管理其分类研究将是毫无意义的。目前，有些社会机构、组织和学者虽已参与到高校分类管理的理论研究中，但分类管理研究的方法过于单一，或采用比较分析法，或采用统计法，或采用调查法，通过研究得出的结论往往无法让人信服，实践效果也不甚理想。因此，关于分类管理的研究尚未影响到决策层面，致使我们国家的高校分类管理仍停留在理论层面。在实践层面，作为高校分类管理的三方主体——政府、社会、高校，其职责不清，作用发挥有限。即使现处于强势地位的政府，也没有较好地履行其分类管理高校的职责，而且在行政权力的干预下，社会和高校对分类管理的影响十分有限。

（二）广东省高等学校基本情况

截至2014年10月，广东区域内拥有各类高等学校160所，其中公立高校106所、民办高校38所、独立学院16所；普通高校65所、成人高校16所、高职院校79所；拥有博士学位授予权高校18所、硕士学位授予权高校10所（不包括博士授予权高校）、学士学位授予权高校14所（不包括独立学院）。详见表6-2。这些高校中既有国家部委举办高校，也有省级及以下政府举办高校、民办高校和国际合作办学高校，还有与国内高校联合举办的高校；既有普通高等学校，也有职业高等学校和成人高等学校；办学层次从专科到博士。从办学体制而言，广东高等教育办学体制是多元的，在国内具有典型性。正是这种多元办学体制，才给高等学校分类管理带来更大困难。

表6-2　　　　　　　　广东高等学校一览表

序号	学校名称	主管部门	所在地	办学层次	学位授予	办学性质	办学类型
1	中山大学	教育部	广州市	本科	博士	公立	普通
2	华南理工大学	教育部	广州市	本科	博士	公立	普通
3	暨南大学	国务院侨办	广州市	本科	博士	公立	普通
4	汕头大学	广东省	汕头市	本科	博士	公立	普通
5	华南农业大学	广东省	广州市	本科	博士	公立	普通
6	广东海洋大学	广东省	湛江市	本科	博士	公立	普通
7	广州医科大学	广东省	广州市	本科	博士	公立	普通
8	广东医学院	广东省	湛江市	本科	博士	公立	普通

续表

序号	学校名称	主管部门	所在地	办学层次	学位授予	办学性质	办学类型
9	广州中医药大学	广东省	广州市	本科	博士	公立	普通
10	广东药学院	广东省	广州市	本科	硕士	公立	普通
11	华南师范大学	广东省	广州市	本科	博士	公立	普通
12	韶关学院	广东省	韶关市	本科	学士	公立	普通
13	惠州学院	广东省	惠州市	本科	学士	公立	普通
14	韩山师范学院	广东省	潮州市	本科	学士	公立	普通
15	岭南师范学院	广东省	湛江市	本科	硕士	公立	普通
16	肇庆学院	广东省	肇庆市	本科	学士	公立	普通
17	嘉应学院	广东省	梅州市	本科	学士	公立	普通
18	广州体育学院	广东省	广州市	本科	硕士	公立	普通
19	广州美术学院	广东省	广州市	本科	硕士	公立	普通
20	星海音乐学院	广东省	广州市	本科	硕士	公立	普通
21	广东技术师范学院	广东省	广州市	本科	硕士	公立	普通
22	深圳大学	广东省	深圳市	本科	博士	公立	普通
23	广东财经大学	广东省	广州市	本科	硕士	公立	普通
24	广东白云学院	广东省教育厅	广州市	本科	学士	民办	普通
25	广州大学	广东省	广州市	本科	博士	公立	普通
26	广州航海学院	广东省	广州市	本科	学士	公立	普通
27	广东警官学院	广东省	广州市	本科	学士	公立	普通
28	仲恺农业工程学院	广东省	广州市	本科	硕士	公立	普通
29	五邑大学	广东省	江门市	本科	硕士	公立	普通
30	广东金融学院	广东省	广州市	本科	学士	公立	普通
31	广东石油化工学院	广东省	茂名市	本科		公立	普通
32	东莞理工学院	广东省	东莞市	本科	学士	公立	普通
33	广东工业大学	广东省	广州市	本科	博士	公立	普通
34	广东外语外贸大学	广东省	广州市	本科	博士	公立	普通

续表

序号	学校名称	主管部门	所在地	办学层次	学位授予	办学性质	办学类型
35	佛山科学技术学院	广东省	佛山市	本科	硕士	公立	普通
36	广东培正学院	广东省教育厅	广州市	本科	学士	民办	普通
37	南方医科大学	广东省	广州市	本科	博士	公立	普通
38	广东东软学院	广东省教育厅	佛山市	本科		民办	普通
39	广州商学院	广东省教育厅	广州市	本科	学士	民办	普通
40	广州工商学院	广东省教育厅	广州市	本科		民办	普通
41	广东科技学院	广东省教育厅	东莞市	本科		民办	普通
42	广东理工学院	广东省教育厅	肇庆市	本科		民办	普通
43	广东第二师范学院	广东省教育厅	广州市	本科	学士	公立	普通
44	南方科技大学	深圳市政府	深圳市	本科	博士	公立	普通
45	北京师范大学—香港浸会大学联合国际学院	广东省教育厅	珠海市	本科	博士	民办	普通
46	湛江师范学院	广东省	湛江市	本科	学士	公办	普通
47	广州工商职业技术学院	广东省教育厅	广州市	本科		民办	普通
48	香港中文大学（深圳）	广东省	深圳市	本科	博士	民办	普通
49	顺德职业技术学院	广东省	佛山市	专科		公立	高职
50	广东轻工职业技术学院	广东省	广州市	专科		公立	高职
51	广东交通职业技术学院	广东省	广州市	专科		公立	高职
52	广东水利电力职业技术学院	广东省	广州市	专科		公立	高职
53	潮汕职业技术学院	广东省教育厅	揭阳市	专科		民办	高职
54	深圳职业技术学院	广东省	深圳市	专科		公立	高职
55	民办南华工商学院	广东省教育厅	广州市	专科		民办	高职
56	私立华联学院	广东省教育厅	广州市	专科		民办	高职

续表

序号	学校名称	主管部门	所在地	办学层次	学位授予	办学性质	办学类型
57	广州民航职业技术学院	交通运输部	广州市	专科		公立	高职
58	广州番禺职业技术学院	广东省	广州市	专科		公立	高职
59	广东松山职业技术学院	广东省	韶关市	专科		公立	高职
60	广东农工商职业技术学院	广东省	广州市	专科		公立	高职
61	广东新安职业技术学院	广东省教育厅	深圳市	专科		民办	高职
62	佛山职业技术学院	广东省	佛山市	专科		公立	高职
63	广东科学技术职业学院	广东省	广州市	专科		公立	高职
64	广东食品药品职业学院	广东省	广州市	专科		公立	高职
65	广州康大职业技术学院	广东省教育厅	广州市	专科		民办	高职
66	珠海艺术职业学院	广东省教育厅	珠海市	专科		民办	高职
67	广东行政职业学院	广东省	广州市	专科		公立	高职
68	广东体育职业技术学院	广东省	广州市	专科		公立	高职
69	广东职业技术学院	广东省	佛山市	专科		公立	高职
70	广东建设职业技术学院	广东省教育厅	广州市	专科		公立	高职
71	广东女子职业技术学院	广东省	广州市	专科		公立	高职
72	广东机电职业技术学院	广东省	广州市	专科		公立	高职
73	广东岭南职业技术学院	广东省教育厅	广州市	专科		民办	高职
74	汕尾职业技术学院	广东省	汕尾市	专科		公立	高职
75	罗定职业技术学院	广东省	云浮市	专科		公立	高职
76	阳江职业技术学院	广东省	阳江市	专科		公立	高职
77	河源职业技术学院	广东省	河源市	专科		公立	高职

续表

序号	学校名称	主管部门	所在地	办学层次	学位授予	办学性质	办学类型
78	广东邮电职业技术学院	广东省	广州市	专科		公立	高职
79	汕头职业技术学院	广东省	汕头市	专科		公立	高职
80	揭阳职业技术学院	广东省	揭阳市	专科		公立	高职
81	深圳信息职业技术学院	广东省	深圳市	专科		公立	高职
82	清远职业技术学院	广东省	清远市	专科		公立	高职
83	广东工贸职业技术学院	广东省	广州市	专科		公立	高职
84	广东司法警官职业学院	广东省	广州市	专科		公立	高职
85	广东亚视演艺职业学院	广东省教育厅	东莞市	专科		民办	高职
86	广东省外语艺术职业学院	广东省	广州市	专科		公立	高职
87	广东文艺职业学院	广东省	广州市	专科		公立	高职
88	广州体育职业技术学院	广东省	广州市	专科		公立	高职
89	广州工程技术职业学院	广东省	广州市	专科		公立	高职
90	中山火炬职业技术学院	广东省	中山市	专科		公立	高职
91	江门职业技术学院	广东省	江门市	专科		公立	高职
92	茂名职业技术学院	广东省	茂名市	专科		公立	高职
93	珠海城市职业技术学院	广东省	珠海市	专科		公立	高职
94	广州涉外经济职业技术学院	广东省教育厅	广州市	专科		民办	高职
95	广州南洋理工职业学院	广东省教育厅	广州市	专科		民办	高职
96	广州科技职业技术学院	广东省教育厅	广州市	专科		民办	高职
97	惠州经济职业技术学院	广东省教育厅	惠州市	专科		民办	高职
98	广东工商职业学院	广东省教育厅	肇庆市	专科		民办	高职

续表

序号	学校名称	主管部门	所在地	办学层次	学位授予	办学性质	办学类型
99	肇庆医学高等专科学校	广东省	肇庆市	专科		公立	普通
100	广州现代信息工程职业技术学院	广东省教育厅	广州市	专科		民办	高职
101	广东理工职业学院	广东省	广州市	专科		公立	高职
102	广州华南商贸职业学院	广东省教育厅	广州市	专科		民办	高职
103	广州华立科技职业学院	广东省教育厅	广州市	专科		民办	高职
104	广州城市职业学院	广东省	广州市	专科		公立	高职
105	广东工程职业技术学院	广东省	广州市	专科		公立	高职
106	广州铁路职业技术学院	广东省	广州市	专科		公立	高职
107	广东科贸职业学院	广东省	广州市	专科		公立	高职
108	广州科技贸易职业学院	广东省	广州市	专科		公立	高职
109	中山职业技术学院	广东省	中山市	专科		公立	高职
110	广州珠江职业技术学院	广东省教育厅	广州市	专科		民办	高职
111	广州松田职业学院	广东省教育厅	广州市	专科		民办	高职
112	广东文理职业学院	广东省教育厅	湛江市	专科		民办	高职
113	广州城建职业学院	广东省教育厅	广州市	专科		民办	高职
114	东莞职业技术学院	广东省	东莞市	专科		公立	高职
115	广东南方职业学院	广东省教育厅	江门市	专科		民办	高职
116	广州华商职业学院	广东省教育厅	广州市	专科		民办	高职
117	广州华夏职业学院	广东省教育厅	广州市	专科		民办	高职
118	广东环境保护工程职业学院	广东省	佛山市	专科		公立	高职
119	广东青年职业学院	广东省	广州市	专科		公立	高职

续表

序号	学校名称	主管部门	所在地	办学层次	学位授予	办学性质	办学类型
120	广州东华职业学院	广东省教育厅	广州市	专科		民办	高职
121	广东创新科技职业学院	广东省教育厅	东莞市	专科		民办	高职
122	广东舞蹈戏剧职业学院	广东省	广州市	专科		公立	高职
123	惠州卫生职业技术学院	广东省	惠州市	专科		公立	高职
124	广东信息工程职业学院	广东省教育厅	肇庆市	专科		民办	高职
125	广东生态工程职业学院	广东省	广州市	专科		公立	高职
126	惠州城市职业学院	广东省	惠州市	专科		公立	高职
127	肇庆工商职业技术学院	广东省教育厅	肇庆市	专科		民办	高职
128	广东碧桂园职业学院	广东省教育厅	清远市	专科		民办	高职
129	北京理工大学珠海学院	北京理工大学、广东省教育厅	珠海市	本科		独立学院	普通
130	北京师范大学珠海分校	北京师范大学、广东省教育厅	珠海市	本科		独立学院	普通
131	电子科技大学中山学院	广东省教育厅	中山市	本科		独立学院	普通
132	东莞理工学院城市学院	广东省教育厅	东莞市	本科		独立学院	普通
133	广东财经大学华商学院	广东省教育厅	广州市	本科		独立学院	普通
134	广东工业大学华立学院	广东省教育厅	广州市	本科		独立学院	普通
135	广东海洋大学寸金学院	广东省教育厅	湛江市	本科		独立学院	普通
136	广东技术师范学院天河学院	广东省教育厅	广州市	本科		独立学院	普通
137	广东外语外贸大学南国商学院	广东省教育厅	广州市	本科		独立学院	普通
138	广州大学华软软件学院	广东省教育厅	广州市	本科		独立学院	普通

续表

序号	学校名称	主管部门	所在地	办学层次	学位授予	办学性质	办学类型
139	广州大学松田学院	广东省教育厅	广州市	本科		独立学院	普通
140	华南理工大学广州学院	广东省教育厅	广州市	本科		独立学院	普通
141	华南农业大学珠江学院	广东省教育厅	广州市	本科		独立学院	普通
142	吉林大学珠海学院	广东省教育厅	珠海市	本科		独立学院	普通
143	中山大学南方学院	广东省教育厅	广州市	本科		独立学院	普通
144	中山大学新华学院	广东省教育厅	广州市			独立学院	普通
145	广州金桥管理干部学院	广东省	广州市			公立	成人
146	南海成人学院	广东省	佛山市			公立	成人
147	湛江市业余大学	广东省	湛江市			公立	成人
148	广东省国防工业职工大学	广东省	广州市			公立	成人
149	汕头市业余大学	广东省	汕头市			公立	成人
150	韶关市职工大学	广东省	韶关市			公立	成人
151	湛江教育学院	广东省	湛江市			公立	成人
152	广州市公安管理干部学院	广东省	广州市			公立	成人
153	广东省公安司法管理干部学院	广东省	广州市			公立	成人
154	广东开放大学	广东省	广州市			公立	成人
155	广东新华教育学院	广东省教育厅	广州市			民办	成人
156	广东省职工体育运动技术学院	广东省	广州市			公办	成人
157	广东社会科学大学	广东省	广州市			公办	成人

续表

序号	学校名称	主管部门	所在地	办学层次	学位授予	办学性质	办学类型
158	广州市广播电视大学	广东省	广州市			公办	成人
159	深圳市广播电视大学	广东省	深圳市			公办	成人
160	广东青年管理干部学院	广东省	广州市			公办	成人

说明：本表依据教育部网站（http://www.moe.edu.cn/publicfiles/business/htmlfiles/moe/moe_634/index.html）发布的2014年全国高等学校名单（截至2014年7月9日）和广东省教育厅网站（http://www.gdhed.edu.cn/gsmpro/web/gdschool/gdschool_list.jsp?type=普通高等学校）公布的高等学校名单于2014年10月20日整理而成，个别高校的信息以电话方式进行了求证。

（三）广东省高校分类体系构建

基于广东省高等学校分类管理的目的，以及广东省目前高等学校的基本情况，对广东省高校进行如下分类。

第一，依据学校的职能和职责进行划分

如前所述，本研究依据高等学校职能，将高等学校划分为教学型高校、教学科研型高校、教学服务型高校和教学综合型高校。所谓教学型高校即为单一的教学职能高校，所谓教学科研型高校即为以教学为主、以科研为辅的高校，所谓教学服务型高校即为以教学为主、以社会服务为辅的高校，所谓教学综合型高校即为以教学为主、以科研和社会服务为辅的高校。依据科研的类型对高校进行类型划分方案，即基础研究型、应用研究型和试验发展型高校。所谓基础研究型是指以基础研究为主的高校，所谓应用研究型是指以应用研究为主的高校，所谓试验发展型是指以试验发展为主的高校。同样依据社会服务的类型对高校进行类型划分，即技术服务型、文化服务型、社区服务型和综合服务型，所谓技术服务型是指以提供自然科学技术为主的社会服务，所谓文化服务型是指以向社会提供道德伦理标准、先进思想观念和核心价值观等为主要内容的社会服务，所谓社区服务是指以开放校园资源、一般的知识讲座、志愿者活动等为主要内容的社会服务，所谓综合服务型是指具有两种及以上类型社会服务且没有哪一种具有明显优势的服务类型。各种类型高校特征如表6-3所示。

第二，依据学校的公益属性进行划分

传统上将高等学校依据出资人的身份划分为公立高校和私立高校，公立高校是政府出资举办的高校，私立高校是企业、社会团体或公民个人出资举办的高校。从分类管理的视角来审视，这种划分没有抓住"公"与"私"的本质属性，即营利性与非营利性，私人举办的高等学校既可以是营利性的，也可以是非营利性的。财政投资举办的高等学校也未必一定是非营利性的。因此，本研究提出按照学校的公益性进行划分，即将高等学校划分为非营利性高校与营利性高校。其中非营利性包括政府投资办学、社会捐资举办的学校、出资举办不要求取得合理回报的学校，以及出资举办要求取得合理回报的学校。非营利性学校经省教育厅审核后，由省民政厅依法登记。其中捐资举办、出资举办不要求取得合理回报的学校，登记为民办自收自支事业单位法人；出资举办要求取得合理回报的学校登记为民办非企业法人。营利性学校由省教育厅审核后，省工商行政管理局依法登记注册为企业法人。

第三，依据学校所培养人才的类型进行划分

本研究将人才划分为三种类型，即研究型、应用型和技能型。研究型人才是指以探索事物规律为主要工作内容和目标的人才，其外部表现就是知识的创造，其身份指向是科学家；应用型人才是指将科学原理转化为专门的知识与技术，或者以运用专门的知识或技术于实践以推进生产力提高为主要工作内容和目标的人才，其外部的表现就是知识的运用，其身份指向是工程师（包括律师、中小学教师、医师、药师、会计师等）。对于应用型人才，我们可以视前者为创新性应用型人才，将后者视为一般性应用型人才；技能型人才是指充分发挥现代劳动技能，将技术发挥到极致以提高劳动生产效率为本位的人才，其外部表现是专门技术、先进经验或技巧的熟练运用，其身份指向是高级技师，这应是学校类型划分的核心依据。为此，本研究将学校类型划分为研究型、应用型和技能型三大类型。在此基础上，从学位与学历的视角进一步将三大类型划分、研究型Ⅰ和研究型Ⅱ；应用型Ⅰ和应用型Ⅱ；技能型Ⅰ、技能型Ⅱ和技能型Ⅲ。各种类型人才之间并不具有严格的界限，甚至它们之间还存在一定的交叉，它们之间总体上反映的是一种理论与技能之间结构关系的变化。研究型人才不意味着没有技能，技能型人才也不意味着没有理论。从研究型到技能型意味着理论成分的减少而技能成分的增加,从技能型到研究型,意味着技能成分的减少而理论成分的增加。各种类型的标准如表6-3所示。

表6-3　　　　　　依据人才类型划分高校类型及其标准

学校类型		内涵	具体标志	特征
研究型	I	以培养研究型人才为主,即研究型人才占在校生总数的60%以上。研究型人才是指以探索事物规律为主要工作内容和目标的人才,其外部表现是知识的创造,其身份指向是科学家。	研究生层次的研究型人才占研究型人才总数的60%以上。	学生入学要经过严格的选拔;面对优秀分子实施的是学科教育;本科是研究型人才培养的一个基础阶段,与研究生阶段共同完成最终目标;颁发相应等级的学术学位;学生主要面向全国甚至是世界;学校的招生规模受到来自于学校自身办学条件和社会需求两方面的严格限制;着重开展基础研究。
	II		本科层次研究型人才占研究型人才总数的60%以上。	
应用型	I	以培养应用型人才为主,即应用型人才占在校生总数的60%以上。应用型人才是指以运用专门的知识或技术于实践以推进生产力提高为主要工作内容和目标的人才,其外部表现是知识的运用,其身份指向是工程师等。	研究生层次的应用型人才占应用型人才总数的60%以上。	学生经过选拔才能入学;面对大众学生实施的是专业教育;本科生与研究生是两个独立的阶段;颁发相应等级的专业学位;为有需要的学生提供获得执业证书的机会;学生主要面向地区或行业;学校的招生规模主要受到学校办学条件的限制;着重开展应用研究。
	II		本科层次应用型人才占应用型人才总数的60%以上。	
技能型	I	以培养技能型人才为主,即技能型人才占在校生总数的60%以上。技能型人才是指充分发挥现代劳动技能,以提高劳动生产效率为本位的人才,其外部表现是专门技术、先进经验或技巧的熟练运用,其身份指向是高级技师等。	非学历教育的技能培训学员占技能型人才总数的60%以上。	除了研究生和本科层次的人才入学需要选拔外,为已完成中学教育且有职业技能需求的人开放;面对广泛的社会大众实施的是职业教育;专科、本科或非学历教育都是独立的阶段;达到必要要求的学生可以获得相应等级的专业学位或职业资格证书;学生主要面向地方。
	II		专科层次技能型人才占技能型人才总数的60%以上。	
	III		本科层次技能型人才占技能型人才总数的60%以上。	
	IV		研究生层次技能型人才占技能型人才总数的60%以上。	

研究型、应用型和技能型人才划分的依据是不同的工作指向,在于侧重开发和利用人的不同方面的潜质,而非人才的层次,故人才培

养类型的差异不决定学校水平的高低。之所以仅仅依据人才的类型对学校进行划分,原因就在于高校的核心职能就是人才培养,必须也只能牢牢抓住这个中心,否则都会对人才培养造成不利冲击。这种划分也是高等教育对所处经济社会发展环境需要的呼应,正如阿什比所言:"任何类型的大学都是遗传与环境的产物。"[①] 如果我们将经济社会对大学的核心诉求置之不理,那将是大错特错。之所以将人才划分为三种,主要是出于目前社会对人才的需要大致体现在这三个方面,如果进一步细分既不便于操作,既不可能将高等学校的人才培养与社会对人才规格的需求一一对应,也难符合高等教育多样化人才培养的规律要求。

在此需要说明的是,表中所列60%这个数字,不具有统计学意义,只是传统意义上的大于一半这样一个概念,代表着量变到质变这个过程,并不具有绝对意义。

第四,依据高等教育的性质进行划分

从高等教育的性质来看,有普通高等教育和职业高等教育两大类型,尽管目前无论是学术界还是教育管理部门,都没有对此进行严格的界定,包括在教育统计中尚未分别进行统计,但从教育本身来看,这是两种不同性质的高等教育。由于两种性质的高等教育其差别很大,无论是人才培养的目标、类型以及教育教学模式等存在较大差异,因此两种性质的高等教育只能分别由各自的高等教育机构来实施。分别构建各自的高等教育体系不仅是可能的,也是十分必要的,有利于各自高等教育系统的发展,有利于高等教育更好地为经济社会发展服务。实施普通高等教育的机构我们称之为普通高等学校,实施职业高等教育的机构我们称之为职业高等学校。随着职业技术教育的发展,以及经济社会发展水平的不断提升,职业高等教育的层次会越来越高,逐步由现在的专科层次发展为本科层次乃至研究生层次,进而实现职业高等教育体系的完整,尽量避免专科层次的职业高等教育向本科层次乃至更高层次流动时只能跨类型流动的尴尬局面。

---

① [英]阿什比:《科技发达时代的大学教育》,人民教育出版社1983年版,第9页。

六　高等学校分类管理的实施

（一）高校分类管理面临的困难

基于目前我国的现实情况，实施高校分类管理肯定会遇到一些困难，甚至是一些非常大的困难，目前仅就高等教育分类体系构建就遇到了比较大的麻烦。事实上，美国加州在实施高等教育分类管理的时候也并非一帆风顺。目前我们可以预测到的制约因素主要有以下几个方面。

首先，一些传统观念和行为习惯会影响到高等教育分类管理的顺利实施。

"重学轻术"的观念会给高校定位以及分类管理带来直接的影响。传统上，不仅社会上一般民众，就是高校里的很多人都是将研究型高校视为比应用型高校高一等的学校，将研究型人才视为比应用型人才水平高，而事实上他们是不同类型的学校，是不同类型的人才，二者之间不存在孰高孰低、孰优孰劣的问题。正是这种陈旧的观念才导致我们今天对高学历的追逐，甚至出现学历虚高现象。目前这种观念具有大量的"市场"，其结果势必导致谁也不会甘心被归入应用型乃至职业技能型高校，谁也不愿意成为应用型乃至职业技能型人才。

"重情轻理"的思维会直接干扰高校定位以及分类管理的实施效果。中国人往往比较注重感情，甚至在"情"面前，原则往往荡然无存。正因如此，在分类管理过程中可能会出现很多人为干扰因素，导致本来不属于某一类型的高校而列入了那一类型，结果是各种类型高校结构失调，失去高等学校分类、定位与分类管理的意义。这一点，也是西方发达国家一些好的制度在我们国家无法实施的原因之一。

其次，各个方面的管理体制与管理制度，对高等学校分类管理会产生一定的消极影响。

高校不同的隶属关系会成为高等学校分类管理的一个障碍。就国家而言，从投资主体来看，有国家投资办学的高等学校，有省级地方财政投资办学的高等学校，地市级财政投资办学的高等学校，还有民间投资办学的高等学校；从隶属关系来看，有教育部直属高等学校，有国家其他部委属高等学校，有省级地方政府所属高等学校，有地市级政府所属高等学校，还有私人所属高等学校。如何协调各方利益，需要一个反复博弈的过程。对于各个省级区域而言,实施高等教育分类管理其难度更大,在协调部委属高等学校与地方高等学校、民办高等学校利益关系时,将面临更多的困难。有学者在研究北京地区高校分类时就指出,"地处北京的中央部属院校多,办学历史长、基础条件好的大学也多,它们都把建设世界一流大学和高水平研究型大学作为发展目标;加之市属高校也要争取自己的一席之地,这进一步加大了统筹规划的难度。"[①]

现有的高等学校没有明确的职责,有的本科高校仍然举办专科,有的重点大学举办多种多样的成人高等教育,大量的研究型大学在面向社会开展直接的技术服务等等。分类管理要求不同类型的高等学校之间具有明晰的职责界限,而要打破这一界限,无疑会导致一些学校"利益"的丧失,既得利益者有谁又会愿意放弃这种利益呢?职能的重新划分,必然要打破原有的利益平衡,进行利益重新分配的难度可想而知。

各自为政的部门制度可能成为高等学校分类管理的一个羁绊。多样化的高等教育发展和高校分类、定位及分类管理的实现是一项系统工程,需要除高等教育部门之外的社会其他部门和全社会的配合,相应的政策与制度的出台,需要各级立法机构以及政府多个部门的协商,共同为高等教育的多样化发展创造良好的外部条件和环境。但是,目前我们还没有建立起各个部门,包括立法机构、财政、税务、工商管理等部门之间的联动机制。在目前的体制框架下,仅靠教育部门来协调处理相关事情,难度同样可想而知。

有效的中介性组织的缺乏会影响到高等学校分类管理的实施。高等学校分类管理是一项复杂的系统工程,政府虽然可以扮演主要角色,但政府不可能包办一切,有些事情政府是不能越位解决的,社会中介性组织解决这些问题更有利。而我们国家目前还缺少这样的中介性组织,包括高等教育内部的中介性组织,如各种类型高校协会等,以及为高等教育服务的高等教育外部中介性组织,如对高等学校起到监督和引导作用的各类评价性中介组织等。缺少了这些中介性组织,无异于缺少了"润滑剂"。

目前我国公立大学校长的聘任制度恐怕也会对高等教育的分类管理

---

① 雷庆:《加强政府分类指导 促进北京高校科学定位》,《北京教育》2010年第9期,第18页。

产生不利影响。由于我国公立大学的校长都是政府任命而非董事会聘任的，因此就决定了其不是为学校负责，而是为政府负责，其代表的更多的还是政府的利益而非学校的利益。在政府是高等学校分类管理主导主体这一背景下，虽然在各方进行利益博弈时很容易达成妥协，但由于校长并不真正代表全校师生员工，因此表面上达成共识，而事实上办学主体之间未必真正达成共识。这种"假共识"对高等学校分类管理百害而无一利，最终会阻碍高等学校分类管理的顺利实施。在目前这种体制下，"假共识"却是极易出现的。

高等学校内部的决策机制也不利于高等学校的分类管理，主要体现在缺少约束机制上。由于实行的不是董事会制度，因此没有具有法律效力的大学《章程》，往往因为大学校长或其他主要负责人个人的好恶而导致政策和制度的非连续性，包括学校发展顶层设计的学校发展定位。这一点与分类管理的要求是格格不入的，分类管理要求诸如学校发展定位这样的顶层设计是不能随意更改的。

（二）处理好分类管理与多样化的关系

高等教育的多样化是如何形成的，是高等教育自然发展过程，还是制度设计的结果？一种观点认为，高等教育的多样化是高等教育按照自身逻辑发展的结果，高校分类与定位只能导致趋同，限制高等教育的多样化发展；另一种观点认为，良好的制度设计有利于促进高等教育的多样化发展，高等教育的分类与定位具有这样的功能。还有观点认为，高等教育的多样化受到三种力量的制约，第一种是政府计划与调控的力量，第二种是市场需求的力量，第三种是科技进步的力量。

高等教育的多样性与一致性是一对矛盾问题，各国的高等教育体系在某种程度上都可以说是多样性系统，但任何一个国家也都不可能排斥一致性。因为一个国家、一个民族总是有着思想观念上、行为习惯上的一致性，也总是要依据国家的性质和各自的国情对本国的高级人才的培养设定一些原则或标准。这些都是社会现状与发展的合理诉求，如何打破一致性对多样性的束缚，需要我们正视高校分类、高校定位及其高校分类管理作用于高等教育系统进而促使高等教育多样性的机理。

首先，处理好高校分类与多样化高等教育体系实现之间的关系。政府是高校分类的主体之一，政府需要超然于高等教育领域既得利益主体之外，抛弃发展高等教育的短期功利性的目的，高瞻远瞩，在总结我国高等教育发展实践经验的基础上，通过对高校分类体系的重新构建，给现有高等教育发展实践以科学的价值引导和制度性的约束，在新的分类体系下，各种不同性质和类型的高等教育机构通过系统内部的分工与合作均能得到相对公平的对待，不同性质和类型的高等教育机构之间只是职能分工的不同，相互之间没有等级的高低贵贱之分，使高等教育发展的终极目标回归到人才培养这一基本职能上来。此外，为了增强高校分类体系构建过程的客观性和中立性，政府可以通过利用经济、法律、政策性等手段鼓励民间非营利性组织参与到高校分类体系构建和分类管理的实践中来。要建立协调机制，就政府与学校之间、社会与学校之间、学校与学校之间进行协调。组建由教育主管部门、各高等学校领导、教育专家和社会知名人士组成的大学联谊会，就高等学校分类管理的事宜进行磋商。会长由某知名、权威的大学校长担任，教育主管部门的领导可担当秘书长的角色，同时，每类高等学校设立联谊分会，保持定期沟通。

其次，处理好高校定位与多样化高等教育体系实现之间关系。作为高校定位的主体各种不同性质和类型的高等教育机构应该在政府或既定的高校科学分类体系框架的指导下，着眼于长远发展，积极回应时代和社会发展的现实需要，培养自身对于高等教育事业发展的责任感和使命感，采取随机应变的发展策略，主动从简单模仿传统研究型高校的依附型发展模式的误区中走出来，根据自身的实际情况，在教育哲学的指导下，具体问题具体分析对自己进行科学定位，扬长避短，提升自身的核心竞争力，树立自主品牌意识，要有宁做个性鲜明的自己，而不愿做"北大"或"清华"第二的远大抱负和自信心。高等学校在明晰各自职能基础上进行科学定位，教育主管部门以学校法人证书的形式予以确认，各高等学校以学校章程的形式予以固化，不经过批准学校不能自行更改。高等学校应主动寻求在多样化的高等教育体系中开创出其他形态高等教育机构无法取代的一片领地，通过向社会提供各具特色的高质量教学、科研和社会服务，实现自身结构的优化和功能的完善，进而促进整个多样化的高等教育体系的实现。

最后，处理好高校分类管理与多样化高等教育体系实现之间关系。高校分类管理是高校分类、定位与分类管理这一完整体系的一个重要环节之一。分类管理是实施高校分类、定位环节后的管理程序的自然跟进,三者的目的是共同的,三者是实现同一个目的的三个环节。高校分类管理也是对高校分类标准体系的执行情况的监督和对高校定位情况的指导和约束。政府是高校分类管理的法定主体之一,政府对高校的管理不是强权控制,在具体的管理实践中应该贯彻教育哲学的理念,树立服务意识,为不同性质和类型的高等教育机构在多样化的高等教育体系中的可持续发展营造良好的发展环境和提供价值引导以及必要的资源支持。为了更为有效地促进多样化的高等教育发展与高校分类、定位及分类管理实践的实现,政府可以通过鼓励和发展独立的非营利性中介组织,向独立设置的第三方非营利性组织让渡一部分管理权力,发挥民间专门性的社会力量参与高校分类管理的独特优势。

各用人单位应该更新观念,采取更加务实的人才消费理念,以自身具体的经济适用作为衡量人才的客观标准,克服对人才的盲目高消费;高等教育的受教育者应该更加理性地根据自身的综合条件以及学习兴趣在多样化的高等教育机构中选择适合自身成才的教育形式和机构,进行创造性的学习,有针对性地帮助自身早日成才,在服务社会的过程中实现自身的人生价值和理想。

(三) 实行高校分类管理的路径

高等学校分类管理的价值以及我国高等教育发展的现实状况,决定了我们必须尽快走出高等学校分类管理的困境,实施高等学校分类管理。走出高校分类管理困境需要统筹设计、系统规划、全面组织。但是,笔者认为,当前以下几点尤为关键。

第一,充分发挥中央教育主管部门在高等学校分类管理中的主导作用,使高等学校分类管理尽快进入决策阶段。

从政策运动的议程设置、决策、政策执行及调整三个阶段来看,高等学校分类管理作为未来的一项高等教育政策已经进入议程设置阶段,这一点从《中国教育改革和发展纲要》与《国家中长期教育改革和发展规划纲要(2010—2020年)》中均得到体现。但是,在中国高等教育改革任务繁重的情况下,哪一项政策工程能够优先进入决策阶段则尚受政府财政资源、人力资源、信息资源、时间资源等以及政府、高等学校和社会各方关注度等因素影响。正是受这些因素的影响,高等学校分类管理尽管列入议事议程已有十年，但尚未进入决策阶段，且议程设置本身仍不够完善，这不能不说是一个很大的缺憾。为此，基于高等学校分类管理的重要性与紧迫性，首先作为推动变革主导力量的中央政府应赋予教育主管部门更多的教育行政权力，包括统筹权、人事权和财权，以保证其能够充分地承担起体系的构建者、条件的保障者、质量的监督者、服务的提供者等职责；其次是中央教育主管部门应将高校分类管理纳入高等教育综合改革范畴，加强高等学校分类管理政策的议程设置，通过议程设置积极引导各级政府、高等学校和社会广泛关注和讨论高等学校分类管理问题，明晰理论认识、拟定政策框架、设计技术路径，进而为尽快进入决策阶段奠定基础。

第二，引导高校定位，推动高校分类管理制度建设。

首先，引导高等学校围绕分类体系进行合理定位。高等学校必须对自身的职能作出合理选择，且必须以某种方式予以确认，不能随意更改。政府可以采取在事业单位法人证书中明确职能与职责的方式予以确认，高校自身可以在学校章程中予以确认，避免学校主要领导更换后就抛弃原有一套而另起炉灶的现象。

高校定位不能是高校的完全自主行为，必须在政府的宏观指导下进行，否则可能出现高校定位都是合理的，但整个高等教育系统却是不合理的现象。近年来，我国职业教育领域实施的类别发展引发的职业高等教育体系建设就是一个例证。

其次，加强高等教育发展规划的编制与执行，用高等教育发展规划倒逼高等学校分类管理制度建设。

高校分类、高校定位、高校分类管理、高等教育规划这四个环节构成一个完整的体系，且是一种递进关系。高等学校分类管理的价值不仅仅在于对不同类型的高校进行职能管理、投资管理、质量管理、绩效管理等，更在于对不同类型的高校进行科学规划。因此，可以说，实现高等教育规划是高等学校分类管理的直接目的，因为实现了高等教育科学规划，就意味着实现了高等教育系统功能的优化。为此，编制和实现高等教育发展规划当然地成为高等学校分类管理制度建设的一个重要遵循，应在高等教育发展规划的框架下，实行高等学校职能、投资、质量、绩效等的分类管理，围绕着实现高等教育规划的目的系统地构建高等学校分类管理制度。美国加州高等教育总体规划对此体现得十分充分，其不仅明确了各个学校招生的规模，招生的类型和层次，更明确了实现招生所需要的人力和财力资源，以及资源保障条件等。

然而，目前我国无论是国家层面的还是地方层面的高等教育发展规划均比较粗放，往往只有笼统的数量规划，尚没有对各种类型高等学校及其规模、高等教育投资、高等学校人力资源配置等作出详细的规划，也没有将高等学校分类管理的思想理念与高等教育发展规划结合起来，二者的这种游离状态既让高等教育发展规划的价值大打折扣，也使得实施高等学校分类管理的动力不足。

目前高校分类管理是高校分类、高校定位、高校分类管理、高等教育规划这个链条上最难攻克的一个堡垒。构建高校分类体系、实施高校定位是正面攻克这个堡垒的一种举措，基于目前这种状况，细化高等教育发展规划并以此来倒逼高等学校分类管理制度的建立应是从相反方向攻克这个堡垒的另一种举措。相信在"两面夹击"下，高等学校分类管理定能取得重大突破。

第七篇　广东省研究生教育规模与结构问题研究[*]

一　概述

(一) 研究背景及主要问题

区域高等教育研究是近年来高等教育研究的一个新领域，由于刚刚起步，因而研究水平还相对不高。对于一些基本问题，如怎样描述区域高等教育发展水平及其差异，区域高等教育的本质特征有哪些，区域高等教育发展差异的本质属性是什么，要不要消除差异、如何消除差异，如何建立区域高等教育与区域经济社会发展之间的关系，如何来发展区域高等教育等诸多问题还没有揭示清楚，而这些问题涉及区域高等教育的和谐发展。由于一些学者对区域高等教育了解不多，对区域高等教育与国家高等教育之间的区别不清楚，在研究区域高等教育发展问题时，简单地将宏观高等教育发展的一些理论用于区域高等教育的研究之中，尤其是将国家高等教育与经济社会发展关系的理论照搬于区域高等教育与区域经济关系的处理上，因而出现了研究所得出的结论无法令人信服的现象。本研究的目的在于探寻区域研究生教育规模与结构评价的科学标准到底是什么，在此基础上运用科学的标准对广东省研究生教育规模与结构进行科学评价和分析，有针对性地为广东省研究生教育规模提升和结构优化制定出科学的发展对策。

---

[*] 祁晓参与了本篇的撰写。

(二) 研究假设

1. 区域研究生教育具有体系的匀质性、办学的开放性、发展的相对独立性、服务面向的多维性等基本属性。

2. 以师资力量为核心的办学条件是衡量区域研究生教育规模的基本标准。

3. 区域研究生教育应该遵循差异化发展理论，实施必要的分工与合作，各地区应该重点举办自身具有优势的学科和专业，交叉学科或跨学科的学科或专业应该成为区域研究生教育新的增长点。

4. 区域研究生教育规模的扩大和结构的优化面临资源的约束，在区域研究生教育发展的实践中，规模更大、学科更全、层次更高，无论是对区域研究生教育自身的发展，还是对于区域经济社会发展来讲，并不总是意味着更好。

5. 区域研究生教育规模的扩大和结构的优化，不能偏离高等教育机构所具有的育人这一最基本的职能。

(三) 相关概念的界定

1. 研究生教育

研究生教育作为独立于普通本、专科教育之后的教育阶段，除了人才培养外还承担着与本、专科教育阶段不同的科研任务，但是承担研究生层次人才培养的研究生教育机构开展的科研活动本质上应该是为其人才培养服务的，科研不能偏离高等教育机构人才培养的基础性地位。

2. 研究生教育规模

本研究中研究生教育规模是指研究生教育在数量方面的规定性，是衡量高等教育机构在培养研究生层次人才方面上培养能力的一个指标。

3. 研究生教育结构

研究生教育结构指研究生教育作为一个系统的内部构成状态，它是由相互联系的各种亚结构构成的复杂系统，由研究生教育系统内、外部各种因素形成。内、外部条件的发展变化决定其不同的构成状态和发展变化。[①] 它包括研究生教育的科类结构、层次结构、类型结构、布局结

---

① 秦惠民：《学位与研究生教育大辞典》，北京理工大学出版社1994年版，第94页。

构等亚结构。

研究生教育的科类结构指不同学科领域研究生教育的构成状态，是一种横向结构，表现在两方面：一是博士、硕士学位学科授权点的学科分布；二是研究生教育规模分学科的比例构成。

研究生层次结构，也称研究生教育程度结构。是指根据研究生教育培养人才的要求和程度不同，受教育者接受相应的教育内容和教育形式的不同而形成的不同层次的构成状态。目前我国研究生教育由博士研究生教育和硕士研究生教育两个层次组合而成。层次结构很大程度上主要是由当时所处的经济社会发展所需要人才的技术结构所决定的。一般而言，一个社会的经济越发达，科技水平越高，层次结构的重心越高。

研究生教育类型结构从培养规格上分为学术型学位和专业型学位，是一个横向结构，指学术学位研究生和专业学位研究生之间的比例关系。学术学位研究生教育是以培养教学和科研人才为主，授予学术型学位的教育，专业学位研究生教育是一种具有职业背景的学位，它以培养理论与实践相结合的高层次职业人才为主要目的。根据学习形式可以分为全日制研究生教育与非全日制研究生教育，前者主要是以培养就业前人才为主体，以全日制学习并获取学位为主的研究生教育；后者主要是对就业后的人员以半脱产或业余学习为主体的学历教育。

研究生教育布局结构指研究生培养单位在区域之间的分布构成。

4. 区域研究生教育

本研究中的区域研究生教育指分布于我国大陆31个省级行政区范围内的研究生教育。

（四）国内外研究现状及文献述评

由于国外高校享有较为广泛的办学自主权，虽然国外有类似于像加州和纽约州高等教育发展规划这样典型的以区域（州）作为高等教育整体发展规划的研究，但是，各个区域内的高等教育发展体系是区域内外经济社会各种因素在长期的历史时间内共同作用下自发地形成的结果，国外较少有以省级（州）区域的视角来研究研究生教育规模与结构这样的问题；我国是典型的中央集权国家，高等教育领域中实行的是中央和地方两级负责两级管理的体制，随着这一体制的深入推进，地方政府在区域高等教育发展过程中的权限越来越大，区域研究生教育规模与结构问题研究成为区域高等教育研究中的热点问题之一，受到越来越多的关注和重视。为了叙述上的方便，本部分将分别从区域研究生教育规模研究、区域研究生教育结构研究和国内外研究文献述评三个方面来展开。

1. 区域研究生教育规模方面的研究现状

（1）国际范围的省/州级区域的比较研究

许为民、张国昌等（2005）通过对美、英、日、中四国区域经济与区域研究生教育关系的比较，发现美、英、日三国区域经济与区域研究生教育存在高度的相关性，等级相关系数均在0.9以上；而中国区域经济与区域研究生教育的等级相关系数则为0.464。这一结果表明，与发达国家相比，我国目前的区域研究生教育布局的合理性有待质疑。[1]燕京晶、裴旭等（2009）通过对印度、巴西、墨西哥三个国家的比较研究，发现三国研究生无论是在学人数还是研究经费投入都存在向经济发达地区和优势研究生院集聚的趋势。[2]

（2）全国范围全部省级区域的比较研究

①区域研究生教育规模与区域经济相关性和协调性研究

袁本涛、张文格（2005）通过对我国研究生教育的区域分布现状进行深入的实证考察，解释了我国研究生教育发展的区域分布特征；同时，通过对区域研究生教育和区域经济发展的相关性研究，揭示了区域研究生教育与经济社会发展的协调程度。[3]曹淑江（2008）通过实证研究发现：我国地区之间研究生教育发展差距比较大，各地区研究生教育与经济发展状况、人口状况的适应性比较差；我国研究生教育发展中应注意缩小地区之间的差距，增加发达地区地方政府对研究生教育的拨款，特别是发达地区地方政府应增加对部委属高校研究生

---

[1] 许为民、张国昌等：《区域经济与研究生教育布局——美、英、日、中四国现状比较》，《比较教育研究》2005年第1期，第20—24页。

[2] 燕京晶、裴旭等：《多人口发展中国家研究生教育比较研究及启示——以印度、巴西、墨西哥研究生教育改革为例》，《中国高教研究》2009年第4期，第32—34页。

[3] 袁本涛、张文格等：《我国研究生教育区域分布特征及相关策略分析》，《高等工程教育研究》2005年第6期，第82—85页。

教育的拨款。① 张建华（2009）按照国务院学位委员会办公室的划分方法（根据各省（市、区）研究生教育发展程度，将我国高等学校研究生教育划分为四个类别），采用面板数据模型分析发现，四类省（市、区）间的"高等学校 R&D 经费支出""从事 R&D 活动的人员数及投入时间""高等院校在校研究生数（规模）"与"经济增长"之间存在差异。② 张振刚等（2009）运用主成分分析方法研究我国研究生教育与区域经济发展的协调程度，分析我国学位授权点的区域分布情况，以此为基础，归纳出我国研究生教育与区域经济协调发展协调性的五种形态：研究生教育和经济发展高度协调区、研究生教育与经济发展低度协调区、研究生教育和经济发展中度协调区、研究生教育和经济发展高位弱协调区、研究生教育和经济发展低位弱协调区。③ 李立国等（2011）将各省 GDP 及其占全国的比例与相应省份的研究生学位授予总量及占全国的比例进行了相关性分析，研究我国当前省域研究生教育布局结构。④

②区域研究生教育发展特征与战略研究

金红梅（2006）以中国地区间研究生教育的发展差异为研究对象，分别从实证研究、理论分析与政策分析三个方面推进对这一问题的研究。研究表明：西部学位授权单位和授权点少，研究生教育规模偏小；西部地区学位授权单位和授权点分布不均，发展不均衡；西部地区高层次人才流失严重，引进难。⑤ 赵琳、刘慧琴等（2009）在对我国研究生教育区域发展宏观政策变迁政策梳理的基础上，对我国研究生教育在省级行政区的分布进行了实证研究，包括各省级行政区研究生教育发展规模、拥有研究生教育资源的专科以及研究生教育与社会发展之间的匹配

---

① 曹淑江：《我国普通高校研究生教育地区之间发展差距研究》，《中国高教研究》2008 年第 4 期，第 40—44 页。

② 张建华：《研究生教育规模、R&D 投入与经济增长——基于面板数据（panel data）模型分析》，《现代教育管理》2009 年第 5 期，第 73—77 页。

③ 张振刚、林春培等：《基于研究生教育和经济协调发展的学位授点区域布局研究》，《学位与研究生教育》2009 年第 2 期，第 16—18 页。

④ 李立国、乔文英等：《省域视野下的我国研究生教育布局研究》，《学位与研究生教育》2011 年第 4 期，第 54—59 页。

⑤ 金红梅：《中国研究生教育地区发展差异及其对策研究》，《现代大学教育》2006 年第 1 期，第 89—94 页。

程度，在此基础上，揭示了我国研究生教育的区域分布特征。[1] 贾云鹏（2010）通过实证研究认为：我国研究生教育资源的地域分布的准确特点是差序格局，而非阶梯分布或是中部凹陷，阶梯分布或是中部凹陷的不足源于其判断标准；差序格局分布的成因主要是教育功能的变化、国家政治和地方文化的推动。[2]

（3）一省为主多个省级区域的横向比较研究

何诚琦、车纯等（2002）通过对西部研究生教育发展历史和现状的分析发现：西部地区研究生规模小、发展慢；区域内分布不均衡；培养质量不高；研究生基础薄弱，人才流动不合理。[3] 陈子辰、王爱国等（2006）通过研究发现：1999年以来，我国一些经济比较发达而高等教育相对比较落后的地区在高等教育规模上实现了跨越式发展，但是其高等教育整体实力仍然比较薄弱，加速发展研究生教育已成为这些地区建设优质高等教育系统、提升高等教育服务区域社会经济功能的关键。[4] 鲍善冰、丁月华（2008）通过对中部六省研究生培养单位、研究生教育规模、学位点建设等指标的比较研究发现：山西省研究生教育主要存在着培养单位数量不多、规模不大、培养质量不高等差距。[5] 王萍、季俊杰（2011）在实证研究的基础上发现：江西省研究生培养单位居全国24位只占全国总量的1.15%；其研究生密度在全国排名26位，相当于全国平均水平的1/3；在层次结构上，其硕博比约为1∶26，相当于全国平均水平的1/5；通过与邻省比较发现，研究生教育发展水平与地区经济发展水平并没有直接的相关性。[6] 卢勃、王志强（2010）等通过运用SWOT分析框架，从省市比较的视

---

[1] 赵琳、刘慧琴等：《我国研究生教育省际发展状况及其特征研究》，《学位与研究生教育》2009年第5期，第26—31页。

[2] 贾云鹏：《我国研究生教育资源地域分布特点评析——基于省际视角的考察》，《教育科学》2010年第2期，第5—8页。

[3] 何诚琦、车纯：《西部研究生教育的现状和发展》，《学位与研究生教育》2002年第2—3期，第25—29页。

[4] 陈子辰、王爱国等：《经济发展研究生教育提高区域高等教育质量——兼论浙江研究生教育发展战略》，《高等工程教育研究》2007年第1期，第97—101页。

[5] 鲍善冰、丁月华：《山西省研究生教育在中部六省中状况》，《山西省高校社会科学学报》2008年第4期，第95—98页。

[6] 王萍、季俊杰：《江西省研究生教育发展水平的比较研究》，《教育学术月刊》2011年第1期，第52—55页。

角进行研究表明：广东省研究生教育发展具有绝对规模大、经费投入充足、政策支持力度较大和地理位置优越等优势和机遇；同时还存在着相对规模小、学校层次和学科水平较低、教师资源不足等劣势和挑战。①户小英（2008）通过研究发现，河南省研究生教育尽管发展很快，但与全国平均水平及中部其他省相比发展还不充分，存在着学科专业门类不全、数量少，经济发展急需的学科专业相对较弱，分布不均衡等问题。②

（4）单一省级区域研究

王志宏、卢祖洵等（2000）探讨了湖北研究生教育与经济、科技和社会发展之间的关系。③邵云飞、赵宏辉等（2001）在综合考虑四川省研究生教育的历史和现状、所面临的机遇和挑战以及全省经济发展速度的基础上，运用统计理论中的趋势拟合模型、二次指数平滑模型、线性回归模型预测四川省研究生教育在未来10年所应达到的规模。④毛克贞、吴一丁（2006）通过研究生规模与经济总量、人口总量、本专科生规模、研究生导师、师资力量等关系的研究对新疆研究生教育规模与社会经济发展关系进行了研究。⑤孙百才、徐敬建（2009）通过甘肃研究生教育规模与全国平均水平以及和甘肃经济、人口、教育之间关系的研究，得出甘肃研究生教育的规模与经济社会发展对高层次人才的需要并不完全相适应。⑥唐拥军、杨飞飞等（2009）建立了广西研究生数量、结构与广西北部湾经济区 GDP 指标的相关性模型，运用计量经济软件对模型进行了运算和检验，得出广西研究生数量、结构与广西北

---

① 卢勃、王志强等：《广东省研究生教育的 SWOT 分析》，《广东教育学院学报》2010 年第 8 期，第 37—42 页。

② 户小英：《河南研究生教育比较分析》，《河南社会科学》2008 年第 11 期，第 147—149 页。

③ 王志宏、卢祖洵等：《湖北省研究生教育发展速度、规模与经济、科技、社会发展之间关系》，《华中师范大学学报》（社会科学版）2000 年第 1 期，第 133—136 页。

④ 邵云飞、赵宏辉：《四川省研究生教育预测模型实证研究》，《预测》2001 年第 7 期，第 68、69—72 页。

⑤ 毛克贞、吴一丁：《新疆研究生教育规模与社会经济发展关系研究》，《陕西师范大学学报》（哲学社会科学版）2006 年第 7 期，第 160—163 页。

⑥ 孙百才、徐敬建：《改革开放 30 年甘肃研究生教育规模与经济社会发展关系分析》，《中国高教研究》2009 年第 1 期，第 11—15 页。

湾经济区 GDP 之间均具有高度的相关性。[①] 朱永东、张振刚等（2010）通过广东省 1995—2007 年七大类专业高等院校的面板数据，考察了相关经济因素和人口因素对研究生教育规模扩张的影响。结果表明：在静态和动态面板数据模型中，都存在着研究生教育规模扩张相对于 GDP 总量增长的不平衡性，在动态面板数据模型中，这种不平衡性更加显著，上年度 GDP 总量的增长会减缓当年研究生教育规模的扩张，而当年 GDP 总量的增长会加速研究生教育规模的扩张。此外，从动态视角来看，经济因素对研究生教育规模扩张的拉动作用会有所减弱，而人口因素对研究生教育规模扩张的拉动作用日趋增强。[②]

2. 区域研究生教育结构研究现状

（1）类型结构研究

王磊、沈长明等（2009）从山东省专业学位研究生教育的现状出发，分析了山东省专业学位研究生教育的生源状况、社会需求和培养能力，提出了专业学位研究生教育发展规划的建议。[③] 周昆（2010）认为专业学位研究生教育培养的人才因其特殊的"职业性"，是区域经济发展的重要人力资本和基础创新的主力军，其发展的现实路径应该着眼于区域经济发展，改革招生体制，扩大招生比例，优化结构布局；建立以"项目研究"为基础的"双导师"培养制度以及校企合作培养模式。[④]

（2）层次结构研究

李向红（2010）通过对广西壮族自治区博士学科授权点和硕士学科专业授权点的分布以及与学位授权点与区域产业结构需求符合度的分析和研究，进行深入的理性思考，提出了对于民族地区高等学校学位学

[①] 唐拥军、杨飞飞等：《广西研究生教育与广西北部湾经济区发展的相关性研究》，《技术经济》2009 年第 9 期，第 120—124 页。

[②] 朱永东、张振刚等：《区域经济因素和人口因素对研究生教育规模扩张的影响——对广东省的实证研究》，《高等工程教育研究》2010 年第 4 期，第 100—104 页。

[③] 王磊、沈长明等：《山东省专业学位研究生教育现状与发展规划》，《高等农业教育》2009 年第 10 期，第 78—81 页。

[④] 周昆：《区域经济视角下的专业学位研究生教育发展路径探析——以重庆为例》，《重庆文理学院学报》（社会科学版）2010 年第 50 期，第 166—169 页。

科专业建设及其布局结构调整和优化的战略选择。① 李立国、曾许萍（2011）通过对中国和美国高等教育总规模、R&D 经费投入和各省/州博士学位授予量之间的相关性分析，来研究博士研究生教育的集聚效应。② 廖湘阳、石玉玲等（2008）定量分析了1999—2004年"积极发展"阶段我国研究生教育发展规模、学科结构、区域结构的变化情况，发现研究生招生规模省级区域结构在博士层次倾向于定量增长，而在硕士层次倾向于等比增长。③

（3）学科结构研究

杨卫（2006）采用连续介质力学的方法论，在学科空间和历史维度组成的时空框架下定量地阐述研究生教育学，文中提出研究生教育的两项本质特征是学科建设和知识创新的关系，提出中国研究生教育的四项基本假设：学科个体假设、资源贫乏假设、产品继承假设、控制递减假设。针对资源、产品、结构三类变量，初步构建了由五类场方程控制的研究生教育动力学框架。④ 在建立了研究生教育动力学理论框架基础上，演绎了研究生教育动力学的定性特征，构想了可用动力学理论加以分析的若干案例。结果表明在研究生教育动力学的框架内可以探讨投入产出效益、确定学科演化的版图、判别学科发展的稳定性、阐述学科的凋亡与互融、建设相应的质量控制体系。构想了可在研究生教育动力学框架下进一步研究的个案即25年学科演化史、递减控制的效益、多层研究生教育结构的形成、激波式快速发展结构和橄榄式平衡发展结构。其学科发展框架同样适合于区域研究生教育学科结构的分析。⑤ 黄京钗（2006）阐述了实现目标必须解决好人才培养数量和质量、人才培养观念的转化和更新、人才培养结构的优化

---

① 李向红：《民族地区学科专业布局结构调整和优化的路径选择——基于广西壮族自治区学位授权点现状的分析》，《学术论坛》2010年第8期，第178—183页。

② 李立国、曾许萍：《博士研究生教育的集聚效益研究》，《复旦教育论坛》2011年第2期，第38—42页。

③ 廖湘阳、石玉玲等：《1999—2004年"积极发展"阶段研究生教育发展定量分析》，《学位与研究生教育》2008年第10期，第22—28页。

④ 杨卫：《研究生教育动力学——理论框架初探》，《学位与研究生教育》2006年第2期，第1—9页。

⑤ 杨卫：《研究生教育动力学——定性探讨与案例构想》，《学位与研究生教育》2006年第4期，第8—14页。

与调整、人才培养模式创新等几个问题,以适应社会可持续发展的总要求。福建省研究生教育发展战略目标是:形成适应福建发展的学科结构和学位授权体系,研究生教育规模能满足本省经济和社会发展的需要,培养质量总体上达到国内先进水平。[1] 刘志跃、李志军等(2009)根据内蒙古自治区医学研究生教育的现状,从医学研究生教育的规模、学科结构、学科水平以及培养特点等方面进行了全面的系统的分析,在此基础上,提出针对自治区医学研究生教育在学科结构、层次、布局,学科建设投入和学科水平及竞争力等方面存在的问题。[2] 武凌(2009)针对四川省产业结构现状,利用线性回归分析方法对研究生教育与四川产业结构调整进行关联分析,结果表明:发展研究生教育能够推进四川产业结构的优化与产值增长。[3] 黄龙华(2009)在对江西省研究生教育科类结构现状分析的基础上,结合江西省的实际情况,归纳出江西省研究生教育科类结构存在:博士学科种类数偏少,博士学科专业覆盖率低、学科设置重复现象比较突出、教育资源浪费、学科结构与经济社会发展和产业结构不适应、优势学科、重点学科偏少,学科水平不高、科类间结构发展不合理、应用型人才培养比率过小等问题;并对产生这些问题的原因进行了深入的分析。[4]

(4)布局结构研究

赵宏斌(2009)使用泰尔指数作为衡量差异的标准,具体测量和分析了我国各类高校在校生规模在省级区域之间分布相对于区域经济和人口分布的差异程度,研究表明:省级区域之间高校在校生规模分布差异与经济发展差异小于人口的差异;无论是相对于经济还是相对于人口而言,研究生规模省级区域之间的分布差异大,本专科生规模差异小,省级区域高校各类在校生规模在省级区域内的差异要远大于省级区域之

---

[1] 黄京钗:《福建研究生教育发展战略辨析》,《福建工程学院学报》2006年第4期,第230—233页。

[2] 刘志跃、李志军等:《内蒙古自治区医学研究生教育的现状与发展对策研究》,《内蒙古医学院学报》2009年第1期,第11—15页。

[3] 武凌:《研究生教育与四川产业结构的关联分析及对策》,《西南交通大学学报》(社会科学版)2009年第10期,第70—74页。

[4] 黄龙华:《江西省研究生教育科类结构研究》,江西财经大学,硕士学位论文,2009年12月。

间的差异。① 葛喜艳（2010）通过实证研究发现，山东研究生教育的特点为：资源几乎集中在济南和青岛，城市间发展不平衡，研究生教育发展落后于区域经济的发展。②

（5）多个结构的综合性研究

陈秀军（2007）采用理论研究与实证研究相结合的方法，对湖南省研究生教育机构的层次结构、科类结构和形式结构进行了现状分析。③ 俞晓箐、叶志清（2009）以福建省研究生教育为例，分析了福建省高层次人才培养的发展速度、学科结构、层次结构、应用型人才培养、导师队伍及培养单位分布等现状，进而指出福建省高层次人才培养与经济社会协同发展中存在的问题与困境。④ 李雨洁（2010）通过对河北省研究生教育结构中的层次结构、学科结构、形式结构的现状分析，发现其存在的问题。⑤ 陶军、韩春秀（2010）从分析云南省研究生教育结构的现状入手，指出云南省研究生教育在层次结构、科类结构和形式结构方面存在规模偏小、学科发展不平衡、层次水平低、形式单一等问题。⑥

3. 国内外研究的文献述评

这些国内外研究成果，为我国区域研究生教育发展的实践和改革提供了很多有益的借鉴和参考，但是现有研究尚存在以下方面的不足：

（1）研究假设和评价标准不科学

现有区域研究生教育规模和结构研究存在的一个共性问题是，以适用于国别研究生教育规模和结构的研究范式来研究区域性问题。忽视了在我国现阶段的管理体制下，区域研究生教育的生源和毕业生在各区域之间的流动性以及区域研究生教育与经济社会发展互动机制方面的差

---

① 赵宏斌：《中国高等教育省级区域分布的差异性研究——基于泰尔指数的比较》，《中国高教研究》2009年第2期，第23—27页。
② 葛喜艳：《区域研究生教育发展研究——以山东省为例》，《中国电力教育》2010年第18期，第50—53页。
③ 陈秀军：《湖南研究生教育层次、科类、形式结构研究》，湖南师范大学，硕士学位论文，2007年5月。
④ 俞晓箐、叶志清：《高层次人才培养的困境与对策——以福建省研究生教育为例》，《内蒙古师范大学学报》（教育科学版）2009年第9期，第8—11页。
⑤ 李雨洁：《河北研究生教育结构研究》，河北大学，硕士学位论文，2010年6月。
⑥ 陶军、韩春秀：《云南省研究生教育结构现状分析及其优化方案》，《昆明理工大学学报》（社会科学版）2010年第10期，第86—93页。

异性。

规模研究侧重于与区域经济和人口总量占全国比例或是排名的匹配。以区域人口和经济总量以及全国平均在校生规模水平为参照标准，未能考虑到各地区在研究生教育培养质量和成本方面的差异，以及区域经济增长质量和结构差异对高层次人才在数量和质量上的不同需求。

结构研究则不考虑各地区研究生教育原有基础和经济社会发展的差异，实行统一的研究范式。类型结构侧重于完善结构类别，学术型和专业型对半分；层次结构要么按照发达国家的比例构成，要么依据全国研究生层次水平的平均水平或部分高教发达省份的水平作为优化的依据，没有考虑到不同层次的研究生教育对区域经济社会发展服务内容的不同，以及区域经济社会发展的差异对研究生教育的不同需求；科类结构上，各地区基本上是按照国家研究生教育学科门类的齐全程度作为区域研究生教育学科结构优化的标准，没有考虑到国民经济在我国区域之间分布的不均衡性，各地区研究生教育没有必要去覆盖全部的学科门类；布局结构则强调研究生培养单位要适当分散，就地服务于区域经济社会的现实需要，较少考虑到研究生教育属于资本和智力密集型的教育类型，培养单位的适当集中可以发挥集聚效应。

人口、经济因素等都是影响区域研究生教育发展的外部因素，以这些外部因素作为区域研究生教育规模和结构优化的标准，违背了区域研究生教育规模和结构这对矛盾内外因之间的辩证关系，内因是矛盾变化的根据，外因是矛盾变化的条件，外因要通过内因起作用。区域研究生教育规模和结构优化的评价标准应该首先考虑区域研究生教育的发展是否有利于提升区域研究生教育自身内部功能作用的发挥；第二位考虑的才应该是区域研究生教育规模和结构的优化在实现自身内部功能完善的同时对区域经济社会发展方面的贡献作用。

(2) 重视教育对经济社会的适应，忽视教育对经济社会的引领

用单向度的教育适应经济社会的研究范式作为评价区域研究生教育规模和结构优化的标准，是建立在我国目前各地区经济社会发展状况是合理的研究假设下，显然这样的假设是成问题的，在盲目追求 GDP 的导向下，我国各地区发展中普遍存在短视和无序的态势，我国经济社会发展中长期存在的城乡"二元"结构现象就是很好的例证。这种研究

范式在注重教育适应区域经济社会发展的同时，忽视了教育要超然于社会和对社会发展的引领作用。

此种研究范式，即便在不考虑区域研究生教育内部各要素在区域之间具有流动性的前提下，研究的出发点还停留在区域研究教育发展受益能力的公平，区域研究生教育规模和结构要主动去适应区域经济社会的规模和结构，没有进一步从区域教育发展负担能力的公平，来探讨构建区域研究生教育财政转移支付体系和具有法律约束力的区域研究生教育经费投入保障制度。因为在我国目前的条件下，省级政府是负担研究生教育经费投入的主体，大部分地区都面临着研究生教育经费短缺问题，普遍存在着以招收本科生收取学费和国家财政性拨款的盈余来弥补研究生教育经费不足的困境，区域之间在研究生教育规模和培养成本上的差异与现实承受能力的匹配上存在着较大的差距。

此外，在我国现阶段的人事体制下，国民经济中各行业的职级、职责规范不清，研究生层次的人才与普通本专科层次的人才在实际的工作岗位上，并没有什么显著的差异，相互之间具有较强的可替代性。研究生层次的毕业生合意性就业率不高就很能说明问题，研究生层次的人才在就业时更多的是给用人单位以信号甄别的作用。区域范围内各种工作岗位对研究生层次的人才需求量不易方便地估算出，加上教育发展本身的滞后性，区域研究生教育对经济社会的适应不是一个容易解决的问题。

（3）以教育机构静态的职能观代替教育系统动态的功能观

"功能"最初的意义是指"器官和机件"的功效或作用，在社会学中它指"物质系统所具有的作用、效用和能力等"。职能是指"人、事物、机构应有的作用和功能"。从概念的内涵来说，二者的区别在于应用的范围不同，功能通常指具有一定结构的系统所具有的作用，包括一系统对另一系统的作用，也包括一个系统内部部分对整体的作用；而职能指机构的职责和能力。对于高等教育来说，如果从社会学的观点来衡量，其是社会或教育的一个子系统，高等教育的作用应该表述为高等教育的功能，而对于具体的高等学校来讲，作为实施高等教育的机构，应该表述为高等学校的职能；高等学校承担着教学、科研、社会服务三大职能，高等教育的功能主要是指育人功能和社会功能（政治、经济、文化等方面的功能），其中育人功能是其最基本的功能。①

作为区域内承担研究生教育主体的高等学校的人才培养、科学研究、社会服务三大职能的形成经过了一个动态的演变过程，但是高等学校的职能一旦形成，在一个相对较长的历史时期内是固定不变的。各地区不论在研究生规模和结构上的实际差异多么大，只要具有研究生教育的能力，因为区域研究生教育体系的匀质性，区域范围内承担研究生教育培养的机构就同样地具有人才培养、科研、社会服务这三大职能。区域研究生教育规模和结构是一个不断动态优化和调整的过程，不同区域之间以及同一区域不同年份之间研究生教育规模和结构的变化，相应地影响着区域研究生教育系统整体功能的发挥；同时区域之间在经济、社会、文化等方面的差异，作为区域研究生教育体系整体功能发挥的外部环境也在一定程度上影响着其实现的程度，进而制约着区域研究生教育规模和结构的优化和调整。

现有区域研究生教育规模和结构研究的侧重点还停留在对区域内高等院校三大职能的静态描述上，单纯的以在校研究生数量、科研成果数量、师生比、本硕博之间的比例以及在校生数与区域 GDP、人口数等方面的简单排名或是在全国所占比重的匹配等作为评价区域研究生教育规模和结构优化的标准。因此研究所得结论往往在理论上被证实，但是在实践中却被证伪；实践中被证实的，往往却在理论上被证伪。缺少把区域研究生教育作为一个动态的系统，从完善区域研究生教育体系的育人功能和社会功能的视角来探讨区域研究生教育规模和结构优化问题。

（4）研究成果缺乏系统性存在低水平重复研究现象

现有区域研究生教育规模和结构研究，定性经验描述多，理性思考少；罗列数据资料的多，进行价值判断的少；部分实证研究虽然能够借鉴其他学科貌似新颖的研究方法和分析工具，通过构建数学模型来进行多元回归分析或是相关分析，但是数学模型只能解决是什么的问题，并不能回答为什么的问题。同时研究所用的数据大多是公开渠道发布的统计数据，所得出的所谓规律性的结论，只是对各地区研究生教育规模和结构发展实践和现象的分类汇总和概括，本身不具有任何的理论性价

---

① 邬大光、赵婷婷：《也谈高等教育的功能和高等学校的职能——兼与徐辉、邓耀彩商榷》，《高等教育研究》1995 年第 3 期，第 57—61 页。

值，对区域研究生教育规模和结构的优化不具备前瞻性的价值判断和科学的理论性指导。同时研究中缺少结合具体区域的情况进行深入而广泛的社会调查获取第一手数据资料，对区域研究生教育规模和结构的未来发展趋势进行预测性的研究。

现有区域研究生教育规模和结构研究还存在以单一省份和偏重规模研究的倾向，这类研究大多属于对区域研究生教育发展经验的工作性总结，同时研究成果不可避免地带有研究者所在区域自身利益上的局限，缺乏客观性。同时，重复别人已有研究方法的验证性研究居多，原创性的基本理论研究较少；研究群体庞杂，专业性低，以高校和教育行政部门的管理工作岗位人员和在学阶段的研究生群体为主。研究成果水平低，缺乏系统性和科学性，重复研究现象严重。

（五）研究程序及技术路线

1. 研究程序

本研究采取理论创新与实证研究相结合的研究方法。首先通过文献研究，全面掌握现有研究中存在的不足，通过对我国区域研究生教育所具有的本质属性和有关区域研究生教育规模与结构优化理论方面的全面把握，从全新的研究视角，构建区域研究生教育规模与结构评价及测度的数学模型，在此基础上，通过实证研究对广东省研究生教育的现有规模与结构进行科学评价及测度，有针对性地为广东省研究教育规模提升和结构优化制定科学的发展对策和措施。

2. 技术路线

本研究遵循："文献研究—理论创新—实证分析—对策研究"这样的技术路线。

（1）文献研究：通过对国内外相关研究文献的研读，全面掌握学术界关于区域研究生教育规模与结构问题研究的最新动态及存在的不足之处。

（2）理论创新：在借鉴现有研究成果和对我国区域研究生教育所具有的一系列本质属性和区域研究生教育规模和结构优化理论全面认识的基础上，尝试从全新的研究视角，从理论创新的高度，构建适用于对我国区域研究生教育规模与结构进行科学评价的计量模型，进一步丰富和完善区域高等教育理论体系。

（3）实证分析：在新理论科学思想的指导下，利用所构建出的区域研究生教育规模和结构评价及测度的数学模型，对广东省研究生教育的现有规模和结构进行深入的实证研究和比较分析。

（4）对策研究：在实证研究基础上，有针对性地为广东省研究生教育规模的提升与结构的优化制定建设性的发展对策。

二 区域研究生教育规模和结构问题的基本理论分析

（一）区域研究生教育的基本属性分析

1. 区域研究生教育体系的匀质性

区域研究生教育作为国民教育的组成部分，具有国民教育的一般属性。无论各地区研究生教育发展历史的长短、规模的大小、结构的合理程度和质量水平的高低，各地区研究生教育体系都是以国家研究生教育体系作为发展的模板，各地区学位与研究生教育规划办公室都接受全国学位与研究生教育规划办公室的统一领导。区域研究生教育体系与国家研究生教育体系是部分与整体的关系，区域研究生教育与国家研究生教育是同质的教育，其培养人才的本质属性是相同的。[①]

2. 区域研究生教育办学的开放性

在我国现有体制下，区域研究生教育无论是在培养前的招生环节，还是人才培养环节以及毕业生和科技成果的流向上均体现着区域研究生教育办学的开放性。区域研究生教育面向全国招生，生源是全国性的；区域研究生教育的毕业生面向全国自主择业，科研成果可以在全国范围内跨区域转化；区域研究生教育在具体的人才培养过程中不同区域之间以及同一区域不同培养单位之间可以通过邀请知名学者讲学、导师互聘、学分互认、互派学生进行访学，甚至进行交换培养学生等方式进行交流和合作；伴随这种交流和合作的进行，区域之间以及同一区域不同单位之间实现了物质、能量和信息的相互交换和资源的重新配置。

3. 区域研究生教育发展的相对独立性

在我国目前的教育管理体制下，高等教育的管理权限在纵向的国家、

---

① 赵庆年：《多维视域中的区域高等教育基本特征》，《教育研究》2008年第8期，第72—77页。

地方、高校之间是逐级递减的，区域教育行政机构在区域研究生教育发展过程中具有相对的独立性。虽然区域范围内研究生教育的学科点、导师资格、国家级重点学科的评定等方面最终的审批权掌握在国家层面，但是各地区可以自主决定申报什么单位、什么学科；区域内具有一级博士、硕士学科点的单位可以根据经济社会的需要自行设置二级学科点；各个具体的培养单位在招生考试时专业课的命题，复试时录取权限等方面均具有一定的自主性；区域研究生教育在学科建设、师资配备、人才培养模式、科学研究等方面，可以在满足国家最低限度的标准之外，发挥区域自身的积极性和能动作用，为区域研究生教育发展铸就区域品格，提升区域研究生教育的竞争力，更好地服务于国家和区域经济社会的需要。

4. 区域研究生教育服务面向的多维性

目前我国区域研究生教育培养主体是不同的，区域范围内不同的培养主体根据经费来源和管理归属的不同，既有分布在各省级区域范围内可承担研究生人才培养的国家所属专门性的科研院所，又有高等院校；在高等院校内部，又分国家部委属的重点院校和地方属一般院校。国家直属的科研院所功能单一，主要面向所属行业领域培养人才和进行科研；区域内的国家直属重点大学以服务于国家经济社会的整体需要为导向，可以发挥大学多学科的优势，进行基础性的多学科和交叉学科研究和学术型人才的培养；地方属一般院校面向地方和行业主要进行应用型的人才培养和科研。区域内各种类型的研究生教育培养单位可以根据自身的特点和不同的运行机制，发挥各自的优势，进行不同的分工和定位，服务于不同的发展目标。

（二）区域研究生教育规模和结构优化的理性分析

1. 区域研究生教育与经济社会发展之间互动机制

研究生教育作为高等教育体系的一个重要组成部分，一方面具有高等教育的一般属性，作为承担研究生教育培养主体的高等学校也承担着人才培养、科研、社会服务三大职能；另一方面，研究生教育作为接受完大学本、专科教育后独立的一个教育阶段，与普及型的高等教育不同，其最本质的特征在于学科建设和创新科技。从纵向上看，区域研究生教育作为国家研究生教育体系的一部分，其发展要受国家研究生教育体系的影响和制约；从横向关系看，区域研究生教育作为区域经济社会系统的一个子系统，其发展要受区域经济社会发展的影响与制约。判断区域研究生教育规模和结构是否达到了区域研究生教育整体功能的最佳实现，就不能绕开区域研究生教育与经济社会之间互动机制的研究。

区域研究生教育与经济社会互动机制的研究，一般是从区域范围内作为承担研究生教育培养主体的大学层面上展开的，根据 Goddard 和 Chatterton（2000）对大学（区域高等教育）与区域经济、科技的互动机制的研究，把大学与区域内的各要素融入一个学习型的系统，大学通过拓展资金筹措渠道、促进教师自身素质的提升、改革激励措施、构建信息管理系统等手段，使教学、科研和服务更加积极地服务于区域经济社会发展的需要，这个过程就是大学价值增值管理过程；而区域通过对大学教学、科研和服务的支持，提升区域内部人力资本、创新和文化等方面的优势，这个过程就是区域价值增值管理过程。[1] 区域研究生教育的培养主体是大学，大学与区域经济、科技互动机制的原理同样适用区域研究生教育与经济社会互动机制的研究，只是区域研究生教育与经济社会之间的相互作用在具体的侧重点和作用强度上会有所不同而已。区域内不同层次的研究生教育对区域经济社会服务的内容是不同的，根据英国教育与技能部于 2003 年 1 月 12 日颁布的白皮书——《高等教育的未来》指出："以研究为主的高层次大学，可以帮助新公司的创立和成长，帮助公司成功应用最新的技术和实验成功的技术，同时，大学还可以培养劳动者的技术水平和职业技能；研究不太精深的大学应该将精力集中在已获得验证的技术上，集中以顾问的身份与当地公司合作，而非开发新技术。"[2] 区域内的高水平大学通过学科建设，开展多学科以及交叉学科方面的基础性研究和技术创新，可以引领区域经济社会的发展，像我国的中关村科技园以及美国硅谷的产业带都是在高水平大学的带动下发展起来的；进行研究生教育的一般性大学，可以服务区域经济社会的需要为导向来建设学科体系，不必贪多求全，增强学科发展的现实针对性。因此区域研究生教育与经济社会之间的互动问题还涉及区域

---

[1] Paul Chatterton & John Goddard．The Response of Higher education Institutions to Regional Needs．European Journal of Education, Vol. 35, No. 4, 2000, pp. 475 – 496.

[2] 张国昌：《基于区域经济发展的我国区域研究生教育布局优化研究》，浙江大学，硕士学位论文，2005 年 11 月。

内不同培养单位之间的合理分工和定位问题。

我国研究生教育整体起步较晚，在补偿性教育发展政策的导向下，区域研究生教育发展过程中普遍存在赶超型发展态势，重视规模的扩大和学科体系的完整。过分地强调了区域研究生教育育人功能的功利性价值，忽视了对人文关怀方面价值的追求，与此同时，区域研究生教育的社会功能更主要的是起到一种文凭生产的作用，对于区域研究生教育发展主要的利益相关者群体来讲，区域研究生教育作为一种最高层次教育的象征性的符号作用，大于学科建设以及科技创新在短期内对它们的价值。学科建设和科技创新是育人的载体，从长远来看，不重视育人载体的建设，而只重视育人的功利性目的，则无疑是"舍本逐末"之举。

2. 省级政府统筹区域研究生教育发展的新机制

随着我国高等教育管理体制改革的深入推进，在中央和地方分级负责管理体制的指导下，省级政府承担着统筹区域研究生教育发展的神圣使命，在稳步增加经费投入的前提下，需要根据国家和区域经济社会发展的需要以及高等教育发展的原有基础，合理地规划区域研究生教育的规模和结构水平，实现区域研究生教育发展的内部效益、经济效益和社会效益的最佳结合。在资源稀缺性的约束下，各地区应该扬长避短，发挥比较优势，确定区域发展特色，搭建合理的学科发展梯队，培育新的学科增长点，避免区域内不同单位之间研究生教育学科点的重复设置，实现区域研究生教育资源配置的整体效益。

为了有效地整合区域内有限的师资条件，优化配置区域教育资源，各培养单位应该服从区域研究生教育发展的大局。比如有的单位具有部分学科的零散师资，但是自身不具备独立申办学科点的能力，可以考虑通过区域内多个单位联合申请学位点；有部分单位具有较为全面的学科点，但随着办学规模的扩大，师资出现短缺时，可以主动与拥有师资而无招生能力的单位合作，探索多单位联合培养研究生的新模式，通过师资的有效使用实现区域研究生教育师资水平的全面提升和教育资源的优化配置。使区域研究生教育在确保自身健康、可持续发展的同时，更好地服务于国家和区域经济社会发展的现实需要，最大限度地实现区域研究生教育发展的内部效益、经济效益和社会效益。

3. 区域研究生教育规模和结构优化的利益相关者

在我国现阶段粗放的经济发展方式、僵化的用人机制以及非营利性组织不健全的条件下，教育系统和产业界的联系不紧密，市场在资源配置过程中的基础性作用发挥得不够充分，教育系统基本上是在自身狭小封闭的体系内进行人才培养和科研的，教育系统内部的人才培养和科研标准与企事业单位对人才和科研的需求标准之间存在相当大的差距。然而，在政府职能缺位和越位同时并存的局面下，区域研究生教育的培养单位与企事业单位作为区域研究生教育最大的一对利益相关者在现实中却鲜有业务上的交叉与合作，彼此按照不同的方式在各自的系统内运作。由于区域研究生教育体系的匀质性和办学的开放性，在资源短缺的约束下，区域研究生教育依靠单一的财政性投入，各地区在发展研究生教育过程中的努力程度和受益能力并不一致，导致区域研究生教育的利益相关者群体之间的矛盾更趋复杂。

企事业单位与研究生教育培养单位的合作更多的是从区域层面发挥作用的，国家应该在对研究生教育进行宏观调控的前提下，扩大省级政府在区域研究生教育发展过程中的统筹能力，通过采用产学研合作、多方定期协商机制、引进社会评价机制、拓宽经费来源渠道等有效途径，调动各利益相关者群体参与区域研究生教育发展的积极性和主动性，使各利益相关者群体的合理诉求都能够得到及时和全面地反映，为区域研究生教育的发展营造良好的外部环境，共同促进区域研究生教育规模和结构的优化。

可以考虑设立全国性和区域性的高层次人才和科技成果交易市场，各地区的研究生培养单位可以作为会员参加，定期为市场提供信息并从市场中获取信息，根据全面掌握的市场信息来适时调整自己的发展战略；为了克服一所大学独立建设科技园区的缺陷，可以考虑设立区域性的综合性大学科技园区，由省级财政性专项资金提供支持，吸引区域内外高校和科研机构最新的科研成果项目进驻就地孵化，提升服务区域经济社会发展的能力和水平；在确定区域研究生教育规模和结构优化标准以及制订培养方案或目标时，可以邀请区域内企事业单位、教育行政单位、社会中介性机构、学生（毕业生、在校生）、学生家长等区域研究生教育利益相关者代表参与协商，表达各自的利益诉求，但是最终的决策权还应该由学校相关决策机构来实施。

4. 区域研究生教育规模和结构优化的科学评价依据

区域研究生教育所具有的体系的匀质性、办学的开放性、发展的相对独立性、服务面向上的多维性决定了区域研究生教育规模和结构水平的合理确定不像是牛顿力学，套个公式就可以算出答案，区域研究生教育规模和结构优化问题是一个复杂的矛盾体系，任何企图一劳永逸的尝试都是徒劳的。必须在区域研究生教育发展实践中坚持多维的评价标准，进一步丰富和完善区域研究生教育发展理论。

区域研究生教育规模和结构优化的评价标准，可以是否有利于提升区域研究生教育育人功能；是否有利于区域研究生教育的政治、经济和文化等方面的社会功能的实现为标准，所谓的育人功能指培育"新人"，培育学生的"品性"，知道如何做人，培养他们的学术良心，培养他们自由的思想，独立的精神，学会如何做学问；区域研究生教育的政治功能指区域研究生教育通过包括有助于提升国家和区域政治社会化、提供有效的认识甄选者和作为政治思想的发源地等途径对国家和区域政治民主方面发挥的促进作用；区域研究生教育的经济功能指区域研究生通过为区域经济社会输送人才和提供智力支持对区域经济发展所起到的促进作用；区域研究生教育的文化功能指区域研究生教育通过文化的选择、延续、传播和创造等对国家和区域文化发展所起到的促进作用；其中区域研究生教育的育人功能是基本功能，是区域研究生教育在政治、经济、文化方面的社会功能得以实现的基础。区域研究生教育规模和结构优化的评价标准应该首先满足区域研究生教育育人功能的实现，在这样的前提下，各地区研究生教育规模和结构的优化，可以在坚持是否有利于实现区域研究生教育的政治功能、经济功能、文化功能这三方面标准的同时，根据区域经济社会发展的不同情况，可以在不同时期有不同的侧重，因地制宜地采取不同的具体评价标准。

5. 区域研究生教育规模和结构优化的新认识

我国地域辽阔，区域之间在经济社会文化等方面的差异由来已久，改革开放以来，为了调动各地区的积极性，我国采取了非均衡性发展战略，经济社会发展取得了长足发展和进步，但是区域之间在经济社会发展上的差距还将继续存在。区域研究生教育作为区域经济社会系统的一个子系统，其发展一方面要服务于一定区域社会的政治、经济和文化；另一方面要受一定区域社会的政治、经济和文化的制约。

由于区域研究生教育体系的匀质性和办学的开放性，区域研究生教育规模水平与所在区域内的青年接受研究生教育的机会和经济社会发展水平之间并不存在直接的相关性，区域研究生教育的规模并非越大越好；由于区域之间以及同一区域不同培养单位之间或同一培养单位不同学科之间在办学成本、原有发展基础等方面的差异，客观上决定了区域研究生教育结构的差异性和多层次性，我国区域研究生教育发展的实践，迫切需要科学的理论作指导。因此我们应该在尊重历史的前提下，更新发展观念，构建差异化的发展理论来指导区域研究生教育规模和结构的优化。

经济发达研究生教育发展较好地区，在确保质量的前提下，可以通过内涵型发展模式适当扩大规模；在类型结构上，可以坚持学术型和应用型并重的策略，适当扩大应用型研究生教育的比重；学科结构上可以适当完善学科门类，发挥高水平大学在开展多学科和交叉学科研究方面的优势；层次结构上，应该坚持重心适中，发挥高水平大学在博士研究生培养方面的优势；布局结构上坚持集中培养，实现办学的规模效益和资源的集聚效应；经济发达研究生教育发展较弱地区，应该通过外延型发展模式适当扩大规模；类型结构上，应该以发展应用型研究生为主，可以探索依托区域内企事业单位培养应用型人才的新模式以及尝试设立专门培养应用型人才的研究生院；学科结构上可以根据区域经济社会的现实需要选择优势学科重点发展；层次结构上应该坚持低重心发展，除了选择少部分重点大学培养博士外，重点应该结合区域经济社会的需要培养应用型硕士研究生；布局结构上可以根据区域社会经济的发展格局适当分散，更好地服务于区域的现实需要；此种类型地区也可以考虑与经济欠发达而高教发达地区合作，以及通过各种形式发展中外联合办学，引进新的师资力量和先进的办学管理经验，尽快提升自己的发展能力。

经济欠发达研究生教育发展较好地区，应该通过内涵型发展模式来提高质量，稳定规模；类型结构上以学术型研究生教育为主，培养能力超出本地区需要的，可以通过服务于其他地区来置换学术资源，确保区域研究生教育的竞争力和可持续发展能力；学科结构上可以适当完善学科门类，满足多学科和交叉学科发展的需要；层次结构上应该坚持结构适中的原则；布局结构上根据原有布局适当集中，形成具有区域特色的高等教育发展中心。

经济欠发达研究生教育发展较弱地区，应该通过内涵型和外向型并重的发展模式，适当扩大规模；类型结构上以应用型为主，适当发展学术性研究生教育；学科结构上不应该以学科体系的完整为目标，要紧密联系区域经济社会的需要，甚至可以考虑通过机动灵活的短期项目培养方式来培养区域急需的人才；层次结构上应该坚持低重心发展；布局结构上，结合区域经济社会发展适当分散布局；此类地区可以考虑寻求高教发达地区的帮助，同时临近省份之间可以就共同关注的学科领域上开展多种形式的分工与合作，在合作中实现共同进步和发展。

综上所述，研究生教育作为本、专科教育之后的一个独立的教育阶段，属于精英教育，随着知识经济时代的临近，研究生教育作为高层次人才培养和进行科学研究的主要载体，在经济社会发展中将会扮演着越来越重要的角色。区域研究生教育体系不仅具有国家研究生教育体系的共同性，而且具有区域高等教育的特殊性，其规模和结构的优化更复杂，因此需要给予更多的关注和重视，各地区可以考虑依托各地区的学位与研究生教育规划办公室成立专门的区域研究生教育研究机构或区域研究生教育发展研究中心，深入系统地开展区域研究生教育发展方面的研究，进一步丰富和完善区域研究生教育理论体系，及时用所研究出的成果给区域研究生教育发展实践以科学的指导。各地区可以有针对性地系统地开展各种专题研究，开发适合本区域的评价指标体系，定期发布研究成果、公报或是新的数据指标，以弥补国家整体评价指标数据短缺和滞后性方面的不足。

三　区域研究生教育规模和结构评价及测度模型构建

基于现有研究中普遍存在着忽视"区域研究生教育具有体系的匀质性、办学的开放性、发展的相对独立性、服务面向的多维性等方面的本质属性"[1]，简单套用适用于国家宏观层面的高等教育与经济社会发展之间关系理论的传统研究范式的失范现象。尤为明显的是，一些学者用

---

[1] 赵庆年、祁晓：《区域研究生教育规模与结构问题研究方法论探析》，《学位与研究生教育》2012年第4期，第57—63页。

某地区的人口数、GDP、在校本科生数、研究生导师数占全国的比例或在全国的排名等作为衡量区域研究生教育规模的标准[1][2][3][4];用产业结构水平、研究生教育学科点占国家全部学科点的比例、各学科的全国平均比例等作为衡量区域研究生教育学科结构的标准[5][6];用发达国家或全国的平均水平、国内教育发达地区水平等作为衡量区域研究生教育类型结构和层次结构的标准[7][8]。

此种研究范式,没有认识到区域研究生教育规模和结构的形成是区域内外不断变化的全部人类社会实践活动的产物,而仅仅将其视作区域经济社会发展内在需求的外在表现形式,没有考虑到区域内教育发展条件上的差异和区域研究生教育所具有的一系列特征。此类研究的共同特点是依据假定的外在工具性价值标准作为评价区域研究生教育规模和结构的标准,以描述性的事实标准来替代规范性标准,进而不可避免地推演出错误的结论来。如有的研究结论认为:"我国东部地区的研究生教育从总体而言要滞后于各个省的经济发展水平,尤其是山东和广东。研究生教育的落后会导致这些地区的发展缺少人才和智力支撑,阻碍当地经济的发展。因此,有必要加大力度促进东部地区研究生教育的发展"[9]、"区域内工科研究生的比例低于工业产值占GDP的比例即认为

---

[1] 袁本涛、张文格等:《我国研究生教育区域分布特征及相关策略分析》,《高等工程教育研究》2005年第6期,第82—85页。

[2] 李立国、乔立英等:《省域视野下的我国研究生教育布局研究》,《学位与研究生教育》2011年第4期,第54—59页。

[3] 林伟连、顾建民等:《论我国学科点与学位授予单位区域布局的调整》,《高等工程教育研究》2005年第3期,第21—23、27页。

[4] 孙百才、徐敬建:《改革开放30年甘肃研究生教育规模与经济社会发展关系分析》,《中国高教研究》2009年第1期,第11—15页。

[5] 李向红:《民族地区学科专业布局结构调整和优化的路径选择——基于广西壮族自治区学位授权点现状的分析》,《学术论坛》2010年第8期,第178—183页。

[6] 户小英:《河南研究生教育比较分析》,《河南社会科学》2008年第11期,第147—149页。

[7] 熊玲、李忠:《对工科研究生教育规模与结构调整的思考》,《中国高等教育》2010年第22期,第53—55页。

[8] 毛克贞、吴一丁:《新疆研究生教育规模与社会经济发展关系研究》,《陕西师范大学学报》(哲学社会科学版)2006年第7期,第160—163页。

[9] 李立国、乔立英等:《省域视野下的我国研究生教育布局研究》,《学位与研究生教育》2011年第4期,第54—59页。

该地区工科人才不足而影响到了该地区工业的发展"[①]。

那么,如何来科学地评价和测度区域研究生教育规模与结构呢?这里我们提出一个新的研究思路,即依据区域内各个学科点在全国的相对发展水平,以及以导师队伍为核心的各学科点的办学条件来考量各个学科点的规模,进而形成区域研究生教育的规模与结构。

(一) 区域内各学科点的分类

对区域内研究生教育的各个学科点(可以是一级学科,也可以是二级学科)进行科学评价并划分出合理的类别。本研究参照武汉大学中国科学评价研究中心等单位编著的《中国研究生教育评价报告》中的评价方法[②],依据办学资源、教学与科研产出、质量与学术影响 3 个一级指标,学科点、研究基地、科研项目、科研经费、杰出科研队伍、研究人才培养,专利、论文,科研获奖、研究生获奖、论文质量等 11 个二级指标;硕士点、博士点、国家自然科学重点研究基地、国家社会科学重点研究基地、国家自然科学基金项目、国家社会科学基金项目、国家自然科学基金经费、国家社会科学基金经费、国家创新研究群体(团队)、杰出人才、两院院士、博导;硕士/博士毕业生,专利授权,SCI、SSCI、A&HCI 收录论文,EI、ISTP、ISSHP 收录论文、CSTPC、CSSCI 收录论文;国家科技奖、教育部人文社会科学奖,全国百篇优秀博士论文,Science、Nature,ESI 高被引论文,SCI、SSCI、A&HCI 被引次数,CSTPC、CSSCI 被引次数等 22 个三级指标,对区域内各个学科点在全国的位次进行综合评价,在此基础上依据区域内各学科点在全国同类学科点中的排名情况划分为如下五个类别:

学科排在全国前 5%——一类学科点;学科排在全国 5%—20%——二类学科点;学科排在全国 20%—50%——三类学科点;学科排在全国 50%—80%——四类学科点;学科排在全国 80%—100%——五类学科点。

[①] 熊玲、李忠:《对工科研究生教育规模与结构调整的思考》,《中国高等教育》2010 年第 22 期,第 53—55 页。

[②] 邱均平、王学东等:《研究生教育评价报告 2010—2011》,科学出版社 2010 年版,第 3—80 页。

(二) 区域内各类学科点发展原则的确定

本着分类发展的原则,不同类型的学科点可以采取不同的发展策略,有的可以采取优先发展规模的策略,有的可以采取以质量提升为主的策略,有的可以采取规模与质量协调发展的策略。这一策略我们用发展系数来体现,一类学科点的发展系数设为 a、二类学科点设为 b、三类学科点设为 c、四类学科点设为 d、五类学科点设为 e。

在这里,发展系数体现的是一种发展战略,一般性发展体现的是规模与质量协调发展的战略;大力发展、积极发展、鼓励发展均体现的是在保证质量的前提下优先发展规模的外延式发展战略,三者只不过程度不同而已;适度发展体现的是以质量提升为优先原则的内涵式发展战略。对于不同学科类别之间发展系数的合理确定,只是一种有约束性的规范性限定,而不是一种硬性规定。不同区域之间、同一区域不同学科之间以及同一学科不同培养单位之间在发展系数的合理确定上可以根据自身的实际情况,具体问题具体分析,在进行广泛的社会调查和科学论证的基础上,因地、因时制宜地选择适合自身发展需要的发展系数。

(三) 区域研究生教育规模估算模型

按照学科分别统计出区域内各类学科点的导师数并测算区域研究生教育合理的规模。

区域研究生教育规模:

$$S = \sum_{i=1}^{n} p_i (af_{ai} + bf_{bi} + cf_{ci} + df_{di} + ef_{ei})$$

其中:

S——为区域内研究生教育规模;

a、b、c、d、e——为不同的学科类别及其发展系数;

p——为某一学科的师均指导学生数;

f——为导师数,其下标 ai、bi、ci、di、ei 表示第 i 个学科区域内的某类别的学科导师数;

n——为区域内学科总数。

(四) 区域研究生教育结构测度

由于本研究是以区域内各个一级学科点作为评价和计量研究的基本

实施单位,在研究过程中,只需把估算出的各个一级学科点的规模汇总到其相应所属的学科门类下,即可得出区域研究生教育学科结构水平;对博士研究生和硕士研究生分别独立实施评价和测度,即可得出区域研究生教育的层次结构水平;目前我国实施的专业学位研究生教育也是分学科进行的,而且主要也是依托原有的学术型研究生教育的基础上发展起来的,从理论上讲,按照上述研究思路,自然也不难求得区域研究生教育的类型结构水平。

四 广东省研究生教育[①]规模与结构[②]实证研究

(一)数据指标的选择及处理

1. 导师数的确定

研究生教育规模是由举办研究生教育办学机构的办学能力决定的,办学能力通常可以用导师数、科研仪器的数量和质量、科研经费数、国家级或省部级重点实验室数、各类研究基地数等方面的指标来衡量。考虑到数据指标的可比性以及可操作性等因素,本书选择用办学能力的核心指标即各个学科点的导师数作为衡量各学科点研究生培养能力的指标。

根据广东省各高校2012年硕、博士研究生招生专业目录[③]上对应的导师名单统计各学科点的实际导师数,对于部分高校2012年招生专业目录中没有对应导师的情况,根据各学校网站上公布的相同统计口径的导师数据及前去个别高校研究生培养办公室获取的资料。为了确保测算的科学性,本研究中硕士导师数中不包含博导兼硕导的情况。对于跨学科指导学生的导师,各学科按照$1/m$的份额进行均摊(m为所跨的具

[①] 说明:为了确保统计口径的一致性和评价结果的科学性,本研究中的广东省研究生教育仅指广东省高等学校所举办的研究生教育,不包括专门性的科研院所等其他系统举办的研究生教育。

[②] 说明:由于调查数据所限,本次关于广东省研究生教育结构的实证研究不包括类型结构。

[③] 由于邱均平2010—2011年度的学科评价采用的是12个学科门类及其相应一级学科的划分方法,而各学校2012年的招生专业目录对应的导师是按照新的学科目录中的一级学科编制的。本研究采用邱均平的学科评价结果,因此我们在核定导师数量时把旧版学科中所没有的学科专业根据就近的原则归并在旧的学科目录下,比如新版中的0714生态学、1300艺术学等就分别合并在旧版中的0710生物学、0504艺术学,如此类推,由于篇幅所限,不再一一说明。专业学位也相应地就近合并在其所属的一级学科下。

体学科数），即不论一个导师具体横跨多少个学科指导学生，其指导的学生总数是固定不变的。经过标准化处理后各学科点在各个学科类别上所对应的硕、博士研究生导师数如表7-1所示。

2. 各类学科点发展系数的确定

在广泛调查和多方咨询专家的基础上，本研究对于广东省研究生教育一类学科点采取大力发展的策略，选择现阶段的发展系数为1.3；二类学科点采取积极发展的策略，其发展系数选择为1.2；三类学科点采取鼓励发展的策略，其发展系数选择为1.1；四类学科点采取一般发展策略，其发展系数选择为1.0；五类学科点采取适度发展的策略，其发展系数选择为0.8。需要强调的是，不同类别学科的发展系数只是一个初步的规范性的选择而已，相互之间只是一种相对的差别，不是绝对的。

随着广东省研究生教育以及各个学科点的发展，其各类学科的发展系数也可以作出适当的调整。

表7-1　广东省高校研究生教育硕、博士研究生导师数情况表　　单位：人

学科名称及代码	一类学科 硕导	一类学科 博导	二类学科 硕导	二类学科 博导	三类学科 硕导	三类学科 博导	四类学科 硕导	四类学科 博导	五类学科 硕导	五类学科 博导	合计
0101 哲学	36	35	26	0	17	0	27	0	8	0	149
0201 理论经济学	21	7	9	3	11	0	0	0	53	20	124
0202 应用经济学	50	38	84	28	171	0	0	0	8	0	379
0301 法学	0	0	43	10	127	0	73	8	26	0	287
0302 政治学	0	0	53	13	32	10	13	0	0	0	121
0303 社会学	22	0	0	15	0	0	0	0	0	0	37
0304 民族学	0	0	0	0	2	2	0	0	10	0	14
0305 马克思主义理论	40	10	12	8	37	0	31	0	37	0	175
0401 教育学	106	21	0	0	42	0	32	0	11	0	212
0402 心理学	34	11	10	5	32	0	2	0	0	0	94
0403 体育学	48	16	96	0	0	0	78	0	9	0	247
0501 中国语言文学	0	0	172	61	44	0	58	0	0	0	335

续表

学科名称及代码	一类学科 硕导	一类学科 博导	二类学科 硕导	二类学科 博导	三类学科 硕导	三类学科 博导	四类学科 硕导	四类学科 博导	五类学科 硕导	五类学科 博导	合计
0502 外国语言文学	126	37	20	0	69	0	11	0	6	0	269
0503 新闻传播学	0	0	28	8	0	0	29	0	11	0	76
0504 艺术学	0	0	105	0	193	0	88	0	41	0	427
0601 历史学	0	0	32	39	30	5	6	0	0	0	112
0701 数学	0	0	100	60	62	25	53	0	15	0	315
0702 物理学	0	0	68	46	66	0	18	0	0	0	198
0703 化学	51	43	0	0	78	24	19	0	36	0	251
0704 天文学	0	0	0	0	0	0	0	0	5	0	5
0705 地理学	0	0	13	24	45	6	0	0	0	0	88
0706 大气科学	0	0	0	0	0	0	1	6	0	0	7
0707 海洋科学	0	0	19	14	0	0	9	0	0	0	42
0709 地质学	0	0	0	0	48	14	0	0	0	0	62
0710 生物学	69	71	164	140	57	44	67	0	27	0	639
0711 系统科学	0	0	0	0	0	0	5	0	0	0	5
0712 科学技术史	0	0	0	0	8	0	6	0	0	0	14
0801 力学	0	0	0	0	29	23	0	0	10	0	62
0802 机械工程	0	0	151	59	0	0	36	0	49	0	295
0803 光学工程	0	0	0	0	13	10	15	7	12	0	57
0804 仪器科学与技术	0	0	0	0	12	0	0	0	3	0	15
0805 材料科学与工程	0	0	81	70	48	33	57	0	0	0	289
0807 动力工程及工程热物理	0	0	0	0	11	2	7	0	0	0	20
0808 电气工程	0	0	34	19	35	0	0	0	7	0	95
0809 电子科学与技术	0	0	17	28	12	10	65	0	6	0	138
0810 信息与通信工程	0	0	28	0	96	25	24	0	0	0	173

续表

学科名称及代码	一类学科 硕导	一类学科 博导	二类学科 硕导	二类学科 博导	三类学科 硕导	三类学科 博导	四类学科 硕导	四类学科 博导	五类学科 硕导	五类学科 博导	合计
0811 控制科学与工程	0	0	20	19	34	12	46	0	1	0	132
0812 计算机科学与技术	0	0	91	46	183	0	22	0	6	0	348
0813 建筑学	0	0	40	23	52	0	0	0	0	0	115
0814 土木工程	0	0	40	18	81	19	116	0	0	0	274
0815 水利工程	0	0	0	0	5	0	3	0	0	0	8
0817 化学工程与技术	58	35	58	10	3	0	66	0	59	0	289
0819 矿业工程	0	0	0	0	0	0	6	0	0	0	6
0820 石油天然气工程	0	0	0	0	0	0	1	0	0	0	1
0821 纺织科学与工程	0	0	0	0	0	0	6	0	0	0	6
0822 轻工技术与工程	45	35	0	0	0	0	0	0	0	0	80
0823 交通运输工程	0	0	0	0	18	10	0	0	4	0	32
0824 船舶与海洋工程	0	0	0	0	5	5	0	0	5	0	15
0828 农业工程	0	0	33	24	0	0	0	0	0	0	57
0829 林业工程	0	0	0	0	0	0	0	0	14	0	14
0830 环境科学与工程	0	0	66	28	16	0	20	0	3	0	133
0831 生物医学工程	0	0	17	12	13	1	42	25	0	0	110
0832 食品科学与工程	22	12	29	10	75	0	0	0	12	0	160
0901 作物学	0	0	18	13	0	0	0	0	18	0	49
0902 园艺学	0	0	35	21	0	0	0	0	10	1	67
0903 农业资源利用	0	0	33	9	0	0	0	0	21	0	63
0904 植物保护	0	0	44	20	2	0	0	0	21	0	87

续表

学科名称及代码	一类学科 硕导	一类学科 博导	二类学科 硕导	二类学科 博导	三类学科 硕导	三类学科 博导	四类学科 硕导	四类学科 博导	五类学科 硕导	五类学科 博导	合计
0905 畜牧学	0	0	0	0	14	12	7	0	0	0	33
0906 兽医学	0	0	27	19	0	0	0	0	0	0	46
0907 林学	0	0	0	0	14	0	37	0	0	0	51
0908 水产学	0	0	0	0	43	0	19	0	1	0	63
1001 基础医学	53	44	54	56	40	2	44	0	17	0	310
1002 临床医学	599	242	223	176	814	65	76	0	27	0	2222
1003 口腔医学	0	0	57	17	0	0	17	0	17	0	108
1004 公共卫生与预防医学	0	0	43	37	0	0	50	0	6	0	136
1005 中医学	313	79	0	0	0	0	1	0	16	0	409
1006 中西医结合	11	13	146	49	10	1	9	0	0	0	239
1007 药学	0	0	24	16	127	1	34	0	53	26	281
1008 中药学	0	0	71	31	31	0	7	16	0	0	156
1201 管理科学与工程	0	0	12	10	127	33	46	0	19	0	247
1202 工商管理	141	23	93	30	217	0	21	0	28	0	553
1203 农林经济管理	4	16	0	0	0	0	0	0	3	0	23
1204 公共管理	68	4	20	2	112	0	47	0	34	0	287
1205 图书馆情报与档案管理	0	0	32	5	15	0	0	0	0	0	52
合计	1917	792	2691	1351	3478	394	1573	62	785	47	13090

3. 师均指导学生数的确定

目前我国在国家层面上并没有一名研究生导师具体可以指导几名学生的原则性规定。据了解，"德国规定每位正教授每年只可招收 1—3 名研究生；日本虽规定每位硕士生导师最多可同时指导人文社会科学类学生20人，自然科学类学生15人，但实际上，多年实际招生定额从未满过，而且还有下降的趋势"①；美国高校中每个导师同时指导的研究生人数为2—3人，5—6人属较高水平，香港中文大学规定每位教授同时指导的研究生数不得超过6人②；国内的"复旦、人大、浙大对研究生招生数量进行了明确限制，复旦提出，原则上每位博士生导师每年最多招收2名博士生；浙大要求每位导师每年招收硕士研究生不超过3人，博士生不超过2人；中国人民大学要求任何导师每学年招收的博士研究生总数不得超过3名"③。潘懋元先生根据一个研究生相当于2名本科生的当量计算，依据OECD国家本科生的师生比为1∶14，得出较合理的研究生教育的师生比为1∶7④。浙江大学校长杨卫院士的调查表明"现在全国高校导师平均指导在读研究生8人左右"⑤；南开大学研究生院副院长杨明光的调查显示："我国每个博导平均要带5.77名博士研究生"⑥。

综合上述多个国家和地区高校的规定以及多位权威专家学者的调查研究结果，同时考虑到广东省部分高校（中大、暨大等）很多专业的硕士研究生教育是两年制的实际情况，初步选定广东省高校博士研究生的师均指导学生数：文科为5—6人，理科为3—4人；硕士研究生师均指导学生数：文科为7—8人，理科为6—7人。这个标准只是一个初步的规范性的标准，因为师均指导学生数的确定涉及很多方面，比如说导师的性别因素，由于男、女在生理以及社会制度安排上的差异，女性导师在子女抚养和家务操持上承担了更多的责任，在师均指导学生数上也应该区别对待；还有年龄和工作经验等方面的因素，对于青年导师、中

---

① 《中国青年报》：研究生导师：数量不足水平参差［EB/OL］. http：//edu. sina. com. cn,2001 - 08 - 23。
② 赵凤华、张华：《研究生师生比：合理吗——解读〈关于合理控制科技工作者指导研究生数量的建议〉》，《科技时报》2010年3月8日第9版。
③ 刘丹：提高研究生教育质量须多措施与限数量相结合［EB/OL］. http：//news. xinhuanet. com, 2008 - 01 - 04。
④ 潘懋元、吴枚：《关于当前研究生教育体制创新的若干问题——兼论信息与电子学科研究生教育的发展问题》，《煤炭高等教育》2004年第1期，第1—4页。
⑤ 《中国教育报》：研究生导师十戒［EB/OL］. http：//edu. sina. com. cn, 2008 - 07 - 30。
⑥ 新华网：南开大学要求研究生导师"学德兼导"［EB/OL］. http：//learing. sohu. com, 2007 - 05 - 25。

年导师和中年后导师在师均指导学生数上也应该区别对待，因此这一问题值得继续进行深入的专题研究。

（二）广东省研究生教育规模与结构实证研究结果比较分析

为了科学地评价区域研究生教育规模和结构的合理水平，对于实际规模低于其发展可能性规模下限、具有较大发展潜力的学科，用发展潜力指数来衡量这种发展潜力的大小，发展潜力指数 =（发展可能性规模下限 - 实际规模）÷发展可能性规模下限×100%。发展潜力指数越大，表明在确保现有研究生教育质量的前提下，该学科以师资力量为核心的办学条件的利用效益是相对较低的，尚有进一步提升和改进的空间。对于实际规模超出其发展可能性规模上限、超出现有师资力量承载能力的学科，用发展预警指数来衡量其偏离发展可能性规模的大小。发展预警指数 =（实际规模 - 发展可能性规模上限）÷发展可能性规模上限×100%。发展预警指数越大，表明该学科以师资力量为核心的办学条件建设滞后于其研究生教育规模扩张的现实需要，这会严重地影响到其研究生的培养质量，应给予足够的重视，及时加快以师资力量为核心的办学条件建设，否则该学科不适宜进一步扩大规模。对于实际发展规模处在其发展可能性规模下限和上限之间的学科，可视为该学科的发展规模与其以师资力量为核心的办学条件之间的关系是大体相适应的，处在一种相对理想的平衡发展状态，可以不对其加以过多的干预，使其按照学科自身发展的内在规律进行发展，这样在保证人才培养质量的前提下，既可以实现较好的内部发展效益，又可以收到良好的社会效益。

1. 规模情况的比较分析

如表7-2中的计量结果所示，2012年广东省研究生教育发展可能性规模下限和上限分别为85390人和100323人。在传统的研究范式下。截至2010年①，广东省年末总人口10441万人，占全国的7.79%，依据这一标准推算出广东省研究生教育目前的合理规模应为119843人；广东省GDP为46013.06亿元，占全国的11.47%，依据这一标准推算，广东省研究生教育目前的合理规模应为176456人。2010年广东省高校

---

① 由于2012年和2011年广东省研究生教育有关统计数据尚未公布，本研究只能用2010年的研究生在学数进行比较分析，对研究结论有一定影响，但不影响研究方法。

实际的在校研究生数为70653人,其实际规模低于依据本研究所得出的发展可能性规模的下限,其总体发展潜力指数为17.26%,这表明在现阶段广东省研究生教育具有较丰富的师资办学条件,能够在确保研究生教育质量的条件下,在规模上还有一定的发展潜力。

表7-2　　　广东省高校研究生教育发展可能性规模与
实际规模情况比较表　　　单位：人,%

学科名称及代码	博士研究生					硕士研究生				
	下限	实际	上限	潜力指数	预警指数	下限	实际	上限	潜力指数	预警指数
0101 哲学	228	250	273			900	539	1028	40.11	
0201 理论经济学	142	150	170			640	446	731	30.31	
0202 应用经济学	412	335	494	18.69		2522	2239	2882	11.22	
0301 法学	100	45	120	55.00		1984	2443	2268		7.72
0302 政治学	133	157	160			775	386	886	50.19	
0303 社会学	89	121	107		11.57	196	135	224	31.12	
0304 民族学	10	4	12	60.00		68	56	77	17.65	
0305 马克思主义理论	112	123	134			1172	483	1339	58.79	
0401 教育学	133	99	160	25.56		1570	1495	1794	4.78	
0402 心理学	102	93	122	8.82		650	866	743		16.55
0403 体育学	101	57	121	43.56		1833	962	2095	47.52	
0501 中国语言文学	363	305	436	15.98		2185	1893	2497	13.36	
0502 外国语言文学	237	202	285	14.77		1953	1360	2232	30.36	
0503 新闻传播学	48	42	58	12.50		660	549	754	16.82	
0504 艺术学	0	0	0			3210	1207	3669	62.40	
0601 历史学	262	171	314	34.73		538	617	614		0.49
0701 数学	298	214	397	28.19		1517	1060	1770	30.13	
0702 物理学	165	192	220			1032	711	1204	31.10	

续表

学科名称及代码	博士研究生					硕士研究生				
	下限	实际	上限	潜力指数	预警指数	下限	实际	上限	潜力指数	预警指数
0703 化学	248	250	331			1194	1064	1393	10.89	
0704 天文学	0	0	0			24	7	28	70.83	
0705 地理学	106	169	142		15.98	386	454	450		0.89
0706 大气科学	18	8	26	55.56		6	32	7		357.14
0707 海洋科学	50	39	67	22.00		192	178	223	7.29	
0709 地质学	45	35	59	22.22		317	121	370	61.83	
0710 生物学	925	838	1234	9.41		2662	2707	3059		
0711 系统科学	0	0	0			30	35	35		
0712 科学技术史	0	0	0			92	59	107	35.87	
0801 力学	76	117	102		12.82	237	165	276	30.38	
0802 机械工程	211	321	281		12.46	1534	1328	1790	13.43	
0803 光学工程	53	50	74	5.66		233	225	272	3.43	
0804 仪器科学与技术	0	0	0			96	76	112	20.83	
0805 材料科学与工程	359	405	479			1246	1214	1453	2.57	
0807 动力工程及工程热物理	7	12	9		25.00	109	182	128		42.19
0808 电气工程	68	133	91		31.58	507	302	591	40.43	
0809 电子科学与技术	135	29	180	78.52		617	645	720		
0810 信息与通信工程	82	244	109		55.33	976	1276	1138		12.13
0811 控制科学与工程	108	171	144		15.79	650	872	758		15.04
0812 计算机科学与技术	167	291	222		31.08	2027	2432	2364		2.88
0813 建筑学	83	168	110		52.73	624	639	728		
0814 土木工程	124	157	165			1514	1017	1767	32.83	
0815 水利工程	0	0	0			48	96	56		71.43
0817 化学工程与技术	171	236	227		3.96	1563	1077	1824	31.09	

续表

学科名称及代码	博士研究生					硕士研究生				
	下限	实际	上限	潜力指数	预警指数	下限	实际	上限	潜力指数	预警指数
0819 矿业工程	0	0	0			37	43	43		
0820 石油天然气工程	0	0	0			5	13	6		116.67
0821 纺织科学与工程	0	0	0			36	24	42	33.33	
0822 轻工技术与工程	135	163	179			350	447	408		9.56
0823 交通运输工程	33	28	44	15.15		138	261	161		62.11
0824 船舶与海洋工程	17	16	22	5.88		57	38	67	33.33	
0828 农业工程	85	109	113			240	105	280	56.25	
0829 林业工程	0	0	0			67	32	79	52.24	
0830 环境科学与工程	104	194	134		44.78	717	927	836		10.89
0831 生物医学工程	123	185	173		6.94	458	380	534	17.03	
0832 食品科学与工程	81	122	108		12.96	928	722	1083	22.20	
0901 作物学	45	40	60	11.11		220	123	257	44.09	
0902 园艺学	76	38	102	50.00		299	207	349	30.77	
0903 农业资源利用	32	44	43		2.33	340	111	397	67.35	
0904 植物保护	70	138	94		46.81	428	347	499	18.93	
0905 畜牧学	38	64	51		25.49	137	285	160		78.13
0906 兽医学	67	73	89			191	336	223		50.67
0907 林学	0	0	0			312	223	364	28.53	
0908 水产学	0	0	0			405	137	472	66.17	
1001 基础医学	377	392	503			1410	787	1645	44.18	
1002 临床医学	1792	1618	2389	9.71		12236	6069	14275	50.40	
1003 口腔医学	61	51	82	16.39		590	270	689	54.24	
1004 公共卫生与预防医学	133	136	177			632	492	737	22.15	
1005 中医学	308	612	411		48.91	2523	2178	2944	13.67	

续表

学科名称及代码	博士研究生					硕士研究生				
	下限	实际	上限	潜力指数	预警指数	下限	实际	上限	潜力指数	预警指数
1006 中西医结合	299	139	305	53.51		1255	492	1464	60.80	
1007 药学	123	211	164		28.66	1467	1172	1712	20.11	
1008 中药学	160	77	219	51.88		752	445	877	40.82	
1201 管理科学与工程	236	205	283	13.14		1058	687	1723	35.07	
1202 工商管理	323	489	388		26.03	4035	5832	4612		26.45
1203 农林经济管理	104	120	125			51	98	58		68.97
1204 公共管理	37	139	45		208.89	2162	1775	2471	17.90	
1205 图书馆情报与档案管理	27	21	32	22.22		380	228	434	40.00	
合计	10857	11657	13970			74205	58936	86357		

2. 科类结构情况的比较分析

根据表 2 中的统计数据可知，按一级学科从整体上看，截至 2010 年，广东省研究生教育各学科在规模上的发展潜力是不同的，其中发展潜力指数较大的学科主要有：哲学 30.05%、理论经济学 23.79%、应用经济学 12.27%、政治学 40.20%、社会学 10.18%、民族学 23.08%、马克思主义理论 52.80%、教育学 6.40%、体育学 47.31%、中国语言文学 13.74%、外国语言文学 28.68%、新闻传播学 16.53%、艺术学 62.40%、历史学 1.50%、数学 29.81%、物理学 24.56%、化学 8.88%、天文学 70.83%、海洋科学 10.33%、地质学 56.91%、生物学 1.17%、科学技术史 35.87%、力学 9.90%、机械工程 5.50%、光学工程 3.85%、仪器科学与技术 20.83%、电气工程 24.35%、电子科学与技术 10.37%、土木工程 28.33%、化学工程与技术 24.28%、纺织科学与工程 33.33%、船舶与海洋工程 27.03%、农业工程 34.15%、林业工程 52.24%、生物医学工程 2.75%、食品科学与工程 16.35%、作物学 38.49%、园艺学 34.67%、农业资源利用 58.33%、植物保护 2.61%、林学 28.53%、水产学 66.17%、基础医学 34.02%、临床医学45.20%、口腔医学50.69%、公共卫生与预防医学17.91%、中医学1.45%、中西医结合59.40%、药学13.02%、中药学42.76%、管理科学与工程31.07%、公共管理12.96%、图书馆情报与档案管理38.82%等，这些学科基本上涵盖了除军事学外的哲学、经济学、法学、教育学、文学、历史学、理学、工学、农学、医学、管理学11个学科门类，表明广东省研究生教育的学科结构相对完整，各学科以师资力量为核心的办学条件是相对有保障的，与其他区域相比，在几乎所有的学科门类上都具有规模发展潜力。

目前，广东省研究生教育中实际规模超出其发展可能性规模上限，已不具规模发展潜力、预警指数较大的学科主要有：法学4.19%、心理学10.87%、地理学5.24%、大气科学21.21%、动力工程及工程热物理41.61%、信息与通信工程21.89%、控制科学与工程15.63%、计算机科学与技术5.30%、水利工程71.43%、石油天然气工程116.67%、轻工技术与工程3.92%、交通运输工程40.98%、环境科学与工程15.57%、畜牧学65.40%、兽医学31.09%、工商管理26.42%、农林经济管理19.13%等。这些学科主要集中在法学、教育学、理学、工学、农学和管理学等学科门类下，其中法学、教育学、管理学等属于社会上相对热门的应用性学科，而理学、工学、农学等属于相对冷僻的基础性学科；两者随其规模扩大而出现师资紧张的原因稍有不同，其中前者主要是因受社会的追捧和办学成本相对较低而盲目扩大规模所致，后者主要是因师资建设要求相对较高和周期长而跟不上系统性的规模扩张所致。

此外，目前广东省研究生教育中的系统科学和矿业工程这两个学科的实际规模处在其发展可能性规模下限和上限之间，处在规模和质量协调发展的平衡状态，属于现实中的一种比较理想的发展实践模式和类型。

3. 层次结构情况的比较分析

根据表7-2中的统计数据可知，截至2010年，按一级学科从整体上看，广东省研究生教育在硕、博两个层次上的规模发展潜力差异表现出多样化的特征。其中应用经济学、民族学、教育学、体育学、中国语言文学、外国语言文学、新闻传播学、数学、海洋科学、地质学、光学工程、船舶与海洋工程、作物学、园艺学、临床医学、口腔医学、中西医结合、中药学、管理科学与工程、图书馆情报与档案管理等学科在硕、博两个层次上均没有达到其发展可能性规模下限，尚有规模发展潜力，它们在两个层次上的发展潜力指数分别为：11.22%、17.65%、4.78%、47.52%、13.36%、30.36%、16.82%、30.13%、7.29%、61.83%、3.43%、33.33%、44.09%、30.77%、50.40%、54.24%、60.80%、40.82%、35.07%、40.00%和18.69%、60.00%、25.56%、43.56%、15.98%、14.77%、12.50%、28.19%、22.00%、22.22%、5.66%、5.88%、11.11%、50.00%、9.71%、16.39%、53.51%、51.88%、13.14%、22.22%。这表明广东省研究生教育在经济学、教育学、文学、理学、工学、农学、医学和管理学等学科门类中部分学科在硕、博两个层次上的联系相对较为紧密。

政治学、生物学、电子科学与技术等学科仅在博士层次上尚未达到其发展可能性规模下限，尚有规模发展潜力，其发展潜力指数分别为：50.19%、9.41%、78.52%；哲学、理论经济学、社会学、马克思主义理论、艺术学、物理学、化学、天文学、科学技术史、力学、机械工程、仪器科学与技术、材料科学与工程、电气工程、土木工程、化学工程与技术、纺织科学与工程、农业工程、林业工程、生物医学工程、食品科学与工程、林学、水产学、基础医学、公共卫生与预防医学、中医学、药学等学科仅在硕士层次上尚未达到其发展可能性规模下限，尚有规模发展潜力，其发展潜力指数分别为：40.11%、30.31%、31.12%、58.79%、62.40%、31.10%、10.89%、70.83%、35.87%、30.38%、13.43%、20.83%、2.57%、40.43%、32.83%、31.09%、33.33%、56.25%、52.24%、17.03%、22.20%、28.53%、66.17%、44.18%、22.15%、13.67%、20.11%。这表明广东省研究生教育在哲学、经济学、法学、文学、理学、工学、农学、医学等学科门类下的部分学科在硕士层次上的比较优势相对于其博士层次的比较优势更为明显。这主要是因为目前广东省研究生教育在这些学科上整体的层次结构水平不高，承担硕士研究生教育的单位较为分散，而且其中很多的单位获得硕士学位授予权的时间相对较短，它们相对更为注重加强以师资力量为核心的办学条件的建设等原因所致。

地理学、动力工程及工程热物理、信息与通信工程、控制科学与工程、计算机科学与技术、环境科学与工程、畜牧学、工商管理学等学科在硕、博两个层次上均已超出其发展可能性规模上限，已不具规模发展潜力，它们在两个层次上的发展预警指数分别为：0.89%、42.19%、12.13%、15.04%、2.88%、10.89%、78.13%、26.45%和15.98%、25.00%、55.33%、15.79%、31.08%、44.78%、25.49%、26.03%；建筑学仅在博士层次上超出其发展可能性规模上限，其发展预警指数为52.73%；农林经济管理、水利工程、石油天然气工程、轻工技术与工程、兽医学等学科仅在硕士层次上超出其发展可能性规模上限，它们的发展预警指数分别为：68.97%、71.43%、116.67%、9.56%、50.67%。这些学科主要集中在理学、工学、农学和管理学等学科门类下，这表明随着我国研究生教育扩招政策的深入推进，广东省研究生教育在理学、工学、农学和管理学等学科门类下部分学科的博士研究生教育相对于其硕士研究生教育的师资更为紧张，应该给予足够的重视。

此外，现实中还存在有在硕、博两个层次上其中一个层次处在其发展可能性规模下限具有规模发展潜力而另一个层次上却处在其发展可能性规模上限不再具有规模发展潜力的矛盾现象，其中博士层次尚有规模发展潜力而硕士层次已不具规模发展潜力的学科有：法学、心理学、历史学、大气科学、交通运输工程等，它们的发展潜力指数和预警指数分别为：55.00% 8.82%、34.73% 55.56%、15.15%和7.72%、16.55%、0.49%、357.14%、62.11%；其中博士层次上不具规模发展潜力而硕士层次上尚有规模发展潜力的学科主要有：社会学、力学、机械工程、电气工程、化学工程与技术、生物医学工程、食品科学与工程、农业资源利用、植物保护、中医学、药学、公共管理等，它们的发展预警指数和潜力指数分别为：11.57%、12.82%、12.46%、31.58%、3.96%、6.94%、12.96%、2.33%、46.81%、48.91%、28.66%、208.89%和31.12%、30.38%、13.43%、40.43%、31.09%、17.03%、22.20%、67.35%、18.93%、13.67%、20.11%、17.90%。这与广东省高校研究生教育各学科点较分散，研究生教育尤其是博士研究生教育主要集中在少数几所研究型大学内，而且这少数的几所研究型大学也大多属于在原有行业特色型院校的基础上改建而成，综合性大学不多，各个学科层次间相互联系不够紧密有一定的关系。这也表明，同一学科不同层次之间以及同一层次不同学科之间的发展对以师资力量为核心的办学条件具有不同的内在要求，因此，以师资力量为核心的办学条件和办学质量应该是衡量区域研究生教育规模的基本依据。

五 研究结论

区域研究生教育规模与结构研究的范式必须适时进行转换，由片面地注重其基于区域经济社会发展的工具性价值的"外在逻辑发展"向注重其自身发展的理性价值的"内在逻辑发展"路径的转变。在区域研究生教育发展的实践中，规模更大、学科更全、层次更高，无论是对区域研究生教育自身的发展，还是对于区域经济社会发展来讲，并不总是意味着更好。在既定资源约束下，区域研究生教育规模的提升和结构（学科、层次、类型）的优化有其自身的发展规律，在相对特定的时间内，其发展的可能性空间也有一定的限度，这是不以人的主观意志为转移的客观现实。

（一）规模发展对策：由注重其"外在逻辑发展"向"内在逻辑发展"路径的转变

区域研究生教育在具有国民教育属性的同时，还具有发展的相对独立性、办学的开放性、服务面向的多维性等一系列独特的属性，这在客观上决定了依据适用于研究国家范畴的高等教育与经济社会发展之间关系的传统研究范式来研究区域研究生教育规模的合理确定问题具有很大的局限性。区域研究生教育规模的合理确定必须适时地由注重其基于工具性价值的"外在逻辑发展"向基于其自身理性价值的"内在逻辑发展"的转变，使区域研究生教育发展切实地回归到人才培养这一基本职责上来。应该主要依据以师资力量为核心的办学条件和办学水平来合理确定区域研究生教育发展的规模，而不是简单地追求其与区域的人口数、GDP等方面指标的简单匹配。

如果依据传统的按照人口、GDP等经济社会方面的外部性指标所进行的研究生教育规模的测算结果，其合理规模远远超出了广东省研究生培养的能力，这既是不现实的，也是不应该的。现实情况表明，整体而言，广东省目前的研究生教育主要办学资源及其教育质量是有保障的，同时也表明广东省的研究生教育在保证现有质量的前提下其规模仍有一定的发展潜力。但这种发展潜力是有限的,广东省研究生教育规模若想得到较大发展,必须首先改善办学条件,进而提升研究生教育的培养能力。

(二) 科类结构优化对策:遵循差异化发展战略,实施分工与合作

不同区域之间在研究生教育发展过程中,应该本着差异化发展的战略,实施适当的分工与合作,发挥各自的比较优势,大力发展自身具有优势的学科,在满足本地区经济社会发展对高层次人才和高水平科研成果的需要之外,为全国其他地区输送优秀人才和高水平的科研成果,提升本地区研究生教育的水平和竞争力;对于劣势学科,应该先走质量提升为主的内涵式发展道路,暂时不应急于追求较大的规模。在此期间,本地区经济社会发展所需要的优秀高层次人才和高水平科研成果可以从具有学科优势的其他地区引进。当然,对于一些在全国范围来讲都属于稀缺的新兴交叉学科,则应该另当别论。通过区域之间的分工与合作,各地区都可以从发展自身具有优势的学科中获得最大的经济效益和社会效益,也可以从根本上改变我国目前各地区研究生教育规模盲目扩张和结构趋同的重复性建设倾向,实现我国研究生教育资源配置的整体效益,进而提升我国研究生教育的整体水平和在国际上的竞争力。

科类结构是由各个学科的办学能力决定的,科类结构优化的目的就是使各个学科的办学能力处于高效状态。针对广东省研究生教育科类结构的实际情况,从总体上讲,对于以政治学、马克思主义理论、艺术学、林业工程、农业资源利用、水产学、临床医学、口腔医学、中西医结合、中药学等为代表的实际规模低于其发展可能性规模下限、发展潜力指数较大具有显著优势的学科,应实施大力发展、积极发展或鼓励发展等以规模扩张为主的外延式发展模式,根据各学科点的实际情况,在确保质量的前提下,积极扩大各个学科点的规模;对于以系统科学、矿业工程等为代表的实际规模处在其发展可能性规模下限和上限之间、属于发展平衡状态的学科,应实施规模和质量协调发展的一般性发展策略,根据各个学科点的实际情况,使其按照学科发展的内在逻辑进行自我调适和发展;对于以动力工程及工程热物理、水利工程、石油天然气工程、交通运输工程、畜牧学等为代表的实际规模已超过其发展可能性规模上限、发展预警指数较大已不具备规模发展潜力的学科,应实施以质量提升为主的适度发展策略，根据各学科点的实际情况，对其采取限制招生甚至暂停招生等措施，并加强师资建设的力度，使其尽快恢复至其发展可能性规模允许的平衡发展水平。

（三）层次结构优化对策：量力而为，兼顾内在效益与经济社会效益的统一

在我国现有的制度下，高等教育层次越高，人才的流动性越大。由于人才的这种流动性特征，决定了本地区经济社会发展所需要的人才，既可以从本地区高校中获得，也可以从其他地区高校获得；本地区高校的毕业生既可以在本地区就业，也可以到其他地区就业，区域高等教育发展过程中存在增益和损益的现象[①]。由于国情的特殊，我国区域经济社会和区域高等教育是在分别遵循着不同的内在规律而发展的，这就决定了目前我国各地区在区域高等教育发展过程中所承担的责任和实际的受益能力并不是对等的。尤其是在进一步增加资源受到约束的前提下，区域研究生教育层次水平的提升，需要一定的经济条件做支撑，因此，与区域研究生教育相关的责任主体，对此应该有非常清醒的认识，在对待区域研究生教育层次提升问题上，应该量力而为，注重兼顾研究生教育发展的内在效益和经济社会效益的有机统一。

针对广东省研究生教育层次结构的实际情况，对于以政治学、民族学、法学、体育学、大气科学、电子科学与技术、园艺学、中西医结合、中药学等为代表的在博士层次上实际规模低于其发展可能性规模下限、发展潜力指数较大具有显著优势的学科，应实施大力发展、积极发展或鼓励发展等以规模扩张为主的外延式发展模式，根据各学科点的实际情况，在确保质量的前提下，积极扩大各个学科点的规模；对于以哲学、理论经济学、马克思主义理论、物理学、化学、材料科学与工程、土木工程、轻工技术与工程、农业工程、兽医学、基础医学、公共卫生与预防医学、农林经济管理等为代表的在博士层次上实际规模处在其发展可能性规模下限和上限之间、处在发展相对平衡状态的学科，应实施规模与质量协调发展的一般性发展策略，使这些学科继续保持协调平衡

---

① 赵庆年：《区域高等教育差异发展问题研究》，华南理工大学出版社2010年版，第114—115页。

的发展；对于以建筑学、植物保护、中医学、公共管理等为代表的在博士层次上实际规模超出其发展可能性规模上限、发展预警指数较大已不具备规模发展潜力的学科，应实施以质量提升为主的适度发展策略，走内涵式发展道路，加大以师资力量为核心的办学条件的建设力度，切实提高人才培养的质量。

综上所述，上述分析思路只是一个针对常规学科的分析方法，对于一些新兴学科或跨学科的学科点，可以具体问题具体分析，不必拘泥于上述分析方法，力求探索一条适合自身发展的独具特色的跨学科发展之路，最终成为区域研究生教育发展新的增长点。本研究的评价及测算方法不是一个僵化的静态评价工具，而是一个动态的评价体系，可以采用诸如年度等定期的或是不定期的评价和测算，适时发现教育发展实践中的问题，采取有针对性的措施和改进对策。既可以作为对现有教育发展实践的评价，也可以作为编制未来研究生教育发展规划的依据；不仅适用于区域教育行政主管部门进行事关全局的整体性发展规划的编制，而且适用于区域内各具体的研究生培养单位甚至是同一培养单位下不同的学科点用来指导自身的学科发展和建设。